十步讯问法

吴克利◎著

中国法制出版社
CHINA LEGAL PUBLISHING HOUSE

目录

导 论

第一步　介入定位

第二步　涉案关系

第三步　否定堵退

第四步　揭谎导谎

第五步 涉案原因

第六步 趋利避害

第七步 更换支点

第八步　利益方向

第九步　平衡转换

第十步　涉案情景

导 论

第一节 讯问与供述的基本原理

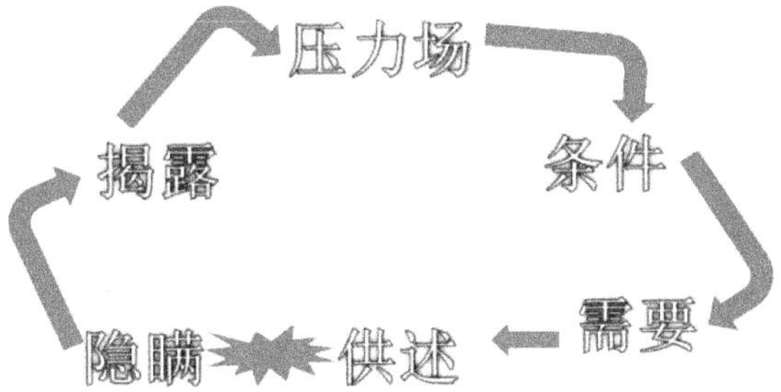

讯问与供述的基本原理

讯问与供述的行为特点是揭露与隐瞒的冲突关系，犯罪的行为后果所产生的危害性是隐瞒的心理动力基础，讯问的根本目的是再现犯罪事实，讯问的方法主要集中在侦查讯问人员所采取的揭露行为。隐瞒与揭露产生的必然冲突，是因为隐瞒的被动性使得行为人自然就形成了冲突的心理压力，同时对行为后果的认知所产生的利益冲突压力整合成为心理压力场。场是能量的混合，心理场是心理与客观存在之间形成的场，具有有机化合性、辐射性、变化性、惯性、敏感性、困压性。客观因素是影响心理场的重要因素。心理场对人的感知，是自我心理压力的感知。压力场的产生能够促进释放压力的动机，以满足心理平衡的需要。人们遇到困难就会产生解决困难的心理动力（人们遇到问题、难题、危险所产生的心理压力场，是解决问题的行为动力）。压力场产生的不平衡因素有两个，一个是行为后果的恶性，另一个是外来的揭露行为。侦查讯问人员提出的条件能够满足降低恶性后果的需要，嫌疑人的隐瞒动力就会被降低，同时外来的揭露行为能够满足嫌疑人当前的心理需要，那么侦查讯问人员所需要的供述行为就能够得到实现。

讯问犯罪嫌疑人的最终目的是让犯罪嫌疑人放弃对犯罪行为的隐瞒，供述犯罪事实。解决犯罪嫌疑人的隐瞒行为，首要的问题是清楚嫌疑人隐瞒犯罪事实的原因和心理动机。嫌疑人隐瞒犯罪事实的心理动机来源于对犯罪行为后果的感知，犯罪后果的恶性决定了犯罪嫌疑人的隐瞒动机，后果的恶性越严重，隐瞒的动机就越强，这是自我防卫的本能产生的心理认知，在通常情况下，这种自我感知的心理压力不大，因为有隐瞒能力的自我平衡，心理预判犯罪行为不会暴露，后果就不会发生，这是心理平衡能力的作用，使得嫌疑人在实施了犯罪行为之后，能够心安理得地处于平静状态。当某一种信息或者感知自我的犯罪行为有暴露的可能和危险时，这种心理平衡就会被打破，产生对后果的恐惧压力，这种压力是自我感知的出现，是后果的危害事实与自我暴露的预想的心理矛盾冲突所产生的焦虑，是由内在自我意识的交换和循环产生的。心理动机的能量也是微弱的，随着其他信息的干扰，这种焦虑便会散去，有时自我的心理平衡也会削弱心理焦虑的压力，不足以产生明显的行为动机。如果这种焦虑达到一定的程度，压力不断增大，隐瞒的动机行为就能够出现。例如，受贿的人感知到焦虑的压力，就会去找行贿人解决隐瞒的问题。而外来的危险信息是直接揭露便能够让自己承担后果发生的信息感知，这种感知的内心冲突便会产生心理冲突的压力场，压力是由心理不平衡产生的，不平衡产生动机，由动机产生行为，只有实现了招供，这种心理冲突的压力场才会消失。

嫌疑人的隐瞒行为与审讯人员的揭露行为产生的心理冲突，瞬间便产生心理的压力场。这种心理的“冲突压力场”包含着“恐惧”“焦虑”“危险”“无助”“期盼”等心理的感知因素。“心理冲突压力场”的大小与心理的隐瞒能力成反比，与揭露能力成正比。心理的隐瞒能力强，“冲突的压力场”就小，反之就大。揭露能力强，心理冲突的压力场就越强。“心理冲突的压力场”达到一定的程度就会产生释放的动机，顺应揭露行为是动机的行为方向，以坦白为代价就能够达到“压力场”的释放。笔者将此种行为称为“讯问冲突论”。

嫌疑人抗审行为的强化，是因为心理的隐瞒能力强，心理的“压力场”变小，有迂回的空间，不能产生释放的动机。抗审的隐瞒能力来源于两个方面，一方面来自客观的审讯人员的揭露行为能力，另一方面来自主观的心理平衡能力，心理的平衡能力强，迂回的空间大，形成的心理“压力场”就小，不能产生释放的动机，招供的动机就不能实现。

审讯的重要任务是降低嫌疑人心理的隐瞒能力，嫌疑人的隐瞒能力来源于心理的平衡与条件，其表现是谎言和沉默，谎言的来源依据是条件，沉默的来源依据是平衡。

嫌疑人的隐瞒动机来源于犯罪行为导致的后果，降低后果的恶性，能够有效地削弱隐瞒动机。

审讯过程中的首要任务是抗审心理冲突的化解，从化解的方法来看：提供无须隐瞒的利益条件，心理冲突便会消失，即审讯的“认知论”；提供揭露能力，直接增强“冲突压力场”，“压力场”被释放后，心理冲突便会消失，即“强制论”。根据目前的理论观点，讯问冲突论涵盖了认知论和强制论。“冲突论”的核心：“冲突论”等于“认知论”加“强制论”。“认知论”的核心：“错觉”“需要”“趋利”“人格”。“强制论”的核心：“催化”“心理强制”“人格”。

嫌疑人的心理冲突的压力场是由两方面组成的，一方面是嫌疑人的自我心理平衡能力，另一方面是审讯人员的揭露能力，审讯人员除强化自己的揭露能力外，更重要的是削弱嫌疑人的自我平衡能力。嫌疑人的自我平衡能力主要是对对抗条件的认识，对抗条件认识包含两个方面，一个是犯罪行为暴露的程度，另一个是隐瞒否定犯罪事实的退路。嫌疑人对犯罪行为暴露的程度取决于两个方面，一方面是自我对犯罪行为暴露程度的认知，另一方面来源于审讯人员提供的信息。隐瞒否定的退路来源于嫌疑人的心理认知，带有基本的人格属性。诸此形成的隐瞒能力，是审讯人员首先要解决的问题。自我的平衡能力强，就会降低心理冲突的压力，导致整个的心理压力场变小直到等于零。在审讯人员保持常态的揭露能力的情况下，降低嫌疑人的平衡能力，应当从增强冲突力入手。降低平衡能力的方法：（1）犯罪事实暴露的错觉；（2）降低后果恶性的感知；（3）无法避免后果产生的趋利认知；（4）后果与派生后果的取舍认知；（5）根据本身心理压力场的释放（当前处境）需要，针对天然压力、社会隔离压力、亲情关系压力，给出条件使其失去抗审的信心；（6）更换嫌疑人选择的主流对抗方法；（7）自我感知的退路已经封闭；（8）缩小伤害的行为量，促成趋利避害的选择；（9）犯罪的原因分析转化；（10）提高嫌疑人欺骗的内心冲突压力场；（11）催化嫌疑人对侦查讯问人员的心理依赖；（12）帮助维护嫌疑人的自尊。

第二节　拒供隐瞒的心理行为解析

在侦查讯问的实践中犯罪嫌疑人总是以拒供的方式来对抗讯问，对抗隐瞒犯罪事实是嫌疑人基本的行为表现，嫌疑人隐瞒犯罪事实的心理动机来源于对犯罪行为后果的感知，犯罪后果的严重性决定了犯罪嫌疑人的隐瞒动机，具备隐瞒犯罪事实动机的同时，还应当具备对抗拒供的心理条件，就是犯罪事实暴露的程度的感知，嫌疑人心理的自我感知犯罪事实暴露的程度越大，对抗拒供心理动力就越小，反之就越大，嫌疑人对犯罪事实暴露程度的感知，来源于讯问人员掌握犯罪事实的信息反馈，如果讯问人员没有拿出能够证明犯罪嫌疑人犯罪的相关证据，导致犯罪嫌疑人拒不交代自己的犯罪事实就成为必然，这是犯罪嫌疑人能够对抗侦查讯问的重要特点。讯问人员在没有掌握能够证明犯罪嫌疑人犯罪的直接证据的情况下，嫌疑人的拒供是正常的也是普遍存在的。无论在什么情况下犯罪嫌疑人的供述都是有条件的，让犯罪嫌疑人无条件地供述自己的犯罪事实也是不现实的。在讯问的实践中只要能够满足嫌疑人的供述条件，嫌疑人自然就会选择供述。如何满足嫌疑人的供述条件，需要根据嫌疑人的个体情况、案件的特点、存在的条件和一系列的涉案关系来分析拒供的原因、特点，从中找出嫌疑人的供述规律，选择相对应的讯问方法。

嫌疑人拒供的主要原因是供述犯罪事实的心理障碍，犯罪嫌疑人从接受侦查讯问开始，总是以对抗的方式出现，不愿供述犯罪事实，这是犯罪嫌疑人面对侦查讯问的基本行为规律。在大量的侦查实践中，除少数犯罪嫌疑人投案自首能够主动供述犯罪事实外，在讯问的一开始，大多数人都不愿意主动供述犯罪事实，其根本的原因就是供述的心理障碍。供述的心理障碍，是直接影响犯罪嫌疑人做出真实和完全供述的心理活动，其主要表现是人格特质情景（认识、情感、情绪、意志等因素）的心理活动过程中，不利于其形成供述动机的心理因素。这种供述障碍的来源有两个方面，一方面是主观的，即人格特征的判断、认识、情感、情绪、意志、记忆、需要、信念、能力、气质、动机等，是供述障碍形成的主导因素。另一方面是客观的，即客观情景对认识主体的影响，产生的阻碍供述动机的因素。首先是讯问的空间环境对犯罪嫌疑人的心理影响，产生的心理焦虑，导致本能的防卫行为的出现。其次是讯问人员的态势对犯罪嫌疑人产生了直接的影响，强化了嫌疑人不愿供述犯罪事实的心理，导致了嫌疑人的供述心理障碍。最后是法律的惩罚性，犯罪嫌疑人怕承担法律责任、怕受到惩罚，而导致嫌疑人供述障碍的出现。根据对20名职务犯罪嫌疑人受讯问的情况进行调查，调查结果如下表所示：

犯罪嫌疑人不愿供述犯罪事实的原因及供述心理障碍

因素		影响比例	
		是	否
1	恐惧心理、担心受到刑罚处罚	16人	4人
2	名誉影响、爱面子，担心外界的舆论	17人	3人
3	亲情关系、担心对家人的影响和家人的责备	15人	5人

续表

4	讯问人员的态度粗暴伤及了自尊心	6 人	14 人
5	心存侥幸能够蒙混过关	16 人	4 人
6	前途、事业、家庭的毁灭	18 人	2 人
7	反正就是这样了，破罐子破摔的悲观心理	6 人	14 人
8	逃避现实自我封闭任其发展	14 人	6 人
9	不愿意涉及别人	3 人	17 人
10	讯问人员的讯问方法不恰当	12 人	6 人
11	自我保护的本能和谎言的习惯	16 人	4 人
12	受社会关系网的影响，对“后台”的希望和幻想	8 人	12 人
13	案发后订立了攻守同盟，别人不会出卖自己	11 人	9 人
14	供述后赃款、赃物家人无法享用	13 人	7 人
15	供述后社会舆论的评价	10 人	10 人
16	是有人利用司法机关来整自己	6 人	14 人
17	自己的犯罪证据还没被司法机关掌握	18 人	2 人

根据对20名职务犯罪嫌疑人受讯问的情况调查，有15人及以上的供述心理障碍有以下几个方面的原因：“恐惧心理、担心受到刑罚处罚”“名誉影响、爱面子担心外界的舆论”“亲情关系、担心对家人的影响和家人的责备”“心存侥幸能够蒙混过关”“前途、事业、家庭的毁灭”“自我保护的本能和谎言的习惯”“自己的犯罪证据还没被司法机关掌握”。调查的结果表明：“恐惧心理、担心受到刑罚处罚”是自身安全受到的威胁，产生的原因是安全感的需要，对抗的行为反应是对自我安全的维护；“名誉影响、爱面子，担心外界的舆论”是嫌疑人自尊心的需要，对抗行为是对自尊心的维护；“亲情关系、担心对家人的影响和家人的责备”是亲情和归属感的需要激发的对抗的内驱动力；“心存侥幸能够蒙混过关”是趋利避害的人格本性产生的内驱动力；“前途、事业、家庭的毁灭”的心理认识，是嫌疑人对利益维护的本能行为反应；“自我保护的本能和谎言的习惯”这种认识行为的本身就符合人的基本行为规则，无论是什么样的人，其行为的目的和意义都是围绕“趋利避害”这个基本原则展开的；

“自己的犯罪证据还没被司法机关掌握”是因为自己还有退路，具备维护自己利益的基本条件，有条件维护自己的利益，自然就会选择对抗，自己的犯罪证据没有暴露，说明还有对抗的条件，这是供述心理障碍的基本诱因。归结犯罪嫌疑人不愿供述犯罪事实的原因及供述心理障碍，占主导地位的是趋利避害的安全需要和人格结构中的主体倾向，如“名誉影响、爱面子，担心外界的舆论”是嫌疑人自尊心的需要，对抗行为是对自尊心的维护。除此之外，还有嫌疑人对客观存在的心理认识，即犯罪事实是否暴露以及犯罪事实暴露的程度，直接导致供述的心理障碍的产生，暴露的程度越大，对抗的心理障碍就越小，反之对抗的心理障碍就越大，这是客观的对抗条件导致的对抗心理障碍。

犯罪嫌疑人不愿供述犯罪事实的供述心理障碍，在讯问中的需要特征表现为复合的需要结构，集中起来就直接转换出对抗讯问的心理支点，表现出对抗讯问的行为。心理支点是犯罪嫌疑人不愿供述犯罪事实的心理依据，犯罪嫌疑人从不愿供述犯罪事实到供述认罪即供述犯罪事实的过程，是心理支点的转化过程，犯罪嫌疑人接受讯问的心理过程表明，不愿供述犯罪事实的重要原因来自复杂的心理认识，根本的原因是利益关系和人格特征。

嫌疑人利益关系的心理冲突与平衡。从利益的概念上来看，利益就是好处，或者说是某种需要或愿望的满足。根据利益的分类，由于利益存在于不同领域而有物质利益、政治利益、精神利益三种。在刑事犯罪的侦查活动中，刑事犯罪嫌疑人不愿供述犯罪事实的行为，就是围绕着物质利益、政治利益、精神利益这三种而展开的，犯罪的惩罚性告诉犯罪嫌疑人在实施犯罪行为之后，将由此带来物质利益、政治利益、精神利益损失。这是犯罪嫌疑人不愿供述犯罪事实的重要心理依据，这种心理依据的来源是“社会交换理论”下的人的基本行为原则，即“趋利避害”的本性。人们的认识在于对自己有利的就会表现出积极的行为，对自己不利的就会表现出对抗的行为。在侦查讯问活动中，由于犯罪行为的应受惩罚性，犯罪嫌疑人供述犯罪事实，就意味着将会受到惩罚，利益将会受到损失。所以犯罪嫌疑人认识到这种后果的时候，就会选择不愿供述犯罪事实、不供述犯罪事实。与此相反，如果犯罪嫌疑人意识到自己在实施犯罪行为之后，向司法机关供述不仅不会受到惩罚，而且还会得到奖励，那么犯罪嫌疑人就不会选择对抗了。犯罪嫌疑人是理性人，在侦查讯问过程中嫌疑人的任何决定，都是一种理性选择行为，这是人的本性所决定的，任何人都有着趋利避害的本能。我们每一个人，在作出某种行为的决定前，都会在内心考虑并权衡该行为是否能给自己带来利益，若自己的判断为"是"，则会选择去实施该行为，反之则会选择不去实施该行为。犯罪嫌疑人在被侦查讯问的过程中，选择的拒供行为是一个理性选择决定自己行为的过程。在侦查讯问起始阶段，有罪的犯罪嫌疑人都会将自己如实供述犯罪事实后随之而来的各种后果看得比较重，因为该行为将受到刑罚处罚而失去人身自由或生命权利；没收财产而失去自己原有的财产；失去现有的优越的工作机会；失去现有的社会地位和良好的声誉名誉；失去自己的亲情、友情；等等。因此，犯罪嫌疑人不会轻易在侦查讯问开始时就供认自己的犯罪事实。

在讯问活动中，犯罪嫌疑人对利益关系的认知，还可分为长远利益与眼前利益。这种长远的利益关系是行为的最终结果，犯罪行为的最终结果是刑法的处罚，犯罪嫌疑人一开始不愿供述犯罪事实，原因就在于担心这种长远利益的丧失。讯问活动中犯罪嫌疑人所面对的眼前利益的障碍，就是当前被讯问所带来的心理焦虑和心理压力。很多时候，犯罪嫌疑人为了摆脱这种心理焦虑和心理压力，就会选择放弃对抗而获取眼前利益。因此，如果犯罪嫌疑人始终选择维护自己的长远利益，那么犯罪嫌疑人就会选择积极地对抗。如果犯罪嫌疑人为了摆脱眼前的困境，为了当前利益就可能选择顺应服从供述犯罪事实。

在侦查讯问活动中，犯罪嫌疑人所面临的利益关系，还表现为整体利益与局部利益。犯罪嫌疑人犯罪以后对自己、对家庭、对自己的生活圈所带来的伤害以及利益的损失，是整体的利益关系损失。因为自己的犯罪行为给自己的局部利益或者给家庭某个成员带来的伤害，是局部利益关系损失。整体利益和局部利益这两种利益关系经常会发生冲突。犯罪嫌疑人在讯问中不愿供述犯罪事实的行为通常是为了维护整体利益，可是在很多时候犯罪嫌疑人为了局部利益就会放弃整体利益。例如，某犯罪嫌疑人在被采取强制措施以后，仍然坚持积极地对抗，拒不交代自己的犯罪事实，当得知自己的女儿再有两个月就要参加高考了，可是因为自己的犯罪，导致了女儿无心读书，面临无法参加高考的情况，这对女儿的一生将会产生重要影响。在此种情况下犯罪嫌疑人选择了积极地配合，努力创造取保候审的条件，尽快地走出看守所，让其女儿能够顺利参加高考。这种局部的利益使犯罪嫌疑人放弃了整体的利益对抗即不愿供述犯罪事实的行为。

犯罪嫌疑人所面临的利益关系还区分为合法利益与非法利益。犯罪嫌疑人不愿供述犯罪事实的行为是为了维护非法的利益关系，即掩盖犯罪行为达到对自己非法利益的维护。当犯罪嫌疑人认识到自己的犯罪行为对社会造成的危害，产生了悔过的思想认识，积极主动供述自己的犯罪事实，从根本上来说就是对合法利益的维护，这种认识过程，就是非法利益关系向合法利益关系转化的过程。

在讯问的过程中，嫌疑人获取利益的来源，直接影响嫌疑人能否供述犯罪事实。获取利益有两个方面的来源，一个是因自我利益的保护而获取的利益；另一个是通过讯问人员而获取的利益。在犯罪嫌疑人的对抗阶段，嫌疑人是把获取利益的来源方向放在自己的身上即自己保护自己，通过自己的力量来获取利益。这种心理行为的结果表现就是对抗，通过自己的对抗来获取利益。如果获取利益的方向被转移，嫌疑人不是要在自己的身上获取利益，而是向讯问人员获取利益，其行为表现为如实供述，争取被从宽处罚。如果犯罪嫌疑人获取利益的方向没有发生变化，没有转移到讯问人员的身上，那么犯罪嫌疑人是不会供述犯罪事实的。根据上述对20名受审嫌疑人的调查，有6人供述犯罪事实的心理障碍是讯问人员的态度粗暴伤及了自尊心而导致的，其根本的原因就是讯问人员的态度粗暴伤及了自尊心而导致的利益方向不能发生转移。

嫌疑人不愿供述犯罪事实的条件的得失。犯罪嫌疑人不会轻易供述自己的犯罪事实，这是由不愿供述犯罪事实的条件所决定的。侦查讯问实践中，犯罪嫌疑人很少主动地向侦查机关供述其犯罪事实。美国刑事司法学界和警察科学界最著名的学者之一弗雷德·英博说："人类一般不会主动、自发地供认自己的罪行……期望作案人未经讯问的触动便因良心的折磨而供认罪行的想法的不切实际。"侦查学鼻祖汉斯·格罗斯也说："希望每个人都能坦白自己的罪行，是残忍的至少是不人道的。"因为犯罪嫌疑人在具备自我保护的条件下，是不能轻易放弃自己对利益的要求的。犯罪嫌疑人没有经过讯问人员的接触，就不可能知道自己是否存在自我保护的条件，趋利避害的行为本能告诉他，"无论是什么样的行为，只要是对自己不利的都要进行对抗"，这是犯罪嫌疑人很少主动地向侦查机关供述其犯罪事实的重要原因。

不愿供述犯罪事实的条件是决定犯罪嫌疑人不愿供述犯罪事实行为存在、发展的内部原因，同时也是制约和影响不愿供述犯罪事实行为存在、发展的外部因素。有条件不供述犯罪事实犯罪嫌疑人才会选择不供述，如果没有了不供述犯罪事实的条件，犯罪嫌疑人就会放弃对抗而供述犯罪事实。如同儿童与中青年进行武力对抗，显然儿童没有与中青年进行武力对抗的条件，失去了武力对抗条件只能选择放弃。由此，犯罪嫌疑人选择的不愿供述犯罪事实，是在有条件对抗的基础上产生的。

犯罪嫌疑人不愿供述犯罪事实的条件，是建立在犯罪事实没有暴露的认识基础上的。如果犯罪事实已被侦查机关查清，自己即使不如实供述也不影响司法机关对自己的处罚，在无法逃避损失后果的情况下，就失去了不愿供述犯罪事实的条件，犯罪嫌疑人的对抗就失去了意义，自然就会放弃对抗。对抗"条件"的认知程度决定了犯罪嫌疑人不愿供述犯罪事实的行为方向。在很多时候侦查讯问人员手里并没有掌握犯罪嫌疑人的犯罪证据，讯问犯罪嫌疑人的目的就是要让犯罪嫌疑人自己交代犯罪证据，犯罪嫌疑人也正是在这种情况下供述自己的犯罪事实的。如果犯罪嫌疑人明知侦查讯问人员没有掌握自己的犯罪证据，证明自己犯罪还要依赖于自己的供述，自己还有条件不供述犯罪事实，那么犯罪嫌疑人能够选择供述犯罪事实吗？显然是不会的。那是什么原因导致犯罪嫌疑人在有条件不供述犯罪事实的情况下放弃对抗呢？这是由犯罪嫌疑人对“条件”认知的程度决定的，在讯问活动中，讯问人员的态势以及所提供的信息，足以使犯罪嫌疑人感觉到讯问人员已经掌握了犯罪证据或者犯罪信息，认知的结果是不供述犯罪事实条件的丧失，这实际上是对“条件”认知的错觉造成的，是误以为“条件”的丧失。这正是讯问人员在没有掌握犯罪嫌疑人犯罪证据的情况下，能够使犯罪嫌疑人自愿供述犯罪事实的重要原因。

“不愿供述犯罪事实条件”的把握程度，决定了犯罪嫌疑人不愿供述犯罪事实的程度。对犯罪事实暴露程度的把握，实际上就是对不愿供述犯罪事实条件的认知。全部犯罪事实的暴露与部分犯罪事实的暴露，整个犯罪事实的暴露与个别犯罪事实的暴露，是犯罪嫌疑人选择全部供述还是部分供述的重要基础。如果犯罪嫌疑人的认知是全部犯罪事实的暴露，那么就有可能选择全部供述，如果犯罪嫌疑人的认知是部分犯罪事实的暴露，那么他就不可能选择供述全部的犯罪事实，而会选择暴露多少就供述多少，这是由人趋利避害的本性所决定的。在讯问活动中，讯问人员如何组织“对抗条件”的认知？是全部的“对抗条件”的丧失，还是部分的“对抗条件”的丧失，是由讯问的目的所决定的。侦查犯罪指向的是全部的犯罪行为，而不是局部的犯罪行为，所以讯问人员在组织对犯罪嫌疑人的信息影响时，是让犯罪嫌疑人产生对全部的犯罪事实已暴露的认知，避免犯罪嫌疑人产生对局部的犯罪事实已暴露的认知。如果让犯罪嫌疑人产生的是局部的犯罪事实的认知，那么犯罪嫌疑人只能供述局部的犯罪事实，从而掩盖了其他的犯罪事实。所以不愿供述犯罪事实的对抗条件的丧失，是整体的还是个体的，对犯罪嫌疑人的对抗行为有着重要的影响。

犯罪嫌疑人供述心理障碍的形成，产生于多层次的复合条件和基础，其中犯罪行为的记忆是犯罪嫌疑人“不愿供述犯罪事实条件”产生的一个重要基础层面。首先，侦查讯问是在讯问者预先认为犯罪嫌疑人有罪的前提下进行的，而这个前提的产生则是基于犯罪嫌疑人的犯罪记忆，没有犯罪记忆就不存在不愿供述犯罪事实，犯罪嫌疑人实施了犯罪行为，因为这种行为是社会的否定行为，是要受到法律惩罚的行为，由此才会引起不愿供述犯罪事实，如果没有犯罪的行为记忆，那就不存在对犯罪行为的隐瞒和不愿供述犯罪事实。犯罪嫌疑人的“不愿供述犯罪事实条件”依赖于犯罪的行为记忆，在犯罪嫌疑人实施犯罪活动的过程中，那些能够证明犯罪行为的因素和犯罪事实暴露的可能性，对犯罪嫌疑人心理的“不愿供述犯罪事实条件”产生了重要影响。犯罪行为的记忆是犯罪嫌疑人自我确认的依据，犯罪嫌疑人在被讯问过程中的一系列行为都是从这里开始的。在讯问的空间里，对犯罪行为的记忆是模拟产生、再现的，讯问人员对犯罪行为的模拟程度，对嫌疑人的不愿供述犯罪事实条件的认知有着重要影响。讯问人员模拟的犯罪事实与犯罪嫌疑人的行为记忆相吻合，犯罪嫌疑人的不愿供述犯罪事实条件就会自动丧失，反之就会被强化。其次，人的生理和心理的特征反映，犯罪的行为记忆在讯问人员外来的信息刺激下被激活，自然会通过不同的渠道反映出来（这是形体语言研究的结果）。例如，犯罪嫌疑人为了掩盖自己的犯罪事实，不愿供述犯罪事实的基本方法就是“谎言”，这种“谎言”在外来的信息刺激下，总会通过说谎者的外部形体反映出来，告诉别人自己在说谎。另外，说谎者引发的心理焦虑促成了自我不愿供述犯罪事实条件的降低和削弱，由此犯罪的行为记忆是隐瞒犯罪事实的天敌。

第三节　供述的心理行为规律

不得强迫供述犯罪事实的侦查讯问行为，是在犯罪嫌疑人自愿供述的基础上产生的，自愿供述是获取合法犯罪证据的重要条件。这个“自愿”条件就是侦查讯问行为的目标选择，“自愿”条件的产生依赖于犯罪嫌疑人自愿供述的基本规律，研究犯罪嫌疑人自愿供述的规律，是获取该条件的重要途径。下面是对 20 名职务犯罪嫌疑人通过讯问已经供述认罪的原因的问卷调查，调查结果如下表所示：

犯罪嫌疑人能够供述犯罪事实的原因

因素		影响比例	
		是	否
1	办案人员掌握犯罪证据，对抗已经失去意义	17 人	3 人
2	涉案的其他人都说了，所以我也说了	12 人	8 人
3	为了能够得到从轻处罚	18 人	2 人
4	自己做的事情总是要负责的	9 人	11 人
5	说假话被发现了只能实话实说	15 人	5 人
6	感觉到说了比不说的要好	17 人	3 人
7	为了感谢办案人员的帮助	7 人	13 人
8	为了早一天离开这个地方（讯问室），说了算了	16 人	4 人
9	当时感觉到有一种压力，不说不行	14 人	6 人
10	为了隐瞒其他的犯罪，说一部分留一部分	12 人	8 人
11	自己做的事早晚都会暴露，不如早说了好	10 人	10 人
12	为了能够有一个好的态度	15 人	5 人
13	我也不知道自己怎么就一冲动交代了	4 人	16 人
14	无法隐瞒的事实只有交代	14 人	6 人
15	办案人员对我很好，我就向他交代了	6 人	14 人
16	能够“取保候审”早一点出去	14 人	6 人
17	办案部门没有掌握自己的犯罪证据，是因为自己误认为犯罪的证据已经暴露才交代的	7 人	13 人

从上述的调查问卷结果可见，有 10 人以上的犯罪嫌疑人作出供述犯罪事实的选择，交代供述自己的犯罪事实，有以下几种原因。

第一是“犯罪证据已经被掌握，对抗已经失去意义”“无法隐瞒的事实只有交代”“涉案的其他人都说了，所以我也说了”“自己做的事早晚都会暴露，不如早说了好”。这里犯罪嫌疑人能够供述犯罪事实的基本原因是犯罪事实已经暴露或者存在很大的暴露的可能性，嫌疑人选择了服从即供述犯罪事实，这是在证据面前嫌疑人选择供述犯罪事实的重要规律。

我们每一个人的行为都是有目的性的，特定的行为是为了达到特定的目的，一旦这种特定的行为不能达到特定的目的，其特定的行为就失去了行为的意义，行为人就会放弃此次的特定行为，选择其他的行为来完成对此目的性的追求。前面嫌疑人选择对抗的行为是为了隐瞒犯罪事实，目的是维护自己的利益。使自己的利益得到最大限度的保护，可是当他发现自己选择的对抗行为已经不能达到维护自己利益的目的时，就会选择其他的方法来维护自己的利益，在侦查讯问的实践中，能够提供给嫌疑人维护自己利益的方法只有两个方面，一方面是选择对抗隐瞒犯罪事实，另一方面是选择服从供述犯罪事实，以此达到最大限度的利益维护，当对抗隐瞒不能达到目的时，嫌疑人只能选择服从供述，从另一方面来达到维护自己利益的目的，这是犯罪嫌疑人在犯罪事实暴露以后，选择供述犯罪事实的基本原因。

第二是嫌疑人“为了能够得到从轻处罚”“能够取保候审早一点出去”“为了隐瞒其他的犯罪，说一部分留一部分”“感觉到说了比不说的好”。由此可见，嫌疑人的供述动机是来源于人的趋利避害的行为本性，是利益关系的心理冲突的行为结果。从嫌疑人选择的供述犯罪事实的行为来看，一是对利益的确认。自愿供述能够获取利益，这个利益需要嫌疑人进行确认，通常在于讯问人员对犯罪嫌疑人：“你说了以后对你有好处。”能不能获得好处需要嫌疑人的确认，如果犯罪嫌疑人根本就不相信他自愿供述后能够给自己带来利益，那么就是没有对利益的确认，自愿供述的行为就不会实现。只有犯罪嫌疑人自己对利益进行了确认，才会产生自愿供述行为，也就是讯问人员告知犯罪嫌疑人：“你说了以后对你有好处，”嫌疑人采信了，确认自己能够获取利益，那么供述犯罪事实的行为就会实现。所以自愿供述能够获取利益，是要犯罪嫌疑人自己确认的，不是讯问人员代他确认的。二是获取利益的方向。犯罪嫌疑人的对抗行为是建立在自我保护的基础上的，获取利益的方向是自我。当犯罪嫌疑人发现自己不能够保护自己的时候，自己选择的方法在当前已经被否定，就会发生获取利益方向的转变，这种获取利益的方向自然就会转移到讯问人员的身上，讯问人员能够给自己带来利益的时候，嫌疑人就会选择顺应性的行为，以供述犯罪事实为代价，向讯问人员换取利益，于此，自愿供述行为才会产生。如犯罪嫌疑人在准备进行利益方向转变之前，总要问讯问人员："我说了以后能不能给我办取保候审？"这就是利益方向准备转变的表现。三是利益的性质。从本质上来看，讯问人员不可能给犯罪嫌疑人带来客观存在的利益，因为讯问人员没有权力给犯罪嫌疑人带来利益。如讯问人员对犯罪嫌疑人说："只要你说了，我就会放你回家，不判你刑。"这可以吗？不可以！因为讯问人员没有这个权力。侦查人员的职责只是对犯罪事实负责任，没有处理的权利。那么犯罪嫌疑人获取的利益是什么样的利益呢？是空间的、心理上的利益，不是客观存在的利益。再有就是利益的空间关系问题，侦查讯问人员给犯罪嫌疑人创建的是眼前的利益，而不是长远的利益，眼前的利益能够使犯罪嫌疑人产生立刻供述动机，而长远的利益需要犯罪嫌疑人对长远问题的理性思考，这不仅需要时间，更为重要的是这种思考能够让犯罪嫌疑人产生正确的认识，正确的认识是不能够使犯罪嫌疑人产生供述动机的，上述的调查问卷中就有 7 人是因为"办案部门没有掌握自己的犯罪证据，是因为自己误认为犯罪的证据已经暴露才交代的"，这是因为嫌疑人产生了犯罪证据已经暴露的错觉而产生供述动机，而在实地讯问活动中，讯问人员一般是没有掌握大量的犯罪证据的，如果讯问人员已经掌握了嫌疑人的犯罪证据，那么讯问犯罪嫌疑人就多此一举了，因为有了证据就可以直接交付审判了，何须再讯问呢？嫌疑人供述动机的产生很多时候是在错觉条件下产生的，这是嫌疑人在被讯问活动中心理行为的基本属性。在上述问卷调查中有 16 人选择供述的原因是"为了早一天离开这个地方（讯问室），说了算了"，这是嫌疑人选择了眼前利益，交代了自己的犯罪事实。有些讯问人员并不知道长远利益和眼前利益的关系，他告诉犯罪嫌疑人："你要想想以后，你说了以后会怎么样……"讯问人员把他拉到了以后的长远利益上，以后的结果犯罪嫌疑人是要被判刑的，既然要被判刑为什么我还要向你交代呢？这就增加了犯罪嫌疑人的理性思维能力，想到长远利益他必然就会产生对惩罚结果的焦虑，就会使其选择对自己有利的行为趋向，导致对抗行为的强化。帮助犯罪嫌疑人创建眼前的利益、眼前的处境、眼前的好处，封闭长远利益的思维通道，控制犯罪嫌疑人往长远利益上思维，远离被惩罚结果的焦虑，犯罪嫌疑人在选择眼前利益后，能够产生顺应行为。

第三是“自己做的事早晚都会暴露，不如早说了好”“无法隐瞒的事实只有交代”“涉案的其他人都说了，所以我也说了”。嫌疑人之所以选择供述，是因为嫌疑人赖以对抗的“条件”丧失了。犯罪嫌疑人是否自愿供述出自己的犯罪事实，是由抗审的对抗条件所决定的，对抗条件是决定犯罪嫌疑人对抗行为存在、发展的内部原因，同时也是制约和影响对抗行为存在、发展的外部因素。犯罪行为的隐蔽性，就是犯罪嫌疑人的对抗条件，有条件对抗，犯罪嫌疑人才会选择对抗，如果没有了对抗条件，犯罪嫌疑人就会放弃对抗。犯罪嫌疑人的对抗条件是建立在犯罪事实没有暴露的基础上的，在犯罪证据没有被司法机关掌握的前提下产生的对抗条件，是犯罪嫌疑人对抗讯问的基础。如果犯罪事实已被侦查或已被司法机关查清，自己即使不如实供述也不影响司法机关对自己的处罚，在无法逃避损失后果的情况下，就失去了对抗条件，犯罪嫌疑人的对抗就失去了意义，就会自然地放弃对抗选择自愿供述。

第四是因为：“为了感谢办案人员的帮助”“自己做的事情总是要负责的”“感觉到说了比不说的要好”“当时感觉到有一种压力，不说不行”“我也不知道自己怎么就一冲动交代了”。嫌疑人对上述供述原因的选择，是在一定的心理基础上和意识条件下产生的，归结起来是“人格”上的原因，人格倾向决定了人的行为取向，行为的结果是在人格倾向的心理支点下产生的。首先从“为了感谢办案人员的帮助”而选择的供述行为来看，虽然说实现供述行为是为了“感谢”，但实际上是自我悔罪的表现，是在讯问人员的帮助下产生的悔罪表现。嫌疑人为什么在被讯问之前没有悔罪，而是经过讯问以后才产生悔罪？这是因为嫌疑人的“情势”比较高，我们把“情势”称为情感交流的顺应程度。当讯问人员与嫌疑人在讯问室这个特殊的空间里进行交流的时候，讯问人员的行为使嫌疑人的情感发生了根本的变化，产生了情感的顺应和信任感，建立了情感的依赖关系，同时作为个体的嫌疑人处在被讯问的空间里，是孤立无援的，对外援的求助是嫌疑人的心理需要，在嫌疑人与讯问人员进行交流的时候，发现讯问人员是关心自己的，不会给自己带来伤害，产生了信任感，转变了自我情感的依赖，在求助的心理需要和感恩的心理驱使下实现了供述行为。通常我们每一个人都有自己的隐私，是不会轻易向外人诉说的，只有对亲近的家人和可以信赖的人才会倾吐，因为自己信赖的人不会给自己带来伤害。同时倾吐自己的隐私也是一种心理求助，希望被倾吐的对象能够给自己带来帮助，而不是伤害。这是在讯问活动中嫌疑人与讯问人员建立了情感的依赖关系，嫌疑人才能够供述犯罪事实的原因。其次从“自己做的事情总是要负责的”行为特点来看，这里体现出人格的认识水平，职务犯罪嫌疑人来自国家公务员的队伍，有许多是国家的高级干部，人格、人品、道德水平和修养都是比较高的，对自己的犯罪行为也会以自己的道德水准来衡量评价，自己做了与自己身份不相符的坏事，内疚、悔恨会产生强大的心理压力，接受由此带来的惩罚是自我解脱，这是犯罪嫌疑人选择“自己做的事情总是要负责的”供述犯罪事实的根本原因。再次从“感觉到说了比不说的要好”产生的供述犯罪事实的行为来看，嫌疑人感知“自己做的事情也是客观存在的，归根结底都是要有了断的，到任何时候都是要说的，现在不说以后还是要说的，迟说不如早说，对自己也是一个交代”。“感觉到说了比不说的要好”不仅是悔罪，同时也是寻求谅解和从宽处罚的心理需要，面对自己的犯罪事实权衡利弊，如果不说心理压力太大，说了以后是自己的悔罪表现，满足了寻求谅解和从宽处罚的心理需要。复次从“当时感觉到有一种压力，不说不行”产生的供述犯罪事实的行为来看，嫌疑人是在有心理压力的条件下产生的供述犯罪事实行为。在侦查讯问的实践中，嫌疑人的心理压力来源于三个方面，第一个方面是犯罪的心理记忆，在外来相关信息的刺激和控制下，引发的恐惧和焦虑，导致心理压力的产生。第二个方面是嫌疑人对抗讯问的谎言被揭露，诱发的心理焦虑和羞愧产生的心理压力。第三个方面是讯问的空间与自己犯罪结果即将受到的惩罚导致心理压力的产生。这种心理压力达到一定的程度，需要通过释放才能得到减弱，释放的基本途径就是放弃对抗，选择顺应的供述，嫌疑人的这种从被心理强制到心理压力的释放的供述行为，已经呈现出一种供述规律。在讯问方法上嫌疑人被心理强制以后选择了供述行为，目前国内外将此种方法称为“心理强制”方法，并且得到了广泛的运用，也成为重要的讯问规律。最后从“我也不知道自己怎么就一冲动交代了”产生的供述犯罪事实的行为来看，嫌疑人的这种“冲动”行为，是行为系统不理智的表现。嫌疑人在讯问过程中的冲动行为，是在强烈的情感冲突下，理性控制非常薄弱的一种心理现象。引起这种冲动行为的原因是，嫌疑人在特定的被讯问的环境下，其情感需要得不到立刻满足，情绪的发展受阻，导致强大的心理压力产生，这种心理压力在不能自控的情况下，瞬间丧失理智，心理失衡，继而出现了异常的情绪激动而产生的不计后果的冲动行为。这里犯罪嫌疑人的“我也不知道自己怎么就一冲动交代了”，其冲动供述产生的原因是嫌疑人隐瞒犯罪事实的心理行为，受到来自讯问人员的“心理强制”，其隐瞒犯罪事实的心理需要得不到满足，情绪的发展受阻，导致强大的心理压力产生，在不能自控的情况下出现心理失衡而产生的供述冲动行为。从认识的角度上来看有两个方面的情况：一方面冲动是与生俱来的，是蕴藏在人类基因中的财富，在最原始、最深层的本能和冲动的刺激下，人类才能使生理和心理上的各种基本需求得到满足。另一方面冲动是负面的，其行为带来不好的结果被称为冲动。当冲动的行为带来了好的结果时，人们便不再称之为冲动，取而代之的是赞扬的说法，比如“反应迅速”“当机立断”等。嫌疑人的冲动供述就是在心理强制下行为转换的结果。这种冲动供述行为是由人格倾向的基本属性来决定的，什么样的人格倾向就会反映出什么样的行为结果，有的嫌疑人的冲动向激情对抗方面转换，而有的冲动向供述方面转换。

上述五种情况中犯罪事实的供述，是由“人格基本属性”对客观现实反应与付诸行为的基本态度和认识所决定的。例如，一些国家的高级干部因自己的一念之差收受贿赂，构成了犯罪，当司法机关的侦查人员对其进行讯问时，他能很快地产生人格意识的自我评价，在悔罪冲动的动力支配下，承认自己的犯罪事实，不抵赖。而有的犯罪嫌疑人在铁的事实面前还抵赖不认账，耍无赖。表现出了在人格上的差异、思想觉悟的高低，这里的思想觉悟就是“超我”的社会道德规范意识。如果犯罪嫌疑人“超我”的社会道德规范意识强烈，其犯罪的行为记忆被外来的信息激活以后，就会产生强大的心理焦虑的压力，为了缓解、释放这种压力，就会选择供述。可是如果犯罪嫌疑人的人格倾向是“自我”的认识特征，其社会道德规范意识就比较弱，很难产生悔过的心理焦虑的压力，对抗讯问、隐瞒犯罪事实，是其主导行为方向。只有改变嫌疑人“自我”的人格倾向，帮助嫌疑人从“自我”的人格倾向向“超我”的人格倾向转移，就可实现自愿供述的目的。因为生活在统一的社会空间里，每一个人都有“本我”“自我”“超我”的人格特征，只是在特殊的讯问环境的空间里，产生的认识反应不同，有的“超我”的意识比较强，有的“超我”的意识比较弱，这是个体的认识经验对空间的反应而造成的。讯问人员如果能够把握、改变适应“超我”人格的空间，就能转变犯罪嫌疑人冲动的对抗行为。因此，讯问人员必须注意调整犯罪嫌疑人的人格属性差异，使其人格特征达到正常的人格状态，满足于讯问所需要的人格特征，冲动对抗才能转换成为供述。

第四节　讯问的科学行为方法

讯问犯罪嫌疑人的目的是能够让犯罪嫌疑人自证其罪，但是根据人的行为规则的特点来看，任何一个正常的人在没有外来信息干扰的情况下，独自实现对自我犯罪行为的如实供述和自证，取决于自然人的行为规则，趋利避害是人们自然形成的行为规则，每一个精神正常的人都非常清楚，如实供述自己的犯罪事实会受到法律的惩罚，对自己不利，所以人在没有受到外来信息干扰的情况下，是不可能主动供述自己的犯罪事实的。然而我们的侦查工作在许多时候又必须需要嫌疑人自己将犯罪的证据交代出来，犯罪嫌疑人又不愿意主动地交罪，这就出现了必然的矛盾，解决这对矛盾的方法就是通过审讯人员与嫌疑人的交流，使得嫌疑人能够主动地交代犯罪事实，这个交流的过程实际上就是我们的讯问过程，审讯人员在这个过程中必须有效地帮助嫌疑人放弃对抗，才能够取得嫌疑人自证其罪的结果。

审讯人员与嫌疑人的交流过程实际上就是帮助嫌疑人进行心理转变的过程，既然是心理转变的过程，那么审讯人员就必须弄清楚嫌疑人为什么、想什么、要什么、用什么，才能够有效地完成嫌疑人从对抗向自愿供述的转变。例如，一起贿赂犯罪案件的受贿人承认行贿人给了自己一套房子，讯问行贿人，行贿人不承认，审讯出现了对抗的僵局。根据四个为什么来分析：嫌疑人为什么否定？是因为交代的行贿问题对自己不利；他想什么呢？给了别人的东西，又把别人供出来，不道德，自己的名声会受到影响；此刻他要什么呢？要的是既能够保住名声，又能够解脱自己；此案的审讯方法用什么？审讯人员向行贿人抛出了一个降低条件："根据掌握的情况，不是你没有给，而是受贿人已经将房子退给你了（实际没有退，正在使用），不知道他退了没有？"嫌疑人听到这样的一个条件，完全能够满足自己的需要，迅速作出回答，"哦，我忘记了，他确实把房子退给我了"。有退必然有给啊！审讯需要的给房子的表述行为自然就解决了。因此，审讯的方法就涵盖在"四个什么"里面。

首先是"为什么？"嫌疑人为什么对抗？分解嫌疑人的对抗原因有三个："利益""条件""支点"。

第一个是"利益"。"利益"表现了嫌疑人趋利避害的行为规则，犯罪事实发生以后采取自我保护行为是必然的，这种保护行为的特征是嫌疑人把获取利益保护的来源和方向放在了自己的身上，我只有自己保护自己，才能够在可能即将受到刑罚处罚的情况下，保护自己的利益不受损失。如果嫌疑人始终坚持自我保护，将获取利益和保护利益的来源和方向放在自己的身上，靠自己救自己，不改变利益方向，那么嫌疑人是不会开口自证其罪的。只有当嫌疑人认为自己已经无法挽救自己的利益损失时，自动改变这种获取利益方向，向审讯人员讨要利益，嫌疑人才会放弃旧的对抗行为，选择新的获取利益的方法，重新选择利益方向，从审讯人员那里获取新的利益保护，满足于审讯人员为其准备新的利益，其行为表现从对抗转变为顺应，以此满足了审讯人员的需要。这里审讯人员的任务就是转变嫌疑人的获取利益的方向，以此才能够取得审讯的成功。

第二个是“条件”。“条件”是嫌疑人对抗所依赖的根据，嫌疑人之所以选择对抗也是其心理认识所决定的，对自我行为认识有条件对抗才会选择对抗，如果没有条件对抗嫌疑人就会放弃对抗，嫌疑人对抗的条件认识来源于自我犯罪行为暴露的程度，自我认识暴露的程度越大对抗的条件就越少，反之就越大，当犯罪嫌疑人认为自己的犯罪事实已经暴露，对抗的条件已经丧失，对抗已经失去意义，嫌疑人就会放弃对抗。通常审讯人员为了解决嫌疑人的对抗条件，总是千方百计地让嫌疑人认识到其犯罪事实已经暴露，对抗的条件已经丧失，使犯罪嫌疑人在产生错觉的基础上放弃对抗。这里如果犯罪嫌疑人没有产生错觉，始终保持着对自我行为的正确认识，那么犯罪嫌疑人是不可能选择放弃对抗的，所以审讯的基本原则是使嫌疑人产生错觉。国外的一些审讯理论称之为“欺骗理论”，这种观点与我国刑诉法的要求是相悖的，笔者的观点是，审讯人员向嫌疑人提供正确的信息（不是欺骗），使得嫌疑人产生错误的认识的心理过程即错觉理论。

第三个是“支点”。“支点”属于人格的认识范畴，是行为的心理基础，是心理行为的认识方向和来源。任何一种行为都是由心理的认识基础所决定的，不同的人格对自我行为的认识不同，转化出来的行为也不同，由于犯罪嫌疑人的人格特点不同，自我行为的认识不同，而由此产生的对抗行为也不同，所以犯罪嫌疑人在抗审活动中的行为表现也是千姿百态，有的学者将其称为“人格五因素”，即五种人格的行为表现，外向型、内向型、多血质型等，这种“人格五因素”理论在审讯的实践中有很大的局限性，在审讯的较短时间里，让审讯人员判断嫌疑人属于哪种类型的人格是比较困难的，因为审讯的空间是一个特殊的空间，能够改变人格特征，通过特殊的审讯空间的影响和刺激，人格因素会发生根本的变化。例如，在自然的空间里嫌疑人是一个外向型的人，而进入审讯室的空间就有可能一句话不说，保持沉默，因此就不能说他是内向型的人。不仅审讯室的空间能够引起人格的变化，而且这种变化特点用三个字便能概括——“顺应性”。审讯空间的人格的重要表现是他（她）的顺应程度，顺应性强和顺应性弱是对抗行为的基本表现，这两种表现来源于两种心理行为认识，一种是源于人的趋利避害的本能的行为本性，另一种是源于人格的价值观念形成的行为认识。审讯室内的对抗的人格表现只有这两种类型，审讯人员根据这两种类型的对抗行为表现，就能够比较容易地在较短的时间内判定嫌疑人的人格类型。这两种人格类型在审讯空间里的表现取决于嫌疑人心理的顺应性，顺应性比较强的大多属于本能的趋利避害的对抗行为表现，我们将此种行为表现称为“侥幸对抗”；而另一种顺应性较差的行为表现，大多属于价值观念形成的对抗，我们将此种行为表现称为“信念对抗”。这里审讯人员的首要任务是转变此两种类型的对抗行为，转变的基本方法：“侥幸对抗”通常使用“心理强制”的方法和“认知误区”的方法；“信念对抗”通常使用“需要的基本属性”和“趋利避害”的行为规则。审讯活动中对嫌疑人抗审行为的两种类型的划分，有效地宿短对嫌疑人心理行为的判断时间，提高了审讯的效率和成功率。

其次是“想什么?”犯罪嫌疑人进了审讯室面对着即将遭受到的利益威胁和危险的处境，总会想尽一切办法，积极地开动自己大脑的思维机器，来保护自己避开危险。这里被开动的思维机器是通过自己的行为记忆来完成的，被嫌疑人调动起来的行为记忆，需要解决三个方面的问题：“现场”“关系”“退路”。

第一个是“现场”。这里所说的“现场”，不是犯罪嫌疑人实施犯罪行为之后遗留下来的客观存在，有可视性的犯罪行为痕迹，而是留在犯罪嫌疑人大脑中的犯罪记忆，是无可视性的心理存在。审讯犯罪嫌疑人获取犯罪的言词证据，犯罪的行为记忆是必备的条件，如果犯罪嫌疑人失去了自我的犯罪记忆，那么审讯也就失去了意义。相反，犯罪嫌疑人之所以对抗审讯，就是因为自己有实施了犯罪的行为记忆，这是基本条件，同时犯罪嫌疑人的对抗活动也是因犯罪的记忆而展开的，犯罪嫌疑人的犯罪记忆就是实施犯罪的情景，嫌疑人面对被审讯的这个危险的空间，在想什么呢？大多数犯罪嫌疑人需要对犯罪情景进行回忆，从中挖掘出有利于自己的因素，以此组织对抗，为自己寻找开拓和辩护的理由，否定自己的犯罪存在。所以犯罪嫌疑人的对抗心理过程总是从选择“否定”开始的，这也是犯罪嫌疑人对抗审讯的基本条件，即犯罪的记忆。这里犯罪嫌疑人的微表情供述，正是依据犯罪行为的记忆反应。只要有犯罪的记忆，就会出现犯罪的记忆反应，这也是审讯活动提取犯罪行为的微表情反应的基本途径。

第二个是“关系”，即犯罪行为牵连的关系。犯罪行为牵连的关系有“人”“物”“财产”“行为”“痕迹”“关系”“程度”“来源”“去向”等。这些“关系”与犯罪嫌疑人的牵连程度和自我的行为认识，是犯罪嫌疑人思考和选择的对抗依据。这种“关系”与自己牵连得越紧密，以此被其选择的对抗条件就越少，反之就越大。另外，还有嫌疑人对这种“关系”的认识程度，也能够使认识中的对抗条件发生变化，因为认识的角度和认识的方法不同，被认识的对抗条件就会发生变化。例如，犯罪嫌疑人用刀子捅伤了被害人，如果被害人不认识犯罪嫌疑人，根本就不知道被谁捅了一刀，那么犯罪嫌疑人就有可能选择否定，否定自己用刀子捅了别人。如果被害人原本就认识犯罪嫌疑人，自己被谁捅的刀子非常清楚，那么犯罪嫌疑人就不可能再选择否定，否定自己捅了被害人一刀，就可能选择其他的方法，以增加被害人的过错，来降低自己捅刀子的罪责。因此，犯罪的行为关系是犯罪嫌疑人选择对抗的重要因素，也是犯罪嫌疑人思考的重要问题，把握和分析研究嫌疑人的行为“关系”，就能够有效地掌握嫌疑人在想什么，做出相对应的审讯方法。

第三个是“退路”。“退路”是犯罪嫌疑人选择对抗的心理认识条件，也是对抗选择的重要条件，有“退路”才会选择对抗，如果没有了“退路”嫌疑人就会放弃对抗。这种“退路”是嫌疑人对客观存在的认识结果，对“退路”的认识过程主要来自对犯罪行为暴露程度的评价，对暴露程度的认识决定了“退路”的选择，暴露的程度越高，对“退路”的选择就越窄，相反，暴露的程度越低，对“退路”的选择就越宽，对抗的力度就越大。为此，审讯人员在这里的首要任务就是“堵退”，堵住嫌疑人的退路，促其放弃对抗。通常“堵退”的方法是让嫌疑人产生犯罪事实已经暴露的错觉，审讯实践中的“模拟情景”“直接告知”“空间态势”“背景语言”等方法，都是为了解决“堵退”的问题。

再次是“要什么?”要什么是嫌疑人在审讯的空间里的重要思维导向，是为了满足自我生理与心理上的缺失或不足，而产生的一切条件的依赖、指向和需求的心理动机，这种心理动机涵盖了三个方面的因素：“方向”“解脱”“需要”。

第一个是“方向”。方向也是来源，是获取和保存利益的方向来源。嫌疑人在被审讯的空间里，经过一段与审讯人员的交流过程之后，发现自己所使用的对抗方法已经不能有效地维护自己的利益，继续维护自我的利益需要外援的帮助，这个帮助的外援就是获取利益的方向来源，在审讯空间里只有自己和审讯人员，那么这个外援只有审讯人员，也就是说这个利益方向只能在审讯人员的身上。但是，不是任何时候这种利益方向都会转移到审讯人员身上，这里要看审讯人员能否取得嫌疑人的信任和心理依赖，如果审讯人员不能取得嫌疑人的信任和心理依赖，那么即便审讯室内只有审讯人员（审讯的参与人员）存在，嫌疑人也不会将获取利益的方向转移到审讯人员身上。只有当审讯人员取得了嫌疑人的信任，将嫌疑人心理依赖的方向转移到自己的身上，嫌疑人才可能转移利益方向，即转移到审讯人员的身上，向审讯人员供述自己的犯罪事实。犯罪嫌疑人供述犯罪事实是由嫌疑人获取利益方向的心理动机决定的，只有改变原有的获取利益方向，才能将利益方向转移到审讯人员的身上，向审讯人员讨要利益，以供述为利益条件实现其供述行为。如果犯罪嫌疑人不能改变获取的利益方向，那么其是不会向审讯人员供述犯罪事实的。审讯发展到这一阶段，审讯人员必须取得嫌疑人的信任和心理依赖，才能够实现嫌疑人的供述行为。

第二个是“解脱”。“解脱”是解除和脱离眼前的困境和利益损失。嫌疑人处在目前的利益损失和困境的情况下，内外无助，心理的压力不断增强，释放的动机也随之而增加，这种压力和动机发展到了一定的程度，会出现两种情况，一种是自我解压，另一种是依据选择外来的信息条件解压。自我解压有两种趋势，一是随着情绪的发展爆发出激情状态，表现出猛烈、迅疾和短暂的情绪，通常都是通过激烈的言语爆发出来，是心理能量的宣泄，其特点是：有激动性和冲动性，力度强烈，发作短促，冲动一过迅速弱化或消失，爆发通常由专门对象引起，指向性较为明显，有时就是因为审讯人员的某一句话而爆发出来。激情状态有着强烈的爆发性、短暂性和指向性三个显著特点，嫌疑人这种激情状态的爆发必然引起审讯的僵局，即便这种激情状态的延续时间非常短暂，但是这种激情状态结束之后，嫌疑人还会以沉默来维护这种情绪状态，导致僵局的持续，诱发对抗心理的强化。审讯人员应当及时控制嫌疑人这种自我解压爆发的激情状态，防止僵局的出现。二是随着情绪的发展，进行了自发的心理平衡调节，达到自我解压的目的，这是有的人在困境的压力下能够保持冷静的原因。另外是依据选择外来的信息条件，放弃原来旧的心理困扰因素，实现了解脱困境的心理压力。这种外来的信息条件以改变利益条件的方向为基础，是以放弃一个旧的条件，采纳一个新的条件来解除困境释放压力的。通常这些新条件大多是围绕“两难选择取其轻”“利弊选择取其利”“抗供选择取其供”。当然这些新条件的采纳是在审讯人员的引导下完成的。例如，一起伤害案件的犯罪嫌疑人在接受审讯时，否认自己对被害人造成的伤害行为，以积极的否定行为进行抗审。审讯人员为其提供的新条件是：“你的否认是不能够解决问题的，如果你想解决问题，就要拿出一个很好的处理办法来，如向被害人赔礼道歉，取得被害人的谅解，赔偿相应的损失，矛盾也就解决了，司法部门也会根据被害人的谅解对你给予从轻处罚、减轻处罚或者免除处罚。”结果嫌疑人接受了审讯人员为其提供的新条件，放弃了对抗，供述了伤害他人的犯罪事实。这里犯罪嫌疑人放弃对抗必须有新的条件更换，否则，犯罪嫌疑人仍然坚持旧的对抗条件继续对抗。

第三个是“需要”。“需要”是人们对自身生存和发展的一切条件的依赖、指向和需求，是个体行为活动的基本动力，人的各种活动或行为都是在需要的推动下进行的，需要是一种内部的紧张状态，导致这种紧张状态的原因是生理或心理上的缺失和不足。当人们的个体在生理或心理上出现某些必需因素的缺失或不足时，个体与环境之间的平衡就会被打破，从而产生一种内部的紧张状态，形成的客观要求有的来自内部，如口渴了就要喝水；有的来自外部，如犯罪嫌疑人接受审讯处于困境之中，为了摆脱这种困境，而产生解脱的愿望。有需要才会有行动，接受审讯的犯罪嫌疑人只有当他产生了摆脱被审讯的困境的需要，才能够产生为了满足需要而进行的行为实施，如果客观要求只有供述犯罪事实才能够满足，那么供述行为就会由此产生。人的需要在指向一定的对象时，还具有一定的选择性。这种选择性具体表现为对满足需要的方式的选择。例如，犯罪嫌疑人为了摆脱困境，产生了需要的动力，但具体用什么方法来摆脱困境，不同的人往往会作出各自不同的选择：一般来说，个体满足需要的经验、个体的爱好和价值观、个体生活的文化习俗等，都会影响个体选择一定的对象来满足自己的需要，因此，不同的犯罪嫌疑人对需要条件的选择不同，供述动力的来源条件不同，实现供述的能力就不相同，导致对抗行为向供述行为转化的行为差异。犯罪嫌疑人的抗审过程是“对抗”—“需要”—“满足”—“供述”。这里的“需要”过程是嫌疑人在抗审过程中建立起来的“新需要”，即解决当前困境的需要，它与犯罪嫌疑人开始带进审讯室的心理定式产生的需要的区别是：第一，犯罪嫌疑人开始带进审讯室的心理定式产生的需要，是维护可能发生的利益损失，是以后的利益维护的需要。第二，嫌疑人开始带进审讯室的心理动力需要是嫌疑人自发产生的，来源于趋利避害的心理行为。而审讯过程中嫌疑人产生的新需要，是在审讯的过程中产生的，是继原来的心理定式之后的新需要，是在审讯人员的帮助下产生的新需要。这种新的需要产生以后，因为是外来的客观存在为其提供的，仍然需要外来提供的条件才能完成对需要行为的实现。例如，犯罪嫌疑人的谎言被揭露，在审讯人员的控制下，嫌疑人陷入心理困境，心理压力不断增强，审讯人员为其提供的条件是“说谎的原因”。嫌疑人如实地回答了说谎的原因，当前的困境自然也就解除了，新的需要得到了满足。这里嫌疑人如实地回答了说谎的原因并说了实话，实际上也是审讯活动的目的所在。总之，在此过程中，审讯人员应当帮助嫌疑人建立“需要”，并且提供满足“需要”的条件，嫌疑人供述的心理动力便能够实现。

最后是：“用什么?”“用什么”是审讯人员根据犯罪嫌疑人“为什么对抗”“抗审的心理活动规律”“供述的心理需要”而采用的审讯方法。这些方法决定于审讯人员为其提供的相对应的“条件”，这里的“条件”是以满足嫌疑人供述的心理需要为前提的，当“条件”满足了嫌疑人的供述需要，对抗的行为便会放弃，实现供述行为。当审讯人员为其准备的“条件”不能够满足嫌疑人的供述需要，新的需要动力没有被建立，旧的对抗行为需要仍然被坚持，则其对抗行为被继续。因此“用什么”能够使犯罪嫌疑人放弃对抗，取决于审讯人员提供的“条件”，“条件”的来源是根据嫌疑人的需要而产生的。根据嫌疑人抗审活动中的需要，产生的“条件”有六个方面：“趋利”“需要”“强制”“误区”“经验”“人格”，这是对审讯方法和技巧的科学概括，即科学审讯的“六攻律”。

第一个是“趋利”。“趋利”是人们的行为规则，是人们行为活动追逐的目标。嫌疑人面对侦查讯问的对抗否定行为，正是来源于“趋利”的行为需要，当嫌疑人自我感知对抗否定对自己有利，那么他就会选择对抗否定。如果供述犯罪事实对自己有利，那么嫌疑人就会选择供述，放弃对抗。审讯的过程正是审讯人员本着趋利避害的行为规则，来为嫌疑人提供“趋利”的条件，使犯罪嫌疑人放弃对抗否定，实现供述认罪的行为。只有审讯人员提供的“趋利”条件，同时也是嫌疑人需要条件的时候，才能够被嫌疑人采纳，否则就会被排斥。审讯人员提供的“趋利”条件是由多层因素组成的，首先是审讯人员要能够帮助嫌疑人建立起“趋利”的心理行为趋向，使嫌疑人重新产生“趋利”的心理要求，才能够转变获取利益的方向。如果嫌疑人没有新产生的“趋利”心理要求，那么嫌疑人仍然会坚持对抗的“趋利”方向，导致审讯的失败。其次是嫌疑人对“趋利”的依赖方向，这种依赖方向决定了嫌疑人对“趋利”的方向来源的取舍，具体表现为嫌疑人对审讯人员的信任程度，如果审讯人员不能够取得嫌疑人的信任或者情感的依赖，那么再好的“趋利”条件嫌疑人也不会接纳。最后是嫌疑人对“趋利”条件的确认，审讯人员提供给嫌疑人的“趋利”条件，是需要嫌疑人自己来确认的，确认“趋利”的条件能够给自己带来利益，嫌疑人才能够接纳，遵从新的“趋利”条件履行自己的行为。

审讯实践中，审讯人员为嫌疑人提供的“趋利”选择有：心理利益、亲情关系、求生欲望、利弊选择、人格观念等，作为常用的“趋利”条件，解决了重要的趋利“条件”的依赖问题。

第二个是“需要”。“需要”是个体与环境之间的平衡被打破，从而产生一种内部的紧张状态，形成的客观要求。“需要”可分为当前的“需要”和以后的“需要”，“需要”的来源可分为内部的来源和外部的来源。审讯活动中的嫌疑人的“需要”主要是面对当前的“需要”，“需要”的来源主要是外部的空间环境。犯罪嫌疑人在被审讯的空间环境里产生的“需要”，作为审讯人员一定要清楚，因为这种“需要”是审讯人员赖以转换对抗的目标条件，审讯人员通过详细地分析嫌疑人当前的“需要”，掌控嫌疑人的心理思维方向，提供对应的“需要”条件，实现其供述行为。例如，犯罪嫌疑人在接受审讯时表现出来的恐惧和无助，其当前的“需要”是宽慰，获得帮助和情感依赖的对象，审讯人员此时根据嫌疑人的“需要”给予宽慰，拉近与对方的情感距离，将嫌疑人情感的依赖转移到自己的身上来，取得嫌疑人的信任，嫌疑人的利益方向就会由此而改变。审讯人员判定和分析嫌疑人的心理“需要”，主要是通过观察分析嫌疑人形态（微表情）的表现以及通过前期调查了解掌握的信息而判定的。通常嫌疑人的心理行为是以“解脱当前的困境”“降低自己的利益损失”为“需要”倾向的，为此，审讯人员应当根据此时的“需要”，为嫌疑人编制“需要”的条件，逐步降低、转化、消除对抗，实现供述行为。

“需要”条件的提供：“心理平衡的需要”“挤兑的创建”“审托的情感依赖”“调整需要方向”“情感的转移”等，达到对嫌疑人心理“需要”的满足。

第三个是“强制”。审讯活动中的“强制”一般包含对两种行为的强制，即生理行为和心理行为的“强制”。这里的“强制”是生理行为和心理行为的受阻和限制，因为人权保障的法律禁止，取缔了对生理行为的强制，单一地采用心理行为“强制”。心理强制即对心理思维范围和目标的约束和控制，是对心理过程中的“认知过程（知）”“情感过程（情）”“意志过程（意）”的约束和控制。知是人脑接受外界输入的信息，经过头脑的加工处理转换成内在的心理活动，进而支配人的行为的过程；情是人在认知输入信息的基础上所产生的满意、不满意、喜爱、厌恶、憎恨等主观体验；意是推动人的奋斗目标并且维持这些行为的内部动力。知、情、意不是孤立的而是互相关联的一个统一的整体，它们相互联系、相互制约、相互渗透。审讯活动中的犯罪嫌疑人的抗审行为，正是因为在知、情、意这三个方面的能力作用下，产生了对抗的内推动力，产生的根源是实施了犯罪行为之后，接受审讯的心理认知是犯罪与刑罚必然相系的确信和困扰而产生的对抗。为了消除对抗转换为供述，审讯人员必须控制这种对抗的内推动力，对抗审的知、情、意的心理行为进行约束和控制，指定嫌疑人对某一行为作如实的供述和解释，以此积极地调动供述的动力趋向，也被称为心理强制，其目的是避免偏离主题的心理行为干扰，以降低嫌疑人的逃避动机，增强嫌疑人的易受影响性，增加对嫌疑人逃避行为决定能力的破坏。强制实际上是对心理的思维过程的限制，是对思维的定向范围的控制，是避免嫌疑人在“发散性”思维的帮助下，偏离犯罪的主题的策略和措施。

心理强制的方法：主要是依靠信息的影响和刺激产生的心理定向，达到对其抗审的思维趋向的约束和限制，产生心理强制的来源有两个方面，一方面是自我内部的犯罪记忆与解脱刑罚处罚的心理冲突，另一方面是外部的信息导入，这个外部的信息导入是审讯人员提供的“语用行为的限制”，是审讯人员提供的限制行为信息。如嫌疑人为了隐瞒犯罪事实而撒谎，审讯人员追问其撒谎的原因。嫌疑人不能自圆其说而产生的心理冲突，陷入思维的困境，只有放弃谎言说实话，这种困境才能够被解除。常用的心理强制主要是通过选择语用行为的方向，指定嫌疑人说出“人”“物”“事件”“行为”的强制范围。如“人”——关系，“物”——来源与去向，“事件”——定向选择，“行为”——揭谎、导谎。以此促进嫌疑人的定向行为选择。

第四个是“误区”。即认知误区——“错觉”，对客观存在的错误认识。嫌疑人的抗审过程实际上也是一个认识过程，犯罪与刑罚必然相系的确信是嫌疑人的基本认识，隐瞒犯罪事实逃避惩罚是在基本认识的基础上产生的行为，针对嫌疑人的存在和认识反应无疑是正确的认识。相反，如果嫌疑人明知犯罪与刑罚必然相系，而主动供述自己的犯罪事实，除非是认知出现了问题，出现了不正常的情况，否则难以实现。因为供述对自己不利，为什么还要供述呢？其本质上违背了趋利避害的行为规则。通常犯罪嫌疑人在审讯人员的帮助下，能够供述犯罪事实，其根本的原因是他的认知出了问题，是在“错觉”认识的引导下，供述了犯罪事实。大多犯罪嫌疑人在供述了犯罪事实之后，产生了正确的心理认知，对之前的供述后悔，继而翻供，就是取决于认知的“正确”与“错误”。嫌疑人明知供述对自己不利仍然选择供述，就是“错觉”导致的。嫌疑人只有在产生错觉的情况下，才能够如实地供述自己的犯罪事实。

审讯活动中的众多行为大多是建立在嫌疑人错觉的基础上的，被审讯专家们称为“错觉理论”。错觉理论道出了审讯方法的途径，审讯人员通过向嫌疑人提供正确的信息，使嫌疑人产生“错觉”的行为方法：“语用行为、态势和空间”“预设结果”“跨越前提”“模拟情景”“离间关系人”“假设存在”“隐含目标”等。有效地奠定了嫌疑人“错觉”的认知基础。

第五个是“经验”。“经验”是由实践得来的知识或技能，是记忆的积累和反映。行为产生记忆再由记忆转换为经验，由经验再实现行为，这是人基本的认知行为过程。当犯罪嫌疑人实施犯罪行为后，就有了认识经验，有了对犯罪情景的记忆，也就是说有了心理“现场”的记忆经验。人的潜意识承担着重要的记忆经验，在受到特定的记忆经验信息刺激的时候，记忆经验的信息内容，会通过潜意识的反应，超前准确地予以反映。在审讯活动中，当外来的信息涉及该犯罪情景的时候，犯罪嫌疑人根本不需要再次对自己犯罪的现场进行核实，便会清楚地记得该犯罪现场的情景，这种犯罪的情景便会通过潜意识的活动，表现出对该“现场”的记忆经验和认识经验，并通过其心理行为反映出来。审讯活动中嫌疑人的微表情反应，就是记忆经验的产物，这种现象被心理学家称为“超前反馈”现象。心理有了认识经验，无须再次进行核实，潜意识便会直接跨过意识来反馈这一意识经验。例如，检察机关在侦查某一贪污案件时，发现犯罪嫌疑人利用涂改发票、以小充大的方法贪污公款，审讯人员将其涂改的发票取出，犯罪嫌疑人看都不看就默认了。这种“超前反馈”记忆经验的反应，不仅能够准确地通过微表情、微行为，而且还能够通过思维的惯性，以语言的形式表现出来，“口误”便是这种行为产生的表现。意识经验的习惯反应已经作为审讯的重要手段被采用，如犯罪嫌疑人的供述行为有两种表现方式，一种是有声音的供述，通过有声的语言供述自己的犯罪事实。另一种是无声的供述，通过记忆经验的微表情、微行为的反应，暴露自己是犯罪行为的实施者（法律规定需要转换成有声音的供述）。例如，警察接到一恐怖组织的犯罪嫌疑人打来的电话称：“自己在某大厦放置了一枚定时炸弹，择时就会爆炸”，被警察抓获后其闭口沉默，拒不交代，警察告诉嫌疑人：“你没有在某大厦放定时炸弹”，嫌疑人的微表情出现了嘲笑的否定反应，证明嫌疑人已经放了定时炸弹。警察接着又问：“你是在十层以下放了定时炸弹”，得到的微表情是默认反应。警察又问："是在五层以下"，得到的仍然是肯定的默认反应。警察再问："是在三层以下"，得到的微表情反应是否定的，最后警察在四层找到了被放置的定时炸弹。

通常审讯摄取嫌疑人的记忆经验反应的行为方法有："阻止经验""联想经验""空间经验""记忆经验""惯性规律"。"阻止经验"即阻止和控制嫌疑人记忆反应的目标方向，使其集中在心理现场的某个"危险"范围，进行记忆经验反应；"联想经验"是通过对特定情景的信息刺激，产生的联想反应，达到对其知情性的证明；"空间经验"是通过跨越主题目标，追踪与主题目标相关联的原因，即主题目标关系（行为人本身就存在的空间跨越）获取记忆经验反应；"记忆经验"即有行为才有记忆反应，通过模拟行为、分解行为，获取记忆经验反应；"惯性规律"即内在的连续性，促进惯性行为（思维惯性）导出"口误"的行为记忆经验反应。

第六个是"人格"。"人格"是相对稳定的性格特征，嫌疑人在审讯活动中的对抗行为，是在"人格"认识的基础上产生的，不同的人格对自我行为的认识不同，就会产生不同的对抗行为，审讯过程中的"侥幸对抗"和"信念对抗"，就是在人格认识上的差异而产生了两种不同的对抗行为。因此在审讯活动中把握人格倾向，找出相对应的条件，嫌疑人才可能放弃对抗。这种人格趋向的范围："人格倾向""结构倾向""性别倾向""身份倾向""信念倾向"。关于"人格"倾向的审讯方法：(1)"人格倾向"表现为"侥幸对抗"和"信念对抗"，针对"侥幸对抗"采用的方法是"认知误区"和"心理强制"；针对"信念对抗"采用的方法是"需要的基本属性"和"趋利避害的条件"。(2)"结构倾向"也称为"心理结构"，即抗审的心理结构。心理结构的组成因素有动力因素、调节因素、特征因素和心理状态的意识水平。犯罪嫌疑人的对抗动力来源于抗审的心理结构倾向，心理结构倾向是抗审动机产生的直接原因。只有改变犯罪嫌疑人的心理结构倾向，才能转换出交代犯罪事实的动机。改变这种心理结构倾向的方法是提供对应的满足条件，如强奸案件的抗供，审讯人员提供的条件是"向被害人赔礼道歉，取得被害人的谅解，把大事化小”，嫌疑人采纳了这个“条件”，审讯便大告成功。(3)“性别倾向”，女性和男性，女性的人格趋向重“情”，利益概念的趋向表现是“亲情关系”和“财产利益”，是“需要条件”提供的范围，满足了条件，嫌疑人就会放弃对抗。(4)“身份倾向”，身份促进人格认识的转换，审讯中推进“超我”的人格发展，就能够控制谎言的滋生，使得嫌疑人在客观事实面前承认。(5)“信念倾向”是在人格认识基础上而产生的相对具体的心理行为认识，是涉案行为心理平衡的具体认识，审讯人员给出相对应的平衡条件，供述动机便能够产生。如受贿行为的平衡条件是行贿人的感谢行为，拒收让行贿人面子过不去，审讯人员与此种认知能够产生“共鸣”，提出“理解”的条件，对抗便能够转换为顺应。

第五节 “十步讯问法”概述

“十步讯问法”是根据在侦查讯问的实践中，犯罪嫌疑人抗审的心理行为特点和规律，总结提炼出的“讯问”对策和方法。犯罪嫌疑人进入讯问室以后的对抗心理行为过程，大致可以分为十个发展变化阶段和心理的对抗层面，面对不同的发展阶段和层面的心理对抗特点以及不同类型人格的对抗行为，采取分步骤的相对应的方法，进行对抗心理行为和层面的转换，以满足犯罪嫌疑人最终实现供述行为的需要，是科学讯问方法的行为规律的统一体现。

“十步讯问法”的行为过程：起步审讯人员进行介入定位的信息摄入，嫌疑人通常会作出无辜否定的反应，针对嫌疑人的无辜否定，审讯人员进入对应的涉案关系的摄入，嫌疑人的回应行为反应通常是否认隐瞒，这种行为反应是嫌疑人选择的隐瞒对抗的退路，审讯人员针对这种退路的选择，提出否定堵退的理由和否定的方法；嫌疑人重新提出退路选择来否定审讯人员提出的指控，对此行为审讯人员做出确认存在的回应态度表述；谎言辩解是嫌疑人针对自我行为而进行退路回应，因为这里的谎言是嫌疑人基本的对抗支点，有它的牢固性和相对的稳定性，属于对犯罪恶果的守护，强攻难度非常大，为了击弱避强，从结果回到原因的起始阶段，进行涉案原因的摄入，有利于嫌疑人的参与，因为涉案原因能够满足嫌疑人降低恶性的心理需要，嫌疑人能够作出顺应原因的心理行为反应，为了强化降低恶性的心理需要，审讯人员帮助嫌疑人提出涉案原因，进一步地满足嫌疑人的心理需要，为了使这种心理需要更加具体化，审讯人员直接提出更换心理支点的具体条件，以供嫌疑人接受和采纳，因为更换后的新支点降低了犯罪行为的恶性，是嫌疑人能够接受的，满足嫌疑人的利益心理需要，有了利益的心理需要，还必须有利益的来源，审讯人员给出了利益方向的转移，加速嫌疑人对权衡利弊的选择，因为此时的嫌疑人对权衡利弊的选择是被动的，是不明确的利弊关系，为了使这种利弊关系更加明确，审讯人员帮助嫌疑人进行需要的利益选择，被嫌疑人确认接纳，交换出了供述动机，在这里虽然供述动机产生了，但是具体如何供述以及供述内容如何确定，必须由审讯人员提出涉案情景，具体的供述行为才能够实现。

“十步讯问法”的操作程序：“十步讯问法”在操作程序上分为三个层面即默认、认可和确认。第一个层面是默认，从第一步的介入定位到第五步的涉案原因，整个过程就是帮助讯问对象产生对犯罪事实默认的认知结果，是对犯罪的心理事实的认知表现，是供认犯罪事实的初始阶段，也是必经阶段，是供述犯罪事实的起跳板。第二个层面是认可，就是对犯罪事实非本质的认可，是一种泛泛的认可，在这种认可层面上如果遇到不利的信息影响，就可能出现迅速回收，收回对犯罪事实的认可，返回到否认的原始阶段。从第六步的降低恶性到第九步的需要选择，整个过程是帮助讯问对象建立对犯罪事实的认可，满足和达到讯问对象从旧的隐瞒的选题向新的“降恶”选题的转换，强化积极的参与性和合作性。第三个层面是确认，经过前九步利弊心理影响，为了降低恶果选择了与讯问人员的合作，第十步的涉案情景就是确认证据，这个过程是通过涉案情景的涉案行为来解决对犯罪证据的确认。第十步的涉案情景是通过泛指、细化、确认的过程来完成的。讯问对象对事件的诉说通常都是不具体的泛指，首先需要解决的是对犯罪事实的泛指；其次是通过供述的泛指进行细化，因为泛指没有细化到具体的时间、地点、人、物等细节；最后是对整个犯罪行为的确认，确认的目的是通过讯问对象再现全部完整的犯罪事实。有时候讯问对象虽然认可了犯罪事实，但是并没有通过自己的言语直接表述出来，并没有实现自主自愿供述犯罪事实的结果，并非讯问对象的真正供述。所以确认阶段是讯问活动提取言词证据、形成言词证据的主要阶段，从涉案情景中的事实要件以及确认证据，完成从口供形式转换成为言词证据的过程，也是对口供的确认。

第一步　介入定位

介入。开场介入即讯问行为的开始，无论初次讯问还是再次讯问都需要经过开场的介入阶段，其目的是建立交流平台，讯问人员提出的涉案行为、涉案关系、涉案后果的确定和知情关系都需要利用交流平台介入交流空间，满足交流获取信息的需要。开场介入也是讯问开始的序幕，序幕拉开后首先呈现出来的是犯罪嫌疑人的对抗行为表现，犯罪嫌疑人的两种对抗表现类型即侥幸对抗和信念对抗就会逐步表现出来。讯问人员应当尽快地掌握犯罪嫌疑人的对抗行为特征，为下一步选择对应的讯问方法作准备。同时根据开场介入的行为刺激的回应，进行对抗行为分析，不仅要能够准确地确认犯罪嫌疑人具体的对抗否定表现，而且还应当确定犯罪嫌疑人是否有犯罪的记忆反应。

（一）介入的方法

1. 拉近心理距离的介入方法

（1）训斥法。训斥本身是对对方进行批评斥责的一种方法。但是站在嫌疑人的立场训斥，这种训斥的方法被变成了“套近乎”，它的目的是拉近审讯人员与犯罪嫌疑人的情感距离。

（2）寒暄法。寒暄本是用来向他人问候、嘘寒问暖以示关心的方法，也是平时与他人见面相互问候的应酬话。例如，张大爷，最近身体好吗？

眼下天气冷了您老要多保重。

（3）变通法。为了避开犯罪嫌疑人不愿听到的词语、不愿涉及的事件，采取变通转换的方法，避开刺激语，造成让犯罪嫌疑人过了桥而不知桥下有水的结果。

（4）置换法。是用来置换自己位置的方法，把自己从审讯台上态度严厉的审讯官，置换成犯罪嫌疑人的帮助者。置换的方法可以根据犯罪嫌疑人的年龄与自己的年龄上的差异，来确定自己被置换的角色和口气。

（5）暗示法。这是利用心理暗示的方法，让犯罪嫌疑人把审讯人员当成“自己人”，来取得犯罪嫌疑人的信任。可以利用托关系找人“说情”，让犯罪嫌疑人误解审讯人员被“买通”，成了“自己人”，对犯罪嫌疑人进行“暗示”，使其“心中有数”。

（6）疑问法。用疑问的方法介入，如我真不明白这件事怎么是你干的，你让我怎么也想不通。

（7）明知故问法。明知是那件事故作不知，如怎么啦？怎么回事？

（8）正话反说法。是用说反话的方式介入，如审讯人员今天让你来不是为了让你交代问题的，你的那些事不需要跟我说，我只是想听听你的态度。

2. 双向摸底的介入方法

（1）摸心理定式。采用“定位刺激法”来发现犯罪嫌疑人的定式心理，用很平和的语气告知：“你已经构成犯罪了！”通常会出现两种反应趋向：一种是没有明显的反应，既不辩解也不回答，表现出沉默无语的默认状态。这种反应大都是“畏罪心理”的反映。另一种反应则比较强烈：我不承认我有罪，我有什么罪？你们说我有罪你拿出证据来！或者用其他的理由来进行辩解，这种心理表现是“侥幸心理”的反映。

针对“畏罪心理”，应当多给他们求生的希望，把他们往求生的路上领，常常摆出“利”“弊”关系，让对方选择，尽最大的努力使对方形成一种观念：“说实话对自己有利。”

针对“侥幸心理”的方法，无论是采用“逻辑的方法”“以证取证的方法”还是“牵连追根的方法”，最终要使对手形成一种观念：“事情他们已经都知道了，抗拒已经失去意义。”

（2）摸人格对抗行为特征。侥幸对抗：语言形态的顺应性比较强，形态处于回收和服从状态。

针对侥幸对抗的预设讯问方法：设置认知误区——错觉，建立趋利避害的平台，运用心理强制的方法处理谎言。

信念对抗：语言形态的顺应性比较差，形态处于开发和攻击状态，激情状态反应强烈，认死理，很多的时候认事不认罪。

针对信念对抗的预设讯问方法：满足需要的行为属性，接收意识经验的记忆反应，人格属性的支点瓦解。

定位。开场定位即讯问的起始层面，给犯罪嫌疑人框定、设立心理认知层面，帮助犯罪嫌疑人确定认知范围。通常的认知层面有：①“犯罪事实已经被发现，证据已被掌握”；②“犯罪事实可能被掌握”；③“怀疑某一犯罪事实可能被掌握”；④“得到了某些犯罪信息”；⑤“犯罪事实没有被发现”；⑥“仅仅是某些涉嫌的信息”等。以此反馈犯罪嫌疑人的摸底，针对犯罪嫌疑人的摸底，提供涉嫌层面的心理认知（犯罪嫌疑人的摸底盼知）。定位的目的就是帮助犯罪嫌疑人建立犯罪事实已经暴露的认知错觉，创建揭露与隐瞒的心理冲突压力场，确立转换对抗的心理起始点，实现降低对抗、转换对抗、消除对抗，实现供述的目的。

（二）定位的方法

1. 角色定位的左中右，在讯问空间里有两个方面，一方面是自己的身份，在左（帮助）、中（中立）、右（对立）的位置中进行选择。另一方面是看嫌疑人的身份，也是在左（帮助）、中（中立）、右（对立）的位置中进行选择。以此确定为对抗性和非对抗性。

2. 行为定位的上中下，主要是对嫌疑人犯罪行为暴露程度的定位，分为三个层面即上中下，上（已经暴露）、中（犯罪嫌疑）、下（没有暴露），以此确定讯问的话题平台。

3. 定位的语用行为方法：

（1）“造势”法。一方面，让犯罪嫌疑人一进审讯室就感觉到自己有罪。不是故作声势，而是从审讯人员的神态和语言中反映出对犯罪嫌疑人的“惋惜”和“同情”，让犯罪嫌疑人自己去感悟。

常用的刺激语有：你还年轻，审讯人员真为你可惜；审讯人员的调查已经进行了很长时间，你可能还不知道，当然你也不可能知道；关于你的问题，审讯人员调查的结果已经得到证实，你不想谈谈原因吗；审讯人员不知道你当时是怎么想的，可以说审讯人员对你的父母、妻子、孩子都非常同情。这就是凭借审讯人员提供的信息让犯罪嫌疑人通过联想产生自己有罪的感知。

另一方面，来自审讯室内的环境。主要是利用三尺审讯台来做文章，审讯桌上可以设“空城计”。

（2）“开门见山”法。即直接“告知”犯罪嫌疑人已经构成犯罪，用比较坚定的口气直接告知犯罪嫌疑人他已经没有任何退路。

“根据审讯人员的调查并通过材料证实你已经构成了犯罪，我这是很负责任地告诉你，你可以把我现在所说的话记下来，我开始也怀疑过这件事不是你干的，但是那些证据材料是不会说假话的……”通常有两种反应，一种是沉默无语，对审讯人员所推销的观念表示默认。针对这种情况审讯人员还应当继续强化自己推销的观念，让犯罪嫌疑人感到犯罪事实已经暴露，不说实话不行了。另一种是极力地辩解自己没有干任何违法犯罪的事。审讯人员应当立即阻止犯罪嫌疑人的辩解，不要让犯罪嫌疑人把辩解的话说完。例如，你不用说了，审讯人员一切都清楚了。阻止犯罪嫌疑人辩解的目的就是强化审讯人员推销的观念，让犯罪嫌疑人感到自己已经构成犯罪。

（3）“迷惑”法。迷惑就是利用错觉的方法迷惑对手，使之产生错误的认识和判断作出“错误”行动。历史上的“空城计”可算是“迷惑”的经典。“迷惑”的意义在于隐蔽自己，暴露对手。

迷惑的方法有：①证据暗示法。②语言迷惑法。③神态迷惑法。④利害关系法。⑤“错觉”影响法。

（4）逻辑法：①空间目标隐含："他为什么说这件事是你干的！"②设置前提跨越："你拿了那笔钱是平时用了还是存起来了。"③假设存在设立："你在推他的时候，对面有人在施工。"④两难选择："那辆车是你给她买的还是别人给她买的。"

4. "错觉"的内容：

（1）对审讯目标的错觉。让犯罪嫌疑人产生错觉，麻痹对方，声东击西隐蔽审讯的主攻方向和目标，削弱对方的防御强度，避其强攻其弱，使得犯罪嫌疑人首尾难顾，以失败而告终。

（2）对司法机关掌握证据的错觉。对掌握证据程度的错觉，产生获取证据程度的错觉越大，对犯罪嫌疑人产生的心理限制的压力就越大，趋向供述交罪的距离就越近，注意犯罪嫌疑人错觉的利用是审讯成功最有效的方法。

（3）对利害关系人的错觉。其与犯罪嫌疑人有一定的利害关系，有时能对案件的成败起到重要的证明作用，因而也是犯罪嫌疑人在接受审讯时较为关心的问题。

（4）对担心关注情景的错觉。关注情景也是危害情景，是具体的某一行为关系，一旦暴露全盘皆输。

（5）对客观事实存在的错觉。为了能够对客观事实存在产生错觉，将客观存在分为实际存在和假设存在两大类。客观存在是指实施犯罪时留下的行为痕迹和与此相联系的各种情景；而假设的客观存在是审讯人员为了使犯罪嫌疑人产生错觉，假设的犯罪痕迹和相联系的各种情景。

回应：沉默否定。

第二步　涉案关系

（一）概念

涉案关系是案件核心主题引发出来的内在的和外在的牵连关系，是案件的核心行为牵涉连带出来的行为关联，与案件的核心行为存在必然的牵连关系，是实施犯罪的必然行为和过程（突破口的选择起始点）。为了证明涉案行为，寻找涉案关系是讯问活动的主要行为所在，涉案关系的来源将在讯问活动中产生重要的意义。

提出涉案关系的目的是确立和强化犯罪嫌疑人与案件的密切关系；破坏犯罪嫌疑人有“退路”的心理支点，降低犯罪嫌疑人的心理平衡水平，削弱对抗的心理动力强度，达到降低整体的隐瞒能力；催化冲突压力场，根据犯罪嫌疑人隐瞒对抗的心理行为分析，犯罪嫌疑人心理认知的涉案关系的牵连度增加，引发犯罪嫌疑人对后果的恐惧强度的增加，催化冲突压力场，产生解决后果的驱动力。根据犯罪嫌疑人隐瞒的行为特点，是直接否定还是嫁祸他人；是“明示谎言”还是“暗示谎言”；是沉默否定还是反击否定；是等待信息还是自我封闭排斥信息，以此判定犯罪嫌疑人对涉案关系的认可程度。

（二）涉案关系的种类

1. 内在的犯罪行为记忆

内在的犯罪行为记忆引发涉案关系反应。

2. 外在条件的时空关系

通过涉案的特定时间和特定的地点，联系案件有关的人和事，从而找出涉案关系的分析方法。

3. 与人的涉案行为关系

犯罪行为在很多时候离不开与人的关系，有甚者是直接与人发生关系，也有的是间接与人发生关系，人与人的行为接触是多种多样的，但是在实施犯罪行为时的人与人的关系就成为特定关系。一个人作案就可能有被害人、目击证人、案件的关联人等，共同犯罪和团伙犯罪案件所涉及的人员就更多。这些人能够有效地牵连出犯罪的行为关系。

4. 与物的涉案关系

犯罪行为所涉及的与物的关系是不可避免的，是客观存在的，作案时留下的作案现场、作案的遗留物、作案时需要的工具、作案时的痕迹、作案前的物的准备和来源、作案后赃款赃物的去向以及犯罪行为所侵害的对象，都将成为犯罪后的涉案关系，这些物的客观存在无疑对还原犯罪的行为提供了可靠的保障。

5. 与案件事实的涉案关系

案件事实是与案件有牵连关系的客观存在，是案件发展过程中能够有效证明犯罪行为的依据和存在。例如，盗窃案件，某小区的某个单元在特定的时间，被盗贼入室盗窃，而监控录像显示在那个时间段只有李某进入过该小区的那个单元，并且是空手而入，身背背包而出，李某出来时所背的背包也是失主家的背包，李某到案后不得不承认自己入室盗窃的犯罪事实。

（三）涉案关系涉入的方法

1. 直插式涉案关系的涉入

让嫌疑人明确地感觉到侦查讯问人员已经掌握了确实充分的证据，给嫌疑人创建一个错觉空间。

第一，对于狡辩否认的嫌疑人的发问："现在不是你承不承认的问题，我是想知道你当时为什么这么干，我想要知道原因……"

第二，对有一定证据能够证明有犯罪嫌疑的犯罪嫌疑人的发问："今天把你找来，一切都是清楚的，你也应当清楚，没有证据司法机关能请你到这里来吗？审讯人员把你请来的目的就是看你想说不想说！"这里讯问的语言不要有丝毫犹豫，开门见山、明确问题、语气坚定不移，使嫌疑人充分地感觉到讯问人员的强硬态度，通过讯问人员的态势可以显示出讯问人员手中有充分的证据。

第三，对那些沉默不语心理负担特别重的犯罪嫌疑人的发问："我现在不需要你讲经过，经过审讯人员都知道了，我现在只问你为什么要杀她（他）？"这样发问的目的，一是明确这起案件就是嫌疑人干的。二是减轻或者降低嫌疑人作案后的心理压力，开始进入该主题的时候，跨越这个过程，直奔作案的原因，效果比较好。三是让嫌疑人讲原因，让嫌疑人明白这是讯问人员给嫌疑人辩解和争取从宽的机会。

第四，对仅仅是有涉案嫌疑的嫌疑人的发问："这个案件审讯人员已经很清楚了，你应该知道自己现在怎么办!"这里应当注意把握的是上述语言使用的是"背景含义"，这种语言跨越了一个事实已经清楚的前提，目的是让嫌疑人产生充分的联想，接下来的一句话是让嫌疑人自己想怎么办，当然这句话的背景含义就是供述犯罪事实，怎么办——说真话。同时在使用上述语言时除在态度和表情上要表现得不能犹豫外，还要注意给自己留有余地，否则把话说满了，容易形成僵局。

第五，变通地使用跨越前提的背景含义的语言，如"要想人不知，除非已莫为，司法机关也不是那么容易才把你找来的，也不知道有多少人在为你服务啊"。是使嫌疑人通过联想的途径，将涉案行为与自己联系起来，否认的对抗主题已经失去意义，怎么办？建立新的主题是当前的需要（后退一步）。

第六，对那些反复狡辩和否认的嫌疑人的发问："现在你的问题不是是不是你干的，而是你自己应该如何认识的问题……"这样的发问主要是对那些反复狡辩的明确否定，并且明确地指出对方应当选择什么样的主题，来回答讯问人员的发问。如果对方在下一个议题上仍然选择否认的方法，如"我没有什么认识，反正不是我干的"。讯问人员应当这样发问："你难道就心安理得地干这件事？"达到继续维护新主题的目的。

第七，对共同犯罪直插式的离间发问："你不说不等于别人不说……"再有："没想到吧，你也有被出卖的时候。"这里能够让嫌疑人清楚地知道，自己被司法机关找到的原因是同案犯的出卖，以此达到离间的目的，剥离嫌疑人的攻守同盟，达到相互揭发的目的。

第八，对那些已经被采取强制措施的嫌疑人的发问："你为什么被采取强制措施，应该清楚吧，因为你的问题得到了证实……"这里明确地告诉嫌疑人，能够对其采取强制措施，就是因为犯罪事实得到了证实，这也是由强制措施的条件决定的。再有，"本来你是不应该到这里来的，那是你错过了一次机会，你还有机会希望你不要再错过了，时间对你来说是非常宝贵的……”。对嫌疑人的这种惋惜的目的，是让嫌疑人明白如果在采取强制措施之前交代了，是不会被采取强制措施的，否则，将会面临更严重的处罚，把握时机自己就能够获得更大的好处。

2. 比照式涉案关系涉入

不立即直接挑明嫌疑人的犯罪行为，而是提出一个相似的与嫌疑人没有任何关系的另外一个主体的行为，拉入进行比照，让嫌疑人自发地对号入座，达到涉案关系涉入的目的。

3. 开脱、宽慰型目标涉入

这是审讯人员为实施犯罪的嫌疑人减轻其个人责任的心理过程，针对犯罪嫌疑人而言，实质上也是激活了嫌疑人通常采用的歪曲真实目的的行为动机，为其犯罪行为寻找开脱理由的心理行为，帮助嫌疑人减轻道德范畴上的心理责任和罪责感的压力。首先是通过帮助减轻犯罪行为的道德严重性来降低嫌疑人的罪责感。其次是通过转嫁客观因素的存在达到对嫌疑人心理上的宽慰，抛开实施犯罪时的主观因素，能够实施犯罪行为的重要因素在于客观条件，祸根是客观条件引起的。再次是通过实施犯罪时的引发条件帮助开脱和进行心理上的宽慰。实施犯罪时的引发条件是多种多样的，有激情状态下引发的条件；有他人行为引发的条件；有历史的前因引发的条件；有社会的不良状况引发的条件；有某些物品引发的条件（如酒后失德）；还有某些事件导致的心理不平衡状态等。最后是通过犯罪行为的偶然性称赞闪光行为帮助嫌疑人开脱和进行心理上的宽慰。无论是多么罪大恶极的犯罪嫌疑人都有闪光的一面，通过对嫌疑人过去所做过的好事和闪光行为进行评价赞扬和渲染，来达到对其隐瞒能力和隐瞒水平的降低。

4. 挤压假设型目标摄入

以彼压此，假设彼挤压此，如盗窃犯入室犯罪，不承认谎称是走错了门，设定是来强奸的，撬门别锁不是因为走错了门，而是为了强奸，这里已经发生好几次入门强奸了，不是！我是来偷东西的。

5. 涉案关系建立的认知误区

犯罪事实暴露的心理误区能够最大化地降低嫌疑人的隐瞒动力，强化犯罪嫌疑人供述认罪的内在动力。认知错觉产生的根源：首先，来源于审讯人员的态势。其次，审讯人员行为目标的隐蔽性是犯罪嫌疑人认知错觉产生的基础。最后，犯罪嫌疑人自我意识的知觉经验，一方被否定了，那么另外一方就被肯定了，这种肯定的情形就是犯罪事实，这是犯罪嫌疑人认知错觉产生的内在根源。

认知误区的涉入方法：（1）直接告知犯罪嫌疑人其犯罪的存在；（2）错觉攻击态势；（3）涉案关系的模拟情景；（4）摸底渐进的涉入方法；（5）假设存在的涉入方法；（6）隐含目标的涉入方法；（7）跨越前提的涉入方法；（8）强制介入的涉入方法（口误）；（9）动机原因的涉入方法；（10）定向否定的涉入方法。

第三步　否定堵退

否定，即不认可，针对犯罪嫌疑人的谎言辩解予以否定，有效地起到对谎言阻止否定的心理催化作用。

否定的概念：否定犯罪嫌疑人带入讯问室的心理定式，这里的心理定式是通过犯罪嫌疑人的辩解表现出来的，否定辩解实质上就是嫌疑人的抗审方法。犯罪嫌疑人用准备好的心理定式，来否定自己的犯罪行为，其选择的情景和否定的情节，就是犯罪嫌疑人赖以对抗的条件，一旦自己准备好的理由不能起作用的时候，就会选择新的方法来继续对抗。可是选择新的方法需要时间，为了不留给犯罪嫌疑人选择新方法的时间，调查讯问人员迅速进行否定堵退，能够有效地控制犯罪嫌疑人对抗新方法的滋生。

否定的方法：（1）通过直接阻止辩解来实现，如“这句话你不需要再说了，我也不想再听到”；（2）通过直接告知新的转换层面来实现，如“我很负责任地告诉你，你干的那些事已经得到证明”“那个女孩子是被你强迫的不是自愿的，这个问题你是一点退路都没有了”；（3）通过客观存在来阻止嫌疑人的辩解，如“谁都能够证明！跟你去的那几个人也能够证明”；（4）通过假设存在阻止嫌疑人辩解，如“现场留下的痕迹都能够证明”“今天司法机关把你找来就已经说明了问题”；（5）通过条件阻止即阻断依赖的对抗条件来实现，如“知道这件事情的不止你一个人”“要想人不知，除非己莫为”；（6）通过确定行为来实现，如“我可以肯定地告诉你，你已经涉嫌犯罪了”。

堵退的概念：“堵退”就是堵其退路，嫌疑人的对抗是以退路为条件的，退路越宽对抗的强度和力度就越大，反之就越小，堵住嫌疑人的退路是破坏嫌疑人对抗的重要手段。以否定的方法堵退路，目的是破坏犯罪嫌疑人对抗的心理支点，退路被堵塞，对抗的条件就会丧失。收缩犯罪嫌疑人的对抗条件，使得对抗心理得不到满足，供述条件就会得到增加和强化。

堵退的方法：反问式堵退（你觉得这样的辩解还有意义吗）；直接式堵退（你的受贿行为没有一点可怀疑的）；反驳式堵退（那就是她傻，自己是心甘情愿的，反过来还要告你）；误区式堵退（你以为他给你钱是心甘情愿的吗？）；趋利避害式堵退（你知道用什么方法为自己辩解最有利吗，如何能够获取最大的利益你懂吗？）。

对嫌疑人辩解的堵退。首先是堵退应当从引导开始，从嫌疑人的否认引导嫌疑人提出“借口”。例如，“这件事不是我干的”，回应引导的方法：“为什么你不能干这种事呢？”“我不可能干这种事”，回应引导的方法：“你为什么就不可能呢？”“我不可能强奸她”，回应引导的方法：“你为什么就不可能强奸她呢？”

其次是顺应肯定否认，无论在何种情况下都不要与嫌疑人发生正面冲突，无论嫌疑人的否认多么不合常理，都不要表现出惊讶和愤怒或者直接否定，而是要表现出对嫌疑人的否认早有预料，一切都在审讯人员的掌控之中。例如，嫌疑人的否认：“那不是真的。”审讯人员回答：“你说得不错，你希望那不是真的，我也希望那不是真的，我能够理解你的心情。”这里审讯人员始终把控着主动权。

最后是转化否认，在顺应肯定嫌疑人的否认之后，需要立即转入下一步否认的含义的转化，恢复到原来的审讯主题，进行否认的退路堵塞即堵退。

对抗隐瞒条件的否定堵退：隐瞒对抗行为是在涉案关系提出之后才表现出来的否认行为。否认是有条件根据的，也是他们能够否认的理由，审讯人员的重要任务就是让这种理由不能成立，通过否定的方法使其放弃能够依赖的否认条件，达到对其否认的转化。

对抗条件的转换：直接介入新条件的方法是在嫌疑人否认条件的基础上，设立一个更高层面的条件交给嫌疑人进行比对和权衡，达到继续讯问主题的指控，即“换谎”。例如，盗窃犯进入他人的家中行窃，惊动了在家熟睡的女主人，女主人惊呼。盗窃犯被擒，盗窃犯谎称自己找人走错了门，并非想盗窃。审讯人员虚构了强奸的情节问：“最近发生了不少入室强奸的案件，我想你的行为应该是……”此时嫌疑人肯定会作出否认：“我怎么会干那种事呢，我刚进房间她就惊叫了起来，我就被他们抓住了，我怎么会强奸她呢！”审讯人员：“你又怎么能够证明你进入那个女孩的房间不是强奸呢？我倒愿意相信你去她家是想拿点钱，因为现在你很需要钱，不到万般无奈你也不会去她家找钱、找东西，这些我也能够理解，谁没有困难的时候呢……”（回到入室盗窃的主题）

间接介入新条件的方法，通常情况下嫌疑人提出的对抗条件反应，审讯人员难以直接处理，不能直接转化为主题的核心问题。例如，嫌疑人说“我怎么能够平白无故强奸她呢？我又没毛病，有毛病的人才会干那种事”。审讯人员避开难以处理的对抗条件，转入间接介入新条件的方法：“你说的问题正是审讯人员要查清楚的，审讯人员都不希望你是那种人，是因为那天你喝酒了，你在清醒的时候绝对不会做那种事，那些在清醒的时候做那种事的人才真正有毛病，酒后无德，可能每一个人酒后都会做一些出格的事情，包括你说的这件事，在正常的时候你是绝对不会做这种事情的，之所以出现了这种事，就是因为你当时处于不正常的状态，这种情况也不是你一个人会有，许多人都会有这种不正常的情况，追究起来还是酒的原因……”此时嫌疑人提出的否认条件基本上被否定了，于此，嫌疑人的新的对抗否认也就产生了，审讯进入下一步。

第四步　揭谎导谎

（一）概念

确认存在是对犯罪事实的强化确认，是对第三步隐瞒对抗的心理条件支点的直接否定。目的是动摇对抗的心理支点，排除前卫对抗支点。确认存在主要是对犯罪事实的存在进行进一步的确认，是对第二步提出的涉案关系的确认和细化，同时也是对第二步犯罪嫌疑人的否认隐瞒作出回应，以强化犯罪嫌疑人的心理压力和摆脱这种局面的渴望。确认存在的目的是进一步证明涉案关系，保持犯罪事实已经暴露的认知，强化犯罪嫌疑人的心理压力和摆脱这种局面的渴望，为了向涉案原因的转换打好基础。

确认存在主要是确认涉案主题的存在，涉案主题与犯罪嫌疑人有着密切的关系。对抗活动中的涉案主题包含两个层面，一个是外围主题，是犯罪的外围情景，是被概括的主题。另一个是内部存在的关联情景，是涉案行为的核心问题，它是以与行为人的牵连关系而存在的，牵连的程度是讯问中对抗取舍的焦点。讯问人员在没有具体地掌握犯罪嫌疑人的犯罪证据的情况下，提出的涉案主题，通常只是外围主题被概括的主题，不是具体的涉案存在。只有当讯问人员掌握了具体的行为人的犯罪证据之后，才有可能提出关键的核心主题。因此，这里的确认存在是外围主题被概括的主题存在，这种关键的核心主题隐含在犯罪行为过程的特定细节中，如贿赂犯罪行为，行贿人手中有钱，把钱送给了受贿人，是一个完整的行为链条，核心主题包括“有钱”“送钱”“收钱”。如果行贿人、受贿人或者“钱的存在”有一方被否定，这个犯罪的链条就会断裂，导致整个的犯罪行为不存在。因此，确认存在只能确认不具体的涉案存在，无法确定具体的涉案存在，因为在这一阶段，讯问人员是没有具体涉案证据的，不可能掌握犯罪行为中的特定细节。如行贿人说没有给，受贿人说没有拿，就是具体的特定细节和目标选择。通常这个具体的特定细节和核心目标，被隐含在犯罪主题背景中某个特定的问题或者行为的关系之中，犯罪嫌疑人通过否定来破坏这种关系，确认存在就是为了阻止这种行为的发展，阻止其进入下一个否定层面。

（二）确认存在的方法

1. 涉入错觉信息“确认存在”：（1）情景暗示；（2）语言迷惑；（3）神态迷惑；（4）利害关系的错觉；（5）“错觉”信息影响；（6）假设存在；（7）模拟情景。

2. 产生错觉的内容：（1）犯罪嫌疑人对审讯目标的错觉；（2）对司法机关掌握证据的错觉；（3）犯罪嫌疑人对利害关系人的错觉；（4）犯罪嫌疑人对客观事实存在的错觉。

封控谎言“确认存在”：封控谎言的方法就是在这个语轮中，不让嫌疑人回答，代替嫌疑人回答，审讯人员自问自答，一个语轮完全由自己来说，预测到这句谎言能够出现，代替嫌疑人提前作出回答，那么嫌疑人的这句谎言就会被封控。例如，“我现在问你公安机关为什么抓你，你一定会矢口否认你没有强奸她，这句话我早就知道你会说，但是我不想听，我也不想第二次再听到，我只想弄明白这到底是什么原因，是什么因素惹的祸”。

第五步　涉案原因

涉案原因是涉案行为的起因，是带来犯罪行为结果的直接原因或者间接原因，原因带来犯罪的行为结果，与犯罪的行为结果存在因果关系，涉案原因对于分析犯罪行为的产生有着非常重要的意义。从强势的行为结果方面转移到弱势的行为原因方面，以涉案行为原因为焦点发散开来，由原因引发的行为自然就会涉及行为结果，因为进入行为过程空间，自然要牵连行为结果，涉及犯罪行为原因与涉及犯罪行为结果相比，原因较能够被嫌疑人接受，因为原因不直接涉及本身的犯罪行为结果，不太被嫌疑人重视，在嫌疑人看来没有危险性，所以嫌疑人能够积极参与到原因问题的交流中。

涉案原因即涉案行为的起因，也即心理行为的动因，讯问活动中不触及涉案行为的结果，而直接涉入起因，目的是降低行为人对恶果的心理压力，不直接涉及本身的犯罪行为，通过原因牵连出涉案行为，主要是降低犯罪嫌疑人对后果（恶果）的恐惧，催化心理的封锁压力，最终目的是直接涉入犯罪嫌疑人的行为原因和动机，引出涉案行为。在涉因阶段犯罪嫌疑人的心理认知层面仍然是自我行为原因否定，因为动因是行为的根据，是对行为结果的需要，行为结果来自心理动因，所以心理认知层面仍然是否定的行为，这里仍然包含着恶性，需要外来的帮助才能开脱这种心理的恶性。

犯罪嫌疑人进入涉案原因的心理认知层面，能够产生积极的心理需要，对涉案结果的固守就会被暂时放弃，重新寻找新的防卫方向，讯问人员对核心问题的“围剿”，犯罪嫌疑人的“具体目标”被控制，逃避行为结果的途径被关闭，针对犯罪嫌疑人而言，因为涉案暴露的危险向自己逼近，安全条件出现失衡。核心问题的牵连性被强化，能够支撑的核心问题开始转化，从行为的结果向行为的原因转化，是犯罪嫌疑人内在心理行为的变化，这种转化无疑是对抗条件的降低，但是它需要外部条件的维护，才能够继续降低对抗条件，向行为动机方面转化。这里的外部维护条件取决于讯问人员对犯罪嫌疑人的心理影响。犯罪嫌疑人此刻情绪消极，神态表现变得谨慎而安静，眼前的办案人对自己的亲近程度，是否有危险和伤害、自己是否能够信任他、自己的“那件事”导致的紧张恐惧和内心的无助需要外援的帮助，如果讯问人员满足了这种需要，涉案原因的心理行为便会稳定下来。如果讯问人员不能够满足这种心理行为，那么犯罪嫌疑人就会放弃“原因”，返回到“主题”问题的对抗。涉案原因就是为了促进犯罪嫌疑人的自我认知的心理恶性转化，达到降低恶性的目的。

1. “确认存在”后的心理行为反应

（1）退路选择的自我评估。所谓退路即后退之路，退却的道路、回旋的余地，是在前行之路不能通行的情况下，回旋寻找出路即退却之路。回旋余地和退路选择条件的产生是嫌疑人根据对自我行为的评估和对审讯人员提供的信息判断，进行综合的心理行为分析而作出的应对、否定、隐瞒犯罪的理由和方法。（又可分为完全暴露、部分暴露、没有暴露）

（2）供述心理障碍。是围绕着物质利益、政治利益、精神利益而展开的，犯罪的惩罚性告诉了嫌疑人在实施犯罪行为之后将由此带来物质利益、政治利益、精神利益的损失。对利益关系的认知，还可分为长远利益与眼前利益，整体利益与局部利益。

（3）条件决定心理障碍的程度。因为这种心理障碍是因条件而转化的，因条件而发展的，无条件的心理障碍是无法实现的。

2. 供述心理的需要条件

犯罪嫌疑人对抗审讯，拒不交代自己的犯罪事实，是因为自己安全的需要、自己幸福生活的需要，因为这些需要的作用，才导致了对抗行为的产生。可是当另外的一种需要超过了犯罪嫌疑人因为对抗所依赖的需要的时候，犯罪嫌疑人就会放弃这种对抗，去满足另外的更大的需要，以放弃自己认为小的需要来获取大的需要。

拒供与供述都是在需要的前提下产生的，审讯活动就是从转变嫌疑人拒供的需要为供述的需要而展开的。

3. 利益冲突与利益方向的选择

（1）利益冲突。因为供述导致利益丧失，因为利益的冲突产生隐瞒对抗。放弃对抗选择供述，这是犯罪嫌疑人在对抗的利益关系的心理冲突之后，发生利益关系的变化，继而进行利益平衡的结果。利益平衡解决冲突。（权衡利弊的方法：强制、两难选择、最后通牒、权衡利弊）

（2）利益方向。无论犯罪嫌疑人是隐瞒对抗还是供述认罪，都是对获取利益的方向选择的结果，嫌疑人将获取利益的方向选择在自己的身上，就会选择隐瞒对抗，如果选择在审讯人员身上或者选择审讯人员所代表的司法机关，那么犯罪嫌疑人就可能选择供述认罪，多年来的审讯实践表明，犯罪嫌疑人如果坚持自我，不改变获取利益的方向，就不会选择供述认罪。（转变利益方向的方法：评价、借情、关心、降压、换位、同情、降恶、需要）

4. 对抗的心理支点的更换

首先是条件支点更换的导入方法。审讯人员根据嫌疑人隐瞒抗审的心理需要，帮助嫌疑人重新选择另外一个相关的支点条件，让嫌疑人放弃旧的谎言更换一个新的谎言，以此构筑新的抗审心理支点，更换嫌疑人当前固守的心理支点。

更换的目的：更换后的新的条件支点应当能够促进嫌疑人向供述交罪的方向发展。换谎、顺应心理顾忌、满足心理需要、反向行为导入（“据审讯人员所知这笔钱你又退给了对方，不知道情况是不是这样”）。

其次是行为结果的转嫁导入。犯罪的行为结果能够直接给嫌疑人带来行为恶果，嫌疑人隐瞒条件的心理支点就是对恶果的排斥，犯罪的行为结果被转嫁给了别人，那么因此产生的恶果就与自己没有关系，所以审讯人员如果将犯罪的行为结果转嫁给别人，犯罪嫌疑人是能够认可的。例如，盗窃案件犯罪嫌疑人隐瞒入室盗窃的犯罪行为，审讯人员给予新的条件介入：“当时在你进入房间之前就有另外一个人已经拿走了那些东西，他拿东西出来的时候应该是被你看见了，所以那些东西不是你拿的而是另有人在，你能不能把看到的情况跟审讯人员说一下，同时也能够证明不是你拿的。”于此满足嫌疑人嫁祸他人的心理需要，自然就会更换出新的谎言。

最后是根据嫌疑人趋利避害的心理需要，导入趋利避害的条件选择。例如，在一起刑讯逼供致人死亡的案件中，涉案的公安人员在对一名犯罪嫌疑人进行审讯时，采用刑讯逼供使用电警棍电击被审讯的嫌疑人，致使嫌疑人心脏骤停死亡，之后为了隐瞒其死亡原因，在发现嫌疑人已经死亡之后，就将嫌疑人从三楼的窗户抛出，以此制造嫌疑人跳楼自杀身亡的假象。

涉案原因的心理支点的更换方法。

从行为的结果向行为的原因转化，促进嫌疑人内在心理行为的变化，将对抗隐瞒行为结果的心理支点，转换成为始发的行为动机的心理支点，客观上满足了嫌疑人对抗支点的位置后移。例如，“我现在就问你出现这种事情的原因”！直接将审与抗的交流平台放在案发的起因上，鼓励犯罪嫌疑人参与进来，让嫌疑人直接找涉案原因，然后通过原因的解析过程找到行为过程中的某些涉案关系，帮助嫌疑人建立起新的涉案心理支点，逐步后移支点构架位置。例如，盗窃案件的犯罪嫌疑人否认自己的盗窃行为，审讯人员反末为首："我就问你原因，当时现场是什么情况？"嫌疑人回答："那里没人啊！"审讯人员说："这就对了，当时没有人在场，你以为是谁丢的，所以才拿走的，不是吗！"别人丢之后自己才捡的，不是盗窃，满足盗窃嫌疑人的心理需要，自然就愿意承认自己是捡的不是盗窃。

涉案原因的心理支点构建。

首先是将讯问的话题转移到案发的行为原因上，引发嫌疑人对涉案原因的辩解，以此将嫌疑人的心理支点转移到涉案动机上来。例如，在一起投毒致人死亡的犯罪案件中，犯罪嫌疑人拒不承认投毒的犯罪事实（以行为结果为心理支点进行隐瞒对抗），审讯人员转移话题："你现在就回答我公安机关为什么把你抓来，你就说说原因！"嫌疑人回答："怀疑是我干的呗！"问："为什么怀疑你，而不怀疑别人呢？"回答："因为我没有生孩子，嫉妒小姑子的孩子（被害人），即便如此我也没有必要害这个孩子啊！"这里"嫉妒小姑子的孩子（被害人）"投毒的犯罪动机出来了。

其次是帮助嫌疑人进行涉案原因的支点转移。审讯人员提出了涉案原因之后，帮助嫌疑人选择一个涉案原因，这个涉案原因应当能够满足嫌疑人的心理需要，才能够被嫌疑人采纳。例如，在对一名某市的市长贿赂犯罪的审讯中，犯罪嫌疑人拒不承认自己的受贿犯罪行为，以没有收取他人的钱财为对抗隐瞒的心理支点，审讯人员发问："你就不想想是什么原因吗？我告诉你，原因就在于不良的社会风气，你说说腐败问题是不是社会风气导致的。你当市长就会遇到许多这种情况是不是？"嫌疑人回答："就是啊，送钱你不收他们就说你不给办事，收了又违纪违法。"抓住这个话题审讯人员说："那你就具体说说吧！"此后嫌疑人交代了几笔受贿犯罪事实。帮助嫌疑人转换原因的心理支点，大多是从降低责任为前提进行涉入的。例如，"我想出此问题的原因还是你被动接受的或者是对方的错误"。

最后是提出疑问来涉入涉案原因的转移，审讯人员提出的疑问，由嫌疑人进行回答，达到涉案原因转移的目的。例如，“我真不知道你这是什么原因造成的”。再如，发生在歌厅里的强奸案件，嫌疑人只承认发生了性行为，就是不承认强奸。审讯人员问：“我真不明白，经过审讯人员调查了解你是一个非常守规矩的人，人品也非常好，为什么突然出现这种情况?”嫌疑人回答：“嗐！我那天不该喝酒，都是酒惹的祸！”心理支点转移到了涉案原因上：“即便是自己喝酒了，也没有强奸”。于此“酒喝多了是可以原谅的，此事为什么不能够取得被害人的原谅呢?”继续更换心理支点，追踪涉案的行为结果。

原因认可的方法：首先，拔高道德范畴的认可，从拔高道德的角度评价对方，进行“超我”的人格评判，例如，“你是好心办了坏事，你原本是想帮助他”。再如，默认式的原因认可，“你的人品非常好，出现这件事的原因我就不说了”“你是一时的冲动，正常情况下你是不会干这种事情的”。拔高心理追求的人格层面，降低涉案关系人和涉案关系的客观层面（社会层面)，转嫁道德行为恶性。其次，帮助选择认可的原因，在涉案的行为关系中选择一些有利于嫌疑人的行为，进行分析评价排除嫌疑人的行为恶性，将行为恶性转嫁出去。例如，“你也不是一个贪财的人，只是碍于情面，才不得不收别人的钱”。还有“出现这种行为，对方有很大的责任，如果不是因为对方的这些行为，这件事也不会发生”。最后，假设的原因认可，帮助嫌疑人推卸责任，转嫁责任，将导致涉案关系的行为恶性转移出去，逼其对假设的原因进行认可。例如，“这件事的主要责任在对方，是对方实施了违法犯罪的行为”“在此之前还有一个人实施了这种行为”“这件事的最终后果是另外一个人造成的”等。

移情依赖的语用行为方法：

直拉式：“我是来帮助你的，你有什么事情需要我帮助的可以跟我说。”

亲情转嫁式：“你父亲对你很关心”“我去过你的家。”

心理接触式：“你的问题也不是什么大不了的，如果放在我的身上也可能会犯跟你同样的错误。”

关心式：“你有什么困难可以告诉我”“你有什么需要我帮你的？”

为他服务式：“我只要在这里一天都会给你提供帮助。”

恶果转嫁式：“你也不是为了自己……天下父母心。”

动机分析式：“你是因为情面过不去才……”“你是一时的冲动，事后就后悔了。”

政策教育式：“司法机关对犯了错误的人，是以挽救为目的，不是以惩罚为目的，四种形态的原则就是帮助、挽救、不再犯，情节恶劣的才是惩罚”“审讯人员的办案人能够拉你一把，就不会推你一把”“法律是有具体的从宽从轻的规定”等。

说服式：“通过这一次的经历，你应该吸取教训，有所进步，下回就不会再犯了。”

反常规式：“关于坦白从宽、抗拒从严的政策问题，我推心置腹地告诉你，我不信。”

昵称式：“张局长，你先喝口茶，审讯人员再聊！”

抬举式：“老百姓都说你是好官，为人正直、真诚、事业心强、办事爽快，30 岁不到就是县处级干部，你德才兼备，前途无量啊（这里解决的是人格基调问题）。”

从宽情节分析式：“对你的问题审讯人员来探讨一下，你现在的涉案数额已经达到了刑罚规定的极限标准，是要判重刑的，反正现在是要判重刑了，如果能够再主动交代犯罪事实，就能够获得从轻处罚，你自己分析如何对你有利？”

许诺式：“你受贿的时候你儿子在场，审讯人员应该找你儿子取证，但是审讯人员没有去，避免你上大学的儿子受到影响。”

训斥式：“你让我怎么说你好，你是聪明人办蠢事”“为什么不想想挽救方法？”

第六步 趋利避害

恶性是嫌疑人隐瞒犯罪事实的心理行为的来源，恶性意识是主观的心理意识和客观的社会意识的综合反映，主观的恶性意识源于自我的人格属性。

降低恶性主要是降低心理恶性认知的困扰，降低道德的属性，对颜面、荣誉的维护，尤其是职务犯罪嫌疑人对名誉看得比较重，以此帮助其解脱这种压力，排除心理障碍，满足行为人趋利避害的心理需要，目的是获取认同。犯罪嫌疑人对后果的感知压力被降低，隐瞒的对抗能力也相应被削弱，能够促进说明原因的语言冲动。降低恶性是帮助犯罪嫌疑人建立一个心理平衡的台阶，只有上了这个“台阶”才能够达到解决心理困境的目的，降低了问题的严重性，排除了阻力，才能够对自我犯罪行为重新思考，由于对他人的过错和自己的经历的思考，如受贿是社会风气，受贿是别人主动给的，是行贿人的过错，还有自己的社会贡献等，心理压力和阻力被削弱，心理平衡的意识结果，转换出来的心理动力趋向是“反正自己的过错也不是那么严重”，向心理平衡的最高峰发展。

为什么降低恶性？因为恶性的存在才有隐瞒抗审的存在，恶性越大隐瞒的力度也就越大，恶性意识与供述意识成反比，降恶就是为了强化供述动力。

恶性产生的隐瞒抗审行为包括：“定式心理支点”“前卫心理支点”“后卫心理支点”“更换需要心理支点”“改变需要心理支点”。

转换“定式心理支点”。嫌疑人隐瞒心理行为的产生：带着隐瞒的心理定式参与被审讯的空间，这里的心理定式是嫌疑人对自我行为的整体评估，而产生的对整体利益保护的自卫认知状态，是整体防卫意识，也是整体地对不利因素的否定预备。

初始阶段还没有涉及具体内容的预备心理定式。审讯开始后，审讯人员直接告知嫌疑人：“我希望审讯人员能够推心置腹地交谈，我最不能容忍的是别人说谎，不好说的、不能说的可以不说，但是不能说谎，我这个要求可不可以?”对此嫌疑人点头默许。这种预告式的审讯介入方法，无疑就能够使得嫌疑人从整体防卫的心理支点状态，直接过渡到具体的犯罪行为的层面，实现了抗审心理支点第一个阶段的转换。

支点选择：有前后、轻重之分，犯罪行为存在不同的发展阶段，每一阶段的行为恶性不同、初始行为和发展行为的恶果不同，趋利避害的条件心理反应，产生了轻重利弊的意识选择，即前卫环节和后卫环节，进行分阶段的隐瞒对抗（行为分解：如强奸杀人案件）。

抗审选择：先轻后重的对抗模式，被突破一个点就放弃一个点后退一步，直到无路可退才会放弃抵抗，缴械投降。

支点变化：整体对抗转移到具体行为即定式心理支点到前卫的心理行为支点，前卫心理支点是犯罪行为的外延关系，外延与核心有着不可分割的牵连关系，控制外延、防守外延无疑是对核心的保护，所以前卫也就成为通往核心后卫的障碍，保护住前卫就能够守护住核心后卫。从整体对抗支点到具体的前卫支点，是通过介入定位、涉案关系、否定堵退、确认存在、涉案原因，完成了对前卫支点的否定。转换行为是在双方默认的情况下退回到后卫环节进行抵抗，后卫就变成了前卫。

后卫支点的转换：嫌疑人退回到后卫进行核心问题对抗隐瞒的时候，仍然需要谎言的支撑来作为对抗的支点条件，这里审讯人员不断地推出说谎产生的后果，再一次限制嫌疑人的谎言滋生，谎言的退路被封锁，也就是后卫的退路被封锁，失去了条件对抗的心理支点和支撑，心理的需要产生了更换支点的心理动机，需要外来的信息条件帮助，由此降低恶性、转换恶果、选择条件，就成为嫌疑人的当前需要，实现后卫的心理支点的更换，产生了新的心理支点——供述动机的产生。

假想恶性的创建：假想是指通过假设而想象出来的，与真相和客观事实还存在着一定的距离，通常人们的思维习惯总是往好处想，不太愿意往坏处想，往好处想是人们的愿望，这种思维就称之为假想。

假想恶性是降低恶性的心理思维意识，是对自我恶性行为的一种谅解心理意识，犯罪行为人在实施了犯罪行为之后，对自己的行为导致的结果的恶性，通常都需要寻找一系列的理由来降低自己的行为恶性，达到自我的心理平衡，通过对行为恶性的假象来满足自我心理平衡。

降低恶性：主要是降低心理恶性认知的困扰，降低道德的属性，对颜面、荣誉的维护，尤其是职务犯罪的嫌疑人对名誉看得比较重，以此帮助其解脱这种压力，排除心理障碍。

降恶方法：直接对行为后果的弱化，如“你行贿也是出于无奈；你收钱也是被动的；你并不想杀他；你并不是为了贪财；如果我是你也会做出这种举动”。直接评价心理动机降恶。

分析原因降低恶性，如“出现这件事的根本原因是酒惹的祸；发生这种事情是你太讲义气了”。替嫌疑人设想辩解理由，如“一定是对方的过错；都是为了工作”。

第七步 更换支点

更换支点是案件的核心涉案关系的支点转移，是对涉案核心问题的总体确认。支点也称心理支点，是心理行为的动力和原因，也是相对稳定的心理定式，它是心理行为的预设准备和行为过程中的心理动力。犯罪嫌疑人隐瞒对抗的行为就是在这种心理动力的支持下实施的，这种心理动力的支持审讯人员将其称为对抗的心理支点。

犯罪嫌疑人带入讯问室的对抗心理支点是相对稳定和坚固的，能够支持和贯穿整个讯问过程，以此来维护和满足隐瞒对抗的心理行为任务，这是不会轻易改变的心理动力行为，如果外来的条件不能满足其心理需要，那么隐瞒对抗的行为就会始终保持着，导致讯问活动的失败。讯问人的行为目的就是使犯罪嫌疑人放弃隐瞒对抗，主动地供述犯罪事实，犯罪嫌疑人放弃隐瞒对抗实质上就是对自我的对抗心理支点的否定，被新的供述心理支点所代替。这里的放弃被代替的过程就是心理支点的更换过程。只有帮助犯罪嫌疑人更换了原始的对抗心理支点，犯罪嫌疑人的供述行为才能够产生。

更换对抗隐瞒的心理支点是讯问活动中的重要一步，更换首先是要动摇和破坏犯罪嫌疑人带入讯问室里的原始心理状态，不破就不能立，立是以破为条件的，破了旧的新的才能产生，才能完成从旧的心理支点向新的心理支点的转换。在前面的几步里大多都是为了破坏旧心理支点而服务的，从第一步的介入定位就是确定涉案关系的存在，给犯罪嫌疑人的行为定位；第二步的涉案关系是对犯罪嫌疑人涉案行为的具体化，满足犯罪嫌疑人涉案行为已经暴露的错觉；第三步的否定堵退是对犯罪嫌疑人选择的谎言予以否定并且对其选择的退路进行封堵，达到瓦解带入讯问室的心理定式的目的；第四步的确认存在是确认犯罪嫌疑人涉案行为的存在，与第五步的涉案原因，都是对犯罪嫌疑人选择的对抗心理支点的破坏和对其选择的对抗方法的否定；第六步的降低恶性是从趋利避害的心理需要，满足犯罪嫌疑人对利益的选择达到瓦解心理支点的目的。

更换"后卫"核心涉案关系的心理支点方法与技巧：

1. 转嫁恶果的支点更换

嫌疑人的一切隐瞒对抗行为都是基于这个危害结果，为了减轻自己的罪过，嫌疑人总是试图把自我行为导致的危害结果从自己的身上转移出去，或者转嫁到别人的身上，以此来减轻自己的罪过。审讯人员只有帮助嫌疑人进行维护结果的转嫁，嫌疑人才会主动放弃固守的心理支点，顺应对抗心理支点的转换。

更换方法：依据嫌疑人在抗审过程中的谎言表现，采用以谎换谎的方法，统称为"换谎法"。

2. 降低恶性的支点更换

恶性的行为对自我存在着不利的因素，导致嫌疑人在被审讯的过程中进行积极的隐瞒否认，行为的恶性就成为审讯活动中的对抗心理支点。为了让嫌疑人放弃这种对行为恶性的恐惧，达到更换对抗心理支点的目的，采取降低恶性的方法。

更换方法：设立客观的原因来降低主观的恶性，改变嫌疑人的恶性认识，建立一个新的无主观恶性的假性心理认识。设立降恶的情景，如没有给是因为退的情景。

3. 满足需要的支点更换

需要什么？面对当前被审讯的处境，而产生的摆脱审讯控制的心理需要倾向，这种心理倾向转换为对抗审讯的心理动力，就是需要的心理支点，需要的心理倾向产生的心理支点，外化为对抗行为，满足隐瞒对抗的行为要求。

更换方法：需要什么就给什么，使得需要失去了意义，达到支点的更换。找到心理倾向是什么，满足此种心理倾向的需要，心理倾向失去意义，那么心理支点的更换就能够取得成功。例如，审讯人员放弃对行贿人送钱问题的追讯，改变路径重新编制一套能够满足行贿人心理倾向的情景，将行贿人否认行贿行为的“没有给”改为“退回来的”等于没有给，满足需要的心理趋向（强奸案：尽快摆平这件事）。

4. 担忧目标牵连的心理支点更换

担忧即担心和顾虑的心理。担忧的心理状态达到一定程度的时候，便成为一种心理恐惧，能够直接阻碍犯罪行为的供述动机的产生，形成一种抗拒隐瞒的心理支点。

更换方法：在于牵连目标的转移，担忧的牵连目标一般都是较为具体的情景，通过信息刺激获取的信息反应，提取的担忧目标，经过分析整理做出解决的方案，以此为条件与担忧心理支点进行更换，达到对担忧牵连目标的心理支点的化解。更换担忧牵连目标的心理支点，就是帮助解决担忧目标的问题，达到更换心理支点目的。

5. 对立情绪的心理支点更换

审讯的空间里，嫌疑人的对立情绪来自孤立无援的对立冲突，是自我的隐瞒行为受阻，是办案人员的揭露行为破坏了嫌疑人对荣誉、获得尊重的心理需要而产生的对立情绪，这种对立情绪的来源通常是具体化的，集中在某一个审讯人员的身上，通常是审讯人员的态度、高强度的语言攻击力导致的对立情绪。

更换方法：在无助条件下产生的对立情绪，只有在有助的条件下才能够得以解决，怎样建立有助的条件呢？例如，通常俗称的扮演“红”

“白”脸，利用“红脸”与“白脸”的配合，来激发其情感依赖达到内心感性的顺应性。

第八步　利益方向

利益即好处，是某种需要或愿望的满足。利益冲突是隐瞒对抗行为产生的根源，解决利益冲突问题实际上也就解决了隐瞒对抗的问题。

利益方向是获取与维护利益的趋向性，在没有对犯罪嫌疑人旧的对抗心理支点更换之前，犯罪嫌疑人维护与获取利益的方向始终都是建立在自我的心理行为之上的，依靠自我选择的心理行为方法来满足隐瞒对抗的需要，不依赖外界的条件自己救自己，以外来条件作为对立面，整个讯问的语言交流行为是对立的行为，讯问空间也是对抗与对立的空间。当这种对立的空间失去了对抗能力的时候，也就是说，对抗的一方的心理支点被破坏，原始的现有的心理支点失去了对抗的意义，不能支持对抗行为的继续发展，放在自我身上的利益趋向性也随之发生变化，自我的利益条件丧失，只有依赖外力，才产生利益方向的变化。这种利益方向的变化就是对抗的心理定式发生的变化，也是心理支点能够变化的内在条件。

更换利益方向即利益趋向性的根本目的是为更换后的新心理支点服务的，目的是使犯罪嫌疑人的利益趋向性集中到更换后的心理支点上来。通常为了满足犯罪嫌疑人对新的心理支点的需要，将涉案的行为结果转移到涉案的原因上，将涉案的恶果转嫁分解出去，降低其对后果行为的心理恐惧和心理压力，帮助犯罪嫌疑人选择退路，将其利益方向转移到讯问人员身上，以此保障更换后的心理支点能够按照犯罪嫌疑人的行为心理事实客观发展开来。

利益关系的认知行为：集中在审讯活动中的利益冲突是“长远利益与眼前利益”“整体利益与局部利益”“合法利益与非法利益”“自力利益与外来利益”。

1.“长远利益与眼前利益”的冲突和讯问方向

犯罪嫌疑人的隐瞒对抗，是来源于长远利益的丧失，因害怕受到刑罚处罚而产生的对抗行为。审讯活动中犯罪嫌疑人所面对的眼前利益障碍，即当前被审讯所带来的心理焦虑和心理压力。如果犯罪嫌疑人为了摆脱这种心理焦虑和压力，就会选择顺应行为放弃对抗来获取眼前利益。如果犯罪嫌疑人始终选择维护自己的长远利益，那么他就会选择积极地对抗。

讯问方向：帮助嫌疑人选择眼前利益，放弃长远利益的隐瞒对抗。

2. “整体利益与局部利益”的冲突和讯问方向

犯罪行为对自己、对家庭、对自己的生活圈所带来的损害，被称为整体的利益关系；给自己的局部利益或者某个体成员带来的损害，被称为局部利益关系。这两种利益关系经常发生冲突并处于两难状态。嫌疑人的对抗行为通常是为了维护整体利益而产生的，但很多时候，犯罪嫌疑人为了局部利益会放弃整体利益。

例如，某犯罪嫌疑人在被采取强制措施以后，仍然坚持积极地对抗，拒不交代自己的犯罪事实，当得知自己的女儿再有两个月就要参加高考了，这对女儿一生的前途将会产生重要的影响。为此，犯罪嫌疑人选择积极配合，创造取保候审的条件，尽快走出看守所，让女儿能够顺利参加高考。为了局部利益放弃了整体的对抗。

3. “合法利益与非法利益”的冲突和讯问方向

犯罪嫌疑人的对抗行为是为了维护非法的利益关系，即掩盖犯罪行为达到对自己非法利益的维护。当犯罪嫌疑人认识到自己的犯罪行为对社会的危害，产生了悔过的思想认识，转而积极主动供述自己的犯罪事实，从根本上来说就是对合法利益的维护，这种认识过程，就是非法利益关系向合法利益关系转化的过程。促成转化就是审讯人员的基本任务，两害相权取其轻的心理决定其行为选择方向。

4. “自力利益与外来利益”的冲突和讯问方向

利益方向转移的心理条件，依靠自己的力量维护利益，就是选择隐瞒对抗，依靠外来（审讯人员）给予的利益，就会选择顺从供述。依靠外来的给予，就改变了原来的利益方向，从自力转为寻求外援。转移方向的方法是建立情感依赖关系。

趋利避害的选择性：当一个重要的利益失去以后，接踵而来的就是尽力去追求一个较轻的损失后果，即争取坦白获得从宽处理，以此获取新的利益关系。

第九步　平衡转换

需要有机体感到某种缺乏而力求获得满足的心理倾向，它是有机体自身和外部生活条件的要求在头脑中的反映。心理需要是一种心理不平衡状态，不平衡才产生心理需要，满足了需要就是完成了心理平衡，嫌疑人自我调整的平衡心理就是反审讯的行为特征（平衡不产生需要，就不会向讯问人员讨要利益，没有利益的交换，就没有犯罪供述）。

选择需要的目的就是改变对恶果的认识，在讯问对抗活动中，犯罪嫌疑人固守的对抗需要，是自我依赖隐瞒犯罪事实，取得最大的利益保护。讯问的最终目的就是消除这种隐瞒犯罪事实的对抗行为，实现实话实说的供述行为。选择需要就是这种以新的利益需要关系，来置换犯罪嫌疑人固守的对抗需要，这个用于选择的新的利益需要，包含的核心内容是以供述为前提条件，满足新的利益需要关系，侦查讯问人员替犯罪嫌疑人设置新的利益需要关系，并且帮助犯罪嫌疑人实现需要的利益。侦查讯问人员帮助实现的利益，是空间的心理利益，而不是客观存在的利益。

讯问人针对犯罪嫌疑人对获取新的利益的需要，是以放弃旧的需要，成功地完成对旧的需要的否定，帮助犯罪嫌疑人建立新的需要，犯罪嫌疑人供述的动机趋向才能进一步得到发展。讯问对抗活动中犯罪嫌疑人的对抗行为，是犯罪嫌疑人为了维护利益，经过理性的认知过程产生的对抗隐瞒需要，面对犯罪嫌疑人的这种对抗的认知需要，侦查讯问人员如果没有新的需要来取代犯罪嫌疑人对抗的需要，那么犯罪嫌疑人就会固守自己的对抗需要，成为讯问活动中犯罪嫌疑人顽强的抵抗行为，最终导致讯问的失败。反之，侦查讯问人员提供给犯罪嫌疑人的利益需要，超越犯罪嫌疑人顽强抵抗的自我认知的需要，就会放弃用对抗隐瞒的方法，采纳新的利益需要，以此达到置换对抗、消除对抗的目的。

心理需要：如果还没有一个真正能够说服他们自己的“借口”，就马上主动向政府交代，似乎有点太对不起他们自己了。只有当他们认为可以说得过去了，等到不至于心理过于失衡的“条件”出现了之后才愿意交代，这样就不会觉得自己太亏。特定心理条件是供述的心理需要。

供述的特定心理条件：

1. 嫌犯在内心真正后悔、醒悟的时候（人格道德系数的满足条件）。

2. 嫌犯认为交代了对他自己有好处的时候（趋利避害的交换条件）。

3. 嫌犯感到已没有退路，无法继续隐瞒的时候（心理误区的暴露条件）。

4. 嫌犯为了解脱自己心理压力的时候（心理选择的解脱条件）。

5. 嫌犯为了解脱自己形成的意识经验（意识经验的反应条件）。

6. 嫌犯趋利避害需要的基本属性（满足需要的基本条件）。

临界心理需要的产生与满足。临界心理是嫌疑人准备供述的心理状态，是供述的心理预备阶段，在这一阶段嫌疑人除对自己供述后果的权衡利弊外，还产生了一种新的心理需要，即临界心理障碍，直接影响供述行为的实现，阻碍了临界心理向供述行为的转换，这里的临界心理需要实际上就是解决临界心理障碍的需要。

临界心理障碍：一是对选择供述的行为结果的不甘心；二是对获罪的不甘心；三是对某一特定对象的不满而不甘心；四是对供述后的牵连后果的担心。由于这种心理需要的牵连，牵制着临界心理行为的转换，使得临界心理始终处于徘徊状态，因此必须尽快地根除这种心理障碍，清除临界心理的转换通道，保障供述行为的实现。

临界心理障碍的清除方法：

1. 对选择供述的行为结果的不甘心而产生的心理需要。这些人多数是经过长时间的顽强抵抗，不甘心放弃在此之前的隐瞒对抗的努力，如某律师的伪造证据案，嫌疑人已经被羁押在看守所七个多月了，按照诉讼程序已经进入交付审判的退查补证阶段，嫌疑人只要再坚持几天的隐瞒对抗，其结果就是被审判机关作出无罪判决，作为律师身份的犯罪嫌疑人他自己是非常清楚的（心理行为反应：我回去想一想明天再说行吗？缓兵之计）。

解除的方法：帮助嫌疑人进行心理平衡，在这个时候还有必要赌气吗？哪头轻哪头重你自己不应该掂量掂量吗？使得这种心理需要得到平衡。新产生的临界心理障碍就会消失，供述需要的动机就能够实现。

2. 对获罪结果的不甘心而产生的心理需要。供述动机产生的同时，也产生了阻碍的心理动机，一方面是需要供述，另一方面供述之后获罪的后果，这一对矛盾的冲突，阻碍了供述动机的实现。

解除的方法：

第一是进行获罪的利弊轻重的心理转换，犯罪事实已经暴露隐瞒失去了意义。

第二是更换心理障碍的支点，自己做的事情自己应该承担，敢于承担就是一种勇气，也是一份责任，吸取教训，就是进步。

第三是降低主观恶性。帮助嫌疑人寻找客观原因，以此来降低主观恶性，如受贿。

第四是降低恶果。将犯罪事实的整体分解开来，先选择一个较轻的情节让嫌疑人供述，然后再进行下一个情节，一个情节一个情节地分解供述，有效地降低嫌疑人对恶果的恐惧。

第五是利用三段论进行心理降恶分解。默认、认可、确认。

第六是促进嫌疑人对于恶果的轻重选择。如你做的这件事情是故意的还是过失？

3. 对某一特定对象的不满而不甘心产生的心理需要。由于审讯人员选择的是对抗性的审讯方法，与嫌疑人的心理产生了激烈的冲突，导致嫌疑人对审讯人员的言行不满，产生了强烈的心理对抗行为。导致供述动机迟迟不能实现（“我就不向他供述”）。

解决的方法：帮助犯罪嫌疑人转移获取利益方向，建立情感依赖的关系，有条件的情况下可以更换审讯人员，重新建立非对抗性审讯行为关系。供述即可实现。

4. 对供述后的牵连后果的担心产生的心理需要。犯罪嫌疑人选择的供述犯罪情节，不是犯罪的整个情节，而是某一个甚至是某一部分的情节，而这些情节又牵涉其他的犯罪情节，供述了此情节就连续牵涉其他的犯罪情节，这种对牵连后果的担心，就是当下的临界心理需要。

解决的方法：帮助嫌疑人转移目标不牵连，就能够满足临界心理需要。“直接告诉嫌疑人，我只需要你供述这一笔，其他的你可以不供述。”例如，受贿 12 万元的同时还有其他受贿，说了此，彼就牵连出来。满足需要实际上就是满足临界向供述转换的需要，是供述的最后加力过程。

转换需要的方法：

1. 控制否定的目的是转换心理证据，用心理证据置换心理事实，心理证据的获得，是通过心理事实与客观事实的确认而实现的，实际上这是犯罪事实的再现过程。

2. 置换犯罪嫌疑人残留的侥幸心理和畏罪心理。让犯罪嫌疑人自己认识到犯罪的事实已经清楚，必须供述才能减轻目前的心理压力，同时还要引导对方多注意自己的利益（抗拒对自己不利的），维护自己的形象——敢作敢为，千万不可让犯罪嫌疑人失去人格形象变成无赖。另外，还应该让犯罪嫌疑人感觉到审讯人员正在努力地帮助自己。

3. 创造供述的条件，帮助解脱心理压力，让出自我说服的空间，给台阶下，引入“降价心理”，即你那么多的事情我现在只要你说出这一件，对你来说应该知足了，等等。

第十步 涉案情景

涉案情景是嫌疑人涉案行为的犯罪构成反映，是嫌疑人的行为与案件的结果产生的必然法律关系，从客观的角度来说是案件的行为法律关系反映，从犯罪嫌疑人的角度来看就是对涉案行为的心理记忆反应，也是对心理行为的自我评估反应，涉案情景就是涉案的核心问题。

自我评估的心理行为反映：关于我国犯罪构成的四要件说，主体、客体、主观方面与客观方面，但在审讯活动中，嫌疑人为了摆脱构成，进行阻却事由寻找，递进式犯罪构成体系，其构成要件的该当性、违法性和有责性，便成为自我评估的根据。违法阻却性事由是从反面否认行为构成犯罪。

犯罪阻却事由，通常是指某种行为虽然在客观上具备了刑法对某一犯罪规定的行为形式和内容，但不具有主观危险性，因此根据刑法的明确规定，阻却其犯罪成立的情形。

涉案情景中提出的阻却事由的讯问方法：

1. 根据案件的行为特征的非构成要件的阻却事由，作为反审讯的心理支点和目标，进行最后的顽抗。

方法有揭谎、导谎和换谎。使用的方法采取的是三段论即默认、认可和确认。上述嫌疑人提出的阻却事由的谎言，通常采取换谎的方法来解决，换谎的方法是：第一步介入换谎的谎言，第二步换谎的谎言认可，第三步拨离换谎的谎言（某党委书记受贿 7000 万元的受贿犯罪，没有利用职务之便，采取的是先分后并的审讯方法）。

2. 根据案件行为人的主观特征，犯罪构成是主观故意，阻却事由便是过失，如强奸案件中自己没有强奸的故意是对方同意发生性关系的；诈骗案件中自己没有诈骗的故意；职务犯罪案件中的受贿犯罪行为自己没有收取他人钱财的犯罪故意。

方法的过程有："分解""模拟""降恶""换谎""三段""确认"的方法组合，满足对抗隐瞒心理矫治的过程。

分解是对嫌疑人的行为和心理的细节分解，分解细节进行各个阶段的确认。行为分解为初始行为、发展行为、结束行为、恶果行为；心理过程可分为动机、实施、满足、隐瞒、胆怯、悔恨。模拟是对行为过程和心理过程进行的逻辑推理、演绎的过程。降恶是其行为的细节过程和心理行为的细节过程，进行降低恶性的点评和评价。换谎是对行为细节过程和心理行为细节过程进行降低恶性的情景更换，达到降低一个层次的心理满足。三段论也是心理行为表现的三个阶段，即默认、认可和确认的心理行为表现，它是针对行为细节和心理行为细节所进行的默认、认可和确认的过程。确认是对“分解”“模拟”“降恶”“换谎”“三段”所呈现出来的情景进行分解后的组合、集中，获取的真实可靠的主观行为的确认。

3. 法律规定的犯罪构成的阻却事由。

八种违法阻却事由：(1) 正当防卫；(2) 紧急避险；(3) 自助行为；(4) 无因管理；(5) 权利行使；(6) 被害人允诺；(7) 正当业务；(8) 善意取得。

讯问方法：运用“换谎”的方法，选择顺应的谎言进行更换，以谎言来证明谎言，达到对嫌疑人谎言的阻却事由的否定，如案件中业务员王某送钱给业务单位的李某，没有找到李某，便将10万元现金放在隔壁小卖铺的行为，本单位经理看到业务员王某是空手回来的，根据这一情节审讯人员编制谎言介入。

涉案情景也是涉案行为过程的综合，它是犯罪嫌疑人参与的涉案关系被犯罪嫌疑人接受以后，回牵到与案件相关联的情节，是跨越行为事实的桥梁，是纲举目张中的“纲”，抓住被接受的涉案关系的“纲”，“目”也就随之张开，呈现案件情景。

犯罪嫌疑人对涉案情景的心理认知层面产生的倾向动力，是在新出现的条件下，根据讯问人的指向，产生了行为的倾向动力。首先是在“困境”的作用下，采纳讯问人的“指向”，能够解决当前的困境。例如，谎言被揭露，讯问人追讯为什么说谎！犯罪嫌疑人只有说出说谎的原因，才能够摆脱说谎的困境。再如，强奸案，犯罪嫌疑人身处被指控强奸他人的困境，在讯问人指向的被害人谅解的条件下，产生了取得被害人谅解的心理趋向。

其次是讯问人给出的新条件，需要与犯罪嫌疑人自身处境的心理意识和心理趋向相吻合，才能够产生被采纳的动力倾向。无论是信念对抗还是侥幸对抗都有特定的自我心理认知，通常都能够通过在审讯交流的空间反映出来，这也是犯罪嫌疑人提出的问题，需要讯问人解决的，讯问人的“指向”就是解决的方法。例如，作为情妇的犯罪嫌疑人共同受贿的一套房子，讯问人提出的条件是“没收房子”，犯罪嫌疑人拒绝没收，讯问人追讯拒绝的原因，犯罪嫌疑人辩解房子是自己用青春换来的！讯问人追讯“怎么用青春换的”，犯罪嫌疑人道出了受贿的全部经过。

最后是犯罪嫌疑人是否需要讯问人的“指向”，取决于犯罪嫌疑人当前的意识行为，犯罪嫌疑人认为自己当前的处境非常满足，就不可能选择讯问人的“指向”。讯问人只有破坏犯罪嫌疑人对当前处境的满足，其“指向”才能够被采纳，新的趋向动力才会产生。

涉案情景的趋向力已经跨越趋向供述的临界心理状态，涉案情景的趋向力所指向的就是涉案的事实行为。趋向力的发展方向是再现较为完整的行为事实。涉案情景的再现方法主要是通过对整体涉案行为的细化达到对涉案行为的再现：细追抽丝，如“细节的来龙去脉”“时间、地点、方法、数额”；疑问追寻，如“房产证上是你的名字，他是怎么知道你的身份证号码的？”抛砖引玉，（扩大和完整行为事实）如“这是第一次还有呢？这次是在家了，另外几次是在哪里？”

这里即便犯罪嫌疑人开始有了供述的欲望，但有很大的心理顾虑、心理压力，有时还会出现短期沉默，引发对行为后果的联想，讯问人员稍有不测，犯罪嫌疑人就会回到先前的旧支点上去，继续隐瞒对抗，故此需要行为人员的鼓励和推进。

犯罪嫌疑人的涉案情景的心理认知层面反映主要是心理需要的满足，是对涉案情景的回忆和反思，通过回忆“那些事”“那件事”与自己的牵连细节，在那些细节中还有“节外生枝”，还有不能够表露的那些“隐情”。可能会出现的情况：“可以隐瞒”“不主动隐瞒”“一定要隐瞒”。

在涉案情景的整个行为过程中，最后的阶段是确认的阶段，是对行为事实要件的确认，根据已经供述的涉案行为和条件，进一步对犯罪构成进行事实要件确认。犯罪嫌疑人在确定供述的阶段，由于受到记忆情绪的影响，出现意志矛盾冲突，对供述后的犯罪后果的恐惧，对犯罪的外界评价、名声、荣誉的后果惧怕，有时会出现眼睛发呆、表情发愣等走神现象，这种现象表明其在思考一个重要问题、重要情节和如何回避问题。此种行为可能是存在侥幸与幻想，时刻要注意纠正；有时还可能出现不协调的面部表情，如突然哭泣、大哭、大笑、说话哽咽等情况，此刻要注意掌握时机，不要转移话题，这应当是要交代的心理暗示和前奏；犯罪嫌疑人从对抗转向供述很多时候是心理支点的崩溃，必须供述，此时的心理压力的表现：要喝水、抽烟、上厕所、情绪过度紧张，有时还企图逃跑、自杀、自残，需要合情合理地帮助犯罪嫌疑人减轻压力，促其选择交代。

犯罪嫌疑人供述结束后的表现有两种情况，一种是内心的冲突已经解决，处于放松、解脱的心理状态。另一种是心理冲突依然存在，心理顾虑有所增加，原因是存在相关问题的隐瞒，顾虑隐瞒的问题再次被发现，讯问人员应当关注供述后的心理反应，确定是否进行再次讯问。

讯问结束后把握犯罪嫌疑人对笔录的确认和维护，注意犯罪嫌疑人看笔录的态度和反应，保障犯罪嫌疑人对自己真实供述的确认。

第一步 介入定位

第一节 讯问介入行为解析

审讯开始接触犯罪嫌疑人的第一步的基本任务就是介入摸底，也可以称之为试探摸底阶段。试探摸底阶段不仅是表现审讯过程的初始阶段，同时也表示首次接触犯罪嫌疑人的接纳程度。在这一阶段，审讯人员的首要任务是：选择接近犯罪嫌疑人的方法，取得犯罪嫌疑人的初步接纳，逐步摸清犯罪嫌疑人的底细，这种介入摸底的方法通常是向犯罪嫌疑人进行信息刺激，以此获取嫌疑人心理意识反应，达到介入摸底的目的。

一、如何摸犯罪嫌疑人的底细

摸清犯罪嫌疑人的底细是审讯过程中“初始阶段”的首要任务。有的人把它称为试探摸底阶段。它是每一起成功的审讯案件必须经历的阶段。它的特点表现在犯罪嫌疑人与审讯人员都处在相互介入摸底的阶段，不仅审讯人员要知道对方的底细，而且犯罪嫌疑人也要知道审讯人员的底细。审讯人员了解犯罪嫌疑人，是为了制伏犯罪嫌疑人并取得审讯的成功。而犯罪嫌疑人了解审讯人员，就是为了逃避法律的惩罚。因而在此阶段双方的表现都非常警惕、注意力非常集中，都希望在最短的时间，以最快的速度了解对方，来掌握审讯初始阶段的主动权。犯罪嫌疑人介入摸底的主要目的就是要了解审讯人员到底知道犯罪嫌疑人多少犯罪事实，掌握了哪些证据，还有哪些证据没有被掌握。而审讯人员所要知道的内容就是犯罪嫌疑人到底干了哪些事，犯了哪些罪行，如何根据犯罪嫌疑人的特点，让犯罪嫌疑人如实交代自己的罪行。为了摸清犯罪嫌疑人到底犯了哪些罪行，除我们已经掌握的线索外，还要依靠犯罪嫌疑人自己来提供犯罪线索和犯罪事实。可见对犯罪嫌疑人的充分了解才是审讯取得成功的基础。审讯的介入摸底就是要全方位了解犯罪嫌疑人的底细。首先是犯罪嫌疑人带进讯问室的“心理定式”。“心理定式”是犯罪嫌疑人接受审讯时，准备用什么方法来接受审讯的心理准备，在审讯中称为定式心理。这种心理准备带有相对的稳定性，也带有很大的普遍性。犯罪嫌疑人几乎都带着事先准备好的心理状态来接受审讯，这种相对稳定的心理状态，不仅仅出现在讯问的初始阶段，很多时候还贯穿于审讯的全过程，在审讯的试探摸底阶段和对抗相持阶段表现得较为明显。审讯中这两个阶段的任务实质上也是为了摸清底细，达到转化犯罪嫌疑人的定式心理的目的。犯罪嫌疑人在这个阶段的攻守程度，也取决于定式心理稳定的程度。定式心理作为犯罪嫌疑人在接受审讯时相对稳定的心理准备，并不是短期内形成的。根据犯罪的特点，犯罪嫌疑人在实施犯罪时，就已经存在了反侦查的心理准备，这种心理状态的稳定程度决定了存储的时间，存储的时间越久越不易改变，因为这种心理定式会反复在自己的大脑中进行思维循环而被加固。犯罪嫌疑人的定式心理程度还依赖于产生这种定式的根据，那些依据多种事实而形成的定式或与多种需要相联系的定式稳定程度较高。假如某种定式只依赖于某一环节或事实，那么只要否定了这一环节和事实，就可以改变这种思维定式。但如果其定式心理所依赖的环节和事实很多，其定式心理就不容易改变。如受贿人一旦收取了钱物以后，其心理状态立即会因日后有多少暴露的可能性而发生微妙变化：心理意识判断有没有第三者目击，行贿人会不会揭发，如果被发现是否可以借口朋友交往的礼尚往来？自我宽慰只要自己不说，天知地知，你知我知。这一系列的环节和根源稳固了受贿人的定式心理。这种定式心理是否承受过其他外力的攻击，是否有免疫性？如果犯罪嫌疑人仅就此案的犯罪事实没有受到过其他人或单位的讯问，那将是脆弱的，是容易被改变的。反之，如果受到讯问，就会增强抵抗力和免疫性，从而变得更加巩固不易改变。可见犯罪嫌疑人的定式心理是犯罪嫌疑人抗拒审讯的重要心理基础，必须首先弄清楚。审讯过程中的介入摸底，就是要摸清犯罪嫌疑人带进审讯室的基本的心理状态——定式心理。

首先如何摸清犯罪嫌疑人的定式心理？通常采用“定位刺激法”来发现犯罪嫌疑人的定式心理。“定位刺激法”是采取给犯罪嫌疑人设定某一前提，然后观察其反应，根据其反应从中发现并且找出犯罪嫌疑人的定式心理的方法。这种方法的使用是在问完了犯罪嫌疑人的基本情况以后，在犯罪嫌疑人的情绪比较平稳的情况下，很平和地告知犯罪嫌疑人：“你已经构成犯罪了！”然后观察犯罪嫌疑人对这句话的反应。通常会出现两种反应趋向：一种是没有明显的反应，既不辩解也不回答，表现出沉默无语的默认状态。这种反应大都是“畏罪心理”的反映。他们知道自己的罪行重大，心理基础是怕受到惩罚，心理表现是走一步看一步，根据情况的发展而定。另一种反应则比较强烈：“我不承认我有罪，我有什么罪？你们说我有罪你拿出证据来！”或者用其他的理由来进行辩解，这种心理表现是“侥幸心理”的反映——我自己知道事情是我干的，但是你们找不到证据，我就是不承认，千万不能承认。这两种定式心理告诉我们审讯的方法必须依据对方的基本心理特征。针对“畏罪心理”，审讯人员应当多给他们求生的希望，把他们往求生的路上领，常常摆出“利”“弊”关系，让对方选择，尽最大的努力使对方形成一种观念：“说实话对自己有利。”而针对“侥幸心理”，则要改变方法。无论是采用“逻辑的方法”“以证取证的方法”，还是“牵连追根的方法”，最终要使对手形成一种观念：“事情他们已经都知道了，抗拒已经失去意义。”在一般的情况下，只要能够把握这两种定式心理的特点，就能够把握审讯的大方向，不至于走弯路。其次为什么要知道犯罪嫌疑人的“人格”特征是什么？因为犯罪嫌疑人的“人格”特征对审讯活动有着重要的影响。犯罪嫌疑人的“人格”基调越高越容易接受审讯人员的“暗示”。笔者在这里所说的“暗示”，不是带有诱供性质的暗示，而采用的是一种“心理影响”的方法，引导犯罪嫌疑人放弃抗拒，走供述认罪的路。研究犯罪嫌疑人的“人格”基调的目的，是确定犯罪嫌疑人在客观事实面前供述认罪的程度。人格基调低的人，低到一定的程度，就会被称为“无赖”，在客观事实面前还会抵赖不认账，其供述认罪的顺应性比较差。与此相反，人格基调比较高的人，在客观事实面前供述认罪的顺应性比较强，容易接受审讯人员的暗示，笔者认为这是供述认罪的基础。也就是说，人格基调高供述认罪的基础就好，相反就差。对人格基调比较低的犯罪嫌疑人，审讯人员首要的任务是调整犯罪嫌疑人的人格基调，把犯罪嫌疑人的低人格基调拔高。当犯罪嫌疑人被限制了人身自由或者面对司法机关的讯问，由于这种外来的信息刺激，产生了被歪曲的人格基调。例如，犯罪嫌疑人认为自己仅仅干了一件小事，司法机关就小题大做，产生了破罐子破摔的思想意识，心灵深处被社会否定的逆反对抗的心理记忆被激活，有的认识他的人就可能说：“这个人过去不是这样的，怎么现在会变成这样了呢?”这里可以证明人的“人格基调”可以在短时间内通过外部信息的刺激而发生变化。既然能向社会否定的逆反对抗的方面发展，同时也可以向社会肯定的顺应服从的方面发展。因此在初审阶段，审讯人员不仅要设法了解犯罪嫌疑人的人格特征，还要通过人为的刺激拔高犯罪嫌疑人的人格基调，改变犯罪嫌疑人逆反对抗的心理。如何在初审阶段寻找犯罪嫌疑人的人格特征？用观察的方法，也就是前面所说的审讯人员的“眼睛”，用我们自己的眼睛去发现犯罪嫌疑人的人格特点。犯罪嫌疑人为了不让审讯人员更多地了解自己，总是要千方百计地掩盖自己，伪装自己的心态。但是他的下意识反应和细微的人体动作会告诉我们他的心理活动情况。例如，手的动作、脚部的动作、面部表情的变化、眼神的变化，这些都能比较明确地表现出犯罪嫌疑人的心理活动情况。这些人的重要特点是“自私”“唯利是图”，只要我们仔细地去观察，就不难发现。关于审讯人员的“眼睛”，前面已经作了详细的叙述，在这里就不再赘述。用耳朵去听、用心去感觉。语言是心理的表现，犯罪嫌疑人的心理活动特点总是要通过自己的语言表述出来的，审讯人员用自己的耳朵细心地去听，就会有所收获。例如，那些语言粗鲁、刻薄、格调低下的犯罪嫌疑人，就不可能有较高的文化素养和比较高的人格品质。他们在语言的表述上总是表现出对他人的不满，对他人的言行要求极为刻薄，甚至指责讯问人员的不是，表现得蛮不讲理。而对自己从不认为有“错”，甚至对自己的犯罪也认为是别人造成的，不属于自己的责任。对待自己宽容对待他人刻薄，是他们人格品质表现的特点。另外，犯罪嫌疑人的人格特征还表现在“对抗的持久性”。审讯人员为了转变犯罪嫌疑人的对抗心理，通过教育谈道理，有的人抗拒心理转变得比较快，而有的人抗拒心理转变得比较慢。这是因为有的人“明事理”，知道什么是错的什么是对的，什么是应该干的什么是不应该干的，一旦发现审讯人员说的话有道理，其抗拒的程度就会立刻减弱，逐步消失。而有的人“不明事理”，属于低品质的人，不知道什么是错的什么是对的，什么是应该干的什么是不应该干的，他有自己的行为标准，尽管审讯人员的话说得在情在理，他也听不进去。所以这种类型的人抗拒心理转变得比较慢，需要的时间比较长，有一定的持久性。同时，有的犯罪嫌疑人善于隐蔽自己，抗拒心理的转变不容易被发现，因此我们在寻找犯罪嫌疑人的人格特征时，不仅要用眼睛去观察，还要用心去感受。审讯人员与犯罪嫌疑人较量的审讯过程，实际上也是与犯罪嫌疑人心理交流的过程。在很多时候对对方的心理感知，不是依靠对方的语言表述，而是依靠自己的心理感觉来感知对方的心理特点。例如，不会说话的“眼睛”，眼神的交流能够表现心态，眼神的敌意就是对抗的心态表现，眼睛对视的时间长短也是心理表现的一个方面，对方眼睛对视的时间比较长，超过正常的无言交流的眼睛对视的时间，就表现出了一定的攻击性。前面笔者介绍了四目对视的特点，当审讯人员与犯罪嫌疑人初次接触四目对视时，谁的眼睛先避开对方，谁多半就是弱者。这里主要说明的就是眼神的攻击性。既然眼神具有攻击性，抗拒心理就不可能轻易被消除。犯罪嫌疑人防卫底线的设置，与犯罪嫌疑人的人格特征有很大的联系。防卫底线是犯罪嫌疑人为了抗拒审讯所设置的“屏障”的位置。例如，报复杀人案件，犯罪嫌疑人明明与被害人认识，而在讯问犯罪嫌疑人时却坚持自己不认识被害人。他的防卫底线就比较靠前。当客观事实证明他不但与被害人认识，而且与被害人有刻骨的仇恨时，在事实和证据面前，犯罪嫌疑人还仍然坚持自己不认识被害人。这里可以看出犯罪嫌疑人的人格基调极其低下，实属无赖。另外，还是这样一个案件，犯罪嫌疑人既承认与被害人认识，又承认与被害人有仇恨，但是犯罪嫌疑人否认自己是杀人凶手。这里可以看出犯罪嫌疑人的防卫底线就比较靠后。因为犯罪嫌疑人知道认识被害人并且与之有仇恨，这是明摆的事情，是不可否定的。所以他就自动地放弃了。与前面的犯罪嫌疑人相比，后者的人格基调就比较高。心理学家们认为，对人格的研究，仅仅是对人格差异的研究，除鉴别人格差异外，不评定人格的高低。审讯心理学把人格的特征用高低的方法来予以评价，目的是便于审讯人员对犯罪嫌疑人特点的掌握。在审讯心理学中人格差异的重要特点是：犯罪嫌疑人在客观事实面前能不能够承认客观事实。大多数犯罪嫌疑人都能在客观事实面前认罪，而少数的犯罪嫌疑人面对客观事实要无赖拒不认罪。他们的这种差异显然与犯罪嫌疑人的世界观和人的品行、品格有关。而世界观、人的品行、品格又是人格的具体表现。为了说明犯罪嫌疑人在审讯活动中，对客观事实的认识特征，用人格差异来说明犯罪嫌疑人对客观事实的认识特征，解决的仅仅是认识的现象而不是认识的实质。所以为了在审讯活动中更进一步地说明犯罪嫌疑人面对客观事实表现不同的实质问题，首先设定基本特征即基调，用高低来评价犯罪嫌疑人的认识差异，才能准确地反映出人格差异的实质。因而笔者认为犯罪嫌疑人在客观事实面前能够承认客观事实，其人格表现为正常，属于标准的人格表现。如果犯罪嫌疑人在客观事实确凿的情况下，仍然否认，这是低人格基调的表现。低人格基调的人不能在审讯活动中与审讯人员产生正常的沟通，审讯活动需要犯罪嫌疑人具备最基本的人格才能满足其条件。因而需要人为地拔高其人格才能展开审讯活动。如何在初审阶段拔高犯罪嫌疑人的人格基调？其方法通常采用称赞、评定、心理同情和展望前途的方法，即直接赞美法。人大多都有一个共同的特点，爱听赞美、赞扬、好听的话，实际上这是人们的心理需求，外来的赞美顺应了这个心理需求，出现了积极的情绪。为了对犯罪嫌疑人进行情感的影响，应该充分利用这一心理特点，便能取得很好的效果。首先，是对犯罪嫌疑人的“闪光点”加以肯定。将其参加工作直到案发为国家和社会做过的一些有益的事提取出来加以肯定、赞扬，使得犯罪嫌疑人感觉到社会还没有忘记他曾经做过的贡献，由此而产生情感上的共鸣。如有一位市长涉嫌犯罪，在审讯他的时候，对抗心理极强。他仰坐在椅子上，面向天花板闭目养神。这时的他很难听进去别人的劝导，审讯人员先不谈案件的实质，而是对他过去的工作作充分的肯定：“你为社会做出了很大的贡献，你曾经用自己的智慧和汗水对城市的建设做出了很大的贡献，这个城市的老百姓是不会忘记你的，还希望你能回去参加这座城市的经济建设。”此后，这位市长不仅改变了自己的坐姿，而且满脸带着感激之情：“谢谢你。”这短短的几句话取得了双方情感上的沟通。其次，是对犯罪嫌疑人的人品的评价，把高尚的品格往犯罪嫌疑人的身上粘。例如，“你性格直爽，敢作敢为，为人讲义气，重感情，办事情实事求是，不搞虚假的一套，在工作中出现的问题，敢于承担责任，为人处世光明磊落，办事公正，客观全面，到任何时候都是一条好汉”。把这种品德粘在犯罪嫌疑人的身上，他是不会往下脱的。同时对方还会千方百计地维护被强加的形象，并按照这种形象去做出行为。应当注意的是，在对“人品”评价时，收集典型事迹进行评价效果最好。

二、如何接近犯罪嫌疑人

审讯人员与犯罪嫌疑人虽然同在一间审讯室，身体相距可以说是近在咫尺，但是他们的心理相距、情感相距就可能差之千里。接近犯罪嫌疑人实际上是指接近其心理，是进行心理接触的基础。审讯在很大的程度上是与犯罪嫌疑人进行心理沟通的过程，也是情感交流的过程。因此，审讯人员只有接近犯罪嫌疑人，才能与犯罪嫌疑人进行心理沟通和情感交流。审讯人员如果不能接近犯罪嫌疑人，就不可能了解犯罪嫌疑人的心理情况，就不可能对犯罪心理起到转化作用，有时甚至背道而驰，距离我们的审讯目标越来越远。所以接近犯罪嫌疑人是审讯活动中不可缺少的环节。接近犯罪嫌疑人通常采用情感影响方法。从情感影响的心理机制来看，心理科学证明，情感的实质是人对客观对象是否符合自己的需要作出的一种心理反应。这种反应，是对象与主体之间的某种关系的反应，表现为对待客观对象的一种态度。而这种态度又与人的活动、需求、利害关系有着密切的联系。从某种程度上来讲，是由动机所促动的行为，其目的在于寻求动机的满足。由此可知，行为能否使个体的动机获得满足的结果，自然就会伴随产生不同的情绪。满足了则快乐，不满足则痛苦、沮丧。对象与主体的需求不同就会产生不同的情感，不同的情感又驱使主体采取不同的活动，以符合主体的要求和需要。从而导致了两种效应——顺应和逆反，顺应常常表现为信任和接受，逆反则常常表现为对抗和不满。可见情感对行为有促进作用，也有干扰和阻碍作用。在讯问活动中，讯问人员所设置的情感符合了犯罪嫌疑人的需求和某种满足，审讯人员便会获得信任，犯罪嫌疑人的对立情绪就会被克服，更换出一种新的情绪和新的观点，把审讯人员看作可以亲近的人，并信其讲话的真实性，就容易把审讯人员的要求转化为自己内心的动力和必然的趋向，达到供述交罪的目的。相反，审讯人员的情绪和情感对犯罪嫌疑人的需求发生了干扰作用时，逆反心理便会出现，消极的情绪便会对供述动机起到妨碍作用。因此，在讯问中，审讯人员应时刻注意把握犯罪嫌疑人的情感方向，防止犯罪嫌疑人逆反心理的产生，消除已经出现的逆反心理。在审讯的方法上，应该体现或运用以情感人、以理服人，控制犯罪嫌疑人的情感，使其顺着审讯人员的意图发展下去。从情感的来源来看，情感不是自发的，而是由刺激引起的心理反应，是人对客观对象是否符合自己的需要而作出的心理反应。这种引起情感变化的刺激，有外在的，也有内在的，有时是具体可见的，有时是隐而不显的。就引起情感的外在刺激而言，生活中的任何人、事、物的变化都会影响人的情感。如一部好的电影能催人泪下，演员在屏幕里流泪，观众在台下陪着流泪，看到悲伤处，有的观众还能痛哭流涕。这就是外部情感刺激的作用。审讯中，讯问人员的言、行都会影响犯罪嫌疑人的情感和情绪，讯问人员不同的言行，会给犯罪嫌疑人带来不同的情感和情绪。如讯问人员在审讯时，对犯罪嫌疑人所犯的罪行表现为理解，并帮助其认识自己的罪行，修正自己的罪行，其语言平和，态度真诚，犯罪嫌疑人所表现出来的情感和情绪反应，应该是包含感激和信任的。相反，讯问人员对犯罪嫌疑人的语言生硬，态度严厉，犯罪嫌疑人会出现消极的情感，产生逆反的情绪。这种情感和情绪的出现，是外在刺激直接引起的。至于情感和情绪的内在刺激则是心理上的，诸如记忆、联想、想象等心理活动。如犯罪嫌疑人在看守所里，听到高墙外学生的琅琅读书声，便会自然地想到自己的孩子和家庭，泪流满面，悔恨不已。由上述可以证明：情感的产生是以客观对象为影响源，符合情感主体的需要而产生的。例如，贪污、贿赂犯罪嫌疑人在接受审讯时，最不愿听的语言就是"贪污、受贿"，如果讯问人员避开犯罪嫌疑人不愿听到的词语，改用拿了钱或收了钱，并对其一时糊涂干的蠢事表示同情，这样从客观上满足了犯罪嫌疑人畏罪心理的需要，使得犯罪嫌疑人的情感方向顺应了自己的意图。这本身就是对犯罪嫌疑人的接近。在审讯活动中犯罪嫌疑人情感的产生也是由两方面来决定的：一方面是讯问人员的情感输入，另一方面是犯罪嫌疑人心理的需求。为了使犯罪嫌疑人的情感方向与审讯人员的意图保持一致，必须研究犯罪嫌疑人的心理需求。如贪污、贿赂犯罪嫌疑人由于自己的特殊社会地位，反映出与其他刑事犯罪人的心理状态上的区别，从而产生了不同的心理需求。这类人对"名声""面子""前途"看得比较重，在犯罪以后，还要寻求心理上的解脱与安慰。如果审讯人员能够尽量满足对方的心理需求，便会产生顺应性的情感。从审讯的常规来看，对被审对象大多是直呼其名的，如果改变这种直呼其名的称呼，称"老张""老李"或"李老""张老"，使得犯罪嫌疑人感觉讯问人员没有把他当犯罪分子对待，在"面子"上得到了满足。有时审讯人员忽然称呼其原来的职务——"张局长"，这时对方会想象自己又官复原职了。在对受贿犯罪嫌疑人进行审讯时，多指责行贿人，犯罪的恶果是由行贿人造成的……这样受贿的犯罪嫌疑人就会感觉到你在为他讲话。在贪污、贿赂犯罪嫌疑人中，有的是领导干部，还有的是特殊的专业人才，这个时候他们最希望对他过去的贡献进行评价，对他为社会创造的财富和功绩进行肯定。如果审讯人员不吝啬赞美之言，会使其感激不尽、激动不已。这种对象与主体间的需求关系产生了不同的情感，这便是情感的来源。从情感的作用来看，多年来在公安机关与检察机关的审讯活动中，经常有人对审讯活动的方法和技巧，用“动之以情，晓之以理”来予以概括。美国人对审讯的方法结论是：情感的方法和逻辑的方法。由此可见“情”与“理”是审讯活动中的两大法宝。在审讯活动中，这种情感的作用是通过消除犯罪嫌疑人在侦查讯问中消极的因素，激发积极的因素，强化供述的动机来实现其审讯的目的。首先，情感的作用在于消除对立，化解僵局。犯罪嫌疑人带进审讯室的对立情绪有两方面的原因：一方面是犯罪嫌疑人固有的对立情绪，另一方面是审讯人员的方法不对引发的对立情绪。犯罪嫌疑人自身的对立情绪的产生，是有原因的：他面临的是法律的制裁，由此而产生对立情绪；另外，从案件的来源上看，有很多是因为犯罪嫌疑人与他人的关系不和，产生了矛盾冲突，发展到被举报、被揭发的结果，有的还误认为公安机关和检察机关被自己的对立面利用，而有意跟自己过不去，利用法律来整他，因此而产生的对立情绪，在初次审讯时，就必然会落在审讯人员的身上。为了取得审讯的成功，必须首先消除这一对立情绪，拉近与犯罪嫌疑人情感的距离，才能建立良好的讯问基础。如果这种对立的情绪不但没有能够得到转变反而被强化了，情感的距离就会越来越远，讯问就会陷入僵局。此时讯问人如果能及时地对犯罪嫌疑人实施理智的、友善的情感影响，就能重新逐步地接近犯罪嫌疑人，纠正其错误的认识，消除其对立的情感，化解僵局。其次，情感的作用在于转化消极，排除障碍，拉近心理距离。犯罪嫌疑人消极的心理状态普遍表现为“畏罪心理”，即由于自己伸出了犯罪的手，必然会受到法律的制裁，自己的前途、名誉没有了，家庭受到影响和牵连，感觉无颜再面对社会和家庭，精神痛苦、悔恨内疚。消极心理状态在审讯中还表现出侥幸的心理状态：“你们司法机关知道多少我讲多少，能混过去就混过去，没有证据我坚决不承认。”还有的犯罪嫌疑人带有很强的戒备心理，把审讯人员远远地推到了对立的一面，对审讯人员极不信任。诸如此类的消极因素，造成了犯罪嫌疑人的供述障碍。此时审讯人员若能把握犯罪嫌疑人的情感方向，有针对性地满足犯罪嫌疑人的心理需求，便能激发顺应性的情感。如贪污的犯罪嫌疑人对其所犯罪行表现为后悔，认为不该贪图钱财而失去了自己的前途和自由。审讯人员应抓住这一心理状态，表示出理解、同情，“你当时不是想贪图那些钱财，由于他人的作用，你才一时冲动做了糊涂事，你一定对那些行为感到痛心、内疚、后悔，假如我处在那种情况，我或许也会干……”顺应犯罪嫌疑人的心理需求，减弱了罪责感和认罪后果的忧虑，排除供述障碍，促其通过认罪来解脱自己。最后，情感的作用在于双向沟通，同感共识。在心理学的研究上，对情感的特征提出了“双向性”的论述：认为情感不是单向的表达，情感表达多半是与对象沟通。情绪和情感的表达方式，具有同感共识，而后才能达到表情达意的目的。情感的表达，实质上就是情感的沟通。在讯问活动中，审讯人员的情感表达，实质上就是与犯罪嫌疑人进行情感的沟通。在讯问活动中，审讯人员情感表达的对象就是犯罪嫌疑人，通过真实友善的情感影响，逐步纠正其对讯问情境的错误认识，消除犯罪嫌疑人在不良情感支配下产生的对立、紧张、恐惧的情绪表现。这种影响的过程，实质上就是沟通的过程，如果不能达到沟通，产生同感共识，就不能真正地转变、纠正其不良的消极因素。例如，贪污、贿赂犯罪嫌疑人多是国家公务员，对自己犯罪后的道德品质评价非常慎重。总希望别人降低对罪行的道德严重程度的评价或者完全否定道德品质与所犯罪行的关联性。例如，“你犯的那点事，也是偶然的，不是必然的，你不是见钱眼开贪财的人，你的人品大家是了解的……”这样会在犯罪嫌疑人的心理上得到某种满足，产生了同感共识，达到了情感的沟通，拉近了审讯人员与犯罪嫌疑人的距离。如果将上述一段话按相反的方法说出来：“你的犯罪不是偶然的，你以权谋私，见钱眼开，你的品行谁不了解……”这段话在犯罪嫌疑人的心里一定会受到排斥，产生对抗情绪，因为这段话不能满足嫌疑人的心理需要，产生了逆向情感，无法进行沟通。笔者这里所说的沟通影响，是以接近犯罪嫌疑人为基础，改变犯罪嫌疑人的行为为目的的，审讯人员对犯罪嫌疑人的心理作用，是消除犯罪嫌疑人在讯问中消极的情感、情绪、因素的不良影响，引导激发积极的情感、情绪，并对此加以支持达到强化供述的目的。从情感涉入的时机来看，情感不是任何时候都起作用，它是在到了一定时机时才起作用的，就像人在口渴的时候需要喝水，这时水对他来说就是迫切需要，如果这时你送上水给他喝，他会感激你。但是，如果在对方不渴的时候，你给他送水，他不但不把这当回事，反而还认为你是多此一举，适得其反。在审讯活动中更是如此，审讯人员不分青红皂白，不根据当时的实际情况，不注意犯罪嫌疑人的心理状态，盲目地涉入情感性的语言，不仅达不到效果，反而会让犯罪嫌疑人误认为你是在求他供述，结果事与愿违。什么时机是涉入情感的最佳状态？这里有一段讯问记录：

问：你放给某公司60万元的高利贷是从什么地方来的？

答：是我借的。

问：从什么地方借的？

答：是广州的朋友借给我的。

问：叫什么名字？

答：好像是姓张。(注意“好像”)

问：怎么认识的？

答：朋友在一起吃饭时认识的。

问：在哪里吃饭认识的？

答：记不清了。

问：怎么联系？

答：电话联系。

问：电话号码呢？

答：丢了。

问：他家住什么地方？

答：不知道。

问：钱到后来怎么还？

答：他来找我。

问：通过你刚才的回答，你对你所说的借钱的人根本就不了解，同时他对你也不会有更多的了解，他能借给自己不了解的人60万元吗？60万元不是个小数目，你能借给你并不熟悉的人6000元吗？情理不合，你编的这个借款人是不存在的，讲！钱从哪里来的？

答：（沉默）……

问：讲！

答：（不语）……

问：我知道你不是个贪的人（情感涉入），你为社会办了不少好事，不计较个人的得失，我想一定有什么原因……（下台阶）

答：唉！我还是说吧，这60万元是别人送给我的，我当时不愿要，我是领导干部，怕日后找麻烦，他们说钱是我们给你的，你用不着怕，以后可以捐给社会做福利事业，所以我才收下的。

这段审讯记录，可以清楚地看到情感涉入的最佳时机，最后仅用几分钟，便成功地审结了这起较为复杂的案件。从情感涉入的方法来看，情感影响的目的是接近犯罪嫌疑人，并与犯罪嫌疑人建立起一种良好的讯问基础。如何能达到这一目的是由情感的双向特征来决定的，实施情感影响的主体只有正确适时地表达情感，才能使情感影响的对象产生共鸣，才能达到情感影响的目的。有什么样的情感影响的方法，就会有什么样的结果。如果影响主体的表达方式并没有与对象产生同感共识或者没能满足其某种心理需要，便会产生逆向型情感。如影响的主体采取激烈、讽刺、挖苦的表达方式影响对象，对象立即会反应出对抗不满的情绪，就不可能建立起良好的情感关系，虽然情感的产物有其内在的心理原因，但更重要的是外界的影响方法。在审讯活动中情感影响的主体就是审讯人员，审讯人员的行为对犯罪嫌疑人产生什么样的情感影响起着很重要的作用。审讯活动的主体与对象是相互影响的关系，审讯人员的一言一行都会对犯罪嫌疑人的心理产生影响。所以审讯人员应注意以下几点：（1）应该注意自我形象的影响。审讯人员外部形体的影响，常规的审讯是坐姿，审讯人员应坐在椅子的前半部，身体前倾，眼睛平视，两手平放在桌子上面，这种审讯的姿势表示愿意接受对方的信息。相反，审讯人员身体后倾，双手叉放在前胸，眼睛斜视，这个形象表现对犯罪嫌疑人来说，只能产生逆反的心理反应，强化犯罪嫌疑人的对抗心理。改变空间的方法也可对犯罪嫌疑人进行情感影响，在适当的时候，审讯人员可以走向犯罪嫌疑人的身体侧面进行交流，根据对方的年龄的不同，还可以把手放在对方的肩上，以示亲近。相反审讯人员忽然走向犯罪嫌疑人的背后与其进行交流，必然会使犯罪嫌疑人产生某种恐惧感。光明磊落、实事求是，是审讯人员应当留给犯罪嫌疑人的形象，这种形象，是靠对犯罪嫌疑人的供述评价树立的，在犯罪嫌疑人大量的谎言中哪怕有一点点细节上的真实供述，都应该加以肯定和鼓励，给予实事求是的评价。表现出待人办事的公正性，赢得犯罪嫌疑人的信赖。(2) 对犯罪嫌疑人在生活上、身体上的关心是最直接的情感影响的方法。由于犯罪嫌疑人被限制了人身自由，当犯罪嫌疑人的特殊需要不能得到满足时，如果审讯人员能适当予以满足，哪怕是微乎其微的点滴关怀，犯罪嫌疑人都会产生感激之情。如犯罪嫌疑人的衣服少，天气冷了，家里又没有人送来衣服，审讯人员把自己穿的衣服脱下来给对方穿；夜间审讯，审讯人员将自己吃的夜宵，送给犯罪嫌疑人吃；审讯人员自己泡的茶一口没喝，而给犯罪嫌疑人喝，自己的烟给犯罪嫌疑人抽，自己吃的药给犯罪嫌疑人吃；等等。还可以根据案情的需要，特意设置这些情节，来加强情感的影响，接近犯罪嫌疑人。(3) 审讯中利用语言进行情感影响的方法，也是非常重要的。语言文明、态度平和，是审讯人员语言交流的条件，尊重犯罪嫌疑人的人格，不歧视、侮辱、讽刺挖苦，是情感沟通的基础。语言声调的高低应该保持适度，不可过高，过高的声调容易引起对方的紧张。但也不可过低，过低显得审讯人员有气无力。语言的速度、提问的频率，也会影响犯罪嫌疑人的紧张程度，因此应保持协调的讯问速度。语言本身产生的情感影响是一方面，另一方面是“忌讳语”的影响，犯罪嫌疑人最不愿意听到的词语就是针对其犯罪行为的忌讳语。通常为了避免这些刺激语的出现，采取更换“忌讳语”的方法：如“犯罪”更换为“错误”，“谎言”更换为“说错了”，“矛盾”更换为“与事实不符”，

“挪用公款”更换为“拿用了”，“行贿”更换为“给了”，“受贿”更换为“收了”，“贪污”更换为“取了”“拿了”，“态度蛮横”更换为“情绪激动”。这种更换“忌讳语”的方法不仅能转变对立情绪，消除畏罪时紧张的心理，而且还能使犯罪嫌疑人感到审讯人员对他的理解、同情，给了他“面子”，不拿话刺激他。(4）帮助犯罪嫌疑人解脱心理压力，也是对犯罪嫌疑人情感影响的又一种行之有效的方法。犯罪嫌疑人在案发后心理负担很重，他会从不同的方面来衡量自己。例如，道德标准、品行标准、社会的影响、外界会对自己有怎样的评价、亲朋好友会怎样理解，等等。审讯人员应根据犯罪嫌疑人的心理来制定情感影响的方法。通常采用的是强调客观原因的方法。在一起审讯中，审讯人员曾采用上述方法，被讯问人泪流满面，不仅交代了自己受贿的数额，还把自己怎么会走上犯罪道路的原因也总结了出来：“我今天走到这一步是三个‘字’害了我，一个是‘情’字，一个是‘松’字，一个是‘利’字。首先是我的情面太软了，原则性的事情没有把住关，没有坚持原则。其次是‘放松’了自己，在今天的市场经济中，金钱有一定的诱惑力。最后是我的弱点被别人利用了，才导致了我今天的恶果，你们的一席话说到我的心里去了，我将来还要把这些东西写出来以示后人。”此外，将心比心，设身处地为其考虑。例如，“这件事如果换了我或者任何其他人都有可能做出类似的事情。现在事情已经过去了，也不必再用过多的精力去考虑它，应该考虑的是怎样认识错误、改正错误，总结原因，吸取教训走从轻从宽的路，以后不要再犯了”。这段话既表现对其犯罪的理解和同情，又指明了走交代从宽的路。不可忽视的是消除顾虑。犯罪嫌疑人在接受审讯的时候，经常是忧心忡忡，瞻前顾后担心自己交代后会受到处罚，自己得到的一切都将付诸东流。这时，就该语重心长地告诉他“任何人都有走弯路的时候，跌倒的时候，要有勇气面对现实，重新起步，以后的路还长着呢！未来的生活还会更美好，多想着未来的美好生活，就会减轻自己的心理负担”，等等。如前所述，外来的赞美能使犯罪嫌疑人产生积极的情绪。还要注意对犯罪嫌疑人的人品的评价。有的人虽然犯罪了，但是他有忠厚老实、工作勤勤恳恳、为人办事热情的一面，审讯时应该抓住其优点进行评价：“你为人办事热情，喜欢帮助别人，无论谁有困难找你帮忙，你总是尽力帮助解决，大家还说你人品好，忠厚老实……”但应当注意的是，在对犯罪嫌疑人进行情感影响的时候，应该注意其目的性，因为它是以接近犯罪嫌疑人，促进其供述交代为前提的，所以应该有导向性。另外，在对其进行“人品”评价时，应注意收集典型事迹进行评价，效果最好。再者，要帮助犯罪嫌疑人树立形象。这种方法是为了促使犯罪嫌疑人交代供述做准备、打基础的。它是以犯罪嫌疑人尚有的荣誉感和自尊心为前提的。犯罪嫌疑人处在被审讯的特殊环境中，对自己的尊严、荣誉已经无暇顾及了，有的犯罪嫌疑人认为我反正犯罪了，社会影响也无法挽回了，听天由命，表现出“死猪不怕开水烫”的心态，这种心态是不利于审讯的。审讯人员应该把他“立”起来，把他平时应该有的荣誉感、尊严感再“还给他”，帮助他把自己原有的形象重新树立起来。例如，“你性格直爽，敢作敢为，为人讲义气，重感情，办事情实事求是，为人处世光明磊落，客观全面，当领导的就该像你这样，到任何时候都是一条好汉”。这一形象被树立起来以后，对方就会千方百计地维护自己的形象，并按照这种标定的形象去做出行为。最后，对犯罪嫌疑人的行为进行修正，这种方法是以帮助犯罪嫌疑人如实地交代自己的犯罪事实为目的的，但更重要的是让犯罪嫌疑人知道自己犯罪了，为什么犯罪，怎样去修正自己的犯罪行为。从客观上来看，只要有社会的存在，犯罪现象就是不可避免的，犯罪并不可怕，关键是如何对待犯罪，有无悔罪的表现，我国刑事诉讼法规定的从重、加重、从轻、减轻、免除处罚等，就是针对犯罪后有无悔罪表现而设置的，以此来引导犯罪嫌疑人走从宽的路。这种方法能从根本上缩短审讯人员与犯罪嫌疑人的心理距离，使得审讯人员全方位地走近犯罪嫌疑人。

三、如何取得犯罪嫌疑人的信任

在审讯活动中，审讯人员如果不能取得犯罪嫌疑人的信任，那么犯罪嫌疑人就不可能心甘情愿地对你说实话。可以说，审讯活动中审讯人员取得犯罪嫌疑人的信任，是审讯成功的基础，是审讯活动最为有效的方法。

取得犯罪嫌疑人的信任通常有以下几种方法：

（一）训斥法

训斥本身是对对方进行批评斥责的一种方法。由于训斥的方法不同而产生的效果也是不同的，审讯中的训斥要有“法”，这个“法”就在于通过表面的批评斥责，而实际上让犯罪嫌疑人感觉到是在帮助自己，是通过暗示的方法，达到启发对方，让对方认为会给自己带来有利的结果。这种训斥的方法被称为“套近乎”，它的目的是拉近审讯人员与犯罪嫌疑人的情感距离，让犯罪嫌疑人按照审讯人员的意志采取自己的行为。如笔者所在的检察院在查处一起受贿案件时，从行贿人处了解到受贿犯罪嫌疑人的受贿数额以及受贿的时间、地点、目的。但是在第二天这位行贿人又忽然跑到检察院来翻供：“我昨天向你们讲的情况有出入，我当时是给了对方钱，但是没有几天他又退给我了，因为时间长了，我把这件事忘了，所以今天来更正一下。”这种情况很明显是被串供后，行贿人才翻供的，因为那么大一笔钱，不可能在记忆里有此反复。此案在审讯时久攻不下，行贿人始终坚持受贿人已将钱退回，咬定不松口。这种情况的出现将预示着该受贿案的全部流产。审讯人员抓住了行贿人被串供、被利用的可能性，采取训斥的方法：“你怎么不动脑子想想，你昨天的供述态度坚定，有条有理，时间、地点清清楚楚，今天忽然来翻供，这不是明显经过串供了吗？这种事本来与你没有多大的关系，但现在你硬往自己身上揽，你真是猪脑子！弄不好还要落个包庇罪，你感觉这值得吗？”犯罪嫌疑人带着那种近似呆滞而复杂的目光注视着审讯人员，他感觉到审讯人员的训斥是为了帮助自己，是对自己有利的。继而他道出了串供的经过：“他（指受贿人）硬是要我这样说，昨天晚上他到我家里找我说，只要我说实话就是行贿罪，所以我今天才这样说的，实际上我上次讲的话都是真的。”在审讯中利用训斥的方法来接近犯罪嫌疑人，它是撇开自己和对方的特殊对立地位，通过“假设亲近关系”顺应对方心理满足的需要。

（二）寒暄法

寒暄本是用来向别人问候，嘘寒问暖，以示关心的方法，也是平时与别人见面相互问候的应酬话。例如，张大爷，最近身体好吗？眼下天气冷了您老要多保重。再如，您是新调来的吧？刚来情况不熟，有什么事需要我帮忙的尽管说一声。这些寒暄话让别人听到心里热乎乎的。但如果把这种方法用在审讯上，会有一番妙用，可以通过寒暄的方法来接近对方，消除对方猜疑、警惕、紧张的心理，以最快的速度建立起谈话的基础。在使用时，一般都不要切入事件的主题，从拉家常开始，通过了解犯罪嫌疑人的家庭情况，创造一个有利于犯罪嫌疑人交罪的气氛。不要把寒暄与正式审讯截然分开，实际上寒暄本身就是一种审讯方式，是一种以寒暄为烟幕的审讯方式，如果对方不知是计，则中了圈套。

（三）借威法

这种方法是先借他人之力威慑对方，使之陷入困境，然后再出其不意地帮助对方使其对你感恩不尽，目的是达到接近对方，最后控制和操纵对方。成功的途径是在于借别人的“力”和“威”使对方知恩、感恩。审讯人员用心良苦的目的在于人为制造风险，一边打，一边拉，先打后拉，“打”要有一定的隐蔽性、迷惑性，拉才能奏效。集中力量先打，先以强大的攻势向犯罪嫌疑人正面发起强攻，强化其心理压力，造成大军压境之势态，不交代绝对过不了关。然后替换审讯人员，改变前面的强攻态势，来一个180度大转弯，以施恩为主，用情感的方法进行交流谈心，帮助消除心理障碍，在交流谈心的过程中，解决事件的实质性问题。这种方法能使对方对审讯人员感恩，产生佩服之心，达到接近犯罪嫌疑人心理的目的。

（四）变通法

审讯活动中为了避开犯罪嫌疑人不愿听到的词语、不愿涉及的事件，避免造成其心理压力，产生心理障碍，采取变通转换的方法，避开刺激语，造成让犯罪嫌疑人过了桥而不知桥下有水的结果。变通法的目的，就是使犯罪嫌疑人虽然不承认自己的犯罪，但其说明的行为已符合犯罪的构成要件，只要嫌疑人承认主观的思维和客观的行为，满足犯罪的构成要件，至于犯罪嫌疑人对某具体罪名所持的态度无关紧要。例如，某领导干部利用职权，提拔了一批干部，这些被提拔的干部为了表示感谢之情，送上厚礼“谢主龙恩”。在审讯中，这位领导干部对收取部下的厚礼供认不讳，而对受贿这一法律用语则是持对抗否定的态度，实际上这位领导干部只要承认了收取钱财，就等于供认了自己的受贿行为。这种变通转换的方法通过满足犯罪嫌疑人的心理需要，拉近了审讯人员与犯罪嫌疑人的心理距离，建立相互交流的基础，这是审讯人员达到获取口供提取证据目的的重要前提。

（五）置换法

是用来置换自己的位置的方法，把自己从审讯台上态度严厉的审讯官，置换成犯罪嫌疑人的帮助者。置换的方法可以根据犯罪嫌疑人的年龄与自己的年龄上的差异，来确定自己被置换的角色和口气。比如，犯罪嫌疑人的年龄比自己小，你可以称呼他老弟。当然置换法并不是仅仅解决置换称呼的问题，而是利用这个称呼使犯罪嫌疑人产生情感上的错觉，使得在审讯的过程中能尽快地接近犯罪嫌疑人、接近犯罪嫌疑人的情感、接近犯罪嫌疑人的心理。接近的方法是直接告知犯罪嫌疑人：“有什么困难可以直接告诉我，我可以帮助你。我知道你一定有困难，需要我的帮助。你可以放心，我一定会帮助你。同时我也请你相信，我只会拉你一把，而不会推你一把。”

（六）暗示法

这是利用心理暗示的方法，让犯罪嫌疑人把审讯人员当成“自己人”，来取得犯罪嫌疑人的信任。在笔者的办案实践中，大部分的犯罪嫌疑人在案发后总要托关系找人“说情”，试图来开脱自己的罪责，审讯人员应当对这种不正常的现象加以充分利用，让犯罪嫌疑人误解审讯人员被“买通”，成了“自己人”，对犯罪嫌疑人进行“暗示”使其“心中有数”。这种策略的具体方法是：变换自己角色的位置，以对方的自己人角色出现，让犯罪嫌疑人相信审讯人员“心中有数”，反而能达到说服对方的目的。如中国某电器公司的某业务人员，将该单位的一车皮冰箱，低价出售给个体户，携巨款潜逃，数月后办案人员在山西省长治市将其抓获归案。犯罪嫌疑人知道自己犯的不是小罪。审讯时，他一句话也不愿说，抱着反正活不成的态度跟审讯人员对抗。针对这种情况，审讯人员就采用了“暗示法”的策略：“你姐夫对你很关心，现在你的问题已经这样了，只有设法走从宽处理的路，才能使自己受到从宽处理，你有从宽处理的可能，但是还需要你自己配合。”对方在听到这种话以后，马上感觉到话里“有音”，那种“求救”的信息立即从对方的情绪中表现了出来：“那我该怎么办呢?”审讯人员答：“你应该实事求是，把事情的经过说清楚，争取从宽。从宽的条件应该由你自己来创造。”结果犯罪嫌疑人如实交代了犯罪事实和赃款的去向，节省了大量的人力和物力，成功地将此案交付了审判，也使得对方得到了从宽处理。在使用“暗示法”时，要使犯罪嫌疑人相信审讯人员“心中有数”，不仅要对全案有基本的了解，而且对犯罪嫌疑人的家庭情况更要了解清楚。否则，这种“暗示法”无从谈起，也是不会取得犯罪嫌疑人的信任的。

四、如何让犯罪嫌疑人形成有利的供述观念

这里我们必须首先弄清楚什么观念是有利于犯罪嫌疑人供述的观念。畏罪心理和侥幸心理是犯罪嫌疑人抗拒审讯的两大心理支柱。这里只要犯罪嫌疑人感觉到自己的罪行已经全部暴露，失去了抗拒的意义，那么侥幸心理就会随之消失，心理支柱就会随之垮掉，相继畏罪也失去了意义，畏罪心理就会向其他的心理转化，重新寻找新的心理支柱。如果没有更好的理由说服犯罪嫌疑人继续抗审的话，那么放弃抗拒说实话可能对自己有利的观念就会越来越强烈，最后发展成供述观念。可见，当犯罪嫌疑人感觉到已经失去了抗审的意义，这是形成有利的供述观念的基础。而让犯罪嫌疑人感觉到抗审已经毫无意义，可以采用以下方法：

（一）“造势”法

让犯罪嫌疑人一进审讯室就感觉到自己有罪。引起这种感觉的来源主要有两个方面：一方面，来自审讯人员。审讯人员的“造势”不是采取暴风雨式狂轰滥炸，故作声势，而是从审讯人员的神态和语言中反映出对犯罪嫌疑人的“惋惜”和“同情”，让犯罪嫌疑人自己去感悟。审讯人员不是被动地让犯罪嫌疑人感悟，而是积极主动地尽力使犯罪嫌疑人觉得自己有罪。常用的刺激语有：“你还年轻，我们真为你可惜；我们的调查已经进行了很长时间，你可能还不知道，当然你也不可能知道；关于你的问题，我们调查的结果已经得到证实，你不想谈谈原因吗；我们不知道你当时是怎么想的，可以说我们对你的父母、妻子、孩子都非常同情。”这就是凭借审讯人员提供的信息让犯罪嫌疑人通过联想产生自己有罪的感知。另一方面，来自审讯室内的环境。主要是利用三尺审讯台来做文章，审讯桌上可以设“空城计”。从审讯的准备阶段来看，审讯桌上应当放些什么东西平时可能不太被人们所注意，但是这对犯罪嫌疑人来说是至关重要的。他要从审讯桌子上放置的东西来判断自己的处境，寻找自己所需要的信息，摸清楚审讯人员的底。犯罪嫌疑人进了审讯室，首先就会注意审讯桌上放置的东西。通过观察审讯人员桌子上的物品和资料，可以判断出自己的处境情况。在犯罪嫌疑人第一次走进审讯室时，一眼就看见审讯人员桌子上放着的只有两张纸内容的卷宗，他就会感觉到司法机关还没有掌握多少犯罪情况，只是核对、怀疑自己，于是就会产生相对稳定的定式心理来与审讯人员周旋。但是如果适当地将其他的材料多放一些在审讯桌子上，把几大卷材料堆放在审讯桌子上，此时的犯罪嫌疑人所反映的结果会截然相反，他会自然地产生联想，把桌子上的卷宗与自己的犯罪联系到一起：司法机关已开始调查，并收集到了大量的材料，这些材料记载了我的哪些犯罪事实呢？通过这种造势，就会使犯罪嫌疑人忐忑不安，越看越觉得犯罪事实已暴露。

（二）“开门见山”法

即直接“告知”犯罪嫌疑人已经构成犯罪，用比较坚定的口气直接告知犯罪嫌疑人其已经没有任何退路。这种方法的特点是：审讯人员直接向犯罪嫌疑人推销一种观念，“根据我们的调查并通过材料证实你已经构成了犯罪，我这是很负责任地告诉你，你可以把我现在所说的话记下来，我开始也怀疑过这件事可能不是你干的，但是那些证据材料是不会说假话的……”通常有两种反应，一种是沉默无语，对审讯人员所推销的观念表示默认。针对这种情况审讯人员还应当继续强化自己推销的观念，让犯罪嫌疑人感觉到犯罪事实已经暴露，不说实话不行了。另一种是极力地辩解自己没有干任何违法犯罪的事。这时审讯人员应当立即阻止犯罪嫌疑人的辩解，不要让犯罪嫌疑人把辩解的话说完。例如，“你不用说了，我们一切都清楚了”。阻止犯罪嫌疑人辩解的目的，就是强化我们推销的观念，让犯罪嫌疑人感觉到自己已经构成犯罪。这里应当注意，在阻止犯罪嫌疑人的辩解时，一定不能让犯罪嫌疑人把辩解的话说完，设法使犯罪嫌疑人中断辩解，否则一旦让犯罪嫌疑人辩解完毕，犯罪嫌疑人就会反过来找你讨要否定他辩解的理由。如果审讯人员没有充分的准备，没有相应的证据作保证，那是非常危险的。在推销对方已经构成犯罪的观念的同时，还要进一步向犯罪嫌疑人推销这一观念，即“现在已经没有任何退路了，说实话对自己才有利”。

（三）“迷惑”法

迷惑犯罪嫌疑人是形成有利的供述观念的前提条件。迷惑就是利用虚假的方法误导对手，使之产生错误的认识和判断做出“错误”行动。历史上的“空城计”可算是“迷惑”的经典。审讯活动中使用“迷惑”的意义在于，隐蔽自己，暴露对手，以最大的限度将自己掌握的有限材料的内情隐蔽起来，迷惑犯罪嫌疑人，使其暴露自己的犯罪事实。从认识的角度来看，正确的认识是对客观事物的正确反映，然而被虚假事实迷惑的认识，只能得到错误的认识。犯罪嫌疑人在接受审讯时，如果审讯人员不加掩饰地将自己所掌握的情况全部抛出，犯罪嫌疑人就掌握了审讯人员的全部底细，就会迅速地来调整自己的抗审对策，就不会轻易交代自己的犯罪事实。但是如果与此相反，审讯人员注意自己语言表述的隐蔽性和迷惑性，犯罪嫌疑人就无法得到真实的情况，完成不了试探摸底的任务。在此情况下，他就会产生各种各样的猜测和猜想，形成不了相对稳定的心理定式，在外力的作用下就容易产生动摇。由于讯问人员注意自己的隐蔽性和迷惑性，犯罪嫌疑人想知道的情况又无法知道，他越是不知道就越想知道，反复问自己到底哪个环节、哪件事出了问题，在没有正确答案的时候产生联想，这些人总是将最近发生的事情、情节、最重要的犯罪行为，搬出来比照，对号入座。有时为了了解判定自己的判断、分析、推测是否正确，说出一两个典型事例来试探审讯人员，这时审讯人员不要急于表态，也不要深追，等到供述交代的后期再补追。近几年犯罪的显著特点是：反侦查能力不断增强，犯罪后留下的客观证据越来越少，有的审讯人员把犯罪嫌疑人留下的证据的多少作为衡量审讯成功系数的大小。一名优秀的审讯人员能在没有证据的情况下，向犯罪嫌疑人要证据，在证据少的情况下，在犯罪嫌疑人身上扩大发展证据，在只有枝节性的证据情况下，通过犯罪嫌疑人来完善证据。因为随着社会科学技术的发展，犯罪分子的反侦查意识和能力增强了，使我们难以掌握更多的证据。为了取得更多、更直接的证据，只有让犯罪嫌疑人误认为我们掌握了证据，已经清楚全部的犯罪事实，自己不说也不行了。在这种情况下，他才能提供证据给我们，这种情景只有在犯罪嫌疑人被迷惑的情况下，产生错误的认识之后才能做出这种行为。有不少犯罪嫌疑人在迷惑的情况下交代自己的犯罪事实以后，产生了后悔的想法，“我当时怎么就这么糊涂，讯问人员并没有掌握我的那些犯罪事实，自己为什么要急于交代呢”？其原因并不是犯罪嫌疑人糊涂，而是被讯问人员的迷惑所致。没有“迷惑”就不会有审讯的成功。使用“迷惑”的方法是取得审讯成功的基础。贯穿在审讯的全过程中，可以说每一个环节都必须有“惑”的存在。

常用的迷惑的方法有：

1. 证据暗示法

在持有部分证据的情况下，审讯人员不要急于抛证据来引供词，而是反过来用供词发展证据，最后审讯结束阶段将证据让犯罪嫌疑人过目，予以确定。有人说证据是让犯罪嫌疑人开口的“法宝”。为什么不去直接使用呢？直接出示证据固然容易使犯罪嫌疑人供述，既省事又省时，但是这种被直接出示的证据，审讯人员只能得到该证据范围内的供述，而对该范围之外的其他罪行便会一无所获。审讯中不是不可出示证据，而是为了使现有的证据发挥更大的威力和作用，这就是出示证据的方法要带有迷惑性，也就是说，出示证据的方法最好不要“明示”，而采用暗示的方法，这种方法就是迷惑，它是让犯罪嫌疑人知道审讯人员这里有证据，但又不清楚证据的具体内容。

2. 语言迷惑法

语言的迷惑能使犯罪嫌疑人一步步地走进“迷宫”。让其相信自己的犯罪事实已全部暴露了，但自己又不明白这件事是怎么暴露的，什么环节出了问题。使用迷惑性的语言是建立在找准犯罪嫌疑人的抗审条件和依据之上的。迷惑性语言都是围绕某一“支点”展开的：“你早知今日何必当初！纸是包不住火的，你不说并不要紧，可是有多嘴的替你说了；虽然你们的关系是有‘基础’的，但有谁不是为自己着想呢？要想人不知，除非己莫为；是否犯罪你心里明白，我们也十分清楚。”等等。这种迷惑性的语言，实质上还存在隐含的前提，这一隐含的前提是让犯罪嫌疑人扩展自己的心理证据，达到以假引真的目的。

3. 神态迷惑法

讯问人员在审讯活动中的喜怒哀乐都会对犯罪嫌疑人产生影响，有时犯罪嫌疑人为了刺探审讯的重点和目标，会用各种方式来达到自己的目的。如果讯问人员因犯罪嫌疑人的供述符合自己的意图就表现出满意的神态，不符合自己的心愿就表现出不耐烦的神态，那么犯罪嫌疑人就知道审讯人员要什么、不要什么了，对什么感兴趣、对什么不感兴趣，久而久之就连审讯人员手里有多少“货”都能知道得一清二楚，出现这种情况不可能会有审讯的成功。审讯人员只有隐蔽了自己才能“迷惑”别人，只有管好自己的“神态”别让神态“乱说话”，才能在需要神态产生迷惑作用时起作用。审讯人员神态的迷惑性是根据审讯的目的来决定的，神态的迷惑性也就包含在实现这一目的的过程当中。例如，审讯人员急需的东西，而犯罪嫌疑人就是不给，审讯人员为了完成这项任务，首先表现在神态上要有迷惑性，虽然急需，而神态的表现应漫不经心，无所谓，越急越应沉着冷静。如果对急需的东西表现出急不可耐的神态，就会引起犯罪嫌疑人的重视和猜想，权衡对自己不会有利或引起警惕性，出现了不予配合的局面。由此对犯罪嫌疑人的供述不论是“轻重缓急”还是“有用无用”，都不能在审讯人员的神态上表现出来。所以审讯人员在审讯中要态度庄重、沉着、冷静、注意力集中，以不变应万变。

4. 利害关系法

案发后虽然犯罪嫌疑人在不同程度上与利害关系人订立了攻守同盟，但还是时刻担心这些人会供述案情，把自己送上绝境。从犯罪的赃款赃物处置特点来看，大多数犯罪嫌疑人都以转移赃款赃物的存放点来逃避惩罚。赃款赃物的转移目标又都是自己较为信赖的亲朋好友。有很多时候，搜查犯罪嫌疑人住宅一无所获，就连日常的生活费用都没有，这就不正常了。因为案发后，稍有风吹草动，这些人便如惊弓之鸟，迅速转移罪证，加之在办案时，因程序、手续及各方面的原因不能及时进行搜查，贻误了“战机”，留给了犯罪嫌疑人转移赃物的时间。赃款、赃物的转移对犯罪嫌疑人来说算是吃了一个“定心丸”，也成了他们抗审的心理支柱。因而利害关系法的目标是让犯罪嫌疑人误认为窝藏的赃款赃物已暴露。例如，“虽然是亲朋好友，但谁愿意背窝藏的罪名，况且还是替别人背黑锅”。又如，“你是为了保护自己，但有时亲戚也是为了保护自己，毕竟是涉及犯罪，谁不为自己考虑呢”？如果犯罪嫌疑人的赃款并没有转移，那么他对上述语言不会有太大的注意，如果对方真的将赃物转移了，那他就会非常重视这里的含意，会认真地分析研究，表现出心不在焉、愣神，实际上他是在激烈地思考窝藏的对象会不会向司法机关交出赃物、赃款。而追赃款的去向实际上也是审讯取得成功的有效方法。不过，在使用迷惑法时一定切记迷惑莫被迷惑误。犯罪嫌疑人为了取得抗审的成功也会用假象来迷惑审讯人员。有的犯罪嫌疑人为了取得审讯人员的同情，大讲特讲自己的丰功伟绩，自己辛辛苦苦半辈子，工作勤勤恳恳，多次拒绝贿赂，可以说是两袖清风，可到头来成了个被调查的犯罪嫌疑人，这从何说起……还有的犯罪嫌疑人故作镇静，表现出轻松自然的情绪，对审讯人员表现得顺从协助，态度老实，问什么说什么，对答如流，以此来迷惑审讯人员。更有甚者赌咒发誓，声泪俱下。因此，审讯人员必须注意在这种假象的背后，隐藏着更大的犯罪，不要被这种表面现象所蒙蔽，自己的心中应有根主线，既然是迷惑对迷惑，就该假戏真做地演下去，装糊涂，使对方失去警惕，待找准了目标，临门一脚便能取得成功。

5. “错觉”影响法

在心理学的研究上人们很早就发现了错觉现象，并且把那种完全不符合刺激本身特征的失真的或扭曲的事实的知觉经验，称为错觉。它是人脑对客观事物不正确的反映的一种心理现象。然而对这种现象形成的真正原因，至今仍然没有确切的了解，这种错觉所导致的人们在社会生活认识上的错误是有害的，这一点人们是清楚的。但它也不是在任何时候都是有害的，如果将这种“错觉”使用在犯罪嫌疑人的审讯上，就会产生有利的作用。在很多时候，需要犯罪嫌疑人产生错觉，才能完成审讯任务。在证据并不充分的情况下，审讯犯罪嫌疑人最有效的办法，是让犯罪嫌疑人产生我们已掌握了证据的错觉。

如何能使犯罪嫌疑人产生错觉？笔者做过这样的调查，有犯罪行为的犯罪嫌疑人在第一次被司法机关传唤的时候，首先想到的是自己的犯罪事实和行为已经暴露了，他会对号入座，将自己的犯罪事实与司法机关的传唤想到一起，而实质上司法机关对其传唤是核实别人的犯罪事实，这就产生了错觉。科学家们认为这种错觉现象是受动机影响的。动机影响着知觉者，在面对同一刺激情景时，持不同动机的人所获得的知觉经验是很不相同的。例如，面对同一美丽的海湾，画家、摄影家、建筑家、港口设计家、钓鱼者、游泳者以及土地收购的资本家，其所得知觉大不相同，原因是因为他们各有不同的动机。这一动机的另一种解释是“需求”。如因生活贫困需要金钱的人，对金钱的知觉就与富人不同。有位心理学家，以出身贫富不同家庭的10岁儿童为对象做实验，让贫富儿童在相等距离内按照摆在面前的各种“五角”硬币，凭其主观知觉，在地面上画出它的面积的大小。实验结果发现：富家儿童在画面上夸大20%，而贫家儿童在画面上夸大35%，可以看出贫家孩子对金钱的求得具有更强烈的动机。由此可见，动机的不同使错觉的产生具有可能性。犯罪嫌疑人在接受审讯时，由于畏罪、侥幸等心理状态和动机，也会必然地产生某种程度的错觉。犯罪嫌疑人的错觉在审讯中有非常重要的位置，这是由审讯的客观条件决定的。犯罪嫌疑人实施了犯罪行为以后，很少将自己的犯罪证据留下来，因而在审讯时除利用犯罪嫌疑人留下的少量客观证据，还要利用犯罪嫌疑人因错觉幻想出来的证据。例如，贪污犯罪嫌疑人在被检察机关审讯的时候，很快会联想到可能是自己某一笔账单被发现了，否则为什么要传讯自己呢？由此产生了讯问人员掌握了某一账单依据的错觉，审讯人员就要注意对这一错觉加以利用。

从犯罪嫌疑人产生错觉的内容来看：

（1）犯罪嫌疑人对审讯目标的错觉

犯罪嫌疑人所犯罪行有时司法机关并非十分清楚，很多时候只了解某些现象，仅仅是犯罪嫌疑，审讯的目的是捕捉、寻找犯罪事实，因而在审讯时并没有固定的目标。这些情况犯罪嫌疑人并不知道，总以为自己的某一犯罪行为被发现了，因而处在寻求应付审讯的方法状态中，这是初审阶段犯罪嫌疑人对审讯目标的错觉，具有一定的普遍性。在这一阶段审讯的方法应该具有隐蔽性，不能暴露审讯目标。犯罪嫌疑人在这个阶段的错觉是自发的，并不是外来信息刺激造成的。如果犯罪嫌疑人对我们审讯的目标了解得一清二楚，那么审讯人员在审讯中所采用的方法和审讯技巧只能是一句空话。因为我们在审讯中所采取的方法和技巧是建立在对方的错觉的基础上的，使用审讯技巧的目的就是要让犯罪嫌疑人产生错觉，麻痹对方，声东击西隐蔽审讯的主攻方向和目标，削弱对方的防御强度，避其强攻其弱，使得犯罪嫌疑人首尾难顾，以失败而告终。

(2) 对司法机关掌握证据的错觉

审讯实质上也是发现证据、收集证据、提取证据的过程，其目的是利用收集证据来证实犯罪，用手中已获得的少量证据获得大量的证据，以零散的证据获得完整的证据，以枝节性的证据获得关键的证据。这种取证方法的成功，是建立在犯罪嫌疑人不了解审讯人员掌握证据的程度的基础上的，如果犯罪嫌疑人知道审讯人员手中的证据松散无力，不足以证明其犯罪，还需通过他自己的交代才能定罪，那么犯罪嫌疑人大多不会交代自己的犯罪事实，他会用一言不发来对付审讯。犯罪嫌疑人不了解审讯人员是否掌握证据以及掌握证据的多少，是其错觉产生的基础。因而在审讯时讯问人应当在证据的使用上注意技巧性和隐蔽性，尽量少出示证据，杜绝出示模棱两可的证据！出示证据时应注意证据的效应，每出示一次证据应该起到令犯罪嫌疑人对我们掌握证据程度错觉的扩大和强化的作用，加速对犯罪嫌疑人心理限制的实现。审讯犯罪嫌疑人成功与否，在很大程度上取决于犯罪嫌疑人对我们掌握证据程度的错觉，产生获取证据程度的错觉越大，对犯罪嫌疑人产生的心理限制的压力就越大，趋向供述交罪的距离就越近，注意犯罪嫌疑人错觉的利用是审讯成功最有效的方法。

(3) 犯罪嫌疑人对利害关系人的错觉

利害关系人顾名思义是与本案件有一定关联的人，这些人掌握了犯罪嫌疑人一定的犯罪事实，与犯罪嫌疑人有一定的利害关系，有时能对案件的成败起到重要的证明作用，因而也是犯罪嫌疑人在接受审讯时较为关心的问题。受贿犯罪案件中犯罪嫌疑人最担心的是行贿人的处境情况：是否也被抓获了？是否交代了全部的犯罪事实？订立的攻守同盟是否被瓦解了？在挪用公款给他人使用的案件中，使用赃款的人是否将该款的来龙去脉全讲了？在巨额财产来源不明的案件中，为了款项来源而订立的攻守同盟是否被揭穿，假设的对象是否讲了实话？等等，这些都是犯罪嫌疑人急于想知道的问题，直接关系到犯罪嫌疑人交代的程度，因而其总是千方百计地从审讯人员的口中、神态中、行为动作中了解判断这些利害关系人的情况。如果审讯人员在审讯中注意隐蔽自己的语言、神态行为，那犯罪嫌疑人会根据自己的主观臆测和判断产生各种不同的错觉，被我们所利用。如果审讯人员在审问中抛出同伙人的点滴信息，便会造成犯罪嫌疑人更多的联想，产生错觉。例如，“你不说有人说”“钱给别人使用了，正像你想象的，结果并非能落好”，等等。这时犯罪嫌疑人便会产生他人已供述的错觉，联想出对自己的不利因素，加速了心理证据的形成。因而在审问中应注意对案件的保密，否则对犯罪嫌疑人的错觉之词无从谈起。

（4）犯罪嫌疑人对客观事实存在的错觉

审讯中为了使犯罪嫌疑人对客观事实存在产生错觉，将这种客观存在分为实际存在和假设存在两大类。笔者将客观存在分为两大类的原因是：实际的客观存在是指犯罪嫌疑人实施犯罪时留下的行为痕迹和与此相联系的各种情景；而假设的客观存在是审讯人员为了使犯罪嫌疑人产生某种假设的犯罪痕迹和相联系的各种情景。因为犯罪嫌疑人在进行犯罪以后，留下来的客观存在的痕迹极少，而这些痕迹和情景又是犯罪嫌疑人在被审问时赖以顽抗的基础。从这类犯罪特点来看，时间长、隐蔽性强，有时几年以后才能发现，大量的痕迹和相关的情况都消失了，这对审讯是极为不利的。为弥补这一缺陷，采取假设的痕迹，使犯罪嫌疑人产生错觉，是较为有效的方法。例如，某一单位私设“小金库”私分公款，案发后将“小金库”账簿全部销毁，让司法机关无据可查。审讯时犯罪嫌疑人表现出了极强的侥幸心理，认为账已销毁无证可取你们就定不了我的罪，审讯时不是一问三不知，就是全部记不清楚了。结果审讯人员采用了“假设的客观情景”：“你认为账销毁了就无据可查了吗？但是你忽略了一件事，你们的财务会计怕日后对公款的去向说不清楚，在笔记上又作了记录，这一点你可能没有想到吧？”这一信息的出现使犯罪嫌疑人乱了阵脚，他不但没有怀疑这一情景的真实性，而且把“小金库”以外的款项也联系起来，最后交代了各款项的来龙去脉及数额，取得了审讯的成功。让犯罪嫌疑人产生错觉是建立在对某些信息确信的基础上，合情合理的客观的逻辑联系，才能取信于犯罪嫌疑人，如果胡乱地给犯罪嫌疑人输入一些信息，不但不会使犯罪嫌疑人产生错觉，还会使犯罪嫌疑人看出审讯人员在骗他，强化了对抗的心理。所以在设置错觉的时候，审讯人员应顺着案情的发展合乎情理地将假设的信息传递给犯罪嫌疑人。但不能滥用、乱用，否则适得其反。在设置错觉时：①应对案情有充分的调查了解，掌握一定的实际情况，摸准犯罪嫌疑人的心理脉搏，做到不用则已用则奏效。②错觉信息的语言的运用。错觉信息的语言特点，从表面上看似乎具有模糊性，而实质上具有很强的针对性，这是常用错觉信息的语言特征之一。③“自言自语”也是错觉信息的又一重要语言特征。在审讯中有些话不便直说但又必须说，通常采用“自言自语”的方法将信息输出，这是设置错觉的又一语言特点。④合情合理的语言是错觉产生的基础，因为犯罪嫌疑人最爱听的就是合情合理的语言，也最容易取得犯罪嫌疑人的相信，如果犯罪嫌疑人不相信审讯人员的话，错觉便无从谈起，从设置的方法来看，就是人们常说的：“无事生非，无中生有。”

第二节　犯罪嫌疑人抗审心理的介入

心理支点是犯罪嫌疑人对抗审讯的心理依据，犯罪嫌疑人从对抗审讯到供述认罪的过程，是心理支点的转化过程，根据犯罪嫌疑人在接受审讯的心理过程表明，对抗审讯拒不供述的重要原因来自：利益关系、对抗条件和人格特征。当犯罪嫌疑人对抗的三大心理支点被置换以后，讯问人员帮助犯罪嫌疑人重新建立起了供述认罪的心理支点，便完成了审讯任务。

一

对抗利益关系的心理冲突与平衡。从概念上来看，利益就是好处，或者说就是某种需要或愿望的满足。根据利益的分类，由于利益存在于不同领域而有物质利益、政治利益、精神利益之分。在职务犯罪的侦查活动中，职务犯罪嫌疑人的抗审行为，就是围绕着物质利益、政治利益、精神利益而展开的，犯罪的惩罚性告诉了犯罪嫌疑人在实施犯罪行为之后，将由此带来的物质利益、政治利益、精神利益损失。这是犯罪嫌疑人抗审的重要心理依据，这种心理依据的来源是“社会交换理论”下人的基本行为规则，即“趋利避害”的本性。人们的认识在于对自己有利的就会积极地行为，对自己不利的就会表现出对抗行为。在侦查讯问活动中，由于犯罪行为的应受惩罚性，犯罪嫌疑人供述自己的犯罪事实，就意味着将会受到惩罚、利益将会受到损失。所以犯罪嫌疑人认识到这种后果时，就会选择对抗。与此相反，如果犯罪嫌疑人意识到自己在实施犯罪行为之后，向司法机关供述不仅不会受到惩罚，而且还会得到奖励，那么犯罪嫌疑人就不会选择抗审了。犯罪嫌疑人在侦查讯问过程中是理性的，任何决定都是他的一种理性选择行为。这是人的本性所决定的，任何人都有着趋利避害的本能。我们每一个人，在作出某种行为的决定之前，都会在内心考虑并权衡该行为是否能给自己带来利益，若自己的判断为“是”，则会选择去实施该行为，反之则会选择不去实施该行为。犯罪嫌疑人在被侦查讯问的过程中，选择的抗审行为有一个理性选择决定自己行为的过程。在侦查讯问起始阶段，有罪的犯罪嫌疑人都会将自己如实供述犯罪事实后，随之而来的各种后果看得比较重，因为该行为将受到刑罚处罚而失去人身自由或生命权利；没收财产而失去自己原有的财产；失去现有的优越的工作机会；失去现有的社会地位和良好的声誉名誉；失去自己的亲情、友情；等等。因此，犯罪嫌疑人不会轻易在侦查讯问开始时就供认自己的犯罪事实。上述情况表明，犯罪嫌疑人是为了维护自己的利益才选择抗审的，可是在很多时候，犯罪嫌疑人又总是从开始的“抗审”，经过讯问人员的语言交流，放弃了对抗，选择了供述，这又是什么原因呢？难道犯罪嫌疑人不知道供述以后会给自己带来不利的后果吗？显然不是！从犯罪嫌疑人抗审的行为表现来看：犯罪嫌疑人首先是选择拒供而保持沉默，经过讯问人员的语言交流，继而进行了假供即以欺骗撒谎来应付审讯人员的提问。其次是经过实质性的对抗，利益关系发生了部分变化，犯罪嫌疑人选择交代了其中的一点或者一部分犯罪事实。最后是利益关系发生了根本的变化，犯罪嫌疑人经过权衡利弊，如实供述了自己的全部犯罪事实。由此可见，当犯罪嫌疑人认为供述比对抗对自己有利的时候，犯罪嫌疑人就会放弃对抗选择供述。这是犯罪嫌疑人在经过对抗的利益关系的心理冲突之后，发生的利益关系的变化，继而进行利益平衡的结果，即讯问活动的最高境界：犯罪嫌疑人明知供述以后对自己不利，还仍然选择供述。在审讯活动中犯罪嫌疑人对利益关系的认知，还可分为长远利益与眼前利益。这种长远的利益关系是行为的最终结果，犯罪行为的最终结果是刑法的处罚，犯罪嫌疑人一开始的对抗，原因就在于担心这种长远利益的丧失。审讯活动中犯罪嫌疑人所面对的眼前利益的障碍，就是当前被讯问所带来的心理焦虑和心理压力。很多时候犯罪嫌疑人为了摆脱这种心理焦虑和心理压力，就会选择放弃对抗而获取眼前利益。因此，如果犯罪嫌疑人始终选择维护自己的长远利益，那么犯罪嫌疑人就会选择积极地对抗。如果犯罪嫌疑人为了摆脱眼前的困境，为了当前利益就可能选择顺应服从。关于在侦查讯问活动中犯罪嫌疑人所面临的利益关系，还表现为整体利益与局部利益。犯罪嫌疑人犯罪以后对自己、对家庭、对自己的生活圈所带来的伤害以及利益的损失，是整体的利益关系损失。因为自己的犯罪行为给自己的局部利益或者给家庭某个成员带来的伤害，是局部的利益关系损失。这两种利益关系经常会发生冲突。犯罪嫌疑人在讯问中的对抗行为通常是为了维护整体利益而产生的，可是在很多时候犯罪嫌疑人为了局部利益就会放弃整体利益。例如，某犯罪嫌疑人在被采取强制措施以后，仍然坚持积极地对抗，拒不交代自己的犯罪事实，当得知自己的女儿再有两个月就要参加高考了，可是因为自己的犯罪，导致了女儿无心读书，面临无法参加高考的情况，这对女儿的一生将会产生重要影响。此种情况下犯罪嫌疑人选择了积极地配合，努力创造取保候审的条件，尽快地走出看守所，让其女儿能够顺利参加高考。这种局部的利益促使犯罪嫌疑人放弃了整体的对抗。犯罪嫌疑人所面临的利益关系最重要的区别在于：合法利益与非法利益的关系。犯罪嫌疑人的对抗行为是为了维护非法的利益关系，即掩盖犯罪行为达到对自己非法利益的维护。当犯罪嫌疑人认识到自己的犯罪行为对社会造成的危害，产生了悔过的思想认识，积极主动供述自己的犯罪事实，从根本上来说就是对合法利益的维护，这种认识过程，就是非法利益关系向合法利益关系转化的过程。实现这种转化就是讯问人员的基本任务。基于人的趋利避害的本能，被讯问人行为模式的择优选择功能，是其自身行为选择的依据。一旦犯罪嫌疑人认识到供的后果优于不供的后果时，供述就成为其必然选择。例如，法律规定在被追诉前主动交代行贿行为的，可以减轻处罚或者免除处罚。这就为在大量的贿赂案件侦查中，先突破行贿人继而瓦解受贿人的心理防线，并最终为突破全案提供了法律保障。而行贿人可能在对众多的行贿事实中，选择交代已被检察机关发觉查处的行贿事实，这是行贿人两害相权取其轻的心理的直接行为表现。此外，在共同犯罪案件中，攻守同盟中必然有人会出于自保自私的心理率先背弃盟约，以求得相对较轻的处罚结果。在侦查审讯中，客观地存在嫌疑对象有很多“利益”争取的空间。讯问人员注意把握这些“空间”，帮助犯罪嫌疑人选择有利的空间，犯罪嫌疑人就能够产生利益关系的顺应行为。例如，法律对侦查规定的时限要求，是犯罪嫌疑人明知的，作为犯罪嫌疑人，是想让侦查人员把法律赋予的侦查时限用足，还是尽快了结自己的事？显然后者是他们的利益取向。再如，法律明确规定了取保候审的条件，不具备取保候审条件的就应该采取强制措施，满足取保候审条件的就可以解除强制措施，显然后者能够满足犯罪嫌疑人趋利避害的条件选择。另外，在侦查力量的选择上，作为犯罪嫌疑人是想让自己的问题由很多人来查处呢？还是按常规办就可以了呢？显然，没有哪一个犯罪嫌疑人会觉得由于自己的不配合而导致一个庞大的群体都投入他的案件侦查工作中来。需要指出的是趋利避害的选择性，当一个重要的利益失去以后，接踵而来的就是尽力去追求一个较轻的损失后果，即争取坦白获得从宽处理，以此获取新的利益关系。审讯活动中的利益关系的把握，是讯问人员依据案情而帮助犯罪嫌疑人作出的行为选择，其作用就是能够让犯罪嫌疑人更好、更快、更准确地去把握为自己争取可能“利益”的时机，并作出顺应性的行为抉择。

二

抗审的对抗条件的得失。犯罪嫌疑人一般不会轻易供述出自己的犯罪事实，这是由抗审的对抗条件所决定的，侦查讯问实践中，犯罪嫌疑人很少主动地向侦查机关供述其犯罪事实。美国刑事司法学界和警察科学界著名学者弗雷德英博说："人类一般不会主动、自发地供认自己的罪行……期望作案人未经审讯的触动便因良心的折磨而供认罪行的想法是不切实际的。"侦查学鼻祖汉斯·格罗斯也说："希望每个人都能坦白自己的罪行，是残忍的至少是不人道的。"因为犯罪嫌疑人在具备自我保护的条件下，是不能轻易放弃自己对利益的要求的。犯罪嫌疑人没有经过讯问人员的接触，就不可能知道自己是否存在自我保护的条件，趋利避害的行为本能告诉他：无论是什么样的行为，只要是对自己不利的都要进行对抗，这是犯罪嫌疑人很少主动地向侦查机关供述其犯罪事实的重要原因。对抗条件是决定犯罪嫌疑人对抗行为存在、发展的内部原因，同时也是制约和影响对抗行为存在、发展的外部因素。有条件对抗犯罪嫌疑人才会选择对抗，如果没有了对抗条件，犯罪嫌疑人就会放弃对抗。如同儿童与青少年进行武力对抗，显然儿童没有与青少年进行武力对抗的条件，失去了武力对抗条件只能选择放弃。由此，犯罪嫌疑人选择的抗审，是在有条件对抗的基础上产生的。犯罪嫌疑人的对抗条件，是建立在犯罪事实没有暴露的基础上的。如果犯罪事实已被侦查机关查清，自己即使不如实供述也不影响司法机关对自己的处罚，在无法逃避损失后果的情况下，就失去了对抗条件，犯罪嫌疑人的对抗就失去了意义，自然放弃对抗。"条件"认知的程度决定了犯罪嫌疑人抗审的行为方向。在很多时候侦查讯问人员手里并没有掌握犯罪嫌疑人的犯罪证据，讯问犯罪嫌疑人的目的就是要让犯罪嫌疑人自己交出犯罪证据，犯罪嫌疑人也正是在这种情况下供述自己的犯罪事实的。如果犯罪嫌疑人明知侦查讯问人员没有掌握自己的犯罪证据，证明自己犯罪还要依赖自己的供述，自己还有条件对抗，那么犯罪嫌疑人能够选择放弃对抗吗？显然不会。那是什么原因导致犯罪嫌疑人在有条件对抗的情况下放弃对抗呢？这是由犯罪嫌疑人对"条件"认知的程度决定的，在讯问活动中，讯问人员的态势以及所提供的信息，足以使犯罪嫌疑人感觉到讯问人员已经掌握了犯罪证据，或者是犯罪信息，认知的结果是对抗条件的丧失，这实际上是对“条件”认知的错觉造成的，是误以为“条件”的丧失。这正是讯问人员在没有掌握犯罪嫌疑人犯罪证据的情况下，能够使犯罪嫌疑人供述犯罪事实的重要基础。

“对抗条件”的把握程度决定了犯罪嫌疑人的对抗程度。对犯罪事实暴露程度的把握，实际上就是对抗条件的认知。全部犯罪事实的暴露与部分犯罪事实的暴露，整个犯罪事实的暴露与个别犯罪事实的暴露，是犯罪嫌疑人选择全部供述还是部分供述的重要基础。如果犯罪嫌疑人的认知是全部犯罪事实的暴露，那么就有可能选择全部供述，如果犯罪嫌疑人的认知是部分犯罪事实的暴露，那么他就不可能选择供述全部的犯罪事实，而会选择暴露多少就供述多少，这是由人的趋利避害的本性所决定的。在讯问活动中讯问人员如何组织“对抗条件”的认知？是全部的“对抗条件”的丧失，还是部分的“对抗条件”的丧失，是由讯问的目的所决定的。侦查犯罪指向的是全部的犯罪行为，而不是局部的犯罪行为，所以讯问人员在组织对犯罪嫌疑人的信息影响时，是让犯罪嫌疑人产生对全部的犯罪事实已暴露的认知，避免犯罪嫌疑人产生对局部的犯罪事实已暴露的认知。如果让犯罪嫌疑人产生的是局部的犯罪事实已暴露的认知，那么犯罪嫌疑人只能供述局部的犯罪事实，从而掩盖了其他的犯罪事实。所以“对抗条件”的丧失，是整体的还是个体的，对犯罪嫌疑人的对抗行为有着重要的影响。犯罪行为的记忆是犯罪嫌疑人“对抗条件”产生的基础。首先侦查讯问是在审讯者预先认为犯罪嫌疑人有罪的前提下进行的，而这个前提的产生则是基于犯罪嫌疑人的犯罪记忆，没有犯罪记忆就不存在对抗，犯罪嫌疑人实施了犯罪行为，因为这种行为是社会的否定行为，是要受到法律惩罚的行为，由此才会引起对抗，如果没有犯罪的行为记忆，那就不存在对犯罪行为的隐瞒和对抗了。犯罪嫌疑人的“对抗条件”依赖于犯罪的行为记忆，在犯罪嫌疑人实施犯罪活动的过程中，那些能够证明犯罪行为的因素，和犯罪事实暴露的可能性，对犯罪嫌疑人心理的“对抗条件”产生了重要影响。犯罪行为的记忆是犯罪嫌疑人自我确认的依据，犯罪嫌疑人在被讯问过程中的一系列行为都是从这里开始的。在讯问的空间里，对犯罪行为的记忆是模拟产生、再现的，讯问人员对犯罪行为的模拟程度，对嫌疑人的对抗条件的认知有着重要影响。讯问人员模拟的犯罪事实与犯罪嫌疑人的行为记忆相吻合，犯罪嫌疑人的对抗条件就会自动丧失，反之就会被强化。人的生理和心理的特征反映，犯罪的行为记忆在讯问人员外来的信息刺激下被激活，自然会通过不同的渠道反映出来（这是形体语言研究的结果）。例如，犯罪嫌疑人为了掩盖自己的犯罪事实，对抗侦查讯问的基本方法就是“谎言”，这种“谎言”在外来的信息刺激下，总会通过说谎者的外部形体反映出来，告诉别人自己在说谎。另外，说谎者引发的心理焦虑，促成了自我对抗条件的降低和削弱，由此犯罪的行为记忆是隐瞒犯罪事实的天敌。

三

人格特征反映的抗审行为。讯问实践表明犯罪嫌疑人的人格特征对抗审行为会产生重要的影响。从人的个体人格形成的基本特征来看，心理学家们认为，个体人格的形成，主要受遗传与环境因素的影响，人格是一个整体，它由三部分组成，即本我、自我和超我。“本我”是人格结构中最原始的部分，从出生之日起便存在，构成本我的成分是人类的基本需求，也是生之本能。它是促动个体求生活动的内在力量。“自我”是个体在现实环境中由“本我”分化发展而产生的，由“本我”而来的各种需求，必须迁就现实的限制，并学会如何在现实中获得需求的满足。这种需求对“本我”的冲动具有缓冲和调节功能。“超我”是人格结构中的道德部分，处于管制地位，是个体接受社会文化道德规范的教养而逐渐形成的。当“超我”不能对自我起到管制作用时，“本我”和“自我”会因为各种需求而产生内在的动力，从而采取实现需求的行为，这种行为就可能会违反社会文化的道德规范。因此，犯罪嫌疑人的个性与经历，直接影响嫌疑人的社会化程度和人格特征反映。人格特征在环境的影响和刺激下发生变化，是由人格基本属性所决定的。孟母三迁的故事流传已久：孟子小的时候，父亲早早地死去了，母亲守节没有改嫁。一开始，他们住在墓地旁边。孟子就和邻居的小孩一起学着大人跪拜、哭嚎的样子，玩起办理丧事的游戏。孟子的妈妈看到了，就皱起眉头说："不行！我不能让我的孩子住在这里！"于是孟子的妈妈就带着孟子搬到市集，靠近杀猪宰羊的地方去住。到了市集，孟子又和邻居的小孩学起商人做生意和屠宰猪羊的事。孟子的妈妈知道了，又皱起眉头说："这个地方也不适合我的孩子居住！"于是，他们又搬家了。这一次，他们搬到了学校附近。每月夏历初一这个时候，官员到文庙行礼跪拜，互相礼貌相待，孟子见了之后都学习记住。孟子的妈妈很满意地点着头说："这才是我儿子应该住的地方呀！"于是定居在这个地方。后来，大家就用"孟母三迁"来表示人应该要接近好的人、事、物，才能学习到好的习惯。这也说明了环境能改变一个人的爱好和习惯、改变人的人格特征。在偷盗的环境里生活就会想着从别人那里获取钱财，战争环境中的战士想的是浴血奋战。因此，环境对造就人格有着重要的意义。

审讯空间的环境，对犯罪嫌疑人来说是特殊的甚至是陌生的，面对这种特殊而陌生的环境，犯罪嫌疑人没有现成的经验储存，如何面对审讯空间的环境，犯罪嫌疑人只能调动以往人格经验，来应对眼前所面临的环境。所以犯罪嫌疑人进入审讯空间之后，其相对稳定的人格特征会发生变化，原本是外向型性格的却表现为沉默寡语，原本是内向型性格的却表现为口若悬河的积极对抗。另外，随着讯问空间的信息刺激不断发生作用，犯罪嫌疑人原本是有较高的品格特征的人，如优秀的公务员、高级领导干部，众人评价品格高尚的人，却在审讯室内表现出无赖、满口谎言、狡辩、抵赖等特征。由此，审讯空间能够改变犯罪嫌疑人相对稳定的人格特征，出现人格属性差异。因此，审讯人员必须注意调整犯罪嫌疑人的人格属性差异，使其人格特征达到正常的人格状态，满足审讯所需要的标准。在讯问的空间里调整犯罪嫌疑人的人格行为特征，是通过对犯罪嫌疑人评价的方法来进行的。通过对犯罪嫌疑人的品格评价，激发其闪光的、优秀品质的人格，建立起自我维护的心理行为，帮助犯罪嫌疑人搭建供述认罪的平台。

犯罪嫌疑人的成长过程同时也是一个社会化的过程，在他的社会化过程中，社会行为规则与价值观念都会内化在犯罪嫌疑人的行为模式与思维模式中，即使是在犯罪过程中，犯罪嫌疑人也摆脱不了社会化过程对其的影响。在侦查讯问中，犯罪嫌疑人也摆脱不了正常社会价值观念与行为规则对其的影响。这主要表现为由于犯罪而在嫌疑人心中形成的罪责感与内疚感，也即通常所说的良心受到折磨。根据犯罪学家的认识，在犯罪实施过程中，大多犯罪嫌疑人在控制侵害对象时，其内心有一个将对象非人格化或道德评价降低的现象，以求得自己内心的平静或平衡。因而，有些犯罪学家就此提出了一种被害预防的对策，即被侵害对象在面临被侵害而无力反抗的情况下，要放弃无谓的反抗而不要放弃对犯罪嫌疑人的劝说——让犯罪嫌疑人将自己看作一个和他一样有人格的人、像他家人亲友一样的人，从而激起犯罪嫌疑人的道德感，产生不平衡的内心冲突，而自动放弃犯罪。因而在讯问犯罪嫌疑人的活动中，讯问人员就要设法改变犯罪嫌疑人平衡的心理状态，使之出现不平衡的心理愧疚，出现社会规范要求下的道德感，从而使其放弃对抗转而积极供述罪行。

第三节　介入摄取嫌疑人犯罪的记忆反应

犯罪嫌疑人实施了犯罪行为之后，留在大脑里的便是犯罪的行为记忆，这种行为记忆在特定的空间条件下，能够自发地反映出来，为讯问人员提供该犯罪嫌疑人是否有涉案关系的信息。人们有了记忆便有了记忆经验，人们的知识经验来源于行为实践的记忆，有了行为的记忆才有认识经验，没有行为实践就不可能有人的认识经验。人们的记忆经验大量储存在人的潜意识里，一旦外来的信息刺激到了该领域，意识经验就会作出积极的反应。例如，犯罪嫌疑人在接受审讯的时候，总是不会轻易交代自己的罪行，这就是记忆经验所致。因为犯罪行为是社会的否定行为，是要受到惩罚的行为，自我个体实施了这种社会否定行为，客观事件与主观认识产生了比较强烈的记忆经验，这种记忆经验来源于他人的影响和社会环境的信息传播。一旦与此相关的信息出现的时候，这种特定的记忆经验就会积极迅速地再现这种特定的情景，从而引发出恐惧和本能的自卫反应，即对抗的行为反应。人的潜意识承担着重要的记忆经验，在受到特定的记忆经验信息刺激的时候，记忆经验的信息内容，会通过潜意识超前准确地予以反应。在审讯活动中，当外来的信息涉及该犯罪情景的时候，犯罪嫌疑人根本不需要再次对自己犯罪的现场进行核实，便会清楚地记得该犯罪现场的情景，这种犯罪的情景便会通过潜意识的活动，表现出对该“现场”的记忆经验和认识经验。这种现象心理学家称之为“超前反馈”现象，心里有了认识经验，无须再次进行核实，潜意识便会直接跨过意识来反馈这一意识经验。在审讯活动中可以利用犯罪嫌疑人意识经验的“超前反馈”现象，达到暴露犯罪的目的。意识经验表现的方面比较多，如有语言的“口误”，不希望说出来的话，通过潜意识的意识经验流露出来，还有对说谎的意识行为的经验反应，说谎话的信息刺激反应比较慢。人的这种意识规律为我们审讯犯罪嫌疑人提供了可靠的利用条件，也是审讯人员借助犯罪嫌疑人心理活动规律进行审讯的重要根据。在审讯活动中，就是要根据犯罪嫌疑人的生理条件、记忆经验、行为习惯、思维的规律性，进行有效利用，成为有利的审讯条件。因为犯罪嫌疑人的记忆经验是犯罪的“情景”“情节”“现场”“涉案人”等。这种记忆经验在审讯活动中随时都会传递给审讯人员，在审讯的活动中应当注意“接收”“培养”，加强利用。

在讯问活动的介入阶段，讯问人员需要在第一时间判定嫌疑人是否与案件有牵连关系，以及涉案关系的牵连程度，是否就是真正的犯罪行为人，做到心中有数，为全盘的侦破案件提供重要的条件。嫌疑人的犯罪记忆反应通常是通过“表情”“语言”“神态”“动作”等行为表现出来。“表情”的记忆经验反应通常表现在不协调、不合时宜的“微表情”，犯罪的行为记忆产生的恐惧与焦虑，通过潜意识的渠道流露出来，有眼动状态、恐惧焦虑的面部肌肉反应、不协调的下意识嘴动；“语言”的记忆经验反应通常表现为回答或者提问需要跨越一个存在的空间，经验反应出现的“口误”较多；“神态”的记忆经验反应通常表现为呆木、走神、顾虑、心理压力大等；“动作”的记忆经验反应通常表现为回忆犯罪情景时，下意识地出现抓耳挠腮，需要讯问人员细心地观察、提取，为我所用。

第四节　定位的心理层面解析

定位即给进入讯问室的嫌疑人进行定位、评定或者帮助嫌疑人确立犯罪行为的标准，通常是以犯罪嫌疑人犯罪事实暴露的程度作为评定的标准。这个标准有三个等级即犯罪事实没有暴露、犯罪事实部分暴露、犯罪事实全部暴露。通常犯罪嫌疑人进入讯问室，并不知道自己犯罪行为暴露的程度，为了最大限度地进行自我保护，给自己的对抗行为提供准确的信息支撑，总是要千方百计地了解审讯人员掌握犯罪证据情况，犯罪事实是否暴露以及暴露的程度，以此来选择自己的对策进行抗审。因为嫌疑人在讯问室里的抗审行为不是盲目地对抗，他要为自己选择正确的对抗层面和平台，如果犯罪事实已经全部暴露，那么嫌疑人选择的对抗平台和层面，就是建立在犯罪事实已经暴露的条件基础上来选择自己的应对方法；如果犯罪事实还只是部分暴露没有全部暴露，那么嫌疑人对抗条件的选择就是以部分暴露的情况来确定自己的对抗方法；如果犯罪事实还没有暴露，那么嫌疑人就会以没有暴露的情况选择自己的对抗行为。定位与层面的建立是讯问活动的重要环节，在三个层面的条件下，嫌疑人如果自我选择定位在“犯罪事实没有暴露”的层面上，犯罪嫌疑人将会采取最坚定的对抗行为，来迎接讯问人员的审讯；如果自我选择定位在“犯罪事实只是部分暴露”的层面上，犯罪嫌疑人将会采取相对弱一些的对抗行为，来迎接讯问人员的审讯；如果自我选择定位在“犯罪事实已经全部暴露”的层面上，犯罪嫌疑人将会选择改变对抗行为，从直接的对抗进行趋利避害的选择，以此从讯问人员那里获取最大的利益和保护。

嫌疑人的自我定位与对抗层面的选择，主要来自讯问人员的信息反馈，犯罪事实暴露的程度，就是嫌疑人对抗层面的选择依据，因此讯问人员给嫌疑人提供的信息，决定了嫌疑人的层面选择，讯问人员提供什么样的层面信息，嫌疑人就会作出什么样的层面选择，所以讯问人员在讯问的第一步提供给嫌疑人的层面信息尤为重要，甚至决定了讯问活动的成败。

关于定位“层面”转换包括：讯问前的定位“层面”转换准备、初始阶段定位“层面”转换的任务及讯问方法。

一、讯问前的定位“层面”转换准备

讯问前定位“层面”转换，把握“层面”储备“能量”是转换的基础。讯问犯罪嫌疑人实际上是在与犯罪分子你死我活的斗争，是一场攻心斗智的较量，也是一场复杂的心理战。作为讯问的主体，拿什么来进行这场针锋相对的心理较量？保证在该较量中获胜，这就必须具备相应的条件。任何一个犯罪嫌疑人都不会轻易地交代自己的犯罪事实，要使犯罪嫌疑人能够交代自己的犯罪事实，讯问人员必须具备超越嫌疑人对抗的“能量”，把犯罪嫌疑人对抗层面转换到相反的方向，才能够在这场针锋相对的心理较量中胜出。讯问人员在讯问活动中的能量储备是讯问活动的必然要求。这种能量的储备包括：转换前的基本条件的准备；拥有与犯罪相关的信息量的心理储备；攻击性和主动性的行为储备；犯罪目标紧追深挖的侦查意识的动力储备；坚强意志和应变能力的保障储备。

转换前的基本条件的准备，审讯和打仗一样要打有准备之仗，无准备地匆忙上阵，必然是胜少败多。审讯的全部活动是与犯罪嫌疑人面对面进行的，这不仅是正义与邪恶的较量，同时也是审讯人员与犯罪嫌疑人智慧和业务素质的较量，是一场复杂而且尖锐的斗争。多年来审讯的特点告诉我们审讯不容许带有盲目性和随意性，否则就可能吃败仗，就可能导致应该成功的案件中途夭折使犯罪分子逍遥法外。因此，做好审讯前的准备工作，是完成审讯任务的重要条件。

（一）审讯力量的配备

侦查部门在确定犯罪嫌疑人以后，对犯罪嫌疑人的审讯实际上也是侦查活动的继续，是侦查活动的重要手段。因此，在审讯力量的配备上，应当安排有丰富经验的审讯人员主持审讯。一般情况下不得少于两人，我国刑事诉讼法对讯问犯罪嫌疑人有明确的规定，这里不再赘述。两名审讯人员其中一人担任主审，另一人担任记录，要分工明确、互相配合，审、记双方的默契配合是审讯成功的重要条件。有的案件就是因为主审与书记员不能很好地配合，让被审讯的犯罪嫌疑人摸了底，导致审讯的失败。

例如，有的书记员因为基本功差，进了审讯室不知道记录什么，经常打断审讯人员的讯问，问这句话该不该记，那句话该不该记，这不仅打乱了审讯人员的思路，而且还暴露了我们的审讯意图。有的书记员在审讯过程中还乱插话表现自己，从而干扰审讯活动的正常进行。更有甚者，将该记的没有记，不该记的乱记，结果是审讯记录废话连篇，必须返工再来，岂知有的信息瞬间即过，是不可能失而复得的。有的书记员不甘当助手，认为自己不比担任主审的人员差，为什么让我当书记员来记录？这种情绪带进审讯室，就会成为一种干扰审讯的阻力，影响审讯活动的正常进行。因此，审讯前人员的组织和配备，必须分工明确、互相配合，为了一个共同的目标而组成战斗团体。在全部的审讯活动中应当尽量保持人员的稳定，没有特殊的情况最好不要更换审讯人员，因为更换审讯人员容易引起被审讯人的心理变化，如果在犯罪嫌疑人没有交代供述的情况下更换审讯人员，容易强化犯罪嫌疑人的抗拒心理，犯罪嫌疑人会认为："你们这俩人审不了我，只有换人来审，不管是谁来我都是不会交代的。"而在我们的侦查实践中，常常确实是因为久攻不下才更换审讯人员。如果必须更换审讯人员，最好不要同时更换两个人，应该逐步地更换，以利于对案件情况的熟悉，也便于犯罪嫌疑人的情绪稳定。

审讯活动不仅要严格按照刑事诉讼法规定的程序进行，依法应当回避的也要坚决回避，除此之外按照法律规定不应该回避的，如果可能对犯罪嫌疑人的审讯产生不利影响的也应当回避。这是因为我们每一个人都不是生活在真空里，作为审讯人员也是普通人，也有一定的生活范围，也有自己的亲朋好友，有的同志能够坚持原则自动申请回避，可是有的人就不一定能做到这一点。他认为谁没有熟人熟事，见熟人就回避那么案件还办不办了？这话说起来似乎有道理，但是，它在实践中所造成的损失是难以挽回的。例如，我们在对一起久攻不下的案件进行总结时发现审讯人员中间有一位同志与被审讯的犯罪嫌疑人是普通的认识关系，但在此之前，这位审讯人员还得到过被审讯的犯罪嫌疑人舅舅的帮助。由此，使得犯罪嫌疑人产生了一种优势心理，一直坚持抗拒了几个月不交代自己的犯罪事实，就连自己经手签字领取的现金，都是一问三不知，使审讯工作无法进行下去，导致案件的侦查陷入了困境。

（二）全面研究熟悉案情

实际上审讯前的准备过程就是审讯人员对案件材料研究和熟悉的过程。全面地研究熟悉案情的目的是使自己明白该干什么，不该干什么，该怎样去干。我们通过全面地研究熟悉案情就能清楚知道案件本身的现状，已经获得了哪些材料，还需要哪些材料，存在哪些问题，需要用什么样的方法去解决。明确审讯的任务和方向，全面地研究熟悉案情的方法在于：通过案件本身的性质确定案件的特点；通过已经掌握的现有材料来确定侦查讯问的方向；通过现有的材料与犯罪嫌疑人的关系，确定讯问犯罪嫌疑人的方法；通过犯罪嫌疑人与案件的内在联系，提前把握可能会出现的问题，掌握主动权。具体而言：

1. 通过案件本身的性质确定案件的特点

刑事案件的侦查特点可分为两大类。一类是先有危害社会案件事实的出现，再去寻找实施犯罪的行为人，也就是说先有事而后找人。例如，在某一凶杀现场发现一少女被杀，寻找谁是杀害少女的凶手，便成为该案件的侦查重点。当某一目击者确认在特定的时间范围内，只有 A 某到过凶杀现场，于是 A 某便成了犯罪嫌疑人。那么审讯犯罪嫌疑人的目的，就是确定在某一凶杀现场发现一少女被杀，与犯罪嫌疑人 A 某是否有直接的因果关系。审讯活动也就会围绕这一目的而展开。当目标被确定以后，就需要制定审讯方法。在通常情况下审讯这类犯罪嫌疑人，大多采用联系和否定的方法，联系的方法需要查明现场与犯罪嫌疑人的联系；现场的遗留物与犯罪嫌疑人的联系；被害人与犯罪嫌疑人的联系；目击者与犯罪嫌疑人的联系。否定的方法需要查明能否否定犯罪嫌疑人有杀人的行为；能否否定犯罪嫌疑人有杀人的时间；能否否定犯罪嫌疑人到过杀人的现场；能否否定犯罪嫌疑人有杀人的动机；等等。

另一类是先发现犯罪嫌疑人，然后再去寻找其犯罪事实。例如，某一国家工作人员挥金如土，与自己的正常收入严重不符，并且银行还有巨额来源不明的存款，经群众举报该国家工作人员曾多次索取他人的贿赂。那么该国家工作人员是否犯有贪污贿赂罪，他的巨额财产是从什么地方来的？当该国家工作人员成为我们的讯问对象时，钱的来源、去向、数量、性质就是我们侦查讯问的目标。

2. 通过已经掌握的材料来确定侦查讯问的方向

通过上述案件的性质和特点来看，无论是先有案件再找犯罪的行为人，还是先有犯罪嫌疑人然后再确定案件的性质，都会留下或多或少的犯罪材料和犯罪线索，这是侦查讯问的基础。当审讯人员拿到这些材料以后，不要急于与犯罪嫌疑人接触，要对所取得的材料认真地进行研究，制定审讯方案，确定侦查讯问的方向。通常对材料的研究是研究它的来源，也就是材料本身的真实性和可靠性，材料的内在联系，材料与犯罪嫌疑人的关系，对材料进行综合评价确定案件的性质和特点。找出案件的侦查重点后，就要根据该案件所需要的证据体系的证明特点，考虑还需要取得哪些证据，这些证据如何提取。也就是说，在该案件中如何通过审讯来向犯罪嫌疑人要证据。

审讯犯罪嫌疑人最初依据的是现有的已经掌握的材料，这些材料分为两个方面：一方面是与犯罪事实有联系的材料，另一方面是犯罪嫌疑人个人的材料。确定侦查讯问的目标的重点，依据的是与犯罪事实有联系的材料，而确定侦查讯问的方法的重点，依据的是犯罪嫌疑人个人的材料和该犯罪嫌疑人与客观犯罪事实的内在联系。因而，要熟悉案件本身的材料，对照案件的事实看证据材料与其是否一致，是否有矛盾，来源是否合法，哪些证据在讯问中能够使用，哪些证据不能使用，还要进一步弄清什么问题。与此同时，还必须对犯罪嫌疑人的基本情况进行熟悉，包括犯罪嫌疑人的姓名、别名、绰号、年龄、文化程度、职业、社会关系、生活经历、思想品质、家庭情况、性格特征、犯罪动机、目的、手段、后果、犯罪的时间、地点、环境、有无前科、是惯犯还是偶犯、对方是否掌握我们的情况，对方犯罪以后的心理状态，等等。对上述情况了解得越多，为我们利用的条件就越多，成功的系数就越大。

3. 通过现有材料与犯罪嫌疑人的关系确定讯问犯罪嫌疑人的方法

当我们的办案人员拿到案件材料以后，判断如何通过现有的材料与犯罪嫌疑人的关系来对犯罪嫌疑人进行讯问，是审讯必要的、不可缺少的过程。对于不同的案件性质和特点所采取的方法也是不相同的。但是仍然有其规则可循。讯问实践中经常采用的方法为：先易后难，先近后远，先小后大，先外后内，先明后暗，先弱后强。这里所说的“先易后难”是指把某些与案件有密切关系的事件，能够比较容易被犯罪嫌疑人认可的事实，作为我们首先解决的问题，然后逐步深入解决不容易被犯罪嫌疑人承认的犯罪事实。“先近后远”是指先解决时间和距离比较近的犯罪事实，“时间近”的犯罪事实，因有较强的记忆痕迹还不至于在短期内忘记，距离是指难、易的程度（特指），某一事件的距离比较远，指的就是该事件难度大不容易掌握。例如，某犯罪嫌疑人不仅参与了高科技犯罪，同时还参与了普通刑事犯罪，从这两起犯罪侦查的难易程度来看，普通刑事犯罪比较容易掌握，而高科技犯罪带有特殊的专业技术，有比较高的科技含量，不容易被掌握。所以对这类犯罪嫌疑人审讯时，从先后的选择上应当先从普通刑事犯罪开始，待自己对专业技术比较强的那部分犯罪事实掌握之后再进行讯问。“先小后大”是指先从比较小的犯罪事实入手，把重大的犯罪事实作为最后的主攻重点，如果我们开始就把重大的犯罪事实作为攻击的目标，势必会影响对小的犯罪事实的侦查。“先外后内”是指先从案件的外部联系入手，逐步深入挖掘案件的内在联系，也可以先从案件的现象入手，逐步深入案件的本质。“先明后暗”是指先选择比较公开暴露的犯罪事实或者情节，然后再设法接触那些比较隐蔽的犯罪事实。人们常说审讯要找薄弱环节作为突破口，“先弱后强”就是要先选择犯罪嫌疑人防御体系比较弱的环节作为首先攻击的目标。我们在审讯的过程中所说的环节、事件、对象，都是与案件的事实有密切关系的，能够引起案件事实连锁反应的，并且能够直接影响犯罪嫌疑人的整个防御体系。如果只是无关紧要的环节、事件、对象，那么尽管它有薄弱的属性和容易被攻击的特点，最终还是动摇不了犯罪嫌疑人的整个防御体系。

4. 通过犯罪嫌疑人与案件的内在联系，提前把握可能会出现的问题以掌握主动权

审讯过程中比较容易出现的问题是：给犯罪嫌疑人留有退路。如何提前堵住犯罪嫌疑人的退路，是我们掌握主动权的基础。我们在对每一个目标进行攻击之前，必须研究和掌握犯罪嫌疑人可能选择的退路，才能有效地防止我们从前门攻，犯罪嫌疑人从后门跑的结果。如何在审讯之前找出犯罪嫌疑人的退路？

首先，根据犯罪嫌疑人与案件的内在的逻辑关系来寻找。例如，盗窃犯罪的案件，案发后从犯罪嫌疑人的身上搜查出了大量的现金，在通常情况下，审讯大多选择赃款和赃物的来源作为审讯的突破口，因为赃款和赃物的来源是非正常的，是由犯罪分子采取不法手段而获取的，所以犯罪嫌疑人会否定非法的来源。当审讯人员追查赃款和赃物的来源时，犯罪嫌疑人就会选择合法获取的方法作为退路。他就会告诉你这些钱是父母给的，或者是找朋友借的，或者是自己做生意赚的。提前掌握了他们的退路做到心中有数，就能提前设法堵住其退路。

其次，根据人的一般思维特点寻找犯罪嫌疑人的退路。通常采取位置置换的方法，讯问自己处在犯罪嫌疑人这个角度会选择什么方法作为退路。通常犯罪嫌疑人发现对自己不利的情况时，大多采取直接否定的方法有：“不是我”“没有”“我不知道”“我没干”，等等。审讯人员应当提前做好准备，在审讯的对策上为了不让对方直接说出“不”字，通常采取“跨越前提”的方法，先设定犯罪事实存在来堵其退路。

最后，犯罪嫌疑人的退路通常会选择审讯人员的薄弱环节，因此审讯人员在审讯之前就要注意掌握薄弱环节在什么地方，如何隐蔽薄弱环节。例如，犯罪分子在作案过程中和作案以后，没有被任何人发现，也就是说现场没有目击证人。案件缺乏证人是我们侦查讯问的薄弱环节，犯罪嫌疑人就会据此认为：自己在作案时反正没有人看见，司法机关只是怀疑，没有证人证明，我就是不承认。那么审讯人员就要设法把自己的薄弱环节隐蔽起来。通常是采用跨越薄弱环节的方法：现场虽然没有目击者，但是有犯罪嫌疑人的遗留物，跨过人证把物证作为主攻方向。这样犯罪嫌疑人就无法利用我们的薄弱环节。

二、初始阶段定位“层面”转换的任务和讯问方法

审讯过程中初始阶段也可以称为试探摸底阶段，试探摸底阶段不仅是审讯过程的初始阶段，也是首次接触犯罪嫌疑人的阶段。在这一阶段审讯人员的首要任务是：选择接近犯罪嫌疑人的方法，取得犯罪嫌疑人的初步信任，逐步摸清犯罪嫌疑人的底细，向犯罪嫌疑人推销一个观念，即让犯罪嫌疑人感觉到自己有罪，并且犯罪事实已经被审讯人员掌握，使其对抗层面降低到被削弱的顺应层面。

如何摸清犯罪嫌疑人的底细？摸清犯罪嫌疑人的底细是审讯过程“初始阶段”的首要任务。经常有人把它称为试探摸底阶段，它是每一起成功的审讯案件必须经历的阶段。它的特点是犯罪嫌疑人与审讯人员都处在相互摸底的阶段，不仅审讯人员要知道对方的底细，而且犯罪嫌疑人也要知道审讯人员的底细。审讯人员了解犯罪嫌疑人是为了制伏犯罪嫌疑人取得审讯的成功。而犯罪嫌疑人了解审讯人员就是为了逃避法律的惩罚。因而在此阶段双方的表现都非常警惕、注意力非常集中，都希望在最短的时间，以最快的速度了解对方来掌握审讯初始阶段的主动权。犯罪嫌疑人摸底的主要目的就是要了解审讯人员到底知道犯罪嫌疑人多少犯罪事实，掌握了哪些证据，还有哪些证据没有被掌握。而审讯人员所要知道的内容就是犯罪嫌疑人到底干了哪些事，犯了哪些罪行，如何根据犯罪嫌疑人的特

点，让犯罪嫌疑人如实交代自己的罪行。要知道犯罪嫌疑人到底犯了哪些罪行，除我们已经掌握的线索外，还要依靠犯罪嫌疑人自己来提供犯罪线索和犯罪事实。可见对犯罪嫌疑人的充分了解才是审讯取得成功的基础。在审讯的初始阶段应从以下几个方面了解犯罪嫌疑人的底细：

（一）摸清犯罪嫌疑人的“定式心理”

犯罪嫌疑人接受审讯时，打算用什么方法来接受审讯的心理准备，在审讯中称为定式心理。这种心理准备带有相对的稳定性，也带有很大的普遍性。犯罪嫌疑人几乎都带着事先准备好的心理状态来接受审讯，这种相对稳定的心理状态，贯穿于审讯的全过程，在审讯试探摸底阶段和对抗相持阶段表现得较为明显。审讯中这两个阶段的任务实质上也是转化犯罪嫌疑人的定式心理。犯罪嫌疑人在这个阶段的攻守程度也取决于定式心理稳定的程度。

定式心理作为犯罪嫌疑人在接受审讯时相对稳定的心理准备，并不是短期内形成的。根据犯罪的特点，犯罪嫌疑人在实施犯罪时，就已经存在反侦查的心理准备，这种心理状态的稳定程度取决于存储的时间，存储的时间越久越不易改变，因为这种心理定式会反复在自己的大脑中进行思维循环而被加固。犯罪嫌疑人的定式心理程度还依赖于产生这种定式的根据，那些依据多种事实而形成的定式或与多种需要联系的定式稳定程度较高。假如某种定式只依赖于某一环节或事实，那么只要否定了这一环节和事实，就可以改变这种思维定式。但如果其定式心理所依赖的环节和事实很多，其定式心理就不容易改变。例如，受贿人一旦收取了钱物以后，其心理状态立即会因日后有多大暴露的可能性而发生微妙变化：首先，没有第三者目击，行贿人因感谢不会揭发；其次，可以借口朋友交往的礼尚往来；最后，没有损害国家利益等。只要自己不说，天知地知，你知我知。这一系列的环节和根源稳固了受贿人的定式心理。这种定式心理是否承受过其他外力的攻击，是否有免疫性？如果犯罪嫌疑人仅就此案的犯罪事实没有受到过其他人或单位的讯问，那将是脆弱的，是容易被改变的。反之，如果受到讯问，就会增强抵抗力和免疫性，从而变得更加巩固不易改变。可见犯罪嫌疑人的定式心理，是犯罪嫌疑人抗拒审讯重要的心理基础，必须首先弄清楚。审讯过程中的摸底，就是要摸清犯罪嫌疑人带进审讯室的基本心理状态——定式心理。如何摸清犯罪嫌疑人的定式心理？通常采用“定位刺激法”。

“定位刺激法”是采取给犯罪嫌疑人设定某一前提，然后观察其反应，根据其反应从中发现并找出犯罪嫌疑人定式心理的方法。这种方法的使用是在问完了犯罪嫌疑人基本情况以后，在犯罪嫌疑人的情绪比较平稳的情况下，很平和地告知犯罪嫌疑人：“你已经构成犯罪了！”然后观察犯罪嫌疑人对这句话的反应。通常会出现两种趋向：一种是没有明显的反应，既不辩解也不回答，表现出沉默无语的默认状态。这种情况大都是“畏罪心理”的反应。他们知道自己的罪行重大，心理基础是怕受到惩罚，心理表现是走一步看一步，根据情况的发展而定。另一种则比较强烈：“我不承认我有罪，我有什么罪？你们说我有罪你拿出证据来！”或者用其他的理由来进行辩解，这种心理表现是“侥幸心理”的反映——我自己知道事情是我干的，但是你们找不到证据，我就是不承认，千万不能承认。这两种定式心理告诉我们审讯的方法必须依据对方基本的心理特征。针对“畏罪心理”，审讯人员应当多给他们求生的希望，把他们往求生的路上领，常常摆出“利”“弊”关系让对方选择，尽最大的努力使对方形成一种观念：“说实话对自己有利。”而针对“侥幸心理”，则要改变方法。无论是采用“逻辑的方法”“以证取证的方法”还是“牵连追根的方法”，最终要使对手形成一种观念：“事情他们已经都知道了，抗拒已经失去意义。”在一般的情况下，只要能够把握这两种定式心理的特点，就能够把握审讯的大方向，不至于走弯路。

（二）摸清犯罪嫌疑人的人格特征是什么

因为犯罪嫌疑人的人格特征，对审讯活动有着重要的影响。犯罪嫌疑人人格基调越高越容易接受审讯人员的“暗示”。笔者在这里所说的“暗示”，不是带有诱供性质的暗示，而采用的是一种“心理影响”的方法，引导犯罪嫌疑人放弃抗拒，走供述认罪的路。研究犯罪嫌疑人人格基调的目的，是确定犯罪嫌疑人在客观事实面前供述认罪的程度。人格基调低的人，低到一定的程度，就会被称为“无赖”，在客观事实面前还会抵赖不认账，其供述认罪的顺应性比较差。与此相反，人格基调比较高的人，在客观事实面前供述认罪的顺应性比较强，容易接受审讯人员的暗示，笔者认为这是供述认罪的基础。也就是说，人格基调高供述认罪的基础就好，相反就差。对人格基调比较低的犯罪嫌疑人，审讯人员首先的任务是调整犯罪嫌疑人的人格基调，把犯罪嫌疑人的低人格基调拔高。当犯罪嫌疑人被限制了人身自由或者面对司法机关的讯问时，由于这种外来的信息刺激，产生了被歪曲的人格基调。例如，犯罪嫌疑人认为自己仅仅干了一件小事，你们司法机关就小题大做，产生了破罐子破摔的思想意识，心灵深处被社会否定的逆反对抗的心理记忆被激活，有认识他的人就可能说：“这个人过去不是这样的，怎么现在会变成这样子呢？”这里可以证明人的人格基调可以在短时间内通过外部信息的刺激而发生变化。既然能向社会否定的逆反对抗的方面发展，同时也可以向社会肯定的顺应服从的方面发展。因此，在初审阶段，审讯人员不仅要设法了解犯罪嫌疑人的“人格”特征，还要通过人为的刺激拔高犯罪嫌疑人的人格基调，改变犯罪嫌疑人逆反对抗的心理。

如何在初审阶段寻找犯罪嫌疑人的人格特征？用观察的方法，也就是前面所说的审讯人员的“眼睛”，用我们自己的眼睛去发现犯罪嫌疑人的人格特点。犯罪嫌疑人为了不让审讯人员更多地了解自己，总是要千方百计地掩盖自己，伪装自己的心态。但是他的下意识反应和细微的人体动作会告诉我们他的心理活动情况。例如，手的动作、脚部的动作、面部表情的变化、眼神的变化，这些都能比较明确地表现出犯罪嫌疑人的心理活动情况。这些人的重要特点是“自私”“唯利是图”，只要我们仔细地去观察，就会不难发现。

用耳朵去听、用心去感受。语言是心理的表现，犯罪嫌疑人的心理活动特点总是要通过自己的语言表述出来的，审讯人员用自己的耳朵细心地去听，就会有所收获。例如，那些语言粗鲁刻薄、格调低下的犯罪嫌疑人，就不可能有较高的文化素养和比较高的人格品质。他们在语言的表述上总是表现出对他人的不满，对他人的言行要求极为刻薄，甚至指责讯问人员的不是，表现得蛮不讲理。而对自己从不认为有“错”，甚至对自己的犯罪也认为是别人造成的，不属于自己的责任。对待自己宽容、对待他人刻薄，是他们人格品质表现的特点。

另外，犯罪嫌疑人的人格特征还表现在“对抗的持久性”。审讯人员为了转变犯罪嫌疑人的对抗心理，通过教育谈道理，有的人抗拒心理转变得比较快，而有的人抗拒心理转变得比较慢。这是因为有的人“明事理”，知道什么是错、什么是对，什么是应该干的、什么是不应该干的，一旦发现审讯人员说的话有道理，其抗拒的程度就会立刻减弱，逐步消失。而有的人“不明事理”，属于低品质的人，不知道什么是错、什么是对，什么是应该干的、什么是不应该干的，他有自己的行为标准，尽管审讯人员的话说得在情在理，他也听不进去。所以这种类型的人抗拒心理转变得比较慢，需要的时间比较长，有一定的持久性。同时有的犯罪嫌疑人善于隐蔽自己，抗拒心理的转变不容易被发现，因此我们在寻找犯罪嫌疑人的人格特征时，不仅要用眼睛去观察，还要用心去感受。审讯人员与犯罪嫌疑人较量的审讯过程实际上也是与犯罪嫌疑人心理交流的过程。很多时候，对对方的心理感知，不是依靠对方的语言表述，而是依靠自己的心理感觉来感知对方的心理特点。例如，不会说话的“眼睛”，眼神的交流能够表现心态，眼神的敌意就是对抗的心态表现，眼睛对视的时间长短也是心理表现的一个方面，对方眼睛对视的时间比较长，超过正常无言交流眼睛对视的时间，就表现出了一定的攻击性。前面我们介绍了四目对视的特点，当审讯人员与犯罪嫌疑人初次接触四目对视时，谁的眼睛先避开对方谁多半是弱者。这里主要说明的就是眼神的攻击性。既然眼神具有攻击性，抗拒心理就难以被消除。

犯罪嫌疑人的防卫底线的设置，与犯罪嫌疑人的人格特征有很大的联系。防卫底线是犯罪嫌疑人为了抗拒审讯所设置的“屏障”位置。例如，报复杀人案件，犯罪嫌疑人明明与被害人认识，而在讯问犯罪嫌疑人时坚持自己不认识被害人。他的防卫底线就比较靠前。当客观事实证明他不但与被害人认识，而且与被害人有刻骨的仇恨，犯罪嫌疑人还仍然坚持自己不认识被害人。这里可以看出犯罪嫌疑人的人格基调极其低下，实属无赖。或者犯罪嫌疑人既承认与被害人认识，又承认与被害人有仇恨，但是否认自己是杀人凶手。这里可以看出犯罪嫌疑人的防卫底线比较靠后。因为犯罪嫌疑人知道认识被害人并且有仇恨，这是明摆的事情是不可否定的，所以他就自动地放弃。与前面的犯罪嫌疑人相比，后者的人格基调就比较高。

心理学家认为对人格的研究，仅仅是对人格差异的研究，除鉴别人格差异外，不评定人格的高低。审讯心理学把人格的特征用高低的方法来予以评价，目的是便于审讯人员对犯罪嫌疑人特点的掌握。在审讯心理学中人格差异的重要特点是：犯罪嫌疑人在客观事实面前能不能承认。大多数犯罪嫌疑人都能在客观事实面前认罪，少数的犯罪嫌疑人面对客观事实要无赖拒不认罪。他们的这种差异显然是与犯罪嫌疑人的世界观和品行、品格有关，而世界观、人的品行、品格又是人格的具体表现。用人格差异来说明犯罪嫌疑人对客观事实的认识特征，解决的仅仅是认识的现象不是认识的实质。所以，为了在审讯活动中更进一步地说明犯罪嫌疑人面对客观事实表现不同的实质问题，首先设定基本特征即基调，用高低来评价犯罪嫌疑人的认识差异，才能准确地反映出人格差异的实质。因而，笔者认为犯罪嫌疑人在客观事实面前能够承认客观事实，其人格表现属于正常的标准。当犯罪嫌疑人在客观事实确凿的情况下，还仍然否认，其人格表现是低人格基调。低人格基调的人不能在审讯活动中与审讯人员产生正常的沟通，审讯活动需要犯罪嫌疑人具备最基本的“人格”才能满足其条件，因而需要人为地拔高其人格基调才能展开审讯活动。

如何在初审阶段拔高犯罪嫌疑人的人格基调？其方法通常采用称赞、评定、心理同情和展望前途的方法，即直接赞美法。人大多数都有一个共同的特点，爱听赞美、赞扬、好听的话，实际上这是人们的心理需求，外来的赞美顺应了这个心理需求，出现积极的情绪。为了对犯罪嫌疑人进行情感的影响，应该充分利用这一心理特点，便能取得很好的效果。首先，是对犯罪嫌疑人的“闪光点”加以肯定。将其参加工作直到案发为国家和社会做过一些有益的事提取出来加以肯定、赞扬，使得犯罪嫌疑人感觉到社会还没有忘记他曾经做过的贡献，由此而产生情感上的共鸣。如有一位市长涉嫌犯罪，在审讯他的时候，对抗心理极强。他仰坐在椅子上，面向天花板闭目养神。这时他很难听进去别人的劝导，审讯人员先不谈案件的实质，而是对他过去的工作做充分的肯定：“你为社会做出了很大的贡献，你曾经用自己的智慧和汗水对城市的建设做出了很大的贡献，这个城市的老百姓是不会忘记你的，还希望你能回去参加这座城市的经济建设。”此后的这位市长不仅改变了自己的坐姿，而且满脸带着感激之情说：“谢谢你。”这短短的几句话取得了双方情感上的沟通。其次，是对犯罪嫌疑人的人品的评价，把高尚的品格往犯罪嫌疑人的身上粘。如“你性格直爽，敢作敢为，为人讲义气，重感情，办事情实事求是，不搞虚假的一套，在工作中出现的问题，敢于承担责任，为人处世光明磊落，办事公正、客观、全面，到任何时候都是一条好汉”。把这种品德粘在犯罪嫌疑人的身上，他是不会往下脱的。同时对方还会千方百计地维护被强加的形象，并按照这种形象去做出行为。应当注意的是，在对“人品”评价时收集典型事迹进行评价效果最好。

从情感影响的心理机制来看，心理科学证明，情感的实质是人对客观对象是否符合自己的需要作出的一种心理反应。这种反应，是对象与主体之间某种关系的反应，表现为对待客观对象的一种态度。而这种态度又是与人的活动、需求、利害关系有着密切的联系。从某种程度上来讲，是由动机所推动的行为，其目的在于寻求动机的满足。行为能否使个体的动机获得满足自然就会伴随产生不同的情绪。满足了则快乐，不满足则痛苦、沮丧。对象与主体的需求不同就会产生不同的情感，不同的情感又驱使主体采取不同的活动，以符合主体的要求和需要。从而导致了两种效应——顺应和逆反，顺应常常表现为信任和接受，逆反则常常表现为对抗和不满。可见情感对行为既有促进作用，也有干扰和阻碍作用。在讯问活动中，讯问人员所设置的情感符合和达到了犯罪嫌疑人的需求和某种满足，审讯人员便会获得信任，犯罪嫌疑人的对立情绪就会被克服，换出一种新的情绪和新的观点，把审讯人员看作可以亲近的人，并相信其讲话的真实性，容易把审讯人员的要求转化为自己内心的动力和必然的趋向，达到供述犯罪的目的。相反，审讯人员的情绪和情感对犯罪嫌疑人的需求发生干扰作用时，逆反心理便会出现，消极情绪便会对供述动机起到妨碍作用。因此，在讯问中，审讯人员应时刻注意把握住犯罪嫌疑人的情感方向，防止犯罪嫌疑人逆反心理的产生，消除已经出现的逆反心理。在审讯的方法上，应该体现或运用以情感人，以理服人，控制犯罪嫌疑人的情感，使其顺着审讯人员的意图发展下去。

从情感的来源来看，情感不是自发的，而是由刺激引起的心理反应，是人对客观对象是否符合自己需要而作出的心理反应。这种引起情感变化的刺激，有外在的，也有内在的，有时是具体可见的，有时是隐而不显的。就外在刺激而言，生活中的任何人、事、物的变化都会影响人的情感。如一部好的电影能催人泪下，演员在屏幕里流泪，观众在台下陪着流泪，看到悲伤处，有的观众还能痛哭流涕，这就是外部情感刺激的作用。审讯中，讯问人员的言行都会影响犯罪嫌疑人的情感和情绪，讯问人员不同的言行，会给犯罪嫌疑人带来不同的情感和情绪。如讯问人员在审讯时，对犯罪嫌疑人所犯的罪行表现为理解，并帮助其认识自己的罪行，修正自己的罪行，其语言平和，态度真诚，犯罪嫌疑人所表现出来的情感和情绪反应，应该是包含感激和信任的。相反，讯问人员对犯罪嫌疑人语言生硬，态度严厉，犯罪嫌疑人会出现消极的情感，产生逆反的情绪。这种情感和情绪的出现，是外在刺激直接引起的。至于情感和情绪的内在刺激则是心理上的，如记忆、联想、想象等心理活动。如犯罪嫌疑人在看守所里，听到高墙外学生的琅琅读书声，便会自然想到自己的孩子和家庭，泪流满面，悔恨不已。

第五节　介入摸底定位的语用行为方法

所谓摸底定位，就是通过摸底给嫌疑人形成一种有利于嫌疑人供述认罪的观念，这里应该是两个行为即摸底“通过提出中性的、非指控性的问题，激发犯罪嫌疑人的行为反应，借以观察、分析其对抗的顺应程度、对抗的特点，判断其是否有罪”。对这种犯罪嫌疑人，侦查人员心中并没有足够的确信。通常只知道他或她具备某些犯罪条件有可能犯罪，只是有一些犯罪疑点，在若干个嫌疑人中究竟哪一个是真正的犯罪嫌疑人心里还没有数。即便是能够确定有犯罪存在，但他或者她在该案件中的作用和涉案的情节轻重，都是未知数，需要摸底来解决。摸底的目的是针对嫌疑人的对抗行为对症下药，这种对症下药的方法是讯问人员根据嫌疑人对自我行为的认识而决定的，通常嫌疑人的认识有三种情况即犯罪事实没有暴露、犯罪事实部分暴露、犯罪事实全部暴露。嫌疑人的心理定式就是对这三种情况的自我认识，而进行的自我定位。很多时候嫌疑人的自我定位不能满足嫌疑人供述的需要，这就需要讯问人员帮助嫌疑人进行心理认识的定位。通常讯问人员帮助嫌疑人定位的方法，是在讯问的一开始给嫌疑人形成一种有利于嫌疑人供述认罪的观念，这种让嫌疑人形成观念的来源也是三种情况即犯罪事实没有暴露、犯罪事实部分暴露、犯罪事实全部暴露。而讯问人员选择的观念，基本上是“犯罪事实全部暴露”的信息向嫌疑人提供即条件定位。

条件定位审讯方式，以讯问人员提出一些带有条件性的问题为突出特征。问话通常没有直接触及案件实质。例如，“你知道我们为什么找你到这儿吗？某某地方你最近去过吗？某年某月某日你去了哪里？某某人你认识吗……”这些问话常常在暴露的条件审讯中出现。提出条件问题后，讯问人员要认真观察犯罪嫌疑人，要注意倾听犯罪嫌疑人的陈述。要看对象听了条件问题后作何反应，要听对象是怎么说的，要注意对象回答问题时的语气。通过身体语言微表情以及对象同答的内容判断其涉嫌程度。经过条件试探，如果嫌疑人的嫌疑程度上升，能推出其极有可能是有罪的，则可以适时转入进攻型审讯。反之，则转入听审型审讯，这就是讯问中的双向定位。

摸底定位适用于讯问初期；对犯罪嫌疑人有合理怀疑，但证据尚不足；倾向有罪但信心不足等情形。对于摸底定位犯罪嫌疑人的行为反应，不管是有声的还是无声的，有罪嫌疑人和无辜嫌疑人都有可能出现。因此，侦查人员需要密切观察嫌疑人在受审中的所有行为表现，并将这些表现或反应综合起来加以分析评断才能得到正确的结论。当摸底后确定嫌疑人有罪的犯罪记忆反应，就该迅速地为嫌疑人进行犯罪定位，让犯罪嫌疑人形成有利的供述观念。

这里必须首先弄清楚什么观念是有利于犯罪嫌疑人供述的观念。畏罪心理和侥幸心理是犯罪嫌疑人抗拒审讯的两大心理支柱。这里只要犯罪嫌疑人感觉到自己的罪行已经全部暴露，失去了抗拒的意义。那么侥幸心理就会随之消失，心理支柱就会随之垮掉，相继畏罪也失去了意义，畏罪心理就会向其他的心理转化，寻找新的心理支柱。如果没有更好的理由说服犯罪嫌疑人继续抗审，那么放弃抗拒说实话可能对自己有利的观念就会越来越强烈，最后发展成供述观念。可见，犯罪嫌疑人感觉到已经失去了抗审的意义，这是形成有利供述观念的基础。

第六节　介入定位后的抗审行为回应

根据审讯初始阶段的介入定位后，嫌疑人必然会作出本能的行为反应，讯问人员在介入定位阶段对被讯问人进行的信息发送，自然会得到信息的回应和反馈，这种行为的回应无疑也是给讯问人员下一轮的信息发送提供依据和条件。

首先是嫌疑人进入审讯空间表现出来的人格对抗的行为反应，即审讯人员首次对进入审讯空间的嫌疑人进行的介入定位的信息刺激后，嫌疑人参与到此空间的对抗否定的人格特征表现。这种表现被划分为两种类型的人格表现，即侥幸对抗行为表现和信念对抗行为表现。“侥幸对抗”的行为表现，有掩盖犯罪的记忆反应，顺应性比较强，目光接触后回避，肢体前倾，变换姿势频繁，经常出现虚假动作，刺激反应的语言不坚定，语言的沉默停顿较多，依靠讯问人员的语言刺激反应比较明显，被动性比较强，观察盼知为该阶段的行为主流，对抗行为表现为封闭性。“信念对抗”的行为表现，坐姿稳定，肢体后靠，攻击性反应强烈，心理行为目标单一、集中，自我行为选择的能力强，对抗行为表现为开放性，不回避交流目光，抗审的过程以依赖自我心理行为为主，有很强的主动性。

其次是嫌疑人接受介入定位的信息刺激所产生的第一认知层面认识是牵涉麻烦的犯罪情景中，与自我的心理定式进行了确认，产生了自我意识中的犯罪记忆反应，记忆反应的“那件事”与刑罚处罚的联系，自我告知“遇到大麻烦了”，危险信号来自自己担心的“那件事”，自我保护的本能被迅速启动。同时产生了盼知的心理需要，迫切需要知道自己遇到麻烦的具体情况，一方面是通过自我的认知条件对“那件事”的回忆，再现“那件事”的情景与自我的关系。另一方面需要从讯问人员的身上摄取所需要的信息。通过交流进行摸底，预设防卫行为方案，选择退路。这里理性思维的结果依据是讯问人员对自己的态度，在讯问人员的态度中，可否知道可能通过哪些方面获取“那件事”的情况，具体的牵连程度，通过接触、交流、介入、应对，进行摸底评估讯问人员对认定“那件事”的态度和信心，如果讯问人员的态度不坚定，没有掌握“那件事”的证据，自己还有退路，大可不必坦白。

最后是嫌疑人参与介入定位中的回应行为的反应表现。这种表现通常是通过嫌疑人对讯问人员提出的定位的否定态度表现出来的，嫌疑人的否定态度分为积极的否定和消极的否定，积极的否定表现为矢口否认，整体否定，激情挑衅，反向挤兑，属于信念对抗的人格表现。消极的否定表现为假借无辜，故作镇静，假装不知，明知故问，试探摸底，辩解否认，沉默等待，属于侥幸对抗的人格表现。上述两种对抗表现属于整体表现，并非具体的涉案关系，需要审讯人员细化这种涉案关系，进行涉案关系的具体化，才能有效地解决嫌疑人隐瞒行为的目标关系。

第七节　调动嫌疑人对审讯交流空间的参与性

犯罪嫌疑人初次进入审讯室接受审讯其心理定式是处于回避状态，因为犯罪行为可能导致的恶果，隐瞒是心理定式的基本趋向，同时心知肚明审讯室内的交流主题是对自己不利的，导致嫌疑人对审讯空间的存在表现出排斥的态度，不愿意介入审讯空间所涉及的审讯主题，不愿意进行审讯空间的主题交流，常常表现为审讯人员不问，嫌疑人不说；审讯人员问东，嫌疑人说西；审讯人员眼睛注视着嫌疑人在说话，而嫌疑人的眼睛却偏移到了别处，不跟审讯人员交流；有的甚至表现出沉默不语，不参与审讯人员的主题交流，故意回避不摄取不听审讯人员的说话，把注意力引向别处，审讯人员说什么他根本听不见，导致审讯空间里只有审讯人员说话。

嫌疑人回避不参与审讯人员的交流导致审讯失败屡见不鲜，审讯活动以及审讯目的是在审讯人员与犯罪嫌疑人的共同参与下完成的，犯罪嫌疑人不参与审讯的交流，审讯人员唱独角戏，审讯的方法技巧被嫌疑人阻止在意识思维之外，不接受审讯人员的信息，导致审讯人员的方法和主张得不到贯彻，有的审讯人员进了审讯室就摆开一言堂，一直在说，不注意嫌疑人的反应，致使嫌疑人都睡着了，审讯人员还在只顾自己说，审讯活动排除了交流，审讯就失去了意义。嫌疑人不参与审讯空间的交流，是常规的反审讯方法，嫌疑人通过这种方法能够保持自己的思维空间不被审讯人员涉入的信息侵占，保持独立的隐瞒对抗的思维空间，这种反审讯方法对犯罪嫌疑人来说，无疑是简单而且适用的方法，同时这种方法也避免了与审讯人员产生正面冲突，导致不快的心理压力。

嫌疑人不参与审讯空间的交流的行为表现：首先是眼睛注视的平均值，嫌疑人眼睛注视审讯人员的交流时间高于三分之二，说明嫌疑人参与了交流，如果嫌疑人眼睛注视的平均值低于这个时间，说明嫌疑人参与的程度不高，有的甚至降低至零，根本就没有参与。其次是嫌疑人那双会说话的眼睛，眼睛是心灵的窗户，心里想的通常可以通过眼睛反映出来，心理的思维保持的固守状态，对审讯人员提供的信息不予接受，就不会去思考，心理处于空白状态，那么反映在眼神里，也是一片空白，所以审讯人员的交流审讯嫌疑人根本就听不见，没往心里去，就不可能有眼神的反映。还有就是嫌疑人的眼睛始终注视别处，根本不看审讯人员，阻断了审讯人员与嫌疑人交流的通道。最后是嫌疑人的沉默阻断，沉默不语对审讯人员的信息不接受，总是回避审讯人员的眼光；话题阻断是嫌疑人避开审讯人员的话题，另寻一个话题来破坏与审讯人员的主题交流，例如，“你们要问这件事，那你们就去问问他们是怎么说的，不要来问我！我没有什么要说的！”再如，“这件事你们不需要找我，只要你们有我的犯罪证据，就直接起诉我好了”。直接阻断与审讯人员的主题交流。

嫌疑人对审讯活动的交流回避不参与的原因？是嫌疑人不愿意涉及审讯的主题，这个主题能够给嫌疑人带来恐惧的心理压力，是嫌疑人主观上不愿意涉足的领域，因为这个主题即将给自己带来恶果，带来牢狱之灾，回避是满足自己的心理需要。同时，审讯空间里牵涉给自己带来恶果的主题事件，自己没有准备好满意的应对措施，不敢盲目地参与进去，所以只得选择不参与，装聋作哑也是一种应对的方法。另外，从审讯人员身上所反映出来的语用行为信息，不适合犯罪嫌疑人的心理需要，对自己不利，使得犯罪嫌疑人产生排斥的心理反应，恐惧与审讯人员交流。

为了完成审讯行为的目的，必须调动嫌疑人对审讯交流空间的参与性，使得嫌疑人参与审讯的平均值达到三分之二以上，才能够帮助嫌疑人满足对抗心理行为的转换。调动嫌疑人对审讯空间的参与的方法：首先是满足嫌疑人的心理需要，开始不涉及犯罪行为的主题，帮助嫌疑人找客观原因，引向涉案关系，可以在审讯的介入和定位阶段，选择促进嫌疑人积极参与的方法（见介入定位）。其次是将审讯的空间转换为非对抗性的空间，因为审讯的空间的对抗性是客观存在的，审讯人员需要转换角度，站在嫌疑人的角度进行交流，排除能够给嫌疑人带来的恐惧因素，拉近情感距离与嫌疑人建立情感和信任的平台。最后是把握好审讯的语用行为，嫌疑人爱听什么就说什么，待嫌疑人的恐惧心理障碍消除以后再逐步进入下一层面的涉入。

第二步　涉案关系

第一节　涉案关系的讯问依据

犯罪作为一种社会现象，有其多方面、多层次的内在联系和行为关系。犯罪嫌疑人只要实施了犯罪行为就必然会留下这样或那样的行为痕迹，这些痕迹与犯罪之间存在必然的因果关系即涉案关系。这些涉案关系又总是与一定的时间、空间、地点、人、事、物有着密切的关系，因为实施犯罪不是在真空的环境下进行的，总是要与环境中的人和事发生关系，很多时候也是实施犯罪的需要。例如，扒窃案件的犯罪嫌疑人经常在火车上作案，导致乘车旅客频频报案，当犯罪嫌疑人最后一次实施盗窃时被当场抓获，当其接受讯问时只承认扒窃这一次，其他的不是自己所为，侦查讯问人员根据其身份证的购票记录，证实该犯罪嫌疑人近一段时间，几乎天天都在火车上乘车，而他乘车的车次总有失者报案，当侦查人员取出该嫌疑人的乘车记录后，该犯罪嫌疑人不得不承认近期列车上的失者报案是自己所为。为了扒窃而购票乘车的行为，就是涉案关系。

涉案关系能够有效地说明涉案行为，也是涉案的因果关系。犯罪嫌疑人作案后为了逃避打击也一定会千方百计地去隐瞒掩盖犯罪，隐瞒掩盖的基本方法就是否认那些涉案关系。犯罪嫌疑人为什么要隐瞒涉案关系呢？涉案关系并不是案件本身，如上述火车上的扒窃案件，与火车票纯属两码事，但是集中在某个特定的人的身上，就发生了牵连关系，证明这种关系是乘车的目的性，是乘车旅行，还是整天泡在车上进行扒窃，就能够充分地说明火车票与扒窃案件之间的关系。嫌疑人隐瞒这种涉案关系的目的，就是掩盖犯罪的牵连关系。侦查讯问人员为了查明犯罪事实，不可能直接涉及案件的核心主题，因为案件的核心主题相对于侦查讯问人员来说是一个未知数，这个未知数是需要侦查讯问人员通过已知的情节进行求证来完成的，这个求证的过程实际上就是讯问的过程。犯罪嫌疑人为了隐瞒犯罪事实最首要的问题是掩盖与案件行为有牵连的涉案关系，涉案关系隐瞒下来，案件的核心问题自然就能够被隐瞒。例如，如果侦查讯问人员没有掌握嫌疑人近一段时间的乘车记录，就不能够证明列车上被盗案件出现时，嫌疑人就在该次列车上，失去了这种涉案关系，嫌疑人根本就不会承认自己的其他扒窃行为，列车上被盗案件便被孤立了起来，很难与嫌疑人的行为牵连在一起。

涉案关系是案件事实的外延部分，从外延与核心的暴露程度来看，外延的暴露程度远远大于核心，因为外延的牵涉面要远远大于核心的牵涉面。因为犯罪嫌疑人在实施犯罪时最基本的条件就是隐蔽性，总是选择在不会被发现的前提下实施犯罪，无论是盗窃、强奸还是贪污受贿，大多是在隐蔽的条件下进行的，这也是犯罪嫌疑人在实施犯罪行为之后，能够否认犯罪事实的原因所在。而涉案关系的外延部分是嫌疑人很难自由选择的，即便是职业作案高手也很难摆脱涉案关系的存在。因为实施犯罪必然要牵涉案件以外的时间、空间、地点、人、事、物和行为，这种涉案的因果关系嫌疑人是很难大面积地隐瞒下来的，这就是犯罪嫌疑人实施了犯罪行为之后，并不担心犯罪的核心问题，而是担心与案件有牵连的那些关系的原因。例如，受贿犯罪嫌疑人担心的是行贿人、赃款赃物、利用职务之便的行为等与自己犯罪行为有牵连的涉案关系。因为这些涉案关系的暴露直接关系到受贿犯罪行为的本身，这些涉案关系不会暴露，自己的受贿行为就能够得到隐瞒。

因此，在侦查讯问犯罪嫌疑人的过程中，当犯罪的核心事实处于未知状态时，犯罪的涉案关系就成了侦查讯问的切入点，围绕着涉案关系，牵连出案件的核心问题。

第二节 涉案关系的来源与选择

涉案关系与案件的核心主题既有联系又有区别，是两个不同层面的涉案问题。涉案关系是案件核心主题引发出来的内在的和外在的牵连关系，是案件的核心行为牵涉连带出来的行为关联，与案件的核心行为存在必然的牵连关系，很多时候是实施犯罪的必然行为和过程。例如，杀人案件的核心行为是实施了剥夺他人的生命权利，实施了杀人的行为，但是杀人需要动机、时间、空间；需要杀人的条件，如凶器、物品和行为；杀人之后留下的杀人现场，这些都是涉案关系，与杀人的行为存在密切的关系，而它本身并不是杀人行为，是外延与核心的关系。但是这种涉案关系能够有效地证明案件的核心问题。杀人案件的凶器是犯罪嫌疑人的，凶器上有嫌疑人的指纹，嫌疑人穿的衣服有被害人的血迹，杀人现场有嫌疑人的足迹，有目击证人的指控，这些关系都指向嫌疑人，其杀人行为得到证实，嫌疑人无法否定这些关系的存在，犯罪行为被客观的证据证明。这也是犯罪嫌疑人在实施了犯罪行为之后，并不担心行为的核心问题，而是担心这些能够证明其行为的涉案关系的原因。

犯罪嫌疑人在实施了犯罪行为之后，总是要千方百计地隐瞒犯罪事实，隐瞒犯罪事实难度最大的是隐瞒涉案关系，作为犯罪的核心行为因为其隐蔽性比较强，嫌疑人的退路比较大，同时涉案行为的核心问题是需要一系列的涉案关系来证明才能还原案件的事实。例如，杀人案件侦查讯问人员问犯罪嫌疑人："你为什么杀人？"回答："我没有杀人。"问："你没有杀人那个人为什么死掉了？"回答："你说我杀人了你有什么证据？"如果没有涉案关系的证明存在，那么死掉的人就是一个孤立的存在，无法与任何一个凶手联系起来。因为犯罪的核心问题需要涉案关系的证实才能被认定，这就是涉案关系的证明作用，犯罪案件离开了证据，就不能证明犯罪，这也是犯罪嫌疑人实施了犯罪行为之后，极力隐瞒涉案关系的重要原因。作为讯问活动，为了有效地证明犯罪，也总是从涉案关系入手，达到对涉案行为的证明。

证明涉案行为、寻找涉案关系是讯问活动的主要行为所在，涉案关系的来源将在讯问活动中产生重要的意义。讯问活动中如何寻找涉案关系？

一、捕捉内在的犯罪行为记忆

内在的犯罪行为记忆即涉案的心理行为关系，犯罪嫌疑人实施了犯罪行为之后，留在心灵深处的涉案关系便是犯罪的心理记忆，犯罪行为的产生同时也产生了犯罪的心理记忆，这种心理记忆便是犯罪的心理痕迹，除理性的感知外经常会出现非理性的感知反应，尤其是在相关联的信息刺激下能够作出强烈的犯罪记忆反应，如下意识的微表情反应或者下意识的肢体行为反应；在接受讯问时的“口误”；涉案行为与恶果的心理矛盾冲突，出现的语用行为矛盾。这些都是内在的犯罪行为记忆引发的涉案关系反应，出现的违反正常人的行为逻辑关系，语用行为矛盾便是讯问人员提取涉案关系的重要来源。例如，丈夫杀害了妻子，进行分尸掩埋，案发后其分解掩埋的尸体被无意中挖出，公安机关查明了死者的真实身份之后，讯问死者的丈夫：“最后一次与妻子见面是什么时间？”死者的丈夫回答：“十天以前。”除此之外没有再多的反应，按照常理妻子失踪了十多天，而且公安机关又找上门来，应当询问公安机关“妻子到底出什么事了”，然而死者的丈夫并没有问这些，原因是他知道妻子去哪里了，不需要再问，这就是犯罪的记忆关系反应。公安机关通过这种反常的行为表现，直接就其违反常规的矛盾表现进行追问，死者的丈夫不得不承认自己杀害了妻子。再如，犯罪行为记忆的“口误”反应，纪检监察机关在调查一起职务犯罪的贿赂案件时，侦查讯问人员问嫌疑人经手招投标工程的有关事宜，犯罪嫌疑人忽然冒出来“我跟他有礼尚往来”。侦查讯问人员并没有问及其与投标人的关系，出现这种口误的原因是自己收取了投标人数万元的贿赂，是受贿人的记忆反应。侦查讯问人员抓住这一“口误”追讯，最终嫌疑人道出了自己的受贿行为。内在的犯罪行为记忆所呈现出来的矛盾行为，就是讯问人员捕捉的涉案关系的来源。

二、外在条件的时空关系

时空分析的方法即从涉案的特定时间和特定地点入手，联系案件有关的人和事，综合分析最有可能的是什么，从而找出涉案关系的一种分析方法。

任何一种犯罪都离不开具体的时间、地点和空间，犯罪嫌疑人一旦作案，所涉及的时间、地点和空间就是特定的，就不再以他的意志为转移，形成了稳定的涉案关系，于此嫌疑人总要千方百计地隐瞒和回避这种关系，因为这种关系是犯罪行为中不同的联系“点”，通过行为中各个“点”的连接，能够有效地牵连和证明涉案的核心问题，侦查讯问就是要紧紧抓住这些涉案关系的“点”突破全案。讯问犯罪嫌疑人能够成功，就在于准确地分析与把握涉案的特定空间与特定时间的关系，以此确定涉案的牵连关系，推研和牵连案件的核心问题。例如，某一受贿犯罪案件，通过技术侦查获取了犯罪嫌疑人经常一个人在晚上拎着一个包去某小区的一处住宅，出来后是空着手，而该住宅是长期无人居住的空房。根据这样的行为特点，犯罪嫌疑人有可能是在存放赃款和赃物，讯问时以此作为涉案关系对其展开追讯。

……

问：“你经常去某小区的某号房间，该不会是去走亲戚的吧！”

答：“我没有去过那个地方。”

问：“你需要看监控录像吗！”

答：……

问：“你不止一次去那栋楼，干什么去了？”

答：“我是去找一个朋友的。”

问：“哪位朋友？你去的那个房间根本就没有人住！”

答：……

最后嫌疑人不得不交代转移赃款赃物的犯罪事实。

犯罪嫌疑人事实犯罪离不开环境，犯罪行为的环境也是犯罪嫌疑人回避不了的客观存在，无论如何犯罪都是在一定的环境条件下进行的，在很多情况下犯罪往往会受到环境条件的限制和制约，特定的环境条件就决定了这些犯罪的特定性，犯罪嫌疑人接受讯问时总是以谎言来掩盖犯罪事实，无论是什么样的谎言都必定与客观的事实、客观的空间、客观的时间、客观的环境不相符合，必然有这样和那样的漏洞和矛盾出现。我们只要把这些矛盾的谎言放到客观实际和客观环境中去检验，就能够有效地发现谎言。

三、与人的涉案行为关系

犯罪行为在很多时候离不开与人的关系，有甚者是直接与人发生关系，也有的是间接与人发生关系，人与人的行为接触是多种多样的，但是在实施犯罪行为时的人与人的关系就成为特定关系。一个人作案就可能有被害人、目击证人、案件的关联人等，共同犯罪和团伙犯罪案件所涉及的人员就更多。这些人能够有效地牵连出犯罪的行为关系。例如，杀人案件，犯罪行为人为了报复被害人，在准备杀人工具的时候，没有从自己的家里拿杀人工具，而是到市场的肉铺偷了一把杀猪刀，肉铺老板证明嫌疑人在该肉铺买完了肉，自己的杀猪刀就不见了，在丢失杀猪刀的那个时间段，只有嫌疑人来买过肉，无疑是嫌疑人偷走了自己的杀猪刀。讯问开始时侦查讯问人员直接提出了肉铺老板这样一个涉案关系：“你经常去肉铺买肉，肉铺老板认识你，肉铺老板还指控你偷了他一把杀猪刀！”犯罪嫌疑人怎么也没有想到自己策划得如此周密的行为，被肉铺老板牵连了出来。

与人的关系是犯罪嫌疑人在实施犯罪行为过程中难以避免的，有许多的犯罪行为就是直接与人发生关系，有密切的牵连性和证明性，这些涉案的关系人中有朋友、同事、家人、证人、被害人、同案人、陌生人、仇人、利害关系人、领导、公众等。从这些人的身上找到涉案关系，其特点首先是嫌疑人与这些人存在利益冲突关系，这种利益冲突的结果呈现出案件的犯罪行为；其次是嫌疑人与这些人存在涉案的客观信息，如目击证人、关键行为证人、其他的特定人；最后是嫌疑人与这些人存在涉案关系的不可选择性，这些涉案关系的人的存在是不以嫌疑人的意志为转移的，是犯罪的特定行为出现的特定的关系，是能够直接或者间接地指向犯罪案件的核心，为侦查讯问活动以关系追核心奠定了重要的基础。

四、与物的涉案关系

犯罪行为所涉及的与物的关系是不可避免的客观存在，作案时留下的作案现场、作案的遗留物、作案时需要的工具、作案时的痕迹、作案前的物的准备和来源、作案后的赃款赃物的去向、犯罪行为所侵害的对象，都将成为犯罪后的涉案关系，这些物的客观存在无疑对还原犯罪的行为提供了可靠的保障。而作为实施了犯罪行为的犯罪嫌疑人来说，也是极力要摆脱和隐瞒的危险对象。因为这些物与犯罪行为的关联性，能够直接导致犯罪行为暴露在光天化日之下，在对犯罪行为的侦查过程中，侦查人员首先关注的就是涉案物的提取，因为它是破案还原犯罪事实的导火索，能够有效地引爆犯罪的核心问题。例如，巨额财产来源不明案件，侦查人员从银行提取了某领导的巨额存款，而讯问犯罪嫌疑人又不能说明合理的来源，巨额财产来源不明罪自然就成立了。同时嫌疑人的巨额存款不能说明来源又预设着受贿犯罪问题，巨额存款与贿赂犯罪存在密切的关系，类似案件很多时候都是讯问人员通过巨额存款让嫌疑人交代贿赂犯罪的来源，因为巨额存款是不会从天上掉下来的，其职务行为自然就会牵连出巨额存款与受贿犯罪的涉案关系。

不同的案件牵涉的物的特点也是不同的，贿赂犯罪案件牵涉的物有赃款和赃物；杀人案件有杀人的工具凶器；交通肇事案件有车辆撞击的痕迹；强奸案件有暴力的痕迹和精液等。这些涉案关系物在侦查时被提取，就能够在讯问犯罪嫌疑人时作为涉案的切入点，追查出案件的全部事实。

五、与案件事实的涉案关系

案件事实是与案件有牵连关系的客观存在，是案件发展过程中能够有效地证明犯罪行为的依据和存在。例如，盗窃案件，某小区的某个单元在特定的时间，被盗贼入室盗窃，而监控录像显示在那个时间段只有李某进入过该小区的那个单元，并且是空手而入，身背背包而出，李某出来时所背的背包也是失主家的背包，李某到案后不得不承认自己入室盗窃的犯罪事实。

案件事实与案件的关系是一种证明的关系，从犯罪的行为关系来看可分为直接的关系和间接的关系。直接的关系是能够直接说明因果行为存在的事件，不需要再经过中间的环节就有直接的指向性。例如，某法院的法官徇私舞弊枉法判决案件，侦查人员提取了该案的审判卷宗，卷宗材料明确地反映出该法官枉法判决的行为事实，在案件的事实面前该法官无从抵赖。而间接的关系是指需要经过中间环节，才能够说明因果行为存在的事件，间接的关系就其行为而言需要经过铺垫和过渡的过程，也是两个点之间需要一个连接的桥梁才能够形成的相互关系。例如，贿赂犯罪案件，行贿人为了贿赂受贿人并不直接将钱送给受贿人，而是找了几个人邀请受贿人打麻将，通过赌博的方式把行贿的钱故意输给受贿人，这种通过赌博的方式把行贿的钱故意输给受贿人的案件事实上就是涉案关系，赌博行为输钱是行贿的手段也是行贿受贿的间接关系。在这起贿赂犯罪案件中犯罪的核心问题是行贿和受贿，其行为是通过打麻将赌博故意输钱的方式，达到行贿和受贿犯罪的目的。这里的案件事实也是行为事实，行贿人出钱，中间人陪打麻将送钱，受贿人收钱，构成了完整的犯罪行为的涉案关系，这些涉案关系在侦查讯问活动中对于挖掘犯罪的核心主题能够产生重要的作用。

第三节　直插式涉案关系的涉入

在侦查讯问活动中，侦查讯问人员手中往往并不掌握嫌疑人的直接犯罪证据，更不可能掌握能够全部证明犯罪的证据锁链，通常情况下也只能有部分的信息材料可以说明嫌疑人是案件的犯罪嫌疑人，或者是在前期的侦查活动中反映出来的迹象表明嫌疑人有最大嫌疑。因此，为了查明犯罪证实犯罪，就需要通过讯问嫌疑人以提取证据，来甄别嫌疑人最终是否实施了犯罪行为。这里嫌疑人可能是有罪的也可能是无罪的，无论是有罪的嫌疑人还是无罪的嫌疑人，在接受讯问时都是持否认的态度，否认自己犯罪。至于无罪的嫌疑人的否认是真实的否认，本来就是无辜的无须使用谎言来掩盖，甚至无罪的嫌疑人在讯问进入涉案关系时，很快就能够排除自己的嫌疑，讯问人员也能够通过讯问对其排除嫌疑。而有罪的嫌疑人的否认是其抗审活动的基本表现，讯问活动中讯问人员的重要任务就是解决嫌疑人的否认，从否认的抗审行为转换为承认的供述犯罪事实的行为。如何能够完成这一任务，解决上述嫌疑人的抗审行为呢？讯问的方法有多种多样，集中到讯问的具体步骤和方法上，就都要涉及“涉案关系”，讯问的方法不同，涉及的讯问涉案关系的涉入方法也是不同的。具体的涉入方法是讯问人员根据讯问的需要来进行选择的，这里首先介绍的是“直插式涉案关系涉入”的方法。

“直插式涉案关系涉入”的方法，是让嫌疑人明确地感觉到侦查讯问人员已经掌握了确实充分的证据，给嫌疑人创建一个错觉空间。使用的方法是在讯问的介入定位之后的第一时间里，给嫌疑人传递一个信息，并让其非常明确和肯定地感觉到司法机关已经掌握了确实的证据，这也是第二次给嫌疑人定位。讯问第一步的介入定位是给嫌疑人不具体的广义定位，告知被讯问人涉嫌犯罪，而不是具体的犯罪行为。这里的涉案关系涉入是涉嫌犯罪之后的具体涉案关系，对具体涉案关系的确认，就是为了解决和提取相关联的犯罪行为证据，是具体化的犯罪行为定位。

“直插式涉案关系涉入”的方法，其语用行为的选择，应当根据案件的不同情况和嫌疑人个体的对抗特点适情而定。常用的语用行为有以下几种发问方式：

第一，对于狡辩否认的嫌疑人的发问：“现在不是你承认不承认的问题，我是想知道你当时为什么这么干，我是想知道原因……”

这样的发问首先就是要对嫌疑人的狡辩给予明确的否定，同时也将其定位于犯罪嫌疑人，因为事情已经很清楚了，仅仅是嫌疑人自己的否认而已。这里的前提是讯问人员已经掌握了其犯罪证据，嫌疑人的否认已经失去意义，迫使嫌疑人后退一步，去选择新的主题。而讯问人员直接告知其讯问的目的，是“我是想知道你当时为什么这么干，我是想知道原因……”。这是帮助嫌疑人后退，帮助嫌疑人选择新的主题，寻找“自己干这件事的原因”。原因找到了，犯罪事实也就清楚了。当然，在很多时候犯罪嫌疑人很难后退一步，自发地选择、寻找自己涉案行为的动机和原因，还需要在讯问人员的帮助下，来实现这一行为的原因和动机表现。

第二，对有一定证据能够证明有犯罪嫌疑的被讯问人的发问：“今天把你找来，一切都是清楚的，你也应当清楚，没有证据司法机关能请你到这里来吗？我们把你请来的目的就是看你想说不想说！”这里讯问的语言不要有丝毫的犹豫，开门见山，明确问题，语气坚定不移，使嫌疑人充分地感觉到讯问人员的强硬态度，通过讯问人员的态势，可以显示出讯问人员手中有充分的证据存在。同时，也正是因为证据的存在是讯问的前提，落实到嫌疑人的身上，只是“想不想说的问题”，也可以在这一句话的后面，给嫌疑人一个台阶“说了对你有好处……”在这“第四步的平台上”抓住“想不想说”这句话紧追下去，迫使嫌疑人后退一步进入新的主题。

第三，对那些沉默不语、心理负担特别重的犯罪嫌疑人的发问：“我现在不需要你讲经过，经过我们都知道了，我现在只问你为什么要杀她(他)？”这样发问的目的，一是明确这起案件就是嫌疑人干的，给嫌疑人造成其作案的情况我们已经掌握的错觉；二是减轻或者降低嫌疑人作案后的心理压力，作案后的犯罪嫌疑人往往最难表述的就是作案的过程，要嫌疑人回忆作案的过程，便会产生强烈的恐惧和心理焦虑，特别是杀人案件，嫌疑人不堪回首作案过程，需要讯问人员在开始进入该主题的时候，跨越这个过程，直奔作案的原因，效果比较好；三是让嫌疑人讲原因，让嫌疑人明白是讯问人员给嫌疑人辩解和争取从宽的机会。

第四，对嫌疑人仅仅是涉案嫌疑的发问：“这个案件我们已经很清楚了，你知道自己现在应该怎么办！”这样的发问就是给嫌疑人传递一个明确的信息：在案件已经查明的情况下才找他的，说明有证据证明他就是该案的行为人，不然司法机关也不会找他，他就是案件的犯罪嫌疑人。这里应当注意把握的是上述语言使用的是“背景含义”，这种语言跨越了一个事实已经清楚了的前提，目的是让嫌疑人产生充分的联想，接下来的一句话是让嫌疑人自己想怎么办，当然这句话的背景含义就是供述犯罪事实，怎么办——说真话。同时在使用上述语言时除在态度和表情上要表现得不能犹豫外，还要注意给自己留有余地，否则把话说满了，容易形成僵局。例如，上述语言“你知道自己现在应该怎么办！”如果把语气说得非常强硬，那么就可能引发嫌疑人的对立情绪，就可能作出这样的回答“我不知道怎么办，那是你们的事，你们爱怎么办就怎么办”，这里出现了僵局。挽救的方法是反推回去，如“你现在问我怎么办，你当时干这件事的时候，为什么不问我能不能做？所以这件事还是需要你自己考虑考虑”。

第五，使用直插式涉案关系涉入的方法可以变通地使用跨越前提的背景含义的语言，例如，“要想人不知，除非己莫为，司法机关也不是那么容易才把你找来的，也不知道有多少人在为你服务啊……”这一发问跨越了存在的涉案关系，从表面上看对具体的指向较为模糊，但其内涵是明确的，虽然没有明确地说具体查到了什么证据，但是“司法机关也不是那么容易才把你找来”的这句话，暗示嫌疑人是因为证据的指向才找到他的。这种跨越前提的语用行为的作用是使嫌疑人通过联想的途径，将涉案行为与自己联系起来，否认的对抗主题已经失去意义，怎么办？建立新的主题是当前的需要（后退一步）。

第六，对那些反复狡辩和否认的嫌疑人的发问：“现在你的问题不是是不是你干的，而是你自己应该如何认识的问题……”这样的发问主要是对那些反复狡辩的明确否定，并且明确地指出对方应当选择什么样的主题，来回答讯问人员的发问。如果对方在下一个议题上仍然选择否认的方法，如“我没有什么认识，反正不是我干的”。讯问人员应当这样发问：“你难道就心安理得地干这件事？”达到继续维护新主题的目的。

第七，对共同犯罪的直插式的离间发问：“你不说不等于别人不说……”

这里应当让嫌疑人明白的问题，通过语言的背景含义达到了目的，因为是共同犯罪，别人不仅说了，而且还替嫌疑人说了。再有，“没想到吧，你也有被出卖的时候”。这里能够让嫌疑人清楚地知道，自己被司法机关找到的原因，是同案犯的出卖，以此达到离间的目的，剥离嫌疑人攻守同盟，达到相互揭发的目的。

第八，对那些已经被采取强制措施的嫌疑人的发问：“你为什么被采取强制措施，你应该清楚吧，因为你的问题得到了证实……”这里明确地告诉嫌疑人，能够对其采取强制措施，就是因为犯罪事实得到了证实，这也是由强制措施的条件决定的。再有，“本来你是不应该到这里来的，那是你错过了一次机会，你还有机会，希望你不要再错过了，时间对你来说是非常宝贵的……”对嫌疑人的这种惋惜的目的，是让嫌疑人明白在采取强制措施之前交代了，是不会被采取强制措施的，此后如果再不交代，将会面临更严重的处罚，把握时机，自己就能够获得更大的好处。

第四节　比照式涉案关系涉入

涉案关系的涉入很多时候需要根据嫌疑人对抗的特点来进行，有些犯罪嫌疑人属于情感型，对于自己的犯罪行为常常感到羞愧和内疚，如果讯问人员此时采取直插式的涉案关系涉入，便加重了嫌疑人的羞愧和内疚感，导致嫌疑人内心压力的强化，出现激情状态或者沉默的僵局，从而阻碍了主题层面的发展。由此，根据情感型嫌疑人的特点，采取过渡性的比照式涉案关系涉入的方法，不立即直接挑明嫌疑人的犯罪行为，而是提出一个相似的与嫌疑人没有任何关系的另外一个主体行为，拉入进行比照，让嫌疑人自发地对号入座，达到涉案关系涉入的目的。

涉入涉案关系的方法是：先展开一个其他另案主体的行为，讯问人员展示的这个另案主体的行为，与犯罪嫌疑人自己的涉案行为无关，但是有许多相似之处，当讯问人员展示与嫌疑人的涉案行为无关的另案情景时，因为与嫌疑人的犯罪行为并无直接关联，那么嫌疑人对此就很难作出否认的态度。讯问人员展示的另案主题的行为，有时候是真实的案例，有时候是讯问人员自己编造的案例，无论是真实的还是编造的，都必须与嫌疑人的犯罪行为有相似之处，才能够起到比照的作用，嫌疑人才能对号入座。下面的例子阐述了比照式涉案关系涉入的方法：

问："今天你的到来使我想起了一桩事情，我们查处的案件中，有一位省委副书记受贿收了大量的钱财，纪检监察机关对他的案件进行了调查，在我们讯问他的时候，他满脸是泪地告诉我们的讯问人员'我现在才发现我走错了路，我是一个农民的孩子，是党的培养使我成为国家的高级干部，我要那么多的钱干什么？我根本用不着，国家已经给了我相当丰厚的待遇，人的需要不过一日三餐，睡觉也不过三尺之地，是我太贪了，我对不起党和人民的培养，我走错了路，我追悔莫及，我愿意彻底地坦白，重新做人'。此后，他交代了自己全部的受贿行为，并且退回了全部的受贿赃款，自己有了深刻的认识，也缓解了自己的精神压力，人都有犯错误的时候。前面的那位副书记我记得他当时就坐在你现在坐的地方，他告诉我收取那一笔笔贿赂的钱财非常懊悔！今天你也让我认真地思考作为一个人、作为一名数万人之上的省委副书记的失败原因，你和他其实是一样的，你很聪明、很有事业心，也很有前途，在你周围的干部中，你的才华人所共知，你是一名德才兼备的好干部。因此，我认为在你的身上发生的问题是有许多客观原因的，你并不是贪财的人，因为社会上的不良环境，你只是随大流而已。"讯问人员的第三方的比照如果引起嫌疑人的注意，那么涉案关系就会得到进一步发展，进入受贿原因的主题，受贿的原因出来以后，受贿的犯罪行为就不远了。

这里应当注意的是，讯问人员应当避免向犯罪嫌疑人作出由于犯罪嫌疑人的悔罪，会得到宽大处理结果的任何表示或者特定的暗示和说明。运用这种比照式的主题，嫌疑人自己就会在脑海中进行满怀希望的估计，他的悔罪即认识到了自己犯的错，退回赃款没有给国家造成损失，因此法庭理应对自己进行宽大处理。针对嫌疑人满怀能够被宽大处理的希望和猜测，讯问人员是不能对嫌疑人的这种想法和猜测负责任的，无论在什么情况下讯问人员都不能告诉嫌疑人能够获得宽大处理，即便是暗示也是不可以的。因为嫌疑人在得到能够被宽大处理的信息之后，供述了自己的犯罪事实，结果法庭并没有给嫌疑人宽大处理，甚至是进行了从重处罚，那么嫌疑人就会说你是在欺骗他，自己的供述并非出于自愿，就会出现非常麻烦的境况。

第五节　开脱、宽慰型目标涉入

当犯罪嫌疑人实施了犯罪行为之后，总是很难承认自己的犯罪故意，其原因就在于嫌疑人的道德评价的心理障碍。例如，强奸的犯罪嫌疑人很难直接承认自己的道德水平低下，才对他人进行的性侵犯，而是寻找开脱和平衡自我道德水平低下的理由，将自己的强奸行为平衡为他人也有性要求，是为了满足他人的性要求才出现的自己的强奸行为。有许多的犯罪嫌疑人在准备实施犯罪行为之前，就进行了心理的自我平衡，为自己的道德水准进行开脱和平衡。盗窃别人的财物，认为别人的财产是不义之财，自己的盗取没有什么不好；还有的盗窃犯罪嫌疑人将自己的盗窃行为平衡为自己的盗窃技巧高超，不能被别人发现；受贿犯罪嫌疑人的心理平衡是自己拿了别人的钱财，自己给别人办了事，别人也获得了利益，两全其美没有什么不好的；杀人的犯罪嫌疑人将杀人的理由平衡为被杀的人太坏、该死，杀他是为民除害等。

嫌疑人在实施犯罪行为的道德范畴上的开脱和平衡强化了行为当时的犯罪动机，促进了犯罪行为的实现，继而犯罪嫌疑人在接受审讯时，这种被开脱和平衡的道德认识仍然停留在嫌疑人的主观意识中，而此时的嫌疑人所处的环境被改变了，审讯室的客观空间不得不让嫌疑人重新审视自己的道德行为问题，即客观存在的道德行为，而这种行为又是被规定为犯罪的行为，也是社会道德行为所否定的。于此，在审讯的过程中嫌疑人只能选择掩盖罪行的方法来抗审。如果此时审讯人员针对嫌疑人的行为，提出了嫌疑人实施犯罪行为的真实动机，那么嫌疑人在心理上是难以接受的，以至于不愿意承认，导致嫌疑人对掩盖罪行的强化。审讯活动中审讯人员需要嫌疑人放弃对抗，如实供述犯罪事实，需要围绕着审讯的涉案关系来进行。就审讯人员而言，审讯的涉案关系代表的是一种说服犯罪嫌疑人的努力，也就是通过认可和强化嫌疑人心里已经存在的借口或者是合理化的理由，再次涉入或者帮助嫌疑人提出在道德上或者心理上的开脱理由和借口，使其通过“行为原因”，走向说出犯罪事实的目的。

开脱、宽慰型涉案关系的涉入是审讯人员为实施犯罪的嫌疑人减轻其个人责任的心理过程，对犯罪嫌疑人而言，减轻其个人责任的心理过程，实质上也是激活了嫌疑人通常采用的歪曲真实目的的行为动机，为其犯罪行为寻找开脱理由的心理行为，帮助嫌疑人减轻道德范畴上的心理责任和罪责感的压力。

首先是通过帮助减轻犯罪行为的道德严重性来降低嫌疑人的罪责感。比照类似行为是审讯活动中常用的宽慰方法，主要是让嫌疑人相信此类行为还有比他更坏的，而且还有许多其他的人也实施了类似的犯罪行为，通过类似的行为比照达到对嫌疑人心理上的宽慰。

其次是通过转嫁客观因素的存在达到对嫌疑人心理上的宽慰，排开实施犯罪时的主观因素，能够实施犯罪行为的重要因素在于客观条件，祸根是客观条件引起的。讯问人员提出了客观条件的同时，那种实施犯罪的涉案关系已经作为该语用行为的背景含义隐含在内容里了，成为“空间的涉案关系的存在”。例如，关于强奸案件的涉案关系，讯问人员并没有涉及强奸这两个字，而是说“这件事对方也有责任，她的美貌讨得了你的喜欢，如果你不喜欢能干出那种事情嘛！”在对嫌疑人进行宽慰的同时，涉案关系也包含在了里面。

再次是通过实施犯罪时的引发条件帮助嫌疑人开脱和进行心理上的宽慰。实施犯罪时的引发条件是多种多样的，有激情状态下引发的条件；有他人行为引发的条件；有历史的前因引发的条件；有社会的不良状况引发的条件；有某些物品引发的条件（如酒后失德）；还有某些事件导致的心理不平衡状态等。将其犯罪行为归结于这些引发的条件，使得嫌疑人的心理得到开脱与宽慰。

最后是通过犯罪行为的偶然性称赞闪光行为帮助嫌疑人开脱和进行心理上的宽慰。无论是多么罪大恶极的犯罪嫌疑人都有闪光的一面，通过对嫌疑人过去所做过的好事和闪光的行为进行评价赞扬和渲染，来达到对其隐瞒能力和隐瞒水平的降低。在一些犯罪案件中除累犯和惯犯外，大多数属于偶然犯罪，这种偶然犯罪的行为动机是由特定的主客观诱因引发的，通过帮助其分析诱因，说明行为的偶然性，与主流人格的比较，疏通低人格水平的心理障碍，激发“超我人格水平”，促进其“超我”心理认知的形成，以此不断降低隐瞒的动机和能力。

第六节　涉案关系建立的认知误区

讯问活动的第二步进入了涉案关系阶段，这个阶段不仅是向嫌疑人提出讯问的问题、方向和告知具体的涉案内容，更为重要的是帮助嫌疑人建立认知误区的平台即涉案行为暴露的心理误区。

犯罪事实暴露的心理误区能够最大化地降低嫌疑人的隐瞒动力，强化犯罪嫌疑人供述认罪的内在动力。犯罪嫌疑人在审讯活动中的对抗特点是：只要有条件对抗的，就不能放弃，因为放弃了对抗就意味着有危害的结果，要承担法律责任即行为恶果。所以不到无路可退的境地，就不会自动放弃对抗。放弃了对抗交代犯罪事实就等于把自己的一切交给了司法机关。因此，只要有条件对抗的犯罪嫌疑人都会坚持对抗，犯罪嫌疑人坚持对抗的“条件”，就是建立在犯罪行为是否暴露的基础上的，也就是说，自己犯罪的证据是否被侦查机关掌握，这里对抗的“条件”在于犯罪嫌疑人自己的犯罪行为还没有暴露或者还没有全部暴露，还有对抗的余地，这就是对抗的条件。如果犯罪嫌疑人通过自己认识的感知，意识到自己的犯罪行为已经暴露，已经被司法机关掌握，就会自发地进行自我行为意义的评定：坚持对抗已经失去了意义，对抗的结果与放弃对抗的结果是同样的，每当犯罪嫌疑人处于这种情景状态的时候，他们的注意力就会从原来的如何进行对抗，不断分析外来的信息，判断“事态”发展对自己的危害程度，迅速转移到这种行为可能给自己带来的惩罚结果上，他们会从不同的角度来分析自己将要承担的法律后果，以及测定法律后果中自己所面临的处境和其他相关的情形。这时他们会从降低自己的损失方面来考虑自己当前的行动趋向：根据当前的情况看，对抗显然已经不能降低损失，和盘托出也不是最好的办法，这虽然符合审讯人员的意图，但是如果审讯人员不能给自己从轻或者减少损失的机会，那么自己是一点退路都没有了，如果交代一点再留一点，自己不但保留了退路，也能根据情况随机应变，以审讯人员的信息反馈来作决定。这里，犯罪嫌疑人如果希望从审讯人员那里得到利益和好处的话，这种希望和需要越强烈，其动机也就越强烈，供述交代的行为实现得就越快。反之，如果犯罪嫌疑人的希望不是从审讯人员那里得到利益和好处，而是希望从自己的身上挖掘维护利益的方法，那么这种供述的动机是不会强烈的，甚至是没有供述动机。这种情况下犯罪嫌疑人是不可能交代犯罪事实的。

犯罪嫌疑人对犯罪事实是否暴露的认知，来源于自己的判断。这种判断的依据是对外部情况反映的认识和自我心理的客观记忆的认识。这种认识有两个方面：（1）正确的认识，即犯罪事实确实已经暴露，审讯人员已经掌握了确定的犯罪证据；（2）错误的认识，即犯罪事实暴露的心理误区，也就是误认为犯罪事实确实已经暴露，审讯人员已经掌握了确定的犯罪证据。在大量的侦查实践中，审讯人员是在没有掌握犯罪证据的情况下，对犯罪嫌疑人进行讯问的，目的就是从犯罪嫌疑人那里获取犯罪证据。因为侦查活动的特殊性和审讯目标的隐蔽性、讯问方法的技巧性，把犯罪嫌疑人带入了犯罪事实已经暴露的认知误区，促进犯罪嫌疑人供述动机的产生。如果审讯人员提供给犯罪嫌疑人的信息是审讯人员还没有掌握犯罪嫌疑人的犯罪证据，审讯的目的就是要犯罪嫌疑人提供自己犯罪的证据，那么犯罪嫌疑人就不可能有供述犯罪事实的动机产生。在很多时候，犯罪嫌疑人对自己的处境的认识是正确的，表现为审讯活动中的积极对抗。但是随着审讯活动的不断深入，在审讯人员提供的信息影响下，犯罪嫌疑人的认知发生了变化，出现了根本的转变即认知错觉。这就是犯罪嫌疑人在审讯活动的开始进行对抗，经过审讯后才交代犯罪事实的根本原因。

犯罪嫌疑人认知错觉产生的根源：首先是审讯人员的态势，审讯人员强大的攻击态势是犯罪嫌疑人认知错觉产生的直接根源。在犯罪嫌疑人的认知过程中，审讯人员积极的攻击态势，说明了审讯人员掌握犯罪证据的程度，并且有心理基础。相反，如果审讯人员消极地进行审讯或者没有积极的攻击状态，说明审讯人员掌握犯罪证据的程度比较低，没有心理的攻击基础。因为对审讯人员来说，对没有犯罪行为的人（因为没有证据）就没有积极攻击的必要，与此同时也给犯罪嫌疑人提供了认识根据。审讯人员积极地攻击就证明有攻击的必要，因为有了已知的案件情况，才会有目的性、才有攻击的意义。这是犯罪嫌疑人认知错觉产生的根源。其次是审讯人员行为目标的隐蔽性，是犯罪嫌疑人认知错觉产生的基础。犯罪嫌疑人认知错觉的产生，来源于自我意识与客观信息的有机结合，在犯罪嫌疑人这里，审讯人员的行为表现，就是客观信息，客观信息的重要特点就是司法机关拥有的犯罪事实的“量”，对犯罪嫌疑人来说就是犯罪事实暴露的程度。审讯人员行为的隐蔽性，就是控制着拥有的犯罪事实的“量”。犯罪嫌疑人在实施犯罪行为以后，犯罪行为就变成了客观存在，犯罪嫌疑人对犯罪的记忆就成为其“心理存在”，只要审讯人员发出的某一点信息，与犯罪嫌疑人的心理存在相确认，犯罪嫌疑人就会认识到客观的犯罪事实已经暴露，产生了认知错觉，进入心理认识的误区。最后是犯罪嫌疑人自我意识的知觉经验：一方被否定了，那么另外一方就被肯定了，这种肯定的情形就是犯罪事实，这是犯罪嫌疑人认知错觉产生的内在根源。犯罪嫌疑人记忆中的犯罪情景与外来的情景信息相确认，是产生心理误区的条件。人们的行为特点是不做无用的“功”，这是犯罪嫌疑人放弃对抗的本质原因，对利益的追求是犯罪嫌疑人供述认罪的基本特点。

第七节　涉案关系涉入的方法和技巧

讯问活动中如何向嫌疑人提出涉案关系，关系到讯问全过程的胜败，讯问人员能够科学有效地把握涉案关系的涉入，就能够有效地掌控讯问过程的主动权，以下是具体的方法和技巧。

1. 认知误区的涉入方法：提供信息存在将嫌疑人带入认知误区，目的是解决嫌疑人的侥幸对抗，即对抗条件丧失的错觉。审讯中设置错觉的方法：

（1）直接告知犯罪嫌疑人其犯罪的存在，是让犯罪嫌疑人产生错觉的基本方法之一。在审讯进入试探摸底阶段，直接告知犯罪嫌疑人已经构成犯罪，让犯罪嫌疑人产生司法机关已经获得了犯罪证据的错觉，这种错觉是审讯人员强加给犯罪嫌疑人的，当然对审讯人员的错觉设置，并不是当时就能取得犯罪嫌疑人的信任产生错觉的，这要通过犯罪嫌疑人的观察和体验之后才能获得。对此审讯人员通常采用的方法是阻止或者否定犯罪嫌疑人对审讯人员提出的犯罪存在的辩解，进一步强化犯罪嫌疑人对犯罪存在的错觉，只要犯罪嫌疑人产生罪证已经被司法机关掌握的错觉，这对审讯人员来说就等于取得了审讯任务的基本成功。在审讯活动中只有让犯罪嫌疑人产生证据已经被司法机关掌握的错觉，犯罪嫌疑人才能放弃抗拒，在趋利避害心理的驱使下，犯罪嫌疑人会选择对自己有利的方面做出行动，当犯罪嫌疑人认为供述对自己最为有利，那么犯罪嫌疑人就会选择供述认罪。

（2）审讯桌上的“空城计”。从审讯的准备阶段来看，审讯人员的桌上应当放些什么东西这个细节，平时可能不太被人们所注意，但是这对犯罪嫌疑人来说是至关重要的。犯罪嫌疑人进了审讯室，首先注意的就是审讯桌上放了些什么东西。通过观察审讯人员桌子上的物品和资料，可以判断自己的处境。如果在犯罪嫌疑人第一次走进审讯室时，一眼看见审讯人员桌子上只有两张纸内容的卷宗，他就会感觉到司法机关还没有掌握多少犯罪情况，产生了相对稳定的定式心理来与审讯人员周旋。但是如果反过来适当地将其他的什么材料也放在桌子上，此时的犯罪嫌疑人所做反应会截然相反，他会自然地产生联想，把桌子上的卷宗与自己的犯罪联系到一起：司法机关已开始大量地调查，并收集了大量的资料，这些资料是记载了自己的哪些犯罪事实。这就达到了进门就让其迷惑不解的目的，使之越看越觉得犯罪事实已经暴露，这就是审讯桌上的“空城计”。

（3）暗示证据的方法。在持有部分证据的情况下，审讯人员不要急于抛证据来引供词，而应反过来用供词发展证据，最后审讯结束阶段将证据让犯罪嫌疑人过目，予以确定。有人说证据是让犯罪嫌疑人开口的“法宝”，为什么不去直接使用呢？这是因为，直接出示证据固然容易使犯罪嫌疑人供述，既省事又省时，但是这种被直接出示的证据，审讯人员只能得到该证据范围内的供述，而对该范围之外的其他罪行便会一无所获。审讯中不是不可出示证据，而是为了使现有的证据发挥更大的威力和作用，就是出示证据的方法要带有迷惑性。也就是说，出示证据的方法最好不要“明示”，而要采用暗示证据的方法，这种方法就是迷惑的方法，让犯罪嫌疑人知道审讯人员这里有证据，但又不清楚证据的具体内容。例如，因为贪污、贿赂犯罪大多是合同、票据、证书、财务资料、银行资料等，在放置的方法上既要让犯罪嫌疑人看见这些资料，又要让其不清楚具体内容。审讯人员有时还可以抽出一些资料，读其中的某一内容和情节，来通过犯罪嫌疑人联想的发展扩大，最后系统化，达到证据材料的“无中生有”。

（4）错觉语用行为。语言的迷惑能使犯罪嫌疑人一步一步地走进“迷宫”。让其相信自己的犯罪事实已全部暴露，但自己又不明白这件事是怎么暴露的、什么环节出了问题。使用迷惑性的语言是建立在找准犯罪嫌疑人的抗审条件和依据之上的。“在贿赂犯罪案中，行贿人只要不告发就没事，即便行贿人告发，但没有其他人证明‘一对一’无凭无据也没事。”这是受贿犯罪嫌疑人在抗审中的“心理支点”。迷惑性语言都是围绕这一“支点”展开的，如“你早知今日何必当初！纸是包不住火的，你说不说并不要紧，有多嘴的替你说了……你们的关系虽然是有‘基础’

的，但有谁不是为自己着想呢？要想人不知，除非己莫为……是否贿赂你自己心里明白，我们也十分清楚”等。这种迷惑性的语言，在实质上还存在隐含的前提，这一隐含的前提是让犯罪嫌疑人扩展自己的心理证据，达到以假引真的目的。

（5）错觉攻击态势。审讯人员在审讯活动中的喜怒哀乐都会对犯罪嫌疑人产生影响，有时犯罪嫌疑人为了刺探审讯的重点和目标，会用各种方式来达到自己的目的。如果审讯人员对犯罪嫌疑人的供述是符合自己的意图就表现出满意的神态，不符合自己的心愿就表现出不耐烦的神态，那么犯罪嫌疑人就知道审讯人员要什么、不要什么，对什么感兴趣，对什么不感兴趣，久而久之就连审讯人员手里有多少“货”都能知道得一清二楚，出现这种情况不可能会有审讯的成功。审讯人员只有隐蔽了自己才能“迷惑”别人，只有管好自己的“神态”，别让神态“乱说话”，才能在需要神态产生迷惑作用时起作用。审讯人员神态的迷惑性是根据审讯的目的来决定的，神态的迷惑性也就包含在实现这一目的的过程当中。例如，审讯人员需要的东西，而犯罪嫌疑人就是不给，审讯人员为了完成这项任务，首先表现在神态上要有迷惑，虽然急需，而神态的表现应漫不经心无所谓，越急越应沉着冷静。如果对急需的东西表现出急不可耐的神态，就会引起犯罪嫌疑人的重视和猜想，权衡对自己是否有利或引起警惕，出现不予配合的局面。由此，对犯罪嫌疑人的供述不论是“轻重缓急”还是“有用无用”，都不能在神态上表现出来。所以审讯人员在审讯中态度要庄重，沉着、冷静、注意力集中，以不变应万变。

（6）错觉利害关系。与犯罪嫌疑人有某种利害关系的人，如杀人后帮助转移尸体的人、盗窃后帮助销赃的人、介绍贿赂的中间人、挪用公款的使用人、赃款去向的窝藏人等，案发后虽然犯罪嫌疑人在不同程度上与这些人订立了攻守同盟，但还是时刻担心这些人供述案情，把自己送上绝境。从贪贿犯罪的赃款处置特点来看，大多数犯罪嫌疑人都以转移赃物、赃款的存放来逃避惩罚。赃款、赃物的转移目标一般又都是自己较为信赖的亲朋好友。例如，江苏省某市原市长钟某某，将受贿案赃款赃物转移到某公司经理处窝藏；广东省某市原公安局局长洪某某，将赃款赃物转移到武汉的妻弟家中窝藏；广东省某县委副书记王某某，利用亲属转移、窝藏贪污受贿案赃款赃物就有十多人；等等。这是贪污、贿赂犯罪普遍存在的特点，有很多的时候，在犯罪嫌疑人的住宅搜查一无所获，就连日常的生活费用都没有，这就不正常了，因为案发后，稍有风吹草动，这些人便如惊弓之鸟，迅速转移罪证。加之在办理这类案件时，因程序、手续及各方面的原因不能及时进行搜查，从而贻误了战机，留给了犯罪嫌疑人转移赃物的时间。赃款、赃物的转移对犯罪嫌疑人来说算是吃了一个“定心丸”，也成了他们抗审的心理支柱。因而迷惑的目标是让犯罪嫌疑人误认为窝藏的赃款赃物已暴露。例如，“虽然是亲朋好友，但谁愿意背窝藏的罪名，况且还是替别人背黑锅”，又如，“你是为了保护自己，但有时亲戚也是为了保护自己，毕竟是犯罪，谁不为自己考虑呢”。如果犯罪嫌疑人的赃款并没有转移，那么他对上述的语言不会有多大的注意，而如果对方真的将赃款转移了，就会非常重视这里的含义，会认真分析研究，表面表现出心不在焉、愣神，实际上他是在激烈地思考、判断窝藏的对象会不会向司法机关交出赃物、赃款。追赃款和赃物的去向，实际上也是审讯取得成功的有效方法。

（7）迷惑莫被迷惑误。犯罪嫌疑人为了取得抗审的成功，也会用假象来迷惑审讯人员。有的犯罪嫌疑人为了取得审讯人员的同情，往往大讲特讲自己的丰功伟绩，如“自己辛辛苦苦半辈子，工作勤勤恳恳，多次拒绝贿赂，可以说是两袖清风，可到头来落个被检察院调查的犯罪嫌疑人，这是从何说起……”还有的犯罪嫌疑人故作镇静，表现出轻松自然的情绪，对审讯人员表现出顺从协助，态度老实，问什么说什么，对答如流，以此来迷惑审讯人员。更有甚者会赌咒发誓，声泪俱下。因此，审讯人员必须注意在这种假象的背后，往往隐藏着更大的犯罪，并且不能被这种表面现象所蒙蔽，自己的心中应有根主线，既然是迷惑对迷惑，就该假戏真做地演下去，装糊涂，使对方失去警惕，待找准了目标，“临门一脚”便能取得成功。

2. 涉案关系的模拟情景涉入的方法：通过推理、研究找出涉案关系的行动轨迹，帮助嫌疑人重现心理事实，达到与客观事实的确认，产生心理证据。

模拟情景也即再现犯罪的心理现场，就是在审讯的活动中，找出犯罪嫌疑人实施犯罪的心理事实，通过审讯人员的信息干预，帮助犯罪嫌疑人将客观存在的犯罪事实与犯罪嫌疑人的心理事实进行确认，形成心理证据，产生心理限制，使之达到供述认罪的目的。犯罪事实是有形的物质存在，是犯罪行为的可见结果，是可见的单一的物质存在。而犯罪的心理事实却是无形的存在，有的时候常常是多种、多层次的复合存在。单一的物质存在只能证明某一次或者某起犯罪的存在，而多种、多层次的复合存在则是由多次犯罪行为引起的存在，因此犯罪嫌疑人的心理事实是多数的复合存在，是证明犯罪比较完整的存在。寻找确定犯罪嫌疑人的心理事实是查明犯罪的重要途径。模拟情景讯问法，是根据审讯人员已经掌握的部分犯罪情节，经过逻辑推理和分析研究，把犯罪嫌疑人隐藏在心里的无形的犯罪心理事实“显影”、重现出来，使犯罪事实与心理事实进行对接，逼迫犯罪嫌疑人将客观的犯罪事实与自己隐藏起来的心理事实进行确认，最后形成心理证据。这种心理证据通过犯罪嫌疑人自我心理加工的过程，便会产生犯罪事实已经暴露的心理误区，这是产生供述认罪动机的心理依据。心理学的研究表明，一个人处于不安状态时，如果得到某种含糊的情报，又与自己不安的原因有着某种联系，他就会围绕自己的“不安情景”进行揣测，并且有越揣摩含义越多的感觉，从而使自己陷入忐忑不安、心理焦虑、思想溃散的境地。例如，犯罪嫌疑人翻供后，虽然自己翻供了，但是对翻供是否对自己有利而处于不安状态时，如果得到某种含糊的关于翻供问题的信息，就会陷入心理焦虑、思想溃散的境地，以致聚集的对抗因素散了——“散了心”。犯罪嫌疑人的对抗力是由聚集的对抗心理因素的集散程度决定的，对抗因素越是聚集对抗力就越强，反之就越弱。因此，一旦“散了心”，就会趋向供述事实，认罪服法。

国外有些司法机关，在审讯犯罪嫌疑人的时候，利用给犯罪嫌疑人画像、模拟犯罪情节等手段，对犯罪嫌疑人进行审讯，达到实现心理证据的目的，已经成为成功的经验和方法。

模拟心理事实的方法有：犯罪的心理事实隐藏在犯罪嫌疑人的心灵深处，是不会轻易暴露出来的，因此审讯人员必须从犯罪嫌疑人实施犯罪的自然属性和社会属性中，找出犯罪行为与犯罪事实之间的内在联系，去开启心理事实的大门。这里的自然属性是犯罪行为的结果所形成的个体的特点、内在联系和行为规律。对其进行分析研究、推理，填补再现犯罪的行为过程。这里的社会属性是犯罪嫌疑人的人格关系的体现，即社会交往的人际关系、认识倾向和情感反应，如智力犯罪、暴力和激情犯罪……这些犯罪所造成的犯罪结果不同，犯罪行为不同，情节过程不同。而这些属性总要通过犯罪的行为表现出来，因此不仅要详细分析和阅读卷宗，更重要的是必须对犯罪嫌疑人的社会背景、个体情况、因果关系进行认真的调查研究，多问几个“为什么”，通过“疑”点、“空白”点，找出犯罪的行为规律，较为准确地把犯罪的行为与结果联系起来，呈现出犯罪的心理事实。

例如，2005 年 1 月 29 日上午在皖北纪检监察机关，犯罪嫌疑人王某被法警带进审讯室，他的个头中等偏高、消瘦、皮肤偏黑，没有刮去的胡须隐藏着一股怒气。不知道是什么时候那件看守所特有的狱服——黄色马甲，已经被脱了下来，搭在了手臂上（审讯人员想这可能是他的虚荣心的表现），法警为其打开了手铐，他将黄马甲搭在了椅背上，斜坐在椅子上。

问：你叫什么名字？

答：王某。

问：年龄和职业？

答：我 1965 年出生，大学副教授，兼职律师。

问：因为什么罪行被逮捕的？

答：伪造证据。

问：（示意黄马甲）你怎么把它脱了？穿上吧！（试探对方的对抗反应程度）

答：……（不太情愿地将马甲穿在了身上，没有继续把纽扣扣上服从了一半，保留了一半的对抗）。

问：我们通过社会上的走访和了解，对你的评价是很高的，你为人比较实在，乐于帮助别人，同时你也是一个非常有能力的人，你是通过自己的努力读完了博士，当了大学教授，这是不容易的。但是帮助别人应该有一个原则，不能触犯法律。

答：我没有触犯法律，都是他们有意要整我，你不了解情况，我为了这个案件辩护，得罪了他们（指检察院）。

问：据我所知，事情不是你说的那样，检察院不久前还邀请你作为专家组的成员，参与检察院的执法活动，态度怎么就变化得那么快呢？关键是你不应该帮助犯罪嫌疑人伪造证据。

答：不是我帮助犯罪嫌疑人伪造证据，这件事情确实不是我干的，他们为了让我承认还打我，这件事我怎么说呢，这个事情我怎么能够说清楚，不是我干的非要说是我干的，我是有口难辩哪！

问：王教授啊！你是一个聪明人，又精通法律，纪检监察机关能凭空逮捕你吗？在你的问题上是靠证据来说话的，不是凭空跟你过不去就逮捕你。

答：他们有什么证据！就是没有证据才逼我承认的，我要是承认了，他们才好收场，不然他们就没法交代。

问：你的这种想法正好把你自己逼上了绝路，本来你干的这件事情并不是什么大不了的事情，干错了事情，能够有一个好的态度，争取纪检监察机关对你的谅解，有可能纪检监察机关不起诉你或者判处缓刑（给予希望让其转变态度）。可是你拒不认识自己的犯罪问题，给纪检监察机关的公正执法造成障碍，提供了难题，你不但没有认识到自己行为的危害性，而且采取了积极的对抗行为，采取串供的方法隐瞒事实，法院是肯定要判你实刑的，你是大律师应该是清楚的。我没有想到在处理这件事情上，你怎么就这么糊涂，实在是太不聪明了，不像是你处理事情的风格。

答：他们（指检察院）非要这么说，我有什么办法呢？我要是说假话死我一家人！

问：现在你可能也知道了，在你们几个人中间，你不说别人也都说了，这样的结果对你能有利吗？你替别人干事情，到头来让别人把你卖了，你说你愚蠢不愚蠢，你这叫干的什么事情（离间）！你也是太实在了（利用矛盾）！

答：我知道他们已经说了，他昨天回去就跟我说：对不起了！我"丢了"（看守所管理不严）。他胡说八道是他的事情，他是想讨好检察院。

问：这你就错了，他这样做最起码能得到从轻处罚，把自己的损失降到最小限度。如果你当时不翻供，如果你像起初那样积极交代自己的犯罪事实，检察院根本就不会逮捕你，因为你能够主动交代，就没有逮捕你的必要，检察院也会谅解你的，你不该翻供啊！

答：现在我能够说什么呢？真假难辨，他们非要让我承认假的担保协议是我让江某签字的，这不是事实。他们非要把假的东西栽赃在我的身上，让我承认，他们好结案，我不能违背良心。我跟你说实在的，当时的情况就是这样，我不承认是我干的，就把我关起来，逼着我顺从他们，他们才好有台阶下。

问：王教授啊，你不应该翻供啊！你在律师界是很有名望的，在同行中间你要树立一个榜样，敢作敢为，教育同行，引以为鉴（给台阶下）。以后不能感情用事，无原则地帮助人，通过这次事情来教育他们，并且树立一个样子给他们看，作为律师这样的事情不能干，给他们敲一个警钟，也是一件好事。实际上你是为了江某而不是自己，并不是什么丑事情，根本就没有必要对抗、否认、翻供（增强心理承受力）。从客观情况来看，你说不说都构成了犯罪，因为客观已经存在，不说、抗拒的后果只能是量刑重，认罪态度好是从轻的情节，你比谁都清楚，你能够积极地配合，纪检监察机关是不会为难你的，同时也能够谅解你，过去做错了事情，现在改正了，纪检监察机关会理解你的，会对你进行从轻处罚的，你是律师应该清楚这一点。作为我们来说能够拉你一把，就不会推你一把的，我劝你能够听我一句话，对你只有好处，没有坏处（再现心理事实）。你作为律师在代理案件的过程中，为了帮助犯罪嫌疑人开脱罪责，利用去看守所会见的便利条件，帮助犯罪嫌疑人制造假证，并且将假证带出看守所，交给有关人员进行了处理和完善后，由你送交了法庭，导致本来事实清楚、证据确凿的案件无法审判，阻碍司法活动的顺利进行。事发后，纪检监察机关发现了问题，直接找你讯问，你当时还能够认识到自己“问题”的严重性，供述了自己的制假行为。可是当公安机关再次讯问的时候，你带着“侥幸心理”想蒙混过关，于是你进行了翻供。由于你在这件事情上的错误处理，才导致了你目前的不利处境。我想跟你说两句话不知道你是否愿意听？

答：我愿意听你的。

问：你的翻供已经失去了意义，实话实说才能改变你目前的处境！

答：你们想让我怎么说我就怎么说吧（找台阶下）！

问：不是我们让你怎么说你就怎么说，你要说实话。

答：实际上我以前说的都是实话，他们非要让我这样说，那我就这样说，你们记录吧：假的担保协议是我带进看守所让江某签字的，江某签了字的假协议是我带出来交给赵某的，再由赵某将假协议进行复印，再把复印的假协议交给陈某，然后我与另一位合肥的律师从陈某处取出后，交给了法庭。至于假的担保协议的原件在什么地方，你们要问赵某。

问：你说的这是实话吗？

答：唉（叹气）！是实话（非常不情愿）。

问：那我们现在对你进行录像，固定你的供词，你同意吗？

答：我同意。

记录、录像、固定证据同时进行，该案件最关键的人物全部供述交代了犯罪事实，经过查证属实，顺利地将该案交付了审判。

3. 摸底渐进的涉入方法：与嫌疑人在讯问的空间里接触，讯问人员并不清楚嫌疑人对自己涉案行为的心理认识以及对抗的心理准备，贸然行动容易引起僵局，同时由于侦查讯问人员掌握的犯罪信息量不是很多，需要在涉案的关系中寻找较为准确的涉案关系，因此需要讯问人员通过摸底渐进的方法来扩大涉案关系的信息量，在相互的交流关系上达到逐步融洽交流关系，保障讯问活动的顺利进行。摸底即了解犯罪嫌疑人的底细、内情。主要是通过摸清楚嫌疑人的犯罪记忆的反应，对抗的强弱程度，“情势”的顺应程度，对抗的心理支点以及对抗的方法，以此掌握嫌疑人的底细。摸底目的主要是确定嫌疑人对抗的类型，即侥幸对抗还是信念对抗，为对抗行为进行分类，为选择对应的讯问方法做准备，同时通过交流的过程，把握心理适应的介入强弱程度。从行为分析的角度来看，嫌疑人具体的对抗否定表现：有无犯罪的记忆反应；是直接否定还是嫁祸他人；是明示谎言还是暗示谎言；是沉默否定还是反击否定；是等待信息还是自我封闭排斥信息。

摸底方法，根据涉案关系可能涉及的范围，进行摸底寻找，抽出真正的涉案关系，进行围剿渐进，具体的方法有直接指控和间接指控。直接指控（具体的直接的犯罪行为）、肯定犯罪、充满自信、态度坚定。直接告知，如“你已经涉嫌犯罪”。间接指控（跨越一个存在和联系的空间，进行的关联指控）间接告知，如跨越一个存在的前提“你要那么多的钱干什么”？迂回告知，策略性的开头，如“你的财产我们需要没收!”“你的行为直接伤害了你的家人”；再如，可以通过其职务行为、房产车辆的来源、子女的行为、妻子情妇的关系等，进行关联性的行为指控。

4. 假设存在的涉入方法：假设在汉语中的解释为：假如是这样，姑且认定。根据嫌疑人的涉案关系，进行假定事实存在。假设就是假定的意思，是为了对人们所观察到的现象进行解释，之所以说它是假设，是因为假设的东西本身是看不见、摸不着的，因此也是不确定的。说它是思维的产物，因为它是理论家们想出来的，不是以实践为依据的。例如，“本我”的概念就是一个假设的概念，“本我”谁也没有见过，包括理论家本人。因此假设存在的行为和物质，必须是合理的，符合逻辑的，更进一步说是可信的，否则假设存在就失去了意义。在审讯活动中，根据逻辑关系，假设某一件事情的存在，用客观逻辑联系的方法，直接对犯罪嫌疑人展开讯问，促使犯罪嫌疑人把客观的犯罪事实与犯罪记忆中的心理事实进行确认，转化成为心理证据，达到使犯罪嫌疑人供述认知的目的。例如，你为什么会有那么多的存款（假使存在，因为受贿的财产不会飞走）？你为什么收别人的钱？你收那么多的钱干什么用了？目的是使犯罪嫌疑人产生心理误区，由此动摇犯罪嫌疑人的侥幸心理。再如，杀人的第一现场为什么有你的遗留物？为什么有你的脚印和毛发？杀人的第一现场在被害人死亡的时间范围内，只有一个人去过！此时，如果犯罪嫌疑人是真正的杀人凶手，那么他就会立即把当时的杀人现场与自己记忆中的行为进行确认，并且能够迅速回忆起当时现场的某些情景，分析毛发与脚印遗留的可能性。这种思维过程需要一定的时间，可以从犯罪嫌疑人的外部神态反映出来。一旦犯罪嫌疑人出现这种情况，审讯人员应当立即展开攻击，不要给犯罪嫌疑人喘息的机会，逼其作出回答："说！怎么回事？你到现场干什么去了？你为什么要杀他？"这样犯罪嫌疑人就会顺着审讯人员为其设置的路径，走进包围圈。如果犯罪嫌疑人不是真正的杀人凶手，那么他就会立即起来反驳："我绝对没有去过杀人现场，我为什么要杀人？这是不可能的事情……"因此审讯人员在审讯的实践中一定要认真把握，不能选错了攻击对象。

为了在审讯活动中能更清楚地表达原意，我们把假设解释为：虽然目前不是这样或者虽然目前不存在，但是我们可以假设它是这样或者假设其存在，其目的是便于说明问题。在审讯犯罪嫌疑人的时候，由于缺乏直接的证据证明犯罪嫌疑人犯罪，而犯罪嫌疑人由于畏罪心理的困扰，拒不交代自己的犯罪事实。在很多时候，犯罪嫌疑人知道审讯人员没有掌握犯罪嫌疑人的直接犯罪证据，故坚持抗审直至逃避法律的惩罚。在这里，犯罪嫌疑人赖以坚持抗审的心理依据，就是审讯人员的手里没有能够证明其犯罪的直接证据。那么假设证据存在，审讯人员手里有证明犯罪嫌疑人犯罪的直接证据，再顽固的犯罪分子也不会抗拒否认，因为事实清楚证据确凿，已经失去了抗拒否认的意义。审讯人员在接受审讯的时候手里没有"炮弹"，犯罪嫌疑人是不会投降的，那么审讯人员手里有假"炮弹"或者是假设的"炮弹"，而被犯罪嫌疑人误认为是真"炮弹"，那么犯罪嫌疑人仍然会投降。因此，在审讯的活动中虽然没有直接的证据，但是我们可以假设直接证据的存在，使得犯罪嫌疑人产生犯罪事实已经暴露的错觉，促其认罪服法。

怎样能使假设的证据产生作用？关键是让犯罪嫌疑人确信审讯人员假设的证据存在，这是审讯活动中能否有效运用“假设法”的关键。例如，犯罪嫌疑人只要去过犯罪现场就会留下痕迹，如脚印、毛发、指纹、烟头、排泄物等。在很多时候，犯罪嫌疑人对留在现场的遗留物，并非很在意、很留心。有的时候犯罪嫌疑人在现场留下了什么东西就连他自己也不清楚，还有的现场的遗留物是不可避免地留在那里的，如毛发、衣服纤维、人体气味等。我们在审讯活动中就是利用犯罪嫌疑人对现场遗留物的不留心、不注意，“帮助”犯罪嫌疑人假设现场的遗留物，导致犯罪嫌疑人确信自己在现场留有遗留物，犯罪嫌疑人的心理事实被确认，最后只有放弃抗拒走供述认罪的路。例如，某市卫生学校的一名女学生，在深夜被人入室强奸后杀害在宿舍里，经过公安机关的排查确定了犯罪嫌疑人，在对犯罪嫌疑人采取了强制措施以后，审讯一直处在僵持的对抗状态，由于现场没有发现遗留物，没有直接的证据证明犯罪，审讯进行得非常艰苦。为了取得这起案件的审讯成功，审讯人员改变了审讯方法，采用了假设法，直接告知犯罪嫌疑人：“为什么在现场有你遗留的毛发？并且经过科学的鉴定已经确定无疑，你的毛发为什么会在案发现场？几个月来对你的审讯目的就是挽救你，希望你不要再错过机会了。”这样一来犯罪嫌疑人感觉再抗拒下去已经失去了意义，强烈的求生欲望使犯罪嫌疑人交代了强奸杀人的全部经过。就此，审讯人员成功审结了一起疑难的强奸杀人案件。

5. 隐含目标的涉入方法：侦查讯问的任务就是解决和提取犯罪嫌疑人涉案的犯罪事实问题，这里的犯罪事实就是讯问人员所要追击的目标，作为审讯的目标也是犯罪的核心问题，通常不能直接涉入，因为犯罪的核心问题，也是犯罪嫌疑人非常关注的问题，防卫的力度也非常强，如果直接涉入，势必会遇到强大的阻力。为了避开嫌疑人防守严密的强处，将目标隐含在语言的背景含义的空间里，进行行为关系的连接。例如，强奸案件，强奸罪是指违背妇女意志，使用暴力、胁迫或者其他手段，强行与妇女发生性交的行为。在案件的侦查过程中，犯罪嫌疑人坚持自己没有实施暴力，而是受害人自愿与其发生性行为的，审讯过程中审讯人员并没有直入目标，实施暴力的行为，而是从案发的原因进行涉入，追问了几个“为什么”：为什么会与不认识的人发生性行为；为什么受害人自己是自愿的反过来还要告你？为什么发生性行为之后你还要逃跑？这几个为什么的背后就隐含着实施暴力强奸的目标。

隐含目标的重要作用就在于，将核心目标隐含在背景的空间里，找出与目标有密切联系的行为关系，通过一系列的行为关系把目标推演粘连出来。

6. 跨越前提的涉入方法：涉案犯罪的核心问题是嫌疑人的行为存在，行为存在也是嫌疑人固守严密的核心问题，嫌疑人隐瞒事实的真相就是这些核心问题的行为，否认了犯罪行为就否定了犯罪的存在，这就是犯罪嫌疑人积极隐瞒犯罪行为的目的所在。因此，审讯人员让嫌疑人直接承认实施的行为的心理阻力非常大，如果采取变通的方式，跨越这个行为存在，不直接让其承认，而是设法让其默认，这样嫌疑人对抗隐瞒的心理压力就小得多，嫌疑人接受这种涉案关系就容易得多。

跨越前提的方法是以犯罪的行为存在为前提，将行为结果设定为前提跨越过去，以行为结果的关系为嫌疑人，追讯源头找出因果关系，通过因果关系还原案件事实的本来面目。如“你为什么杀他”（这里的行为前提是人是你杀的）；“你要那么多钱干什么”（你拿了不该拿的钱）；“你跟某某是怎么认识的”（你认识某某）；“那个小区你去过几次”（去过那个小区）。

7. 强制介入的涉入方法：在已知的涉案关系中或者是嫌疑人的供述矛盾和“口误”中，无法回避的问题和情节强制嫌疑人进行回答，进行定向攻击，追讯出现上述问题的原因。强制介入的基本方法是定向攻击。定向攻击法主要在于对案件的分析，以显示审讯人员的准确判断和强大力量，指出审讯人员正全力以赴，不让嫌疑人把犯罪事实交代出来绝不罢休，以表明审讯人员的决心。这样做的用意是暗示犯罪嫌疑人，他已经成为犯罪嫌疑人，审讯人员的决心是：不审出犯罪事实绝不罢休，以此直接攻击犯罪嫌疑人的侥幸心理。例如，在一起对翻供的犯罪嫌疑人的审讯中，审讯人员为了查明翻供的原因和真实的犯罪事实，围绕犯罪嫌疑人为什么翻供展开了攻击，并且表明了坚定的态度，不交代翻供的原因绝不罢休："你为什么翻供？为了证明你的认识态度和行为表现，我们必须弄清楚你翻供的原因，这同时也是你的认识问题，所以你必须讲清楚，不讲清楚这件事情是不会结束的！"审讯人员的决心，使犯罪嫌疑人的心理受到了限制，不说明原因是过不了关的，经过审讯人员的一再强调，犯罪嫌疑人只得放弃对抗。

犯罪嫌疑人在实施犯罪后，因害怕被查获受惩罚而心情趋于紧张，他们通常十分关注审讯人员的动向，主动收集相关信息。为了尽快查明犯罪事实，审讯人员根据分析推断出犯罪嫌疑人特有的个性心理，实施心理干预进行定向震慑。根据对已经掌握的案件线索的分析，以显示审讯人员的准确判断和强大力量，指出审讯人员正全力以赴，不查明犯罪事实绝不罢休，以表明审讯人员破案的决心，清除犯罪嫌疑人的侥幸心理。

通常的使用方法是找出一个单一的情节，限制嫌疑人说明原因。如"你就说说为什么拿他的东西""这笔钱你干什么用了""你就给我说说你买房子的钱是从哪里来的"。

8. 信息存在的涉入方法：讯问犯罪嫌疑人的目的是确认犯罪事实的存在，这里的存在是客观的犯罪事实，是犯罪行为留下的结果的客观性即存在，如犯罪现场就是犯罪结果的存在。我们看到的犯罪现场也仅仅是表面上的存在，至于留下这个犯罪现场的行为人是谁？是怎么实施犯罪行为的？为什么实施犯罪行为？我们全然不知，只是知道有犯罪行为的存在，也就是说只是知道存在的外部情况，至于内在的因果关系我们并不清楚，我们将这种关系称为"信息存在"，是事件的外延部分。而现场确认的涉案关系的行为事实即内在的核心事实，我们将其称为涉案的客观存在。这种涉案关系的客观存在需要有一系列客观证据的证明，才能够成为客观存在。例如，侦查人员向犯罪嫌疑人提出“你构成犯罪了”，而犯罪嫌疑人就会提出反驳“你说我构成犯罪你拿证据出来”，这就是因为侦查人员提出的“你构成犯罪了”仅仅是信息存在，而不是涉案关系的客观存在。通常侦查人员向嫌疑人讯问时手中并没有掌握嫌疑人实实在在的犯罪证据，也仅仅是从存在的外延（嫌疑）向嫌疑人进行讯问，这种讯问的依着点是信息存在，而不是客观存在，因为侦查讯问人员讯问犯罪嫌疑人的目的，就是要找回犯罪的客观存在，这在犯罪嫌疑人交代和供述之前，是没有被掌握的，为了提取犯罪的客观存在，侦查讯问人员也只有利用手中仅仅掌握的部分嫌疑问题即信息存在，来与嫌疑人进行客观存在的确认。

信息存在与嫌疑人进行确认的方法，是通过事件的外延涉入涉案关系，如“人死了”是外延的信息存在，而怎么死的，死亡的原因视为客观存在。涉入信息存在的方法首先是行为的外延部分，如贪污、受贿、杀人、放火、抢劫、盗窃等；其次是涉案的空间存在，如违法犯罪、隐瞒犯罪事实等；最后是与案件有牵连的涉案关系，如巨额存款、去过现场、与受害人的关系、现场的遗留物、与案件有密切关系的某些行为等。

9. 关系选择的涉入方法：涉案的人、事、物体、空间等关系。如“你是怎么认识他的”“那件事你有责任，但是主要的责任不在你”“那个东西不会自己长腿跑到你家里”“那个地方没有别人去过，只有你去过”等。

10. 动机原因的涉入方法：设定事实存在命其说明原因，如“你并不想收他的钱，只是碍于情面才收下的”“你是一时的冲动，在极为愤怒的情况下，才对他实施的暴力”等。

11. 定向否定的涉入方法：选择嫌疑人谎言中的一个点进行否定，担心式的否定：例如，杀人现场遗留物：问：“你家有几根扁担?”答：“只有一根。”问：“不对吧，那根有你的名字，后面有‘记’的扁担呢?”（因为扁担遗留在现场）放心式的否定：例如，问：“你打扫过现场?”答：“我没有打扫现场。”问：“不对，你打扫过现场，没有什么好否认的，不过，你不是打扫迟了，就是不细致，太粗心了，科学鉴定是没有什么好隐瞒的。”

第八节　涉案关系的抗审行为回应

前面审讯的初始阶段审讯人员提出的介入定位是涉案的整体行为，属于第一认知层面的问题，是整体的行为空间，而嫌疑人隐瞒的犯罪事实是具体的行为过程，从整体向具体转化需要转化过程，在这个转化的过程中包含着许多转化的认知层面，需要层层剥离才能呈现犯罪事实的核心，审讯人员在这里提出的涉案关系，就是层层剥离涉案的外延关系，向涉案核心深入的第二层，从隐瞒的心理行为来看属于第二认知层面。在介入第二层面以后，嫌疑人的认知反应仍然是否认和隐瞒，其否认隐瞒的回应表现为具体的否认和隐瞒的行为选择。

嫌疑人进行第一层面的介入定位的交流摸底之后，首先是嫌疑人确认了讯问人员的讯问就是为了“那件事”，是具体的犯罪行为的前卫关系，也是自己行为记忆的内容被确认，暴露的可能在向自己逼近。其次是对讯问人员的行为指向进行回应，根据自我的需要，选择对自己有利的情景，对“那件事”作出否认和辩解的回应。最后是根据具体的信息来源进行否认选择，针对讯问人员提供的信息及刺激强度，作出自我保护的否定方法的选择。否定的方法和行为表现：“谎言”与“沉默”，否定的态度分为积极否定和消极否定，也是嫌疑人积极参与和消极参与的具体表现。通常以编制谎言来达到对涉案关系的否定。例如，在一起贿赂犯罪案件中，行贿人通过账务往来转给受贿人300万元，是受贿人在拍卖国有矿山开采权而获得的利益。当审讯人员问其是否认识行贿人时，回答：“认识。”问其是否有经济上的往来？回答：“有！”问其有哪些经济往来？回答：“我的一位朋友做生意需要资金，我替朋友向他借过300万元。”这里的行贿和受贿行为是通过转账进行的，账面上都有反映，嫌疑人是无法隐瞒与行贿人认识，并且有经济上的往来的，账面上记载的300万元也是无法否定的，都是明知的，隐瞒受贿行为最好的方法就是这种经济关系的性质，借不属于受贿。这种谎言我们称为暗示谎言，是说谎人希望对方相信他的谎言。这也是嫌疑人在进入涉案关系的层面所选择的隐瞒对抗的心理支点的具体表现。在信念对抗的犯罪嫌疑人中，其谎言表现有的选择“明示谎言”，嫌疑人明明知道选择这种谎言难以取得审讯人员的相信，在当即没有找到合适的谎言的情况下，只能选择这种可能暴露的谎言，来支持自己的隐瞒行为。例如，在一起巨额财产来源不明的案件中，审讯人员问其家里的巨额存款是从哪里来的？嫌疑人回答是自己在公园里捡来的！这明显不符合逻辑的谎言，是站不住脚的，无奈没有其他方法只能这么说。明示谎言是指说谎人明明知道别人不会相信，仍然还要说。这种谎言很多时候是在激情状态，无路可走的情况下出现的，信念对抗的行为比较多发。

除此谎言外，涉案关系的抗审行为回应还有“沉默”。这种沉默的心理行为反应，在通常的情况下是因为没有话语条件，没有准备好如何回答审讯人员的发问，而退回到不参与、选择沉默不答来作为涉案关系的对抗心理支点。有时嫌疑人处于激情状态时也会出现沉默的行为表现，注意通过微表情的观察获取反应，确定属于哪种情况。

在嫌疑人否定选择的层面中，显现出了相对独立的对抗否定的人格特征，审讯人员应当注意分析接收，保障顺利地进入下一个否定堵退层面。

第三步　否定堵退

第一节　否定辩解的心理定式

十步讯问法中的第二步否定辩解，就是否定犯罪嫌疑人带入讯问室的心理定式，这里的心理定式就是嫌疑人的抗审方法的心理准备，通常这种心理准备是通过犯罪嫌疑人的辩解表现出来的，否定辩解实质上就是嫌疑人的抗审方法。从否定定义来看，否定即不同意的、不赞成的、反面的意思，否定嫌疑人的辩解，是在讯问开始的摸底定位的信息发出之后，嫌疑人总是要作出辩解和否定的，这是嫌疑人在整个讯问过程中选择的抗审方法，审讯人员为了取得讯问的成功，必须消除这种对抗行为，与此讯问人员应当立即对其进行阻止和否定，表示不同意和反对嫌疑人的辩解和否定，以此达到对第一步定位的强化，达到否定嫌疑人的旧议题，对嫌疑人带进讯问室的心理定式的否定，建立新议题，建立新的平台，满足于从降低嫌疑人的对抗层面向转换对抗层面的转化。

嫌疑人的对抗行为是以心理准备的定式心理为对抗支点的，消除对抗的心理支点，嫌疑人的供述动机才能够产生，在审讯的第一步，审讯人员给嫌疑人的定位即涉嫌犯罪，目的就是消除嫌疑人的对抗支点，此时嫌疑人提出的辩解和抗审的议题，不仅是对嫌疑人自我行为的说理和解释，更为重要的是回收讯问人员的反应，达到摸讯问人员的底的目的，如果讯问人员没有作出否定的反应，那么就说明对其默认，嫌疑人所提出的“旧议题”即辩解的理由就会被保存下来，否定犯罪的理由就取得了成功，以此使讯问人员达不到对对抗层面的转换目的。否定是讯问人员降低对抗层面，向供述层面进行转化的动力基础。

否定辩解有许多种方法：通常有通过直接阻止辩解来实现的，如“这句话你不需要再说了，我也不想再听到”；通过直接告知新的转换层面来实现的，如“我很负责任地告诉你，你干的那些事已经得到证明”“那个女孩子是被你强迫的不是自愿的，这个问题你是一点退路都没有了”；通过客观存在来阻止嫌疑人辩解的，如“谁都能够证明，跟你去的那几个人也能够证明”；通过假设存在阻止嫌疑人辩解的，如“现场留下的痕迹都能够证明”“今天司法机关把你找来就已经说明了问题”；通过条件阻止即依赖的对抗条件来实现的，如“知道这件事情的不是你一个人”“要想人不知、除非己莫为”；通过确定行为来实现的，如“我可以肯定地告诉你，你已经涉嫌犯罪了”。

讯问人员否定嫌疑人的辩解，其行为表现应当坚定不疑，不可出现仅仅是怀疑对方犯罪的语用行为，因为涉嫌犯罪仅仅是法律上的“法语”，而不是对真正行为的评价，更不是对客观行为仅仅是怀疑。讯问的第二步否定辩解的真正目的，是让犯罪嫌疑人产生犯罪事实已经暴露的错觉，对抗的退路已经被堵死，促进嫌疑人向放弃对抗的层面进行转换。

第二节　否定的阻止经验

当人们为了达到某种目的或者完成某种目的的时候，就会积极地运用语言或者行为来实现这一目标，当这一语言或者行为受到外来的信息阻碍的时候，尤其是受到强有力的阻碍时，会处于暂停状态，当这种暂停状态持续了一段时间之后，再次受到外来的信息阻碍或者其他的信息出现的时候，他们会放弃对这一目标的实现。在审讯活动中犯罪嫌疑人为了对抗审讯，选择了一些对自己有利的环节来对付审讯人员的讯问，当犯罪嫌疑人选择的环节和理由为审讯人员无法否定的时候，这就强化了犯罪嫌疑人的对抗心理，犯罪嫌疑人的对抗心理越强就越不会供述犯罪事实。与此相反，当犯罪嫌疑人选择的环节和理由被审讯人员否定了的时候，就会削弱犯罪嫌疑人的对抗心理，当起主导作用的对抗心理被削弱以后，供述的动机也就产生了。这种对犯罪嫌疑人的“环节选择”的否定方法，就是阻止经验。当犯罪嫌疑人利用某个环节为自己开脱的时候，审讯人员应当立即阻止，不能让犯罪嫌疑人把一句完整的话说完，为阻止其达到“环节选择”的目的，必须让其处于暂停状态，当这种暂停状态持续了一段时间之后，犯罪嫌疑人可能并不甘心就此放弃，会组织第二次的语言表述，再次把“环节选择”表现出来，审讯人员应当控制不要使它再次出现，当他们无法再进行表述的时候，就会放弃对这一“环节选择”的目标的实现。犯罪嫌疑人对某项概念的辩解，就会自动放弃了。

通过讯问的第一步“摸底定位”向被讯问人提出涉嫌犯罪的信息之后，犯罪嫌疑人总是要对讯问人员提出的问题进行否认，通常那些有犯罪行为存在的嫌疑人，当面对讯问人员提出的犯罪问题时，提出的否定性回答是：“既然你们说我构成了犯罪，你们拿出证据来!”“既然你们说我犯罪了，你们把我抓起来好了!”“我没有犯罪！那不是我干的”“不可能是我”，或者类似的表述，以此达到拒绝承认犯罪的目的。嫌疑人的否定阶段是审讯的关键阶段，如果审讯人员处理得不好，就会强化嫌疑人否定犯罪的心理动力，否定和无罪的辩解会进一步深入，否认得越成功、越是否认犯罪，那么他坦白事实真相的可能性就越小，这样发展下去导致此后审讯人员的努力可能都是以失败而告终。如果审讯人员容许嫌疑人持续对犯罪进行否定，那么此后能够让嫌疑人自愿供述犯罪事实是非常困难的，否定有罪能够使嫌疑人成功避开那些不利的因素和结果。第二步否定的重要意义就是阻止嫌疑人的否认，不让嫌疑人对犯罪的主题继续否定，控制否定。嫌疑人否认的重要目的就是转移审讯人员讯问目标的导向，破坏以此劝说嫌疑人说出犯罪事实的讯问主题，因此审讯人员不应当被嫌疑人的否认，扰乱对讯问目标主题的追踪，应当把嫌疑人的否认看成抗审的规律，是嫌疑人抗审的常规。同时，也是审讯人员如何进行后续审讯的重要条件和依据。

首先是从否定的阻止对策上来看，直接告知嫌疑人涉嫌犯罪的否定对策。当审讯人员直接告知嫌疑人涉嫌犯罪时，嫌疑人可能作出何种回应，审讯人员应当心中有数及时作出判断和评估，这里嫌疑人可能作出的回应，是有很强的规律性的，这个规律就是嫌疑人的否认。嫌疑人否认的方式是审讯人员继续下一个主题的重要条件，必须引起足够的注意。因为嫌疑人在走进讯问室之前，就做好了心理准备即定式心理，“如果是调查自己的犯罪问题，自己就否认”。因此，审讯人员无须纠结嫌疑人的否认，是应当早已预见的，此时的审讯人员需立即进行过渡，确立讯问的目标和对策，进行下一个层面的过渡，例如，“否认对你来说已经失去了意义，我们调查的结果证实这件事是你干的”。审讯人员的这种不容反驳的回答，具有能够有效地制止嫌疑人进一步否认的效果，也表明审讯人员对嫌疑人存在犯罪的信心和决心，以此来降低嫌疑人继续否认的层面。同时，紧接着是讯问人员对讯问主题的过渡性陈述，转移到被降低的认识层面上，例如，“我们今天与你谈的目的，不是让你交代犯罪的问题，而是想知道你当时为什么会干这种事情，我们需要得到一个合理的解释”。降低嫌疑人继续否认的层面的目的，是对讯问主题的进一步深入，如果不降低层面或者直接咬住嫌疑人的否认不放，讯问就会出现僵局，无法对主题深入发展。

其次是阻止嫌疑人软弱无理的再次否认，审讯人员通过否定降低一个层面进行过渡的时候，嫌疑人仍然会作出继续重复性的否认，而这种否认是软弱无理的否认，例如，“反正不管你们怎么说，这件事不是我干的”。审讯人员得到嫌疑人的这种再次否认时，应当立即用其他的话题插入，转移其注意力并阻止其继续否认，同时表示对嫌疑人没有道理的软弱无理的否认不感兴趣，例如，“我们今天找你谈这件事，就是为了弄清楚发生这件事的原因，为什么会出现这种事情，你不是一个贪财的人，出现这种事我想不可能是你主动要的，一定是对方的主动，你碍于情面，否则你是不会做出这种事的，我想原因应该是这样的”。审讯人员说出这番话的时候，嫌疑人仍然会继续进行否认，此时的审讯人员仍然需要继续阻止嫌疑人的否认，“你听我把话说完，因为这件事发生的原因对你来说是非常重要的”，以此阻止嫌疑人的再次否认，把话题牵引到事件上来，达到维护讯问主题的目的。

在通常的情况下，仅凭上述策略还是无法阻止嫌疑人说出否认有罪的话。这时，审讯人员应当立即组织更深层次的话语进行回复，既可明示也可暗示，向嫌疑人灌输对他不利的证据，已经被审讯人员掌握。例如，“我们也希望这件事不是你干的，但是我们收集到的证据确实对你不利，那是客观存在的证据，不是随便编造的”。当审讯人员说出这段话的时候，嫌疑人会努力地听取审讯人员的讲述，积极地了解审讯人员已经掌握了哪些有关自己的情况，以便对自己当前所面临的处境进行评估。审讯人员通过嫌疑人有罪证据的涉入，能够终止嫌疑人否认有罪的企图，退一步说，也能够减少嫌疑人对有罪否定的频率。让他们意识到否认犯罪是徒劳的，起不到阻碍审讯人员查明犯罪事实的目的。讯问发展到这里，嫌疑人就可能放弃否认，改变策略，阻碍对自己不利的因素继续发展，选择对自己有利的退路，继续进行抗审。于此，审讯人员应当转入“堵退”的层面，进一步围剿嫌疑人对退路的选择。

关于无罪推定原则的问题，与侦查行为的侦查意识没有直接的关系，侦查行为是在侦查意识动力作用下的积极主动的行为，其行为的最终目的是还原事实的本来面目，是对事实产生直接关系的行为，至于认定是否有罪，是以审判为中心的，不是侦查讯问人员能够解决的问题，况且侦查讯问行为做无罪推定，从根本上就是剥夺侦查人员必须具备侦查意识。

最后是对嫌疑人的否认能够提前预见，犯罪嫌疑人的抗审分为两种类型，即“侥幸对抗”和“信念对抗”，他们的抗审行为的表现是不同的。在通常的情况下侥幸对抗的嫌疑人会用直接的方式进行否认，否认的态度并不坚定缺乏信心，始终处于被动的等待状态，没有积极的插话动作表示，语气平缓顺应性比较强，很少主动出击。而信念对抗的嫌疑人在表达否认之前，有打断性动作出现，是想要说话的信息表露，“我不同意你的说法，我有话要说”。这类嫌疑人打断审讯人员的话，不是为了坦白，而是为了否认。

第三节　否认的回应解析

为了否定嫌疑人的对抗心理定式，被阻止的对抗行为被转换，产生了否认的行为回应，嫌疑人对自己犯罪行为的否认有两种情况，一种是总体否认。例如，审讯人员提出的问题是“你涉嫌犯罪了”，嫌疑人否认“我没有犯罪”。嫌疑人这种总体的否认，来自审讯人员提出问题的总体性。而作为审讯人员对否认的回应，如果再坚持总体性的问题提出，嫌疑人仍然会坚持总体否认，无法再把讯问的主题发展下去，导致讯问僵局的出现。而另一种是特定否认，如果审讯人员放弃对总体性问题的追讯，转移到具体的问题上，那么嫌疑人的否认也会跟着审讯人员的变化而变化，提出相对应的有针对性的否认，这种否认就是嫌疑人的特定否认。特定否认是嫌疑人直接针对审讯人员提出的那些对其不利的问题主张中的一些特定的细节方面。例如，审讯人员问：“你涉嫌强奸，这个问题你怎么解释?”嫌疑人回答：“我没有强奸!”审讯人员问：“既然你没有强奸，那么受害人为什么指控你强奸!”嫌疑人回答：“那是她自愿与我发生性行为的，不是我强迫的。”从总体否认到具体特定的否认，是审讯主题发展的基本规律，从本质上来说，审讯人员处理和回应嫌疑人说出的否认的方法，取决于诸多因素，有来自审讯人员的个体特征和语用行为方法；有来自嫌疑人的对抗条件的认识和证据暴露的程度；有来自嫌疑人对审讯人员的信任关系；有来自嫌疑人的人格素质等因素。因此，在审讯实践中如何能够有效地否定嫌疑人的特定否认?根据审讯空间存在的诸多因素，首先是降低主题问题的层面，满足于嫌疑人“降价心理”的需要。一些商家为了促销商品，满足于消费者降价心理的需要，采取了“原价 800 元，现价 400 元”的促销策略，以此达到促销商品的目的。当审讯人员无法阻止嫌疑人否认，采取降低条件的方法能够有效地达到对嫌疑人的否定。例如，前面提到的强奸案件，审讯人员问嫌疑人：“被强奸的被害人有权利要求赔偿损失，让她取得一些补偿怎么样?”如果嫌疑人没有强奸受害人，就可能会回答："她当然有权利要求赔偿，但我又没有强奸她。"如果嫌疑人确实实施了强奸行为，那么他的回答则可能会出现犹豫的情况，思考受害的对方可能提出什么样的赔偿，考虑如何回答，会权衡这么做的利弊，在回答的时候就会显得不确定，于此他就有可能这样回答："我当然愿意看到她得到适当的赔偿，尽管我没有强奸她。"

在通常的情况下审讯人员为了能够更有效地确定犯罪嫌疑人的行为，还应当虚构一个犯罪情节加入上述话题中，如上述的强奸案，审讯人员继续说："在另外的一个地方还有一名被强奸的，你愿不愿意也赔偿她一些损失，赔偿的数额也不会太大的。"在这种情况下，嫌疑人就可能会回答："不，我不愿意！"审讯人员继续追问："为什么不愿意？"此时的嫌疑人会理直气壮地回答："因为我没有强奸她！为什么要我赔偿！"根据嫌疑人前面的同意赔偿的回答，可以证实他就是那个强奸的人，因为这里反映出他有强奸那个人的行为记忆。如果他没有曾经强奸那个人的记忆，就不可能同意赔偿，会坚持否定。在通常情况下，有罪的犯罪嫌疑人会试图通过表达协助查清案情的意愿，讨好审讯人员，但同时又对自己的具体犯罪行为进行否认。例如，嫌疑人会说"这件事我会搞清楚的，但这件事不是我干的"。嫌疑人的这种回答就是有罪的表现，愿意赔偿但是不承认所为，于是，审讯人员可以从该主题的不同角度，继续进行逐步的侵蚀，以使嫌疑人最终承认他的犯罪行为。

继续嫌疑人的辩解和否认的回应。嫌疑人的否认和辩解不是一次就能够结束的，审讯人员又不能越过嫌疑人的否定阶段，那么审讯人员就应当让嫌疑人知道讯问将会以此继续。在其继续否认和辩解的话语之后，审讯人员需要根据新一轮的语义进行回应，回应的方法有多种选择，但是回应的中心应当把握一个基本点，在确定他的罪行毫无疑问的前提下，如"这件事就是你干的"，继续尝试将嫌疑人的注意力重新引回讯问的目的上来，这个讯问目的很多时候是审讯人员选择的导致犯罪的原因和动机，也可以是帮助嫌疑人找出犯罪行为的理由。例如，嫌疑人："我确实不知道这件事，不知道怎么会牵涉到了我。"审讯人员："这件事肯定是你干的，这是毫无疑问的，也是无法改变的，现在事情已经发生了，说别的也没有意义了，现在的问题是如何来解决这个问题，我现在想要了解的是为什么会出现这种情况，我不认为一开始你就愿意干这种事情，我认为你是一个正直的人，是一个有品位的人，所以这件事与你的个性不相符，这就是我想知道的地方。”

当然嫌疑人不会因为审讯人员简单地告知涉嫌犯罪就会放弃对抗，在决定作出供述之前，总想要知道有哪些不利于他们的证据，嫌疑人作出否认的动机之一是评估讯问人员所掌握的案件事实。于此，审讯人员抛出了已经掌握的涉案证据，那么嫌疑人就会立即准确地知道案件的事实在多大程度上对自己不利，同时也获得了切实的否认和辩解的理由，因此审讯人员在抛出特定的不利于嫌疑人的证据之前，应当仔细考虑使用该证据的方法和策略，以便在使用后能够有效地控制嫌疑人顽固的否认。在许多案件中审讯人员不可能掌握全面的案件证据，即便有些涉嫌的犯罪情况，也是来自审讯人员对该犯罪行为的分析，如果审讯人员在讯问的过程中需要展示证据，那么可以尝试通过暗示来完成。例如，一起看守所的看管人员，帮助在押犯罪嫌疑人伪造立功，从中收取贿赂的案件。嫌疑人说：“他们干的那些事与我一点关系也没有，我怎么还能够从中得到‘好处’呢?”审讯人员说：“你听着，我知道你让同号房的一名在押犯人假装自杀，并且答应给其五万元好处费，让他（伪造立功者）发现后进行呼救，然后获得立功，所有这些我们都知道了。我们所不知道的是你是怎么通知在押嫌疑人的家属，得到那份‘好处费’的？这个问题很重要，是她主动给的还是你主动要的。”这样，又回到了讯问的主题。此后，嫌疑人交代了在押嫌疑人家属送钱的经过。这里，审讯人员从没提起过任何不利于嫌疑人的证据，只是从另外一个角度说出自己知道的某些事情。在任何一个案件中，审讯人员都能够确定嫌疑人已经做过的一些具体的事情，这就是暗示技巧。但是嫌疑人都清楚地知道自己在犯罪时做过什么和没有做过什么，审讯人员一定要把握住。例如，骑摩托车肇事逃逸的犯罪嫌疑人，审讯人员欺骗嫌疑人说现场有嫌疑人的脚印，而犯罪嫌疑人知道，现场是公路会有许多的脚印，怎么可能提取到自己的脚印呢？在这种情况下审讯人员丧失了信任，说了假话，此后再让嫌疑人供认就非常困难了。通常情况下能够抛给嫌疑人的暗示证据，是经过已经获取的嫌疑人犯罪的信息资料，经过缜密的逻辑推理和思考，并且逐步地向嫌疑人推进，获取的信息反映，并且初步得到证实后，而进行的暗示抛出，不可无根据地随意抛出。

根据嫌疑人对某些细节的否认情况来看，应当进行全面的分析，不能孤立地看待嫌疑人的否认，很多时候嫌疑人的否认是真实的，例如，嫌疑人回答："我没有找对方要钱！因为钱是对方自愿给的。"回复上述否认的有效方法是，采用部分承认嫌疑人真实供述的方式："恰好我也是这么认为的，是他主动给你的，如果是你找他索要的，那么你的性质就变了。但我不认为是我们现在说的这一起。"这样又继续回到了原来的主题上。此外，还可以回复留下各种扩大范围的可能性，如"我想这件事可能还存在其他的原因，而你可能是被动的"。于此不要驳斥细节上的否认，在具体的狭义上他们的否认可能是真实的，审讯人员不可随意否定，如果否定，那么嫌疑人可能就会知道，你根本不知道当时的情况，而是在蒙自己。

对那些否认比较固执的嫌疑人，采用同情和理解都无效的时候，应当改变策略，采取加速情感依赖的方法进行，通过唱红脸和白脸的方法，来促进嫌疑人把情感依赖转移到审讯人员的身上，由白脸进行训斥、贬损嫌疑人，然后由红脸进行安抚、示好、投入关心，促使嫌疑人向扮演红脸的审讯人员供认。也可以由审讯人员一个人扮演这两种角色，从扮演白脸训斥、贬损嫌疑人，然后扮演红脸进行安抚、示好、投入关心，同样能够取得嫌疑人的情感依赖的转移。

还有嫌疑人试图离开审讯室的回应方法。在很多时候嫌疑人没有被采取强制措施，有权利选择离开讯问室，而讯问人员是不可以用约束嫌疑人的行为阻止嫌疑人离开的，在这种情况下嫌疑人发现讯问室的环节和气氛对自己不利，发展下去自己就会陷入困境，同时也是为了减少谎言给自己带来的焦虑的压力，这个时候嫌疑人就可能选择离开，以此逃避审讯人员的追讯。在通常情况下嫌疑人并不会立刻起身离开审讯室，而是站起身来，告知审讯人员我要离开这里，然后走向门口，推开房门，走出房门。其实审讯室的房门一般都是封闭式的，不经过审讯人员的批准，是不好直接走出去的。因此，当嫌疑人出现上述行为要离开时，审讯人员装着没有听见也没有看见，继续对着空椅子说话，当嫌疑人的手伸向门的把手时，这时审讯人员转过身来，礼貌地要求嫌疑人坐下来是为了把事情搞清楚。这时嫌疑人就会重新回到座位上。

讯问中针对嫌疑人谎言的回应方法，嫌疑人为了维护否认犯罪的谎言，会提出许多反问，例如，“是谁告诉你们这件事与我有关系”“你们有什么证据证明这件事就是我干的”。这些都是嫌疑人为了掩盖犯罪事实而表现出来的心理支点，通常面对嫌疑人的这种否认，审讯人员大多是通过阻止和敷衍的方法来解决的。审讯人员切忌顺着嫌疑人指的具体的犯罪证据来进行回答和解释，不要理会嫌疑人提出的关于证据的问题，如果实在需要回答，审讯人员可以这样回答：“早知今日何必当初。”以此阻止关于证据问题的延续。还可以直接告知是司法机关的办案纪律，无法告知。也可以通过假设的第三者进行比照的方法，例如，“有一名受贿的犯罪嫌疑人，在我们对他进行讯问的时候，他向我们讨要证据，这个案件的行贿人已经把相关的证据交给了我们。但是，根据规定不能出示这些证据，而如果我们告诉他我们掌握了所有证据，就不能客观地反映出嫌疑人的认罪态度和嫌疑人犯罪的本质问题，被从轻处罚的依据也就不存在了，这就是为什么不能告诉你我们所掌握的全部证据的原因”。

嫌疑人为了拖延时间或者坚持顽抗而进行的利益要求的回应方法。通常嫌疑人经过一段时间的对抗之后，处于濒临供述交代的临界心理状态时，是嫌疑人濒临坦白的阶段，又不甘心束手就擒，作最后拼搏的时候，就可能出现嫌疑人讨价还价的情况，从表面上看是嫌疑人在讨要利益，而实质上是嫌疑人不甘心坦白交代的心理行为，是嫌疑人评估如果自己坦白了能够获得何种利益的心理平衡。例如，有的嫌疑人说“我坦白交代了以后你们能不能给我取保候审”“能不能不起诉我”等利益讨价还价的条件。从另外的一个角度上看，此时的嫌疑人已经作出坦白的心理准备。而此时的审讯人员为了获得嫌疑人的供述，试图与对方达成某种协议是不明智的，以此来满足嫌疑人的供述的交换为时过早。审讯人员的回应不应当具体地回复嫌疑人提出的条件，而是从广度上告知嫌疑人坦白比不坦白对自己更为有利，对抗已经失去了退路。在审讯的实践中即便是审讯人员满足了嫌疑人当前提出的交换条件，嫌疑人也未必立刻作出供述。因为嫌疑人的本意不在于获得上述条件和利益，而在于供述后自己要承担的后果。因此，当审讯人员获得了嫌疑人提出的条件，在此后的某个时间里坦白犯罪事实时，应当置之不理进行方向的否定，在否定的前提下，直接告知嫌疑人："获取对方提出的条件最终不是取决于审讯人员，而是取决于嫌疑人自己。"这种回应的方法能够强化嫌疑人的供述心理动机，阻碍嫌疑人试图通过交换条件来换取供述坦白的心理行为。

另外，嫌疑人以记忆力不好、回忆不起来当时的情景为借口的回应方法。有的时候嫌疑人在坦白前做最后一搏的时候，声称自己的记忆力不好，当时的情况确实记不清楚了。面对这种情况审讯人员应当清楚地知道，做平常的事情可能是因为记忆的问题而记不清楚了，但是对犯罪的问题而记不清楚是很少的，因为犯罪的问题对行为人来说是特殊事件，是很难忘记的，甚至当时犯罪的情景会历历在目，记忆不好的背后仍然是为了掩盖。审讯人员在回应的方法上，可以采取肯定、否定、肯定的方法，例如，"你对有些事情的某些细节记不清楚也是客观的，但是对这件事我知道你是清楚的，这是我所关心的，因为我想要知道的是你在当时是怎么想的，是否有客观的什么原因"，此时又回到了继续讯问的主题。

第四节 退路选择的行为特征

犯罪嫌疑人在抗审活动中为了隐瞒自己的犯罪事实，总是要为自己的对抗行为选择合适的方法，这个方法就是退路的选择，退路的选择就是嫌疑人抗审的行为表现，也是审讯人员在全部的审讯过程中能够使嫌疑人坦白认罪的重要任务之一，审讯过程中审讯人员如果不能有效地解决嫌疑人赖以对抗的退路，那么审讯是不可能取得成功的。嫌疑人在抗审活动中的退路选择为两种类型即谎言与沉默。谎言与沉默是嫌疑人对抗审讯的重要的心理过程，审讯的重要任务就是解决嫌疑人对抗的心理问题，消除对抗促进坦白认罪，于此的首要任务就是解决嫌疑人的谎言与沉默的问题。

一、谎言对抗的行为表现

在侦查活动中犯罪嫌疑人总是用谎言来对抗审讯，掩盖自己的犯罪事实，这是犯罪嫌疑人抗审行为的基本特征。心理学家认为，人们的行为规则是通过“社会的交换理论”表现出来的。“社会的交换理论”阐述了人们的行为规则就是趋利避害。利益关系是人们的行为关系，无论是社会的自然人还是犯罪后的嫌疑人，都会遵循着趋利避害的行为规则。犯罪嫌疑人在实施了犯罪行为之后，为了逃避法律的惩罚，总会千方百计地实施掩盖行为，其特征反映出了人趋利避害的本能。一个人一生中很难不说谎，为了利益关系人们有时需要说谎，谎言和趋利避害的行为是一对孪生兄弟，趋利避害的行为离不开谎言，这也是人在犯罪后的行为特征，犯罪嫌疑人在接受讯问的时候总是用谎言来掩盖自己的犯罪事实，这已经成为犯罪嫌疑人对抗审讯的行为规律。

谎言显然能够给犯罪嫌疑人带来利益，犯罪嫌疑人的对抗行为，正是模仿这种谎言的规律而产生的，审讯中的对抗是谎言与揭露谎言的对抗，是犯罪嫌疑人掩盖犯罪事实的谎言与审讯人员揭露犯罪事实的对抗。在审讯室里如果犯罪嫌疑人都能够实话实说，那么审讯室内的对抗行为也就消失了。因此，审讯人员的讯问目的就是要改变犯罪嫌疑人的谎言，使其说真话。

犯罪嫌疑人在抗审过程中的基本行为表现是谎言，谎言的基本特征是语用行为的矛盾表现，谎言的暴露表现就是矛盾的语用行为的存在。由于说谎而引起内心的焦虑，是一种不明确的忧虑的不安状态，通常不与特定的起因相联系，在焦虑状态下，矛盾的不平衡的心理状态在短时间内不能被修复，由此自我心理限制的压力就会增加，嫌疑人会因承受不住这种不平衡的心理焦虑的压力，继而产生释放的动机，选择如实供述。心理焦虑压力是嫌疑人供认的部分原因。虽然嫌疑人希望逃避真实供述的后果，但他并不希望以增加与欺骗相连的内心焦虑为代价换取这样的结果。焦虑的力量是供认的动机。审讯活动中由于犯罪嫌疑人供述矛盾的出现，其心理语用行为得不到发展，矛盾的语言不能自圆其说，心理焦虑急剧激化，导致了心理的不协调状态的出现。由于生理现象的协调本能，他会积极寻找能够平衡心理行为的条件，联想是重要的帮手，但是联想不是在任何时候都能够起作用的，一旦联想找不到平衡的理由和条件，其心理活动就会被强制在不协调的情景范围内，达到一定的程度，当联想的潜意识不能帮助其解脱困境的时候，便会产生强大的心理压力，犯罪嫌疑人为了摆脱这种心理压力，会产生减轻压力的心理需要的动机，实话实说便能够释放这种因为谎言造成的内在压力，供述动机便由此而生。

犯罪嫌疑人运用谎言抗审的基本方法有三个方面的选择，即直接否定、嫁祸他人、沉默否定。这三大选择涵盖犯罪嫌疑人对抗的基本行为特征。直接否定即直接否定自己实施了犯罪行为；嫁祸他人即自己实施了犯罪行为而谎称是别人干的；沉默否定即运用沉默的方法，面对客观存在的犯罪事实进行否定。谎言的识别与处理见后页，此处不再赘述。

二、沉默对抗的行为表现

侦查讯问活动中的沉默是指在讯问过程中，接受讯问的犯罪嫌疑人使用无言语的沉默行为，这是侦查讯问过程中的一种消极对抗的语用行为，即无言语的交流行为。关于犯罪嫌疑人享有保持沉默的权利，我国立法虽然没有明确犯罪嫌疑人享有保持沉默的权利，但是我国的法律也没有限制沉默行为的规定，这就是说犯罪嫌疑人可以保持沉默，有不说话的自由。同时刑事诉讼法修改后规定了任何人不被强迫自证其罪，实际上就是保障了犯罪嫌疑人说话自愿性的权利。在我国当前的职务犯罪侦查实践中，侦查机关主要是通过讯问犯罪嫌疑人来获取犯罪证据的，而犯罪嫌疑人为了隐瞒犯罪证据，很多时候采取沉默的方法来对抗侦查讯问，这无疑是给侦查讯问活动带来了一定的难度。

（一）“沉默”的心理行为基础

“沉默”的内涵，从词汇意义层面上看，“沉默”等同于动词否定形式“不说”，但是如果从言语交际角度看，“沉默”与“不说”二者之间有着很大的区别。尽管“沉默”以说话为前提，但没有说话并非都是沉默，沉默是一种表达方式，即“沉默”具有实施言语行为的能力。而“不说”不仅失去这种预设，而且意味着没有言语能力或不掌握某种具体语言。“沉默”是被人控制的言语动作，是一种有意识的自我控制行为，蕴含着说话人或者听话人一时难以表达或不愿意表达、不方便表达或无法表达的多种思想、情感和复杂的心态。在需要话语的交际活动中，“沉默”通常表达的是违反规范的行为。在侦查讯问的背景条件下，犯罪嫌疑人针对讯问人员提问的沉默行为。首先，表现为参与的沉默行为和不参与的沉默行为，参与的“沉默”分别表达肯定或者否定意义，有时甚至带有评价意义；不参与的沉默是消极的沉默，是指逃避、不悦、拒绝、挑衅、放弃等非言语行为的对抗特征。其次，表现为无意的沉默和有意的沉默。无意的沉默，嫌疑人由于恐惧、犹豫、遗忘等心理原因，对讯问人员的提问一时没有作出回答或者不知道如何回答或无言以对，因而沉默。此类的沉默中，嫌疑人并非有意违反合作原则沉默不回答。在这种情况下讯问人员可通过安慰、开导，降低其罪责感等手段帮助嫌疑人放弃沉默。有意的沉默，即嫌疑人有意违反语言的合作原则，对讯问人员的提问不作回答。在法律的特定语境中，对于这种沉默，讯问人员可以帮助嫌疑人建立语言交流的合作平台，提供交流的条件，使其放弃沉默。最后，情感意义与心理禁锢的沉默行为。嫌疑人在被审讯的空间里的心理状态不相同，有时心理状态还不是单一的对抗，而是多种心理相交织状态下的沉默。例如，针对 12 小时的讯问时限，被讯问人沉默是为了拖延时间，对讯问人的提问进行回避，因反感而不愿意理睬，这些都属于情感意义上的沉默。

另外的一种情况就是暂时没有语言的表述，处于思考、回忆、犹豫、担心、动摇不定的心理禁锢状态的沉默。

（二）“沉默”的心理行为表现

“沉默”的心理行为特点，从反应显示的层面看，首先是表现出犯罪嫌疑人对抗行为的模糊性。犯罪嫌疑人的沉默不言语，给审讯人员捕捉其对抗的心理状态增加了识别的难度。其次是沉默行为的表现，可分为整个讯问语言交流的不合作的沉默和持有话轮后的话语间的沉默。最后是被讯问人沉默的心理状态各不相同，有时心理状态还不是单一的，而是多种心理相交织。其沉默的心理行为表现为：

1. 抗拒心理行为的沉默。此时的沉默有意违反合作原则，想以此拖延时间，回避问题，或者激怒审讯人员使讯问无法继续，或者认为享有沉默权而对讯问人的提问一律拒绝回答。

2. 思考状态下的沉默。此时的沉默可能是对犯罪情景回忆，可能是思考如何措辞，可能是犹豫反复权衡自己应该怎么办，可能是思考分析猜测行为人员的用意，可能是思考可能导致的后果等。

3. 话语条件下的沉默。嫌疑人在接受讯问的话轮中，没有准备好回答的方案，不知道怎么回答，没有回答的话语条件，无法决定接着该说什么，于是保持沉默。

4. 激情状态下的沉默。此时沉默代表一种强烈、短促的情绪状态，“我无话可说”“我什么也不想说”。

5. 惊讶、恐惧、悲伤心理状态下的沉默。被讯问人受到剧烈的感情影响说不出话来。

6. 隐瞒心理状态下的沉默。此时的沉默是为了有所隐藏不能说。

7. 对讯问人不满状态下的沉默，由于心存对讯问人的不满而沉默不愿理睬。

8. 语塞的沉默。在讯问人的层层追问下终于露出马脚，因无言以对而沉默。

上述情形列明被讯问人保持沉默的原因。讯问人可以以此推断出被讯问人沉默的原因。此外，由于“沉默”往往伴随着其他非语言行为同时使用，如面部表情、眼神、体态动作等，这些信息也均可成为判断嫌疑人为何做出沉默行为的依据。因此，对讯问中“沉默”行为的解读，要根据嫌疑人的面部表情、说话态度、语气、语调等进行推断。这些非语言因素在侦查讯问中的作用越来越凸显出来，成为解读“沉默”言语意义不可或缺的条件。

（三）“沉默”行为的讯问方法

讯问活动中犯罪嫌疑人的沉默，许多是受目的——意图牵引的，讯问目的是查明案件事实获取犯罪证据，这个目标是一个整体，沉默注意的目标是这个总目标的整体所带来的伤害，而不是组成这个整体的“分子”，这个目标的“分子”对嫌疑人的危险信息的影响是比较小的，嫌疑人对这个“分子”的防卫的意志能力就比较弱，这也是开启语言交流合作平台的一个机会。

1. “分解”法

讯问人将这一个总目标化成许多局部的意向分配在一次又一次小的话轮之中，把讯问的目标集中在一个个被分解后的“分子”目标上，进行各个击破，最后集中总结出完整的犯罪证据的总目标。如财产犯罪可分解为房子、车子、儿子、票子、位子等。这种分解法的运用，在侦查讯问实践中对于解决嫌疑人的沉默问题，产生了良好的效果。例如，因受贿而导致的国家巨额财产损失的渎职犯罪案件，犯罪嫌疑人面对自己的渎职行为，始终保持沉默的对抗态势，防守的目标就是渎职行为。讯问人员对渎职行为进行了分解：经常的住处在哪里（确定有住处）；不经常的住处在哪里（确定有多处住房）；房子是自己买的吗（确定产权）；房子购买的价格（确定购房金额）；全家每年的工资收入（确定合法拥有的财产）；购房款是哪里来的（家庭财产的超额来源）；超额部分的合理解释与不合理的来源；受贿的行为确定（为什么别人给钱）；最后集中指向渎职犯罪。

问：平时在哪里住？

答：上海。

问：上海的房价很高？

答：是的。

问：你的全家经济收入一年有多少钱？

答：10 万元左右。

问：你买房子当时花了多少钱？

答：200 多万元。

问：购买房子的钱是哪来的？

答：借的（说谎）。

问：没有钱才会借钱，你借了钱怎么还？

答：……（沉默）

问：是不想还了吗？

答：不是。

问：那是什么？

答：没有借、不是借的。

问：那就是人给的？

答：是……是的。

2. “曲线”渐进法

通过绕弯子达到总的目标。侦查讯问的空间导致犯罪嫌疑人的沉默，是因为嫌疑人有沉默的条件和语境，能够满足非合作性的需要，如果讯问人员不给嫌疑人沉默的条件，选择一个嫌疑人很感兴趣的问题，那么嫌疑人就会很乐意地回答，也就不再保持沉默了。例如，如果嫌疑人对国学问题有很深的研究造诣，那么他就可能滔滔不绝地说出其中的奥妙所在，因为国学是他语言的兴奋点，这样就自然地失去了沉默的条件。此后，通过这些兴奋点的不断转移，最终达到侦查讯问的目标。在侦查讯问的实践中，讯问人员通常选择“拉家常”，先从询问一些生活琐事入手，在逐渐使犯罪嫌疑人戒备心理放松、能正常答话后，再渐进问清其有关的基本情况，然后趁势递进，切入审讯的目标。当嫌疑人感悟到危险的信息后，会意识到自己既然已经回答了前面的提问，如再回避主题问题，于情于理都站不住脚，从而只好作出答话选择。

3. “填补”法

讯问人员通过给出少于需要的信息或沉默，有意让嫌疑人去补足。这是一个吸引嫌疑人进入同一思考圈的心理方法。因为讯问人员提供给嫌疑人的信息量不足，嫌疑人被迫动用想象、推测来补足少给的信息部分。嫌疑人处于沉默的行为过程中，其意识状态并非完全封闭的，在很多时候需要外来的信息进行补充和支持，如果审讯人员给出的信息量少于其需要的信息或沉默，就会使其感觉到心理的不适，导致其心理压力的出现，这种压力达到一定程度，语言行为就会出现。例如，嫌疑人在沉默的过程中，需要获取审讯人员的信息反应，可是审讯人员并没有作出应有的惊讶反应，而是轻描淡写地说：“我早就知道你会这样的……”这时嫌疑人产生的信息需求就是：审讯人员怎么早就知道自己会这样？于是疑问、猜疑、反思导致心理压力的出现。再如，嫌疑人在沉默的过程中作出虚假的回答后，若讯问人沉默不语，犯罪嫌疑人通常会感到很大的心理压力，担心自己被识破，不知接下去该如何应对，这时往往会自乱阵脚，从而暴露事实真相。

4. “刺激”情绪法

使用刺激性的语言，激其情绪激动，使其按捺不住冲动的情绪而开口说话。刺激情绪有通过激活逆反心理来实现话语条件的。例如，“你连话都不敢说，还能够当领导吗”？有通过正话反说来达到对情绪刺激的。例如，“你今天千万别说话，如果你说了话就证明你没有问题”。有通过离间的方法来激活语言的。例如，“你不说话正好，这正说明跟你一起干那件事的人，他们说的话是可信的，你不说别人就不说吗？他们可都希望你别说话”。有通过冤枉而设题的，故意讯问一些使犯罪嫌疑人感到冤枉的问题，激发犯罪嫌疑人的气愤或委屈，引发其表白或辩解。审讯人员能够顺势导入讯问主题，置犯罪嫌疑人于两难之境，既然感到冤枉就应该作出辩解和说明情况，这样如果嫌疑人再保持沉默岂不是自己默认了？因此嫌疑人只得作出辩解和语言的合作。

5. “声东击西”法

犯罪嫌疑人在审讯活动中防守最严密的环节，就是犯罪事实的目标，也是其沉默行为的重点，讯问人员只要涉及犯罪的目标，对抗的沉默行为就会重复开始。因此讯问人员把与犯罪行为有牵连的线索或者与犯罪行为根本不相干的问题，作为讯问的主题，使其在放松警惕的情况下，进入积极的话语平台，待主题目标成熟时，迅速切换到讯问的主题。这是一种调动式讯问方法，首先是要调动嫌疑人的语用行为，进行讯问的话轮参与；其次是转移嫌疑人的“防御”目标，在其放松警惕的情况下，转向嫌疑人的犯罪主题（使用这种方法应当在讯问前就做好充分的准备）；最后是被利用的“声东”有时是与讯问的主题风马牛不相及的，但是经过话轮的发展和牵连，最终达到“击西”的目的。

6. “忽然”提问法

提问的特点是有问有答，沉默也是一种语用行为，针对提问作出的是“沉默”的回答，是一轮无声音的回答。犯罪嫌疑人的沉默体现着内在的强烈的心理活动，仅仅是话语的不参与。如果讯问人员此刻也保持着无话语的默许，那么嫌疑人就会感觉到交流受阻产生不适，同时讯问人员的沉默在嫌疑人看来是一种等待，等待着嫌疑人的回答，经过沉默一段时间后，讯问人员突然提问，嫌疑人就会在措手不及的情况下回答问题，这种策略常常能够收到较好的效果。

7. 逻辑矛盾展示法

通过罗列犯罪嫌疑人沉默的行为，运用逻辑关系对其行为的诸多矛盾点进行评价，使其意识到自己选择的沉默并非高明之举。讯问活动中通常罗列和揭示逻辑矛盾关系的方法：一是犯罪嫌疑人平日生活中健谈善交流和现在接受讯问时沉默寡言的反差矛盾。二是客观事实的存在，沉默就是默认，沉默就是无话可说，因为客观存在，所以无须辩解。三是明确告知我国刑事诉讼法规定犯罪嫌疑人应当如实回答，与故意沉默不语的行为矛盾。四是告诉其既然能够回答其他问题，而对讯问主题却持沉默态度是什么原因。使犯罪嫌疑人认识到沉默不答违反了语用行为的逻辑关系，是自己的行为错误，是自己的行为出现了矛盾。此种情形下嫌疑人为掩饰矛盾，只好选择开口说话。

8. 笔录敦促法

通过直接告知嫌疑人“根据你目前的态度和行为，我们要记录在案了”，即以记录的方式反映犯罪嫌疑人沉默拒答的恶劣表现，阐明不利的后果，使犯罪嫌疑人滋生害怕被认定有罪并被重惩的恐慌心理，只好作出说话的妥协选择。从另外一个角度还可告知嫌疑人，现在沉默不愿意供述，我们给你记录下来，是你自己选择默认不说话的，到时候可别说是讯问人员不让你说的，到那时你后悔都来不及了，因此调动其趋利避害的行为方向。

在审讯实践中应当综合运用上述方法，结合犯罪嫌疑人的心理变化因势利导，帮助嫌疑人改变沉默行为，把握住审讯活动的走向，才能达到讯问的目的和效果。

第五节 “堵退”的方法

“堵退”就是堵其退路，嫌疑人的对抗是以退路为条件的，退路越宽对抗的强度和力度就越大，反之就越小，堵住嫌疑人的退路是破坏嫌疑人对抗的重要手段。

通常嫌疑人对抗的退路被称为心理支点，破坏嫌疑人对抗的心理支点，其对抗的退路就会被堵塞，对抗的条件就会丧失，对抗的条件范围就会被收缩，因此嫌疑人的对抗条件和对抗心理得不到满足，供述条件就会得到增加和强化。

根据嫌疑人的对抗心理行为分析，嫌疑人用预先准备好的心理定式，来否定自己的犯罪行为，其选择的情景和否定的情节，就是嫌疑人赖以对抗的条件，一旦自己准备好的方法不能够起作用，就会选择新的方法来继续对抗，可是选择新的方法需要时间，为了不留给嫌疑人选择新方法的时间，讯问人员迅速进行退路的拦截，能够有效地控制嫌疑人新方法的滋生。

在讯问的开始阶段嫌疑人能够清楚地认识到对自我犯罪行为作出简单的否认是徒劳的，就会选择合适的对抗退路来劝阻讯问人员认为其有罪的信心，以退路作为否定自己犯罪的理由，尽管这个理由远不能证明嫌疑人是无罪的，但是嫌疑人仍然希望能够降低审讯人员对其有罪的认识和注意力。同时嫌疑人也是为了通过与审讯人员的争议来减少因说谎带来的焦虑。

嫌疑人的退路选择从表面上看是本能的防御性行为，但是在审讯的对抗活动中又是一种攻击性行为，是嫌疑人选择的“借口”。例如，前面的强奸案件，嫌疑人声称是女孩自愿与其发生性行为的，此时，审讯人员回应嫌疑人“既然是自愿那么她为什么还告发你强奸”，以此来证明嫌疑人在说谎。于此，能够清楚地表明嫌疑人从否认到借口的转变，也是其隐瞒犯罪事实的一个明显迹象。因为，如果他没有实施犯罪行为，那么他可以直接说“不是我干的”，就足够了，无须找借口。堵退即堵嫌疑人的异议和借口，与阻止嫌疑人的否认不是一回事，嫌疑人提出的借口意味着其思维关系与单纯的否认犯罪的思维关系的不同，是思维关系层面的发展，从完全否认到局部否认的转变。因此，我们说审讯人员应当阻止全面的否认，而不应当阻止部分的借口，堵退的目的是堵住借口，而堵借口的方法是：“放任嫌疑人说出的借口，让嫌疑人把全部的借口展现出来，为审讯人员讯问主题提供有用的信息，然后有效地驳斥其谎言，达到堵住借口和退路的目的。”于此，在堵退阶段审讯人员首先是识别嫌疑人提出的借口，其次是鼓励嫌疑人提出借口，最后是通过“借口”纳入审讯主题的方式转换借口，堵住嫌疑人的退路。

首先是对嫌疑人提出借口的识别。识别应当从引导开始，从嫌疑人的否认引导嫌疑人提出“借口”。例如，“这件事不是我干的”，回应引导的方法“为什么你不能干这种事呢”；再如，“我不可能干这种事”，回应引导的方法“你为什么就不可能呢”；还如，“我不可能强奸她”，回应引导的方法“你为什么就不可能强奸她呢”。

嫌疑人作出的回应有四种类型：

（1）辩解型：找借口对犯罪事实的某些细节进行辩解。

（2）事实型：否认犯罪事实存在的不可能。

（3）道德型：标榜自我否认犯罪。

（4）沉默型：没有话语条件的沉默否认。

其次是顺应肯定否认，无论在什么情况下审讯人员都不要与嫌疑人发生正面冲突或者与其争辩，这种冲突和争辩的结果，会导致审讯人员处于不利的境地。处于这种冲突和辩解的情景中，嫌疑人在很多时候是把握主动权的，同时经过与审讯人员的抗辩过程，也缓解了心理焦虑的压力。也因上述的冲突和辩解过程，暴露了审讯人员因为准备不足，拥有的证据、信息量的不足，强化了嫌疑人积极对抗的否定心理。

与上述相反，如果使用顺应肯定否认的方法，结果就是另外一种情景，冲突和辩解结果的僵局不会出现，嫌疑人也不会因此占上风，更不会窥见审讯人员的底细。

针对嫌疑人条件并非充分的否认，采取顺应肯定否认方法，无论嫌疑人的否认多么的不合常理，都不要表现出惊讶和愤怒或者是直接否定，而是要表现出对嫌疑人的否认早有预料，一切都在审讯人员的掌控之中。这种回应能够对嫌疑人产生抑制能力，使嫌疑人感觉到自己所想的问题，审讯人员都已经掌握，自己选择的否认是无效的。例如，嫌疑人的否认：“那不是真的。”审讯人员回答：“你说得不错，你希望那不是真的，我也希望那不是真的，我能够理解你的心情”，这里审讯人员始终把控着主动权。如果与其相反，那么结果就不是这样了。如嫌疑人的否认：“那不是真的。”审讯人员回答：“那怎么能不是真的呢？这件事你有最大嫌疑是不可否认的。”嫌疑人回答：“我怎么可能有最大嫌疑？你们有证据吗？”审讯人员回答：“你现在要证据了，你早干嘛了。”嫌疑人回答：“我不知道怎么回答你们，反正那不是真的。”这种类型的争辩使得嫌疑人占据了主动地位。

最后是转化否认，在顺应肯定嫌疑人的否认之后，审讯人员需要立即转入下一步的否认含义的转化，恢复到原来的审讯主题，进行否认的退路堵塞即堵退。

堵退的方法：反问式堵退（你觉得你这样辩解还有意义吗）；直接堵退（你的受贿行为没有一点可怀疑的）；反驳式堵退（那就是她傻，自己是心甘情愿的反过来还要告你）；误区式堵退（你以为他给你钱是心甘情愿的吗）；趋利避害式堵退（你知道用什么方法为自己辩解最有利吗？如何能够获取最大的利益，你懂吗）。

第六节　认知误区的条件否定

犯罪事实暴露的心理误区是犯罪嫌疑人供述认罪的内在动力。犯罪嫌疑人在审讯活动中的对抗特点是：只要有条件对抗的，就不能放弃，因为放弃了对抗就意味着有危害的结果，要承担法律责任。所以不到无路可退的境地，就不会自动放弃对抗。放弃了对抗，供述自己的犯罪就等于把自己的一切交给了司法机关，就意味着等待自己的是惩罚。因此，只要有条件对抗的犯罪嫌疑人都会坚持对抗。犯罪嫌疑人坚持对抗的“条件”，就是建立在犯罪行为是否暴露的基础上的，也就是说自己犯罪的证据是否被侦查机关掌握。这里对抗的“条件”在于犯罪嫌疑人自己的犯罪行为还没有暴露或者还没有全部暴露，还有对抗的余地。如果犯罪嫌疑人通过自己认识的感知，意识到自己的犯罪行为已经暴露，已经被司法机关掌握，就会自发进行自我行为意义的评定：坚持对抗已经失去了意义，对抗的结果与放弃对抗的结果是同样的，每当犯罪嫌疑人处于这种情景状态的时候，他们的注意力会从原来的如何进行对抗，不断分析外来的信息，判断“事态”发展对自己的危害程度，迅速转移到这种行为可能给自己带来的惩罚结果是什么上，他们会从不同的角度来分析自己将要承担的法律后果，以及测定法律后果以后自己所面临的处境和其他相关的情形。这时他们会从降低自己的损失方面来考虑自己当前的行动趋向：根据当前的情况看，对抗显然已经不能降低损失，和盘托出也不是最好的办法，这虽然符合审讯人员的意图，但是如果审讯人员不能给自己从轻或者减少损失的机会，那么自己是一点退路都没有了，如果交代一点再留一点，自己不但保留了退路，也能根据情况随机应变，以审讯人员的信息反馈来作决定。这里，犯罪嫌疑人如果希望从审讯人员那里得到好处的话，这种希望和需要越强烈，其动机也就越强烈，供述交代的行为实现得就越快。反之，如果犯罪嫌疑人的希望不是从审讯人员那里得到好处，而是从自己的身上挖掘得到好处的方法，那么这种供述的动机是不会强烈的，甚至没有供述动机。这种情况下犯罪嫌疑人是不可能交代犯罪事实的。

犯罪嫌疑人对犯罪事实是否暴露的认识，来源于自己的判断。这种判断依据对外部情况反映的认识和自我心理的客观记忆的认识。这种认识有两个方面：（1）正确的认识，即犯罪事实确实已经暴露，审讯人员已经掌握了确定的犯罪证据；（2）错误的认识，即犯罪事实暴露的心理误区，也就是误认为犯罪事实确实已经暴露，审讯人员已经掌握了确定的犯罪证据。在大量的侦查实践中，审讯人员是在没有掌握犯罪证据的情况下，对犯罪嫌疑人进行讯问的，目的就是从犯罪嫌疑人那里获取犯罪证据。因为侦查活动的特殊性和审讯人员的隐蔽性、技巧性，把犯罪嫌疑人带入了犯罪事实已经暴露的认知误区，逼出犯罪嫌疑人的供述动机。如果审讯人员提供给犯罪嫌疑人的信息是审讯人员还没有掌握犯罪嫌疑人的犯罪证据，审讯的目的就是要犯罪嫌疑人自己提供自己犯罪的证据，那么犯罪嫌疑人就不可能有供述犯罪事实的动机产生。在很多时候犯罪嫌疑人对自己的处境的认识是正确的，表现为审讯活动中的积极对抗。但是随着审讯活动的不断深入，在审讯人员信息的不断影响下，犯罪嫌疑人的认识发生了变化，出现了根本的转变即认知错觉。这就是犯罪嫌疑人在审讯活动的开始进行对抗，经过审讯后才交代犯罪事实的根本原因。

第七节　条件否定的方法

犯罪嫌疑人的抗审行为是在审讯人员提出其被指控的主题之后，才表现出来的，表现的基本方法是对审讯人员提出其被指控的主题的否认。嫌疑人之所以能够对审讯人员提出的主题进行否认是有条件根据的，有条件否认，嫌疑人才会否认，如果没有条件否认，嫌疑人就会放弃否认，如同一名 3 岁小孩与一名中青年人打架，因为没有对打的条件，所以小孩只能放弃。嫌疑人也是如此，他们面对被指控的主题的否认，是需要条件来支撑的，也是他们能够否认的理由，审讯人员的重要任务就是让这种理由不能成立，通过否定的方法使其放弃能够依赖的否认条件，达到对其否认的转化。审讯人员对嫌疑人否认条件的否定方法，是介入新条件的比对和权衡达到否定的目的。

介入新条件的方法是在嫌疑人否认条件的基础上，设立一个更高层面的条件交给嫌疑人进行比对和权衡，达到继续讯问主题的指控。例如，一起受贿犯罪嫌疑人在接受审讯，尽管在这起受贿案件中嫌疑人没有涉及索贿犯罪行为，审讯人员告诉嫌疑人说："你涉及索贿行为。"此时的嫌疑人会否认"我没有索贿，我也不是那样的人啊"！审讯人员随即表示顺应并且对这个虚构的情节进行展开："我相信你说的话是真的（因为本来就是虚构的情节），也相信你不是那样的人，根据你做人的品质，你是不可能主动向对方索要的，而事实上是他主动给你的，主动方不是你而是他，你也是碍于情面，不收人家说你不愿意给他办事，不给人家面子……"（继续回到受贿的主题上）还有，一名盗窃犯进入被盗人的家中行窃，惊动了在家熟睡的女主人，女主人惊呼，导致盗窃犯被擒，然后盗窃犯谎称自己找人走错了门，并非想盗窃。审讯人员虚构了强奸的情节问嫌疑人："最近发生了不少入室强奸的案件，我想你的行为应该是……"此时的嫌疑人肯定会作出否认，"我怎么会干那种事呢，我刚进了房间她就惊叫了起来，我就被他们抓住了，我怎么会强奸她呢"？审讯人员说："我希望你说的话是真的，但你又怎么能够证明你进入那个女孩的房间不是强奸的呢？我倒是愿意相信你去她家是想拿点钱，因为现在你很需要钱，不到万般无奈你也不会去她家找钱、找东西，这些我也能够理解，谁没有困难的时候呢……（回到入室盗窃的主题）”

间接介入新条件的方法，通常情况下嫌疑人提出的对抗条件反应，审讯人员难以直接处理，不能直接转化为主题的核心问题。例如，在一起强奸案件中，嫌疑人酒后去歌厅唱歌，强奸了歌厅的女服务员，案发后嫌疑人拒不承认自己有强奸行为，嫌疑人提出的对抗条件反应，审讯人员无法直接反驳和揭露，只能间接地提出新的涉及主题意义的条件。例如，嫌疑人说“我怎么能够平白无故强奸她呢？我又没毛病，有毛病的人才会干那种事”。审讯人员避开难以处理的对抗条件，因为嫌疑人提出的对抗条件是“我怎么能够平白无故强奸她呢？”对抗条件的背景含义是“你们有证据证明我强奸了她吗”？这种问题审讯人员是难以回答的，因为审讯人员的手中并没有直接证明对方强奸的证据。所以审讯人员应当避开直接回应，转入间接介入新条件的方法：“你说的问题正是我们要查清楚的，我们都不希望你是那种人，都是因为那天你喝酒了，你在清醒的时候绝对不会做那种事，那些在清醒的时候做那种事的人才真正有毛病，酒后无德，可能我们每一个人酒后都会做一些出格的事情，包括你说的这件事，在正常的时候你是绝对不会做这种事情的，之所以出现了这种事，就是因为你当时处于不正常的状态，这种情况也不是你一个人会有，许多人都会有这种不正常的情况，追究起来还是酒的原因……”此时嫌疑人提出的否认条件基本上被否定了，于此嫌疑人的新的对抗否认也就产生了，审讯进入下一步。

第四步　揭谎导谎

第一节　隐瞒对抗行为的心理层面架构解析

犯罪嫌疑人进入审讯的空间以后，对自己当前的处境并不是很清楚，这也是嫌疑人迫切需要知道的心理认识反应，嫌疑人对自我处境的心理认识，与犯罪行为暴露的程度有着密切的关系，因为在审讯的空间里只有自己犯罪的行为能够给自己带来恶果，犯罪行为的暴露程度决定了自己隐瞒犯罪行为的退路的大小，暴露的程度越大自己的退路就越小，反之就越大，因此犯罪行为暴露的程度也反映出了审讯空间自我处境的难易程度。由于犯罪行为暴露的程度不同，分别有没有被发现、可能被发现、被发现、一定被发现、确定被发现、无路可退六个方面。这六个方面同时也决定了嫌疑人选择退路的难易程度，针对这六个不同方面嫌疑人就会根据自我的趋利避害的心理需要，选择相应的隐瞒对抗措施，参与到审讯的对抗行为中来，嫌疑人的这种心理空间我们称为“隐瞒对抗行为的心理层面架构”。在审讯的空间里，审讯人员传递给嫌疑人的犯罪行为暴露的层面信息，都会被嫌疑人自发进行六个方面的层面确认，以此选择相对应的隐瞒对抗措施，因此审讯人员给出信息层面，同时也是嫌疑人隐瞒对抗的层面，在审讯的对抗空间里，上述六个层面都会形成相对独立的对抗平台。在对抗审讯的平台上，最终的目的是让嫌疑人如实供述犯罪事实，在上述六个层面的平台上，距离嫌疑人如实供述犯罪事实最远的平台是犯罪事实“没有被发现”；距离最近的平台是犯罪事实被发现“无路可退”。在审讯的空间里，上述层面的平台有时是由远而近不断发展而成的，有时从中直接截取发展到最后的平台层面“无路可退”。

“无路可退”的平台层面很多时候需要有一个转换过程，通常犯罪嫌疑人走进审讯室，其心理认识是自己的犯罪行为“可能被发现”，经过与审讯人员的交流，逐步发展到“无路可退”的心理意识结果，这是审讯活动的重要过程，因为犯罪嫌疑人不到无路可退的境地是不会束手就擒的，因此心理层面的转换是审讯活动中不可缺少的重要方法。

审讯人员在接触犯罪嫌疑人时首先是要让犯罪嫌疑人一进审讯室就感觉到自己有罪，引起这种感觉的来源主要是审讯人员的“造势”积极主动地尽力使犯罪嫌疑人觉得自己有罪。即直接“告知”犯罪嫌疑人已经构成犯罪，用比较坚定的口气直接告知犯罪嫌疑人已经无路可退了。其次是来自审讯室内的环境。主要是利用三尺审讯台来做文章，审讯桌上可以设“空城计”。从审讯的准备阶段来看，审讯桌上应当放些什么东西平时可能不大被人们所注意，但是这对犯罪嫌疑人来说是至关重要的，他要从审讯桌子上放置的东西来判断自己的处境，寻找自己所需要的信息，摸清楚审讯人员的底。犯罪嫌疑人进了审讯室，首先就会注意审讯桌上放置的东西。通过观察审讯人员桌子上的物品和资料，可以判断出自己的处境。最后是迷惑犯罪嫌疑人，帮助其形成无路可退的认知前提条件。迷惑就是利用错觉的方法迷惑对手，使之产生错误的认识和错误的判断，做出错误的行动。审讯活动中使用“迷惑”的意义在于，隐蔽自己，暴露对手，以最大限度将自己掌握的有限材料的内情隐蔽起来，迷惑犯罪嫌疑人，使其暴露自己的犯罪事实。从认识的角度来看，正确的认识是对客观事物的正确反映，然而被错觉事实迷惑的认识，只能得到错误的认识。犯罪嫌疑人在接受审讯时，如果审讯人员不加掩饰地将自己所掌握的情况全部抛出，犯罪嫌疑人就掌握了审讯人员的全部底细，会迅速地调整自己的抗审对策，就不会轻易交代自己的犯罪事实。但是如果与此相反，审讯人员注意自己语言表述的隐蔽性和迷惑性，犯罪嫌疑人就无法得到真实的情况，完成不了试探摸底的任务。在此情况下，他就会产生各式各样的猜测和猜想，形成不了相对稳定的心理定式，在外力的作用下就容易动摇。由于讯问人员注意自己的隐蔽性和迷惑性，犯罪嫌疑人想知道的情况又无法知道，他越是不知道就越想知道，反复问自己到底是哪个环节、哪件事出了问题，在没有正确答案的时候会产生联想，这些人总是将最近发生的事情、情节、最重要的犯罪行为搬出来比照，对号入座。

第二节　涉入错觉信息“确认存在”

近几年犯罪的显著特点是反侦查能力不断增强，犯罪后留下的客观证据越来越少，有的审讯人员把犯罪嫌疑人留下的证据的多少作为衡量审讯成功的系数的大小。一名优秀的审讯人员能在没有证据的情况下，向犯罪嫌疑人要证据，在证据少的情况下，在犯罪嫌疑人身上扩大发展证据，在只有枝节性的证据情况下，通过犯罪嫌疑人来完善证据。因为随着社会科学技术的发展，犯罪分子的反侦查意识和能力增强了，使我们不可能掌握更多的证据。为了取得更多、更直接的证据，只有让犯罪嫌疑人误认为司法机关掌握了证据，已经清楚全部的犯罪事实，自己不说也不行了，在这种情况下，他才能提供证据给我们，这种情景只有在犯罪嫌疑人被迷惑的情况下，产生错误的认识之后才能做出。有不少犯罪嫌疑人在迷惑的情况下交代了自己的犯罪事实以后，会产生后悔的想法，“我当时怎么就这么糊涂，讯问人员并没有掌握我的那些犯罪事实，自己为什么要急于交代呢”？其原因并不是犯罪嫌疑人糊涂，而是被讯问人员的迷惑所致。没有“迷惑”就不会有审讯的成功。使用“迷惑”的方法是取得审讯成功的基础。“迷惑”贯穿在审讯的全过程中，可以说每一个环节都必须有迷惑的存在。常用的迷惑方法有：

（一）情景暗示的错觉信息“确认存在”

在持有部分涉案情景的情况下，审讯人员不要急于抛来引供词，而是反过来用供词发展涉案情景，通过暗示的方法来完成对涉案关系的确认。

涉案情景在许多情况下就是证据关系，有人说涉案情景是让犯罪嫌疑人开口的“法宝”，为什么不去直接使用呢？直接出示涉案情景固然容易使犯罪嫌疑人供述，既省事又省时，但是这种被直接抛出的涉案情景，并不是完整的涉案证据，同时审讯人员手中的涉案情景是比较单薄的，如果直接抛出涉案情景，审讯人员只能得到该情景范围内的供述，而对该范围之外的其他罪行便会一无所获。审讯中不是不可直接抛出涉案情景，而是为了使现有的涉案情景发挥更大的威力和作用，这就是暗示情景的方法要带有迷惑性，也就是说抛出涉案情景的方法最好不要“明示”，而应采用暗示的方法，这种方法就是迷惑的方法，它是让犯罪嫌疑人知道审讯人员这里有涉案证据，但又不清楚涉案证据的具体内容。

（二）语言迷惑的错觉信息“例如确认存在”

语言的迷惑能使犯罪嫌疑人一步一步地走进“迷宫”。让其相信自己的犯罪事实已全部暴露，但自己又不明白这件事是怎么暴露的，什么环节出了问题。使用迷惑性的语言是建立在找准犯罪嫌疑人的抗审的条件和依据之上的。迷惑性语言都是围绕某一“支点”展开的：“你早知今日何必当初！纸是包不住火的，你不说并不要紧，可是有多嘴的替你说了；虽然你们的关系是有‘基础’的，但有谁不是为自己着想呢？要想人不知，除非己莫为；是否犯罪你心里明白，我们也十分清楚”等。迷惑性的常用语言有：第一是隐含前提的方法，将犯罪行为的某些情节隐含在话题的空间里进行发问。例如，“你要那么多钱干什么”，这里隐含的话题是他有那么多的钱。再如，杀人案件，“你为什么这么恨他”，这里隐含的前提是他实施非常残忍的手段把人杀了。这一隐含的前提是让犯罪嫌疑人扩展自己的存在确认，达到以假引真的目的。第二是跨越一个前提发问，设置一个存在的前提跨越过去进行发问。例如，“你认识他有多长时间了”？这里的前提是他认识他，如果没有跨越这个认识前提，直接问你是否认识他，那么得到的回答就会截然不同，嫌疑人就可能作出否定的回答，就不可能产生司法机关已经掌握自己认识对方的错觉。这种跨越前提的语言的重要特点是不能让嫌疑人作出直接否定的回答，促进嫌疑人产生对前提的错觉。第三是假定一个存在进行发问，假设一个事件的存在进行发问。如在一起刑事犯罪案件中，犯罪嫌疑人在犯罪现场没有留下任何证据和犯罪的遗留物，为了使嫌疑人产生错觉，审讯人员故意向嫌疑人提取比对的指纹、毛发、脚印，然后进行发问“你这个人啊看起来聪明，可是做起事来就那么粗心，为什么不把现场打扫干净了、把痕迹全部抹去再离开呢”！这里假设的存在就是嫌疑人在现场留下的指纹、毛发和脚印，犯罪现场的遗留物全部指向了嫌疑人，使其产生了涉案行为关系的意识错觉。因此在设置错觉时：(1) 应对案情有充分的深入调查了解，掌握了一定的实际情况，摸准了犯罪嫌疑人的心理脉搏，做到不用则已一用则奏效。(2) 错觉信息的语言的运用。错觉信息的语言特点，从表面上看似乎具有模糊性，而实质上具有很强的针对性，这是常用错觉信息的语言特征之一。(3)“自言自语”也是错觉信息的又一重要语言特征。在审讯中有些话不便直说但又必须要说，通常采用“自言自语”的方法将信息输出，这是设置错觉的又一语言特点。(4) 合情合理的语言是错觉产生的基础，因为犯罪嫌疑人最爱听的就是合情合理的语言，最容易取得犯罪嫌疑人的信任，如果犯罪嫌疑人不相信审讯人员的话，错觉便无从谈起，从设置的方法来看，就是人们常说的：“无事生非，无中生有。”

(三)“错觉”信息影响“确认存在”

在心理学的研究上人们很早就发现了错觉现象，并且把那种完全不符合刺激本身特征的失真的或扭曲事实的知觉经验，称为错觉。它是人脑对客观事物不正确地反映的一种心理现象。然而这种现象形成的真正原因，至今仍然没有确切的了解，但是这种错觉所导致的人们在社会生活认识上的错误是有害的，这一点人们是清楚的。但它也不是任何时候都是有害的，如果将这种“错觉”放在审讯犯罪嫌疑人的身上，就会产生有利的作用。在很多的时候，需要犯罪嫌疑人产生错觉，才能完成审讯任务。在证据并不充分的情况下，审讯犯罪嫌疑人最有效的办法，是让犯罪嫌疑人产生我们已掌握了证据的错觉。

如何能使犯罪嫌疑人产生错觉？笔者做过这样的调查，有犯罪行为的嫌疑人在第一次被司法机关传唤的时候，首先想到的是自己的犯罪事实和行为已暴露，他会对号入座，将自己的犯罪事实与司法机关的传唤想到一起，而实质上司法机关对其传唤只是核实别人的犯罪事实，这就产生了错觉。科学家们认为这种错觉现象是受动机影响的。动机影响着知觉者，在面对同一刺激情景时，持不同动机的人所获得的知觉经验是不同的。例如，面对同一片美丽的海湾，画家、摄影家、建筑家、港口设计家、钓鱼者、游泳者以及土地收购的资本家，其所得知觉大不相同，原因是他们各有不同的动机。这一动机的另一种解释是“需求”。例如，因生活贫困需要金钱的人，对金钱的知觉就与富人不同。有位心理学家，以出身贫富不同家庭的 10 岁儿童做实验，让贫富儿童在相等距离内按照摆在面前的各种“五角”硬币，凭其主观知觉，在地面上画出它的面积的大小。实验结果发现：富家儿童在画面上夸大 20%，而贫家儿童在画面上夸大 35%，可以看出贫家孩子对金钱的求得具有更强烈的动机。由此可见动机的不同使错觉的产生具有可能性。犯罪嫌疑人在接受审讯时，由于畏罪、侥幸等心理状态和动机，也会必然地产生某种程度的错觉。

犯罪嫌疑人的错觉在审讯中有着非常重要的位置，这是根据审讯的客观条件决定的。犯罪嫌疑人实施了犯罪以后，很少将自己的犯罪证据留下来，因而在审讯时除利用犯罪嫌疑人留下的少量客观证据外，还要利用犯罪嫌疑人错觉幻想出来的证据。例如，贪污犯罪嫌疑人在被监察机关讯问时，很快会联想到可能是自己某一笔账单被发现了，否则为什么要传讯自己呢？由此产生了讯问人员掌握了某一账单依据的错觉，讯问人员就要注意这一错觉并加以利用。从犯罪嫌疑人产生错觉的内容来看可以分为：

1. 犯罪嫌疑人对审讯目标的错觉

犯罪嫌疑人所犯罪行有时司法机关并非十分清楚，很多时候只了解某些现象，仅仅是犯罪嫌疑，审讯的目的是捕捉、寻找犯罪事实，因而在审讯时并没有固定的目标。这些情况犯罪嫌疑人并不知道，总以为自己的某一犯罪行为被发现了，因而处在寻求应付审讯的方法状态中，这是初审阶段犯罪嫌疑人对审讯目标的错觉，具有一定的普遍性。在这一阶段审讯的方法应该具有隐蔽性，不能暴露审讯目标。犯罪嫌疑人在这个阶段的错觉是自发的，并不是外来信息刺激造成的。如果犯罪嫌疑人对审讯的目标了解得一清二楚，那么审讯人员在审讯中所采用的方法和审讯技巧只能是一句空话。因为在审讯中所采取的方法和技巧是建立在对方的错觉的基础上的，使用审讯技巧的目的就是要让犯罪嫌疑人产生错觉，麻痹对方，声东击西隐蔽审讯的主攻方向和目标，削弱对方的防御强度，避其强，攻其弱，使得犯罪嫌疑人首尾难顾，而以失败告终。

2. 犯罪嫌疑人对司法机关掌握证据的错觉

审讯实质上也是发现证据、收集证据、提取证据的过程，其目的是利用收集到的证据来证实犯罪，用手中已获得的少量证据获取大量的证据，以零散的证据获得完整的证据，以枝节性的证据获得关键的证据。这种取证方法的成功，是建立在犯罪嫌疑人不了解审讯人员掌握证据程度的基础上的，如果犯罪嫌疑人知道审讯人员手中的证据松散无力，不足以证明其犯罪，还需通过他自己的交代才能定罪，那么犯罪嫌疑人大多不会交代自己的犯罪事实，他会用一切否定的方法来对付审讯。犯罪嫌疑人不了解审讯人员是否掌握证据以及掌握证据的多少，是其错觉产生的基础。因而在审讯时讯问人应当在证据的使用上注意技巧性和隐蔽性，尽量少出示证据，杜绝出示模棱两可的证据！出示证据时应注意证据的效应，每出示一次证据应该起到令犯罪嫌疑人对我们掌握证据程度的错觉的扩大和强化的作用，加速对犯罪嫌疑人心理限制的实现。审讯犯罪嫌疑人成功与否，在很大程度上取决于犯罪嫌疑人对我们掌握程度的错觉，产生获取证据程度的错觉越大，对犯罪嫌疑人产生的心理限制的压力就越大，趋向供述认罪的距离就越近，注意犯罪嫌疑人错觉的利用是审讯成功最有效的方法。

3. 犯罪嫌疑人对利害关系人的错觉

利害关系人顾名思义是与本案件有一定关联的人，这些人掌握了犯罪嫌疑人一定的犯罪事实，与犯罪嫌疑人有一定的利害关系，有时能对案件的成败起到重要的证明作用，因而也是犯罪嫌疑人在接受审讯时较为关心的问题。在受贿犯罪案件中，犯罪嫌疑人最担心的是行贿人的处境情况：是否也被抓获了？是否交代了全部的犯罪事实？订立的攻守同盟是否被瓦解了？在挪用公款给他人使用的案件中，使用赃款的人是否将该款的来龙去脉全讲了？在巨额财产来源不明的案件中，为了款项来源而订立的攻守同盟是否被揭穿，假设的对象是否讲了实话？等等，这些都是犯罪嫌疑人急于想知道的问题，直接关系到犯罪嫌疑人交代的程度，因而这些人总是千方百计地想从审讯人员的口中、神态中、行为动作中了解判断这些利害关系人的情况。如果审讯人员在审讯中注意隐蔽自己的语言、神态行为，那么犯罪嫌疑人会根据自己的主观臆测和判断产生各种不同的错觉，被我们所利用。如果审讯人员在审问中抛出同伙人的点滴信息，便会造成犯罪嫌疑人更多的联想，产生错觉。例如，“你不说有人说”“钱给别人使用了，正像你想象的，结果并非能落好”，等等。这时犯罪嫌疑人便会产生他人已供述的错觉，联想出对自己的不利因素，加速了存在确认的形成。因而在审问中应注意对案件的保密，否则对犯罪嫌疑人的错觉之词无从谈起。

4. 犯罪嫌疑人对客观事实存在的错觉

审讯中为了使犯罪嫌疑人对客观事实存在产生错觉，将这种客观存在分为实际存在和假设存在两大类。笔者将客观存在分为两大类的原因是：实际的客观存在是指犯罪嫌疑人实施犯罪时留下的行为痕迹和与此相联系的各种情景；而假设的客观存在是审讯人员为了使犯罪嫌疑人产生某种假设的犯罪痕迹和相联系的各种情景。因为犯罪嫌疑人在进行犯罪以后，留下来的客观存在的痕迹极少，而这些痕迹和情景又是犯罪嫌疑人在被审问时赖以顽抗的基础。从这类犯罪特点来看，时间长，隐蔽性强，有时几年以后才能发现，大量的痕迹和相关的情况都消失了，这对审讯是极为不利的。为弥补这一缺陷，采取假设的痕迹，使犯罪嫌疑人产生错觉，是较为有效的方法。例如，某一单位私设“小金库”私分公款案发后将“小金库”账簿全部销毁，让司法机关无据可查。审讯时犯罪嫌疑人表现出了极强的侥幸心理，认为账簿已销毁无证可取，你们就定不了我的罪，审讯时不是一问三不知，就是全部记不清楚了。结果审讯人员采用了“假设的客观情景”：“你认为账簿销毁了就无据可查了吗？你忽略了一件事，你们的财务会计怕日后对公款的去向说不清楚，在笔记上又作了记录，这一点你可能没有想到吧？！”这一信息的出现会使犯罪嫌疑人乱了阵脚，他不但没有怀疑这一情景的真实性，而且会把“小金库”以外的款项也联系起来，最后交代了各项公款的来龙去脉及数额，令讯问人员取得审讯的成功。

让犯罪嫌疑人产生错觉是建立在对某些信息确信的基础上的，合情合理的客观的逻辑联系，才能取信于犯罪嫌疑人，如果胡乱地给犯罪嫌疑人输入一些信息，不但不会使犯罪嫌疑人产生错觉，还会使犯罪嫌疑人看出审讯人员在骗他，强化对抗的心理。所以在设置错觉的时候，审讯人员应顺着案情的发展合乎情理地将假设的信息传递给犯罪嫌疑人。但不能滥用、乱用，否则会适得其反。

第三节　封控谎言的蔓延

犯罪嫌疑人隐瞒犯罪事实对抗侦查审讯，是因为他们能够说谎，如果无法说谎，那么他们的对抗条件也就丧失了。无论什么样的犯罪嫌疑人在接受审讯的前提下，都有隐瞒犯罪的心理准备。由于隐瞒是需要条件的，这个条件常常表现为能否提出否定，能否说谎。这种隐瞒的条件通常来源于两个方面，一方面是犯罪事实暴露的程度，决定了隐瞒条件的充分与否。另一方面是自我对退路的选择，是排除暴露程度的隐瞒条件之外的隐瞒方法的选择，是由人格意识的认知结果来决定的，由于犯罪嫌疑人的人格意识的不同而产生了隐瞒对抗的行为表现的差异，它包括隐瞒行为的依赖方向，是依赖自我行为（利益方向）还是依赖他人行为（利益方向的转移）；隐瞒的方法是直接的抗拒隐瞒，还是消极的否定隐瞒；是参与性的隐瞒还是回避式的隐瞒，经过心理行为的反复酝酿形成了相对稳定的对抗的心理定式，也是对抗审讯的心理准备即抗审的心理支点，集中起来就是通过谎言具体地反映出来。

犯罪嫌疑人在被审讯的行为过程中，所依赖的心理动力基础就是对抗的心理支点，这个相对稳定的对抗心理支点贯穿在整个审讯过程中，如果审讯人员在此过程中不能有效地破坏嫌疑人的对抗心理支点，那么嫌疑人的隐瞒行为就能够得到实现，审讯活动就会以失败而告终。反之如果审讯人员能够及时有效地破坏嫌疑人的对抗心理支点，那么嫌疑人就失去了抗审心理支点的支撑，失去了对抗的条件，就会向供述认罪放弃隐瞒的方向发展，满足审讯活动的目的要求。

在审讯的实践中总是先有谎言，后有审讯人员的揭露，这种先有谎言后有揭露的无限循环，导致审讯人员永远处于被动地位。审讯人员为了破坏嫌疑人的对抗心理支点即谎言，重要的行为方法就是揭露嫌疑人以此为对抗的谎言，揭露谎言需要大量的行为事实予以支撑，而这种行为事实通常是不被审讯人员掌握的，没有这样的行为事实的支撑，常常使得审讯人员处于艰难的困境，将审讯带入僵局。为了改变这种僵局，审讯人员需要借助测试技术来获取审讯所需要的行为事实，来满足对犯罪嫌疑人的谎言揭露，达到对嫌疑人抗审心理支点的破坏。由于审讯活动是连续发展变化的情景，犯罪嫌疑人一个谎言被揭露，新的谎言就会继续滋生出来，于此审讯人员始终处于如何对付谎言的被动处境。处于这种被动情况是因为审讯人员对犯罪嫌疑人的隐瞒退路没有堵死，隐瞒的条件充分，谎言辩解自然也是充分的，如果审讯人员能够有效地封控谎言，那么嫌疑人的隐瞒条件也就会自然丧失，退路就会被封锁。这里封控谎言是审讯人员的首要任务。

如何封控谎言？首先，嫌疑人谎言的出现通常都是审讯人员提出涉案关系，嫌疑人提出谎言的否定，谎言通常是在回复的语轮中出现的，也就是说谎言是在回答问题的时候出现的。这里审讯人员很多时候是明知嫌疑人会用谎言来回答，封控谎言的方法就是在这个语轮中，不让嫌疑人回答，代替嫌疑人回答，审讯人员自问自答，一个语轮完全由自己来说。例如，在一起强奸案件中，嫌疑人否定自己实施了强奸，只承认发生了性关系，也是对方自愿的，此刻，审讯人员问“公安机关抓你的原因知道吗”。嫌疑人可能作出辩解性的回答“说我强奸，我没有强奸”，这里谎言的辩解自然就会出现。如果审讯人员提前能够预测到这句谎言的出现，代替嫌疑人提前作出回答，那么嫌疑人的这句谎言就会被封控。例如，“我现在问你公安机关为什么抓你，你一定会矢口否认你没有强奸她，这句话我早就知道你会说，但是我不想听，我也不想再听到，我只想弄明白这到底是什么原因，是什么因素惹的祸”！这样的一个语轮，嫌疑人很难再说出没有强奸的谎言。其次，替嫌疑人转换谎言，审讯人员提出的涉案关系，犯罪嫌疑人作出谎言的否定回答是有很强的规律性的，审讯人员完全能够作出预料，提前获取谎言信息，根据嫌疑人趋利避害的心理，帮助嫌疑人选择一个降低了恶性的谎言，更换嫌疑人可能选择的谎言。例如，在一起贿赂犯罪案件中，行贿人行贿了一套别墅给受贿人，审讯时行贿人自然不会承认自己的行贿，一定会坚持没有送别墅给任何人。审讯人员在这里选择了降低行贿结果的恶性，把送的行为结果改为受贿人拒收已经将别墅退还给了行贿人，从本质上看仍然没有形成行贿别墅结果的危害，嫌疑人能够接受。审讯人员问“你与他的经济往来没有造成危害结果，当时你是想把别墅送给他的，但是他没有收，又退给你了，这样就很好嘛！他没有收退给你了吧”？这里只要让嫌疑人作出默认就可以了，（因为退还等于没给，嫌疑人满足了自己的心理需要，就能够接受审讯人员为其编制的谎言）嫌疑人默认了退的行为，那么他没有送的谎言便自然消失。但有退必然有给，此后审讯人员再追讯给的行为。

所以嫌疑人在对抗审讯的过程中，总是选择先轻后重的对抗模式，被突破一个点就放弃一个点后退一步，直到无路可退才会放弃抵抗，缴械投降。故此整体对抗的心理支点被破坏和否定，自然就会后退一步转移到具体行为的否定条件即前卫的心理行为支点进行隐瞒否定对抗，这里的前卫心理支点是犯罪行为的外延关系，外延虽然不是核心，但是与核心有着不可分割的牵连关系，控制外延、防守外延无疑是对核心的保护，所以前卫也就成为通往核心后卫的障碍，保护住前卫就能够守护住核心后卫。由此审讯活动中即便是一个简单的涉案关系，嫌疑人也会积极地否认、顽强地抵抗，因为这个简单的问题背后牵连着核心问题，简单问题被突破自然威胁到后卫的核心问题，审讯人员在此前卫阶段，除展示测试技术的能力外，运用了封控谎言、确认存在、涉案原因的利益方向的介入，前卫的条件和支点被瓦解，否认和隐瞒的退路被封锁，审讯中的转换行为是在双方默认的情况下退回到后卫环节进行抵抗，后卫就变成了前卫。

再有就是当嫌疑人退回到后卫进行核心问题对抗隐瞒的时候，仍然需要谎言的支撑来作为对抗的支点条件，这里审讯人员不断地推出测试技术所产生的后果，再一次限制嫌疑人的谎言滋生，谎言的退路被封锁，也就是后卫的退路被封锁，失去了条件对抗的心理支点就失去了支撑，心理的需要产生了更换支点的心理动机，因为退路被堵自我无法更换，需要外来的信息条件帮助，由此降低恶性、转换恶果、选择需要条件，就成为嫌疑人的当前需要，因为这种外来的信息条件满足了其心理需要，产生了新的心理支点，满足后卫的心理支点的更换。

最后，在测试技术的运用框架下，恢复完整的涉案情景和事实情节。测试技术对谎言的测试功能，无不是以谎言为条件的对抗隐瞒行为的天敌，明知测试技术的功能又是在审讯人员的直接控制下，最后的谎言通道被堵塞，只能够按照自我行为的事实情节、初始行为、发展行为和行为终结后果，还原事实的本来面目，最终改变了隐瞒对抗行为。

第四节　谎言的识别与处理

被讯问人在隐瞒对抗活动中为了隐瞒自己的犯罪事实，总是要为自己的对抗行为选择合适的方法，这个方法就是退路的选择，退路的选择就是被讯问人隐瞒对抗的行为表现，也是讯问人员在全部的讯问过程中能够使被讯问人坦白认罪的重要任务之一，讯问过程中讯问人员如果不能有效地解决被讯问人赖以对抗的退路，讯问是不可能取得成功的。被讯问人在隐瞒对抗活动中的退路选择主要是谎言。谎言是被讯问人对抗讯问的重要的心理过程，讯问的重要任务就是解决被讯问人对抗的心理问题，消除对抗促进坦白认罪，于此的首要任务就是解决被讯问人的谎言的问题。

（一）谎言隐瞒对抗的行为表现

在侦查活动中被讯问人总是用谎言来对抗讯问，掩盖自己的犯罪事实，这是被讯问人隐瞒对抗行为的基本特征。心理学家认为：人们的行为规则，是通过“社会的交换理论”表现出来的。“社会的交换理论”阐述了人们的行为规则，就是趋利避害。利益关系是人们的行为关系，无论是社会上的自然人还是犯罪后的被讯问人，都会遵循着趋利避害的行为规则。被讯问人在实施了犯罪行为之后，为了逃避法律的惩罚，总会千方百计地实施掩盖行为，其特征反映了人趋利避害的本能。一个人一生中很难不说谎，为了利益关系人们有时需要说谎，谎言和趋利避害的行为是一对孪生兄弟，趋利避害的行为离不开谎言，这也是人在犯罪后的行为特征，被讯问人在接受讯问的时候总是用谎言来掩盖自己的犯罪事实，这已经成为被讯问人对抗讯问的行为规律。谎言显然能够给被讯问人带来利益，被讯问人的对抗行为，正是模仿着这种谎言的规律而产生的，讯问中的对抗是谎言与揭露谎言的对抗，是被讯问人掩盖犯罪事实的谎言与讯问人员揭露犯罪事实的对抗。在讯问室里如果被讯问人都能够实话实说，那么讯问的对抗行为也就消失了。因此讯问人员的目的就是要改变被讯问人的谎言，使其说真话。被讯问人在隐瞒对抗过程中的基本行为表现是谎言，谎言的基本特征是语用行为的矛盾表现，谎言的暴露表现就是矛盾的语用行为的存在。由于说谎而引起内心的焦虑，是一种不明确的忧虑的不安状态，通常不与特定的起因相联系。在焦虑状态下，矛盾的不平衡的心理状态在短时间内不能被修复，由此自我心理限制的压力就会增加，被讯问人会承受不住这种不平衡的心理焦虑的压力，所以这里讯问人员应注意控制这种焦虑的压力，并且不断地增强焦虑的压力，使之达到一定的程度，继而就会产生释放的动机，选择如实供述，因为只有如实供述才能达到对焦虑压力的释放。心理焦虑压力是被讯问人供认的部分原因。虽然被讯问人希望逃避真实供述的后果，但他并不希望以增加与欺骗相连的内心焦虑为代价换取这样的结果。焦虑的力量是供认的动机。讯问活动中由于被讯问人供述矛盾的出现，其心理语用行为得不到发展，矛盾的语言不能自圆其说，心理焦虑急剧激化，导致了心理的不协调状态的出现。由于生理现象的协调本能，其会积极寻找能够平衡心理行为的条件，联想是重要的帮手，但是联想不是在任何时候都能够起作用的，一旦联想找不到平衡的理由和条件，其心理活动就会被限制在不协调的情景范围内，达到一定的程度，当联想的潜意识不能帮助其解脱困境的时候，便会产生强大的心理压力，被讯问人为了摆脱这种心理压力，会产生减轻压力的心理需要的动机，实话实说便能够释放这种因为谎言造成的内在压力，供述动机便由此而生。被讯问人运用谎言隐瞒对抗的基本方法有三个方面的选择，即直接否定、嫁祸他人、沉默否定。这三大选择涵盖被讯问人对抗的基本行为特征。直接否定即直接否定自己实施了犯罪行为；嫁祸他人即自己实施了犯罪行为而谎称是别人干的；沉默否定即运用沉默的方法，面对客观存在的犯罪事实进行否定。

（二）谎言的识别

被讯问人隐瞒犯罪事实的隐瞒对抗方法就是“谎言”，用“谎言”来掩盖犯罪事实是被讯问人对抗讯问的基本行为，由此在讯问中识别被讯问人的谎言已经成为讯问活动的重要内容和任务，确定被讯问人是否实施了犯罪行为，首先就要识别讯问对象供述语言的真实性，如贪污、贿赂犯罪，即一方说钱给了对方，对方称没有收到钱。那么钱是否给了对方？由此而引出了谁在说谎。只有确定了谁在说谎才能确定谁是真正的犯罪嫌疑人，以此确定讯问的主攻方向，找出真正的犯罪嫌疑人。再如，被讯问人实施了犯罪行为，在接受讯问的过程中总是用谎言否定自己的犯罪行为，为了确定被讯问人是否有犯罪行为，就必须要识别其是否在说谎，找出事情真相。

讯问活动中识别谎言是一件极其困难的事，国内外的一些学者试图通过身体的某一部分，来进行谎言的识别，这种单凭身体或面部某一部分来确定是否存在谎言，具有很大的局限性和风险性。例如，从眼睛、鼻子、嘴巴、手的表情或动作来判断是否说谎，这种“典型说谎行为”是根据不同人的特点，不同的环境和不同的心理状态发生变化的，这种变化和特征告诉我们，在说谎者与非说谎者之间的差别往往很细微，目前也没有发现所谓的“典型说谎行为”，更重要的是非说谎者也会产生“奥赛罗错误”的心理变化。奥赛罗是莎翁作品中的人物，他的情人 Desdemona 被污蔑有不贞行为，由于她没有办法证明自己的清白而出现情绪波动，这种情绪波动的表现又正好和说谎中的人表现一致，于是被看作真有不贞行为。关于谎言的典型行为的结论，不是一概而论、一成不变的，有些研究谎言的专家们试图通过说谎人的面部表情，找出说谎人的典型行为表现特征，很多人将飘忽离散的眼神理解成典型的说谎标记，这种判定往往会出现误差，因为飘忽离散的眼神很多时候与人的心理活动有很大的关系，如当你讯问被讯问人是否在说谎的时候，而被讯问人此时忽然联想到别的情景，那么他的行为表现就会出现其他反应，和说谎与否的主题根本就不相干。所以我们说典型的说谎行为应当要考虑与眼神相关联的其他心理行为特征。再如，如果某人在思考疑难问题时眼睛走神，这是人的心理认识过程的特征反映，并不意味着就是撒谎。这种单一的面部表情说，可能会导致对谎言判定的误差。因为人脸的 43 块肌肉可以组合出 1 万多种表情，其中喜怒哀乐的情绪表现就有数千种。因此准确地找出谎言典型的行为表现特征是非常困难的。同时被讯问人在隐瞒对抗中的谎言行为，本身就是一种积极的掩盖行为，因此更为注意自己说谎时的行为表现，他也会像掩盖犯罪事实一样地掩盖自己的谎言行为。因此我们在识别谎言时应该对被讯问人的谎言进行全面的分析、比对，不能单凭身体或面部某一部分，如眼睛、鼻子、嘴巴、手的表情或动作来判断是否撒谎。

在讯问实践中，首先，讯问人员面对的是不同的被讯问人，同样的犯罪行为，发生在不同人身上的行为表现就会不同。在这个人身上时，会被视为诚实的表现，但在另一个人身上时，就会得到另外的一种表现。这种现象不会告诉你哪个是真哪个是假。解决的办法就是要对比，找出个体的特征反映。其次，谎言的典型行为反应是细微的动作反应。这种细微的动作转瞬即逝，很难被发现捕捉，尤其是被讯问人对谎言特别敏感，为了防止谎言行为的外露，当觉察到细微的脸部表情可能暴露谎言的时候，就会作出积极的防备。再次，传统的识别谎言的方法大多是通过听声音的变化和观察眼神的接触频率来判定。但是人的声音的变化和眼神最容易受人的思维控制，尤其当对方在对抗心理极强的情况下，眼神接触就会减少许多，想通过眼神来检测谎言就很困难。复次，就是靠直觉来感知谎言。在很多时候我们凭借感知能够猜测出谎言，也有的时候我们还会在无意识的情况下推理出谎言，在被讯问人谎言情境出现的瞬间，在无意识的情况下感知到的谎言情境比有意识有目的的效果更好。所以在通常都是有意识有目的地感知谎言的情况下，并不能放弃对在无意识的情况下感知到的谎言情境的回忆捕捉。最后，谎言对人的心理会产生焦虑和压力，因此说谎对人来说并非一件容易的事情，它对人的心理素质要求非常高，因为说谎者需要面对心理焦虑的压力，不同的人承受压力的能力不同，在说谎时受到巨大沉重的压力打击时，如果说谎人没有足够的承受能力，谎言的典型行为便会表现出来，谎言很容易就会被识破。由此我们说识别谎言是一套讲求细致灵活的工作，要求尖锐的判断力和观察力。

谎言是伴随着人的基本情绪而产生的，人类有七种基本情绪，分别是悲伤、恐惧、高兴、愤怒、厌恶、吃惊和蔑视。被讯问人在接受讯问的时候，就会导致这些基本情绪的产生，实践表明这些伴随谎言出现的欺骗行为，也会通过人的表情、声音、说话的方式和肢体行为暴露出来。首先，对被讯问人的面部表情进行观察。面部表现情绪的方式是生物进化的结果，当情绪发生时，生理上所发生的某些变化是自然而然地反映出来的，而且来得极快，人无法加以控制，只能被动地加以感受，所以，随着情绪而来的表情是难以通过自制力加以隐瞒的，旁观者可以明显地看出来。例如，在产生恐惧时眉毛会不自觉地抬起，而在伪装愤怒时会将眉毛往下压。当人在悲伤、忧愁、焦虑产生负罪感时，最引人注意的活动部位是额头；当人在害怕、着急、担忧之时，眉毛会奇特地扬起；伤心时嘴角下撇，欢快时嘴角提升，委屈时嘴巴微噘，惊讶时嘴巴张开；情绪激动时瞳孔会扩大，这些都是说谎者无法控制的。人的面部表情变化是难以人为控制或掩饰的。当我们对被讯问人进行信息刺激时，其中枢神经系统便会直接指挥面部表情发生变化。讯问人员通常而言可使用“假定”的信息来作为刺激语。这种“假定”的信息刺激语，就是直截了当地假定某件事情的存在来进行刺激验证。当这种刺激语向对方施放以后，在对方没有任何心理准备的情况下，如果对方与犯罪有关，在接受信息刺激以后面颊的颜色最明显的是变红或变白，而这种表情的停顿时间也比较长。反之，正常、自然的表情停顿时间不会拖得那么长，如果对方与犯罪事实无关，在接受信息刺激以后，便会出现较大的反差，表现为惊讶的表情。而这种表情起始得快，消失得也快。人们对谎言的研究发现根据面部表情反应能够判断出谎言，当外来信息反应刺激出谎言的时候，面部表情两边不对称，两边脸的动作相同，但其中一边的动作强过另一边。科学家们发现，右脑似乎专司情绪处理，因此推想有一边脸可能更为情绪化。由于右脑控制左脸的许多肌肉，而左脑控制右脸，所以一些科学家认为，情绪在左脸上表现得应该比较强烈。我们在实际生活中不难发现，说谎人扭曲的表情能够很快被感知，就是因为说谎人的一边脸的动作比另一边来得大，显示情感可能并不是真实的，即不对称可以视为一种说谎线索。

讯问活动中被讯问人与讯问人员不仅是语言的交流，更重要的是眼神交流，这种交流的时间长短能够反映出交流人之间的心理活动情况。当人们对交流的内容感兴趣的时候，交流的时间与眼神对接时间就长，相反就短，眼神与说话的时间有一个平均值，正常情况下平均值为60%，眼神交流的平均值低于60%多半是对交流的内容不感兴趣。被讯问人在用谎言隐瞒对抗的时候，当谎言说出的瞬间，眼神会迅速地避开讯问人员，避开与对方的眼神交流，表明不愿被你看穿自己的心理活动，不敢正视你，心虚。可是在很多时候当谎言的瞬间反应过后，被讯问人的眼神又回到了与讯问人员的眼神交流状态，这个过程反应是被讯问人需要观察讯问人员是否觉察到自己在说谎所作出的视线转移特征。谎言的面部表情是很复杂的，这是心理活动反应的特征：人在笑的时候有真笑和假笑，识别真假重要的不是笑的次数多少，而是笑的质量。假笑是皮笑肉不笑，而发自内心喜悦的笑不仅需要嘴唇的运动，还需要眼睛周围肌肉的配合，假笑时眼角是没有皱纹的。假笑的目的是掩盖恐惧、愤怒、悲伤或厌恶情绪，在讯问活动中这种情况也会出现在被讯问人身上。当讯问人员提供的信息对被讯问人产生刺激的时候，为了掩盖某些情绪而出现的假笑，讯问人员应当及时地作出判断，确定被讯问人的真实情绪。另外，假笑的笑容是不对称的，发自内心的微笑应该是均匀的，也就是说，脸部两边应该是对称的，并且在鼻子、嘴角和眼睛周围都会产生笑纹，而且真正的笑来得快，但消失得慢。伪装的笑容会有轻微的不均匀，眼部的肌肉没有被充分调动，因而不会产生笑纹，假笑来得相对也会较慢；人的情感表现是以面部为重要表现基础的，眉毛的变化可以告诉我们喜怒哀乐，眉毛上挑并挤在一起表示恐惧，明知故问的时候眉毛会微微上扬，眉毛上扬、下颌张开表示惊讶；在对外来信息表现为惊讶的时候，真正的吃惊表情转瞬即逝，超过一秒钟便是假装的，而假的惊讶表情会停留很长时间，很多时候当讯问人员直接涉及谎言的主题的时候，被讯问人会通过惊讶的表情表现出来，但是这种惊讶大多是假装出来的；当人陷入悲伤的时候，额头、眼角都应该有纹路产生，而假悲伤却没有，这可以帮助讯问人员判断被讯问人是真的悲伤还是假的悲伤；眼睛在很多时候会表现出不同的生理反应，害怕、愤怒都会使人的瞳孔放大，由于注意力太集中，他们的眼球开始变得干涩，这会让他们频繁地眨眼。另外，可以在识别谎言的时候一直盯着说谎者的眼睛，看他眼球的运动方向。通常，当一个人编造谎言时，眼球会向右上方转动。当他们真的在回忆某事时，眼球则会向左上方转动。有的被讯问人视线闪烁不定，左顾右盼，有的眼睛会不住地向下看，寻找内心的稳定，以降低紧张程度，减轻心理压力。这种“眼动”是一种反射动作，是假装不来的。真实的情感是通过面部表情对称地表现出来的，当面部表情两边不对称的时候，极有可能他们的表情是装出来的，是假情感；说话时嘴部的动作是为了表达的需要而表现出来的，多余的嘴部动作便是内部心理活动的表现，如抿嘴表示对自己的话没有信心。被讯问人在说谎的时候，会产生心理焦虑，这种焦虑会引发面部器官的特殊反应，有人说谎会脸红，这是因为多余的血液流到面部。在讯问的实践中我们不难发现，当讯问人员针对被讯问人的某个行为进行质问的时候，如果被讯问人对你的质问显露出不屑一顾的神情，说明你的问题触到了对方的痛处，没有引起对方的积极反应。此外，谎言是一种虚假的行为，这种虚假的行为表情能够通过表情停留的时间长短来予以判断。涉及面部表情的持续时间，以及出现的快慢和消退的快慢，这种时间因素都能提供说谎线索。一般来说，长时段的表情——有的长达十秒左右或更长，通常约五秒，一般都是假的。真正发自内心的表情也只是瞬间的几秒钟，除非情绪达到了极点，如欣喜若狂、怒气冲天或悲哀至极等，此时真正的情绪表情在脸上最多停留几秒钟。即使在极端的情况下，面部表情也很少能持续那么久，如果这种表情持续的时间过长就是假装出来的虚假表情。另外，表情与动作的配合有一定的顺序，虚假的表情与动作的配合会出现顺序的不协调。假设有人在心里不愉快，说了一句“你真是非常讨厌”，生气的表情若是在讲话过后才出现，大可断定表情是装出来的。但若在讲话的同时，甚至话还没讲之前，表情就已经出现了，那么表情与语用行为是统一的。面部表情与肢体动作之间的相对顺序，回旋的余地更小，如当人在非常愤怒的情况下，表现出重重捶打桌子和愤怒的肢体行为，如果愤怒的表情是在捶打桌子之后才出现，同样可以断定是装出来的。事实上，任何与肢体动作不同步的面部表情都很可能是说谎线索。

其次，从对被讯问人所表现出来的声音和说话方式进行观察。在生活常态的情况下声音和说话方式表现为语速较快声音响亮，而在说谎时却表现为说话缓慢轻柔。在正常情况下人的说话声调是平稳的，而回答问题时声调忽然升高都是说谎的表现。正常的语言交流是很少需要语词重复的，说谎时就会表现出语词重复的情况。例如，“你拿了她的钱吗?”“不，我没有拿她的钱。”对问题的生硬重复是典型的说谎表现。在调查讯问中被讯问人已经准备好了谎言，于是当讯问人员问其关键的犯罪行为情况时，被讯问人能够很迅速地予以回答，谎言会脱口而出，在谎言突然说出时，很多人以为撒谎要花更多时间来反应，但如果谎言已提前准备好，就会迫不及待地说出来。从语言反应的时间上来看，回答与提问之间的时间差被称为反应潜伏期，反应潜伏期越长，说明回答者对真相越有所隐瞒。更为重要的是被讯问人在说谎时，由于受到内心焦虑的干扰，在谎言的输出过程中，内部焦虑会破坏正常的语言表述的声音和说话的方式，被讯问人在正常的表述过程中，对那些关键性的问题所作出的声音和说话方式的反应表现超出正常的状态，这是对关键问题所涉及的情景有所隐瞒的表现，需要讯问人员的耳朵来识别。被讯问人说谎的声音和说话的方式，在于讯问人员要用“耳朵”仔细地听来辨别。

最后，是对被讯问人的肢体行为表现进行观察。在讯问室这样的特殊空间里，讯问人员能够直接观察到被讯问人说谎时所表现出来的手势与姿势。手势是指用手和手臂表示出的各种动作姿势，姿势是指以躯干为主体的身体的各部位做出的各种姿势以及呈现出的不同状态。手势和姿势根据内心活动的体验，能够表现出自我体验的行为特征。被讯问人在回答一般问题的时候手势动作表现得比较多，但随着讯问的深入，当涉及案件的核心问题时，被讯问人的手部动作减少了，那么被讯问人就可能已经在说谎了，因为当被讯问人把注意力集中在自己回答问题的内容上时，身体动作变得不再是自发而是刻意做出的时候，这些身体动作就会明显减少。无论被讯问人采取什么样的谎言表达方式，最终还是担心被讯问人员识别出来，因此被讯问人在说谎的时候会下意识地用手遮掩嘴巴部位，这表明说谎者想要抑制自己说出谎话。遮掩的方式也有多种，有的人会假借咳嗽来遮掩，有的人则会用拳头或者是手指来遮掩嘴巴，但是意图都是一样的。被讯问人在说谎时因为内心的矛盾体验，还会用手指去抓挠自己耳垂下方脖子的那块区域，做出了这个挠脖子的动作，尤其是当说话的内容和手势不一致的时候，这种矛盾的感觉会很明显。说谎需要绞尽脑汁编造事实，心理的不协调状态也会表现出手指指向一边，眼睛却朝另一边看，出现肢体完全跟不上的矛盾状态。被讯问人在说谎时，为了避免直接注视到讯问人员的脸部，会稍微用力地揉眼睛，拉拉耳垂、揉揉耳背或将整只耳朵压向前以掩住耳孔，这是一种掩饰动作。被讯问人在接受讯问时空间状态是坐在椅子上的，通常在心理平衡的状态下双手是放在大腿部的，当他在说谎的瞬间手会紧握椅子扶手，这种动作表明他对自己的表述是不认可的，不是客观事实。说谎的脚部行为变化。被讯问人处于心理平静的状态时，其脚部和腿部是处于伸展的放松状态，当谎言出现以后，其脚部和腿部会出现收蜷状态。在讯问被讯问人的时候，讯问人员很少注意对方的脚部动作，脚部的动作变化也能够“说出”很多内容，通过观察对方移动脚的方式，可以一窥此人的内心世界。当对方说谎出现焦虑感觉的时候，会增加脚步移动来表达这种情绪。而女性则相反，如果她们感觉紧张，就会保持双脚不动。观察双脚，还能判断一个人是否在撒谎。如果一个人的双脚完全静止，安分得有点过分，那说明他正在说谎。不少人认为，一个人说谎时会因为紧张而增加动作，但事实上，说谎者往往发出完全错误的信号。每个人都关注眼睛和脸部，但人们善于控制（那些部位的）动作。因此，是否说谎的可靠迹象是脚部动作，根据我们自己的内心体验，如果我们说谎，我们确实会压抑自己正在做的动作，包括脚部动作。脚部的行为特征在很大程度上表露出说话人的性格特征、对谈话对象的看法、情绪和心理状态。脚部行为能够表现出真实情感，其原因可能是它们是反馈最少的身体部位，我们判断别人说话时的情绪，大部分是依据面部表情来判断的，对方是真笑还是假笑，被掩饰的眼神能够让我们感知对方的情感，就是自己在说谎时有时也会注意到自己手的特殊表现。但是很少注意到我们脚的特殊变化，除非你是在刻意地观察，尽管你是要刻意地观察，也很难感知到自己的脚会发生什么样的变化。

（三）谎言的捕捉

讯问实践可以清楚地证明，被讯问人说真话与说假话时的面部情绪状态是不同的。人在说谎话时常常会发生一系列生理上的变化，如呼吸与心跳节律加快、血压上升、消化液分泌减少、汗液分泌增加等。传说在我国古代官府为判别某个嫌疑犯是否说谎，就让他嚼一把米粉。如果吐出的米粉仍是干的，则说明他说的是谎话。因为，当他说真话时，他的情绪稳定，唾液分泌正常，嚼过的米粉就会是湿的或是团状的。而当他说谎话时，他的情绪一定紧张，唾液分泌会因此受到抑制，所以嚼过的米粉仍是干的。同时还表现出说谎人的嘴唇是干燥的，不时地用舌头舔嘴唇，嘴唇上下接触的频率也不断地增加，谎言大多能够从反常的行为中表现出来。

20 世纪，世界上有很多国家为了解决谎言的问题，研究出了很多测谎办法，最有代表性的就是“测谎仪”，即心理测试仪的问世，它象征着犯罪心理测试技术的发展。这种犯罪心理测试技术主要是用于犯罪调查和辅助侦讯，是运用现代心理学和实验技术成果以及神经生理学、生理电子学等学科的研究成果。同时，同步记录人的多项心理生物反应指标，进而评判心理痕迹对应相关的技术。多年来，人们把这项技术称为测谎技术，将这种技术的测试仪称为测谎仪。它是通过对人的皮电、血压、呼吸、肌肉等指标的变异，把作案人、知情人或无辜人准确地分离开来。从犯罪心理测试的原理来分析，并非测试被测人是否在说谎，而是测评被测人有无违法犯罪事实的特殊事件的记忆痕迹。心理科学为此提供了依据：人的大脑对外界刺激都会留下一定的印迹，其主要表现为心理痕迹的记忆，实际上也是外界刺激的记录和储存，这种记忆从时间的层次来看，有瞬间的、短时间的和长时间的；从记忆的来源来看，又可分为视觉的、听觉的、嗅觉的、感觉的、动作的等，其深刻程度取决于对个体生活刺激的强度。对于作案人或知情人来说，因为犯罪是一种反社会行为，是被明令禁止的行为，在人们的脑海里会留下深深的不可磨灭的印迹。因为犯罪以后，在受到外部信息刺激时，总会再现犯罪时的情景和某些行为的细节，出于畏罪的心理，作案人对于案件事实极端敏感，会极力回避“当时的犯罪情景”。一旦犯罪心理测试技术设计的相关问题被提起，作案人或知情人对作案事实的记忆痕迹立即会在大脑的记忆区域恢复起来。复现并唤起被测试人相关的情绪记忆、动作记忆、视觉记忆等，这种大脑记忆区的复活兴奋性变化，必然会引发邻近的情绪中枢的心理生物反应，一般难以受别人的意识调控。因此，被测试人皮电、血压、呼吸、肌肉等指标的变异，人的情绪中枢心理生物反应，即便是保持沉默，始终不回答问题，但在相同的语言测试题下，作案人或知情人心理生物指标的差异反应，比起无辜者会非常显著地表现出来，被实时同步地显现在电脑的屏幕上。目前，我们国家的公安部门使用的测试方法为“准绳问题测试法”“区域比较测试法”“知情、参与测试法”“犯罪情景测试法”“气象信息测试法”等。人在受到刺激的情绪反应下可以引起心率、血压、血容量、皮肤电位、肌电、脑电波和呼吸、体温、唾液、瞳孔、胃蠕动的变化。被讯问人在作案的时候，心理处于异常紧张的状态，对一些细节问题都会留下深刻的印象。在讯问时，实际上是把犯罪人的记忆带入犯罪的特定情景中去，相应地便会引起一系列的心理活动，受到刺激后的中枢神经系统的控制中心丘脑，又发出信息到自主神经系统，使机体做好应付心理和生理的刺激，导致适应性防御机制的变化。植物性神经系统所控制的人们机体、活动不是随意的，欲掩饰恐惧情绪的心理活动会在能记录、放大生理信号的多道生理记录仪——测谎仪上显示出来，而且有时还能通过人的外部形体反映出来。在没有条件使用测谎仪的情况下（目前检察机关还没有普遍使用），我们可以通过观察法来辨别被讯问人是否在说谎，并通过这一手段来确认谁是真正的犯罪人，让真正的犯罪人如实地供述自己的犯罪事实。

测谎设备所显现出来的生理的指标变化，依赖于能够引起犯罪行为人心理和生理变化的“信息刺激语”。什么语言才是“信息刺激语”？首先，这种刺激语能使被讯问人产生心理和生理等反常的变化。经过多年的实践证明，将“仅罪犯才知道的问题”作为信息刺激语，才能使真正的罪犯产生反常的生理和心理变化。例如，某人是贪污犯罪的被讯问人，将公款侵吞之后，谎称这笔钱给了某业务单位负责人。测试谎言时，只要让被讯问人把如何送钱给别人的细节描述出来，被讯问人必然要用谎言来编造送钱的一系列细节。因为被讯问人根本就没有把钱送给别人，而是自己贪污了，因而让其交代送钱的细节，只能用编造的谎言来陈述所谓的送钱细节，而这一“细节”时常又是促使被讯问人交代罪行的突破口，因而这种“细节”越客观、全面，越能暴露谎言的特征。在讯问实践中，讯问人员常常采取编制细节、捕捉供述矛盾来捉谎。被讯问人在用谎言编造某些情节的时候，最担心的是涉及情景的细节，正如“一根链条的强度取决于它最弱的那一环”。细节即谎言链条上强度最弱的一环，于设谎者来说，是最容易对付的地方，而于说谎者来说，恰好就是可以利用的地方。要使对方暴露谎言，盯住其细节不放，是最好的捉谎方法。抓细节的同时利用细节再设置谎言，引发被讯问人继续说谎，来扩大谎言的范围，达到充分暴露谎言的目的。贪污、贿赂犯罪的谎言经常表现为：自己将公款贪污了，而谎称公款已行贿给了别人。讯问时只要让被讯问人反复叙述送钱时的细节经过，并且另外再设置虚假的情节混入细节中去，被讯问人必然要用谎言来编造送钱的一系列细节，并且把讯问人员为其设置的虚假情节也编造进去。例如，某单位财务人员将公款私存，将所得利息自己贪污了，案发后，他谎称该款已作为某项工程的预付款，给了某施工单位的领导，而该施工单位的领导根本就没有收到这笔钱。在讯问时讯问人员从送款的细节入手，问：“送款的时间、地点、方法、票面？”答：“2010 年 5 月 1 日放假，直接送到对方的家里，票面是 100 元一张，用报纸包着送去的。”问：“2010 年 5 月 1 日正是‘五一’劳动节，正好是该领导家的儿子结婚，你是怎么送的（设置假情节）？”答：“那天他家里人很多，都是来贺喜的，我是把他叫出来单独给他的。”其实 5 月 1 日那天根本就没有该领导儿子结婚的事，这一假情节的设置使得这位说谎者的谎言暴露得淋漓尽致。

（四）谎言的对策

1. 揭谎的逻辑环节。讯问人员通过寻找被讯问人的供述矛盾，达到揭露谎言，满足被讯问人自我心理强制的形成，产生供述动机以达到使被讯问人交代供述的目的。这种揭露矛盾的方法，不仅在国内被普遍使用，在国外尤其是在美国的司法部门，在讯问的方法上还仍然采用逻辑的途径进行讯问，矛盾的揭露在讯问中有着重要的作用。利用逻辑推理找出矛盾予以揭露，其目的是促进被讯问人自我心理强制的形成达到供述的目的。讯问中从矛盾的来源来看，应该将矛盾分成两大类，一类是与被讯问人有直接联系的矛盾。在刑事案件中犯罪行为人都是为了达到某种目的，满足某一需要，伸出了犯罪的手。首先是由于道德品质上的自私、贪婪、忌妒、多疑，在相互关系上的地位不同、利益不同、作用不同决定了犯罪主体之间的矛盾结果。其次是被讯问人主观方面的心理矛盾，被讯问人在接受正面讯问时，处于被指控的地位，由于法律规定使得讯问人与被讯问人形成了特殊的语言对立关系，心理受到的影响极大，由于心理行为作用的结果，使其自发地与犯罪事实联系到一起，当讯问涉及犯罪事实的时候，便产生了两种对立的矛盾心理状态，即拒供还是供述，两种意念的此起彼伏，反映出反复动摇的矛盾心理。最后是被讯问人的主观心理状态与客观存在的矛盾。被讯问人实施了犯罪行为以后，犯罪时的情景总是不断在大脑思维中迂回，被记忆的行为过程自发地储存了起来，形成心理事实。由于案发后的畏罪心理的行为结果，反映在讯问中被讯问人大多采用谎言、假话来隐瞒对抗，这些假话、谎言与客观事实的存在，必然会产生矛盾，供词与供词之间的矛盾；情节发展的内在联系的矛盾；证据之间的矛盾；行为人与某行为情节的矛盾等。另一类是讯问人员为了促进被讯问人供述而设置的矛盾，并且将其假设在某一犯罪情节中，让被讯问人继续深化、发展这一矛盾，达到证实谎言、暴露谎言的目的。被讯问人在供述自己的犯罪事实时，总会涉及行为的前因后果，而在前因后果发生矛盾的时候，必然在因果关系的环节中表现出来，为了通过对供述矛盾的揭露，满足被讯问人自我心理强制的条件，提取被讯问人在供述中的矛盾的环节，组成完整的揭露矛盾的联合体系，我们将那些能够证明供述矛盾存在的环节称为“逻辑环节”。运用“逻辑环节”一般开始不涉及案件主题，而是寻找与主题相关的细节，根据逻辑推理，在被讯问人谎言的语用行为过程中寻找逻辑矛盾。这里的语用行为就是语言的运用行为。一些有经验的讯问人员在讯问语言的习惯上，大多采取迂回的语用行为方法，来寻找案件陈述中的逻辑矛盾。语用行为表现是：首先从涉及讯问主题的外围步步深入，以情节找主干，从小到大，从案件发展的每个情节到细节，有间歇性地让被讯问人重复、追问，从案件情节的不同角度、不同顺序进行深化细追，在整个情节中把关键性的细节抽出来，混杂在次要的问题中让其陈述，然后进行推理、比较来发现语用行为中的逻辑矛盾。被讯问人在谎供中的矛盾就是通过某一供述环节反映出来的，表现为违反了客观存在的规律性。例如，某副市长忽然违反国家对走私汽车入户的管理规定，批条指示该市车管所给予走私车入户上牌，如果不是“有利可图”，这位副市长能愿意干这种既承担责任又违法的蠢事吗？讯问中为了证明“有利可图”的目的，首先必须证明矛盾的存在。矛盾的出现必然会引出矛盾的情节，而这一情节又隐蔽在事件发展的环节中，通过提取这些隐蔽的情节，来达到证明矛盾的目的。也就是说，能够提取足以证明矛盾存在的环节，进行逻辑分析、推理来证明矛盾、揭露矛盾，这就是逻辑环节。

运用逻辑的方法设置逻辑环节的语用行为，应当选择有理、有据、有礼、有节的客观存在的事件和环节，能够直接推出存在的矛盾。例如，某银行的行长，违反信贷管理规定，对贷款的企业不考核，不按银行信贷规则遵循贷款要“贷前三查，贷后监督”的程序，由信贷员对贷款的单位或个人进行贷信调查，然后将结果上报信贷部门领导，最后一道程序才是由行长签字批贷。这位行长不是不明白，而是很清楚这里有“利”可图。他一次性贷款200万元给一个仅有10万元固定资产的某公司。此案讯问时提取逻辑环节应先从违反信贷规定，明知故犯环节中提取。这里的语用行为表述：

问：你们的银行贷款有哪些规定？

答：贷前三查，贷后监督。

问：贷款需要有一定的资产担保吗？

答：按规定需要。

问：你贷款的某公司是什么性质的公司？

答：不太清楚。

问：你贷给对方公司200万元是做什么用的？

答：可能是做生意。

问：你贷给某公司的这笔款子是用什么来担保的？

答：没有担保。

问：那如果它亏损了怎么办呢？

答：估计不会亏的。

问：如果亏了还不上这笔款子怎么办呢？

答：没想过。

问：根据贷款的日期，这笔款子已经到期了，为什么还没有还呢？

答：我问过他们，款子占用在货上还没有回笼。

问：如果该款回不了笼呢？

答：不可能全部回不来，多少要回来一些。

问：这笔款子到期后你催讨过吗？

答：催过。

问：向法院起诉过吗？

答：没有。

问：为什么没有。

答：（不语）……

问：你敢吗？

答：（不语）……

（在上述的语用行为的合作过程中，对逻辑环节的提取已足够证实矛盾存在的原因了）

问：你身为行长，违反规定对贷款的企业不验资、不检查、不监督、不调查、无担保，款子到期无回笼，无任何保全措施，后果出现不采取补救办法，不向法院起诉，你能说通吗？这又说明什么？（提供满足对方产生自我心理强制的条件）原因你不用说谁都清楚！但这件事还要你自己说！讲……讲……

答：（沉默）……他们在贷款时给了我5万元的“好处费”。

问：对方拿5万元就换走了你200万元，你是银行行长，这笔账你是怎么算的。

答：谁会知道他们到现在还不还呢？

前面设置的语用行为已经充分证明了该行长违章贷款、收受贿赂的目的。这里运用了逻辑的语用行为提取了被讯问人无法抵赖的特定事实和环节，进行客观的联系和组合，使之能系统化地揭露供述矛盾，证明犯罪结果的过程。

2. 揭谎的情景环节。谎言是被讯问人隐瞒对抗的基本方法，揭露被讯问人的谎言就能够破坏对抗的心理结构。但是，如何能够发现谎言、证明谎言，却不是一件容易的事情，在很多时候，被讯问人的谎言是笼统的、不明显的，其中有时掺杂在许多真实的情景中，经常是难以证实和鉴别的。为了能够使被讯问人的谎言自然地呈现出来，在讯问实践中专门针对谎言设立了特定的环节情景来证明谎言，即谎言的供述语境。例如，被讯问人实施了犯罪以后，为了证明自己没有作案的时间，就采取编造谎言的方法，告诉讯问人员在某天、某时、某地见过某人，而实际上被讯问人在那个时间正在实施犯罪，不可能见到某人，讯问人员为了揭露谎言故意设立虚假的情景，让被讯问人充分地编造谎言：“不错，在那天之前某人出了一场车祸，头上被撞伤是用纱布包着的，你见到他时一定看见了他头上的纱布。”这时被讯问人会接着讯问人员的话继续编造谎言：“我看见他时确实头上有纱布包裹着。”这样被讯问人就上了讯问人员的当，钻进了讯问人员设置的圈套。因此谎言的出现有两种情况：一种是主观的，另一种是客观的。被讯问人为了逃避法律的惩罚，总是以谎言来进行对抗，这是主观的。另一种是讯问人员为了进一步证明谎言、揭露谎言，创建了一种假设情景和环节，使被讯问人在编造谎言的过程中，为了把假话说得比真话还要真，扩大了谎言的情景和环节的范围。同时，讯问人员创建的假设情景和环节，也被纳入了谎言的情景和环节范围，进行“填补”和“繁殖”形成了新的谎言情景与谎言环节，这个被共同创建的谎言统一体，自然也就包含着证明的环节和情景，只要讯问人员点破了证明的环节和情景，谎言无须揭露便会自然地暴露出来。

被讯问人说假话的语用行为具有以下特点：首先是语用行为的表述简练，语言背景含义单一。同时，语言背景含义与语言前景表义一致。例如，“是”或者“不是”，“有”或者“没有”“不是我干的”。其次是对情节的语用行为表述笼统不敢深入细节。这样对于讯问人员揭露谎言就增加了难度，有的时候明知道被讯问人在说谎，但就是无法予以揭露，根本原因就在于被讯问人谎言的单一性和情节表达的笼统性。例如，讯问人员讯问被讯问人是否去过杀人现场，被讯问人回答“没有”。这里讯问人员明知被讯问人在说谎，却无法揭露他的谎言，原因就是没有证明谎言的依据，所以明知是假话只能眼睁睁地看着他说而无奈。所以运用假设的情景环节，证明被讯问人的谎言，在讯问实践中有着非常重要的意义。“证谎”在讯问实践中的语用行为方法有“存在设立”“情景设立”“气象设立”“环境设立”“测谎（心理测试）的配合”等方法。

存在设立的语用行为特征，是讯问人员把与案件有特殊联系的人和物提取出来，假设他存在或者不存在，并且将其放进案件的情节中去，让被讯问人去自由发挥，因为被讯问人本身就是在说谎，他对讯问人员为其设置的人或者物是否存在根本就不清楚，被讯问人为了证明自己清楚，只能去编造谎言，讯问人员为其设置的人或者物的存在与否，正好符合被讯问人说谎的心理需要，所以被讯问人会在讯问人员为其设置的人或者物上再做“文章”、继续说谎，这样就扩大了谎言的范围，便于讯问人员的揭露。例如，被讯问人在某一时间内，根本就没有见到某人或者某物，而被讯问人则谎称自己见到某人或者某物，为了让被讯问人的谎言暴露，讯问人员可以为其设立某人或者某物根本就不存在。语用行为方法：“你到过某人的单位去看过某人的出差报销单吗？在你说的时间范围内某人根本就不在本地，这些我们已经调查过了，你是如何能见到某人的？”如果这时被讯问人表示默认，讯问人员就可以直接揭露被讯问人的谎言，如果被讯问人要狡辩，讯问人员应当立即阻止，并且直接告知被讯问人不要再说谎了，以此来进一步证明被讯问人被揭露的谎言，强化被讯问人的心理认识。情景设立的语用行为特征，是讯问人员用假设的情景，放进案件的情节中让被讯问人用谎言去发挥，待其谎言全部暴露之后再予以揭露。例如，被讯问人在某一特定的时间没有去过某宾馆见过某人，而被讯问人谎称自己在某一特定的时间去过某宾馆见到过某人。情景设立的语用行为方法：例如，贪污犯罪行为人自己把公款贪污了谎称钱送给了别人，在接受讯问时，被讯问人一再坚持钱是送到对方家里的。设立证明谎言的语用行为如下：

问：你送钱时收钱人在干什么？

答：在看电视。

问：哪天？

答：12 月 25 日晚上。

问：正好那天晚上停电怎么能看电视？（设立的特定情景，实际上根本就没有停电）

答：开始是停电点蜡烛的，后来有电了才看电视的。

因为本身送钱的经过就是假的，这样他的谎言就能够被证明出来了。气象设立的语用行为特征，是根据天气情况来为被讯问人设立的谎言证明方法。被讯问人在实施犯罪以后，为了逃避法律的惩罚总是要进行情景的选择，有的选择自己没有去过现场，有的选择自己没有作案的时间等。那么被讯问人在作案的时间范围内，人在什么地方？人在干什么？被讯问人通常的语用行为表述：“当时我在什么地方，在干什么。”因为被讯问人当时在犯罪现场，不可能在其他地方，因此被讯问人对他自己编造的地方当时的情况根本就不了解，为了证明自己在某地，只有编造谎言，这时讯问人员把气象情况加进被讯问人的谎言里，让被讯问人去充分地发挥，然后一举揭露。例如，讯问人员告诉被讯问人某地在某时下了一阵小雨，并且问被讯问人在下雨的时候你在干什么？因为当时被讯问人根本就不在某地，所以对某地是否下雨根本就不清楚，因此被讯问人就会采取默认的语用行为方法，问：“在下雨的时候打的是什么样的雨伞？”以此来逼着被讯问人说谎，达到揭露谎言的目的。环境设立的语用行为特征，是被讯问人为了掩盖犯罪事实，经常用谎言来描述某地的情况，以示自己曾经去过某地或者是从某地而来，环境设立是为被讯问人设立某地的环境，以此证明被讯问人对某地环境的说谎。证明谎言的语用行为技巧，可以从不同的角度，借助一切可以借助的条件，放开来让被讯问人充分说谎，并且有意识地帮助被讯问人扩大说谎的范围，达到充分揭露谎言的目的。这里应当注意的是在设立情景和环节时，语用行为的涉入应当与被讯问人语言情境统一，应当在顺应被讯问人的语言情境的条件下，涉入证明的情景与环节，才能够被被讯问人确认和借用，才能够被融入发挥。否则，如果对被讯问人说谎的语用行为进行阻拦或者讯问人员的自我形态表露，不能顺应被讯问人说谎的语言情境，被讯问人认为他的谎言已经被怀疑或者已经被识破，那么讯问人员所设置的证明环节和情景，就不能起作用。

3. 揭谎的定向环节。坚定的信念和态度，会对被讯问人的心理产生重要的影响，坚定的语用行为能够强化坚定的信念和态度。被讯问人对讯问人员的行为态度的坚定程度的评价，是从讯问人员的语用行为中获取的。在被讯问人接受讯问的时候，为了摸清讯问人员的底，判断讯问人员到底掌握了哪些犯罪事实，总是会千方百计地从讯问人员的语用行为中获取信息。讯问人员的语用行为所反映出来的坚定程度，是被讯问人分析判断的基础。如果讯问人员对某一事件的语用行为的表述不坚定，那么被讯问人就会分析判断不坚定的原因。显然，语用行为的表述不坚定就是对某一事件不能充分地肯定！因此，使被讯问人获取了对犯罪行为是否存在的不肯定的信息，就会强化被讯问人的对抗心理。与此相反，如果讯问人员对某一事件的语用行为的表述是坚定的，那么被讯问人就会认为这种坚定的语用行为是对犯罪行为暴露的肯定。被讯问人的侥幸心理的支点，就会被拆除。在讯问实践中讯问人员的语用行为越坚定，被讯问人的对抗程度就越弱，与此相反就会导致讯问活动的失败。讯问人员语用行为的坚定程度，不是依靠讯问人员语言声音的高低表现出来的，而是依靠定向的语用行为反映出来的。定向的语用行为反映出讯问人员对某一事实全力以赴的行为态势，是对语用行为目标的坚定态度和确认。语用行为目标是讯问活动的着力点，是对抗双方的重心，在双方的力量发生偏移的时候，重心就会发生偏移。例如，有一起贪污案件的财务人员，贪污了巨额公款后销毁了全部账目和财务凭证，被传讯后谎称财务账目被盗，自己不知账目的下落。讯问人员开门见山地：

问：你保管的财务账目必须要交出来！（讯问人员表现出了坚定的语用行为）

答：我不知道账哪里去了！可能是被小偷盗走了。（这里回答的语用行为也是坚定的）

问：小偷要你的账干什么！你不要再编了！账哪里去了？（进一步强化坚定的态度）

答：（不语）……（这里否定的坚定程度开始减弱）

问：我现在就是要问你账哪里去了！

答：（不语）……

问：你必须把账交出来！在这里你没有任何退路！

答：（不语）……

问：因为单位的财务账目不是你的私有财产，所以你必须要交出来！没有其他的余地！

答：账被我撕毁了。

问：那就请你把它恢复起来！

答：（不语）……

问：账是怎么撕毁的？

答：因为是小金库的账，钱被用了，就把账撕毁了。

问：撕毁的账在什么地方？

答：在我家的废纸桶里面。

问：账上的钱谁用了？

答：我用了。

问：用了多少？

答：可能有一二十万元吧！

问：做什么用了？

答：平时用了一些，另外的存银行了。

问：存折在哪里？

答：在我家卫生间顶棚的夹层里！

办案人员提取了被撕毁的账目和存折，成功地将该案交付了审判。这起贪污案件的讯问成功，表现出了讯问人员的准确判断和坚定的目的性，从而使被讯问人不得不交出犯罪证据，起到关键作用的是讯问人员全力以赴的定向语用行为。讯问活动中的语用行为的定向性，就是对讯问目标的确定性，围绕讯问目标的定向语言活动，语用行为的特征是讯问人员的坚定决心，即不把犯罪事实交代出来绝不罢休的决心，以此动摇被讯问人的侥幸心理。例如，在讯问一起被讯问人翻供的案件中，讯问人员为了查明翻供的原因和真实的犯罪事实，讯问人员围绕被讯问人“为什么翻供”展开了追讯：“你为什么翻供?”答：（不语）……问：“为了证明你的认罪态度和行为表现，我们必须要弄清楚你翻供的原因，这同时也是你的认识问题，所以你必须讲清楚，不讲清楚这件事情是不会结束的!”讯问人员的决心，使被讯问人的心理受到了压制，不说明原因是过不了关的，说了原因就等于交代了犯罪事实，左右为难，因为眼前的难关被讯问人只得选择交代放弃对抗。语用行为的定向作用能够有效地对被讯问人的谎言实施心理干预进行定向震慑，完成被讯问人自我心理强制的认知过程。

4. 揭谎的“特情”环节。犯罪是一种行为关系，是一系列情景相互联系的行为关系，犯罪是一系列情景关系的行为结果，这种相互联系的情景行为关系，能够有效地证明犯罪行为。通常被讯问人为了否定自己的犯罪行为，总是要在这一系列的犯罪情景相互联系的行为关系中，找出特定的情景关系进行歪曲、说谎，以此作为否定犯罪的理由。被讯问人选择的特定的情景关系就是“特情”关系，讯问人员对被讯问人“特情”关系的语用行为干预，就是为了矫正被否定、歪曲的行为情景关系。“特情”关系的语用行为干预的作用在于通过提取某个相互联系的个体情节和细节存在与否的关系，予以证明另一行为关系的存在与否。反过来，犯罪行为的存在与无必然联系的某些事件、物品、行为、语言的特定情景存在关联性，这种关联性足以证明犯罪行为的存在，通过这种证明的过程来满足对被讯问人的自我心理强制干预。这种干预或者证明的过程必须是充分的，如果这种干预或者证明不够充分，被讯问人就可能找出否定的理由，这个理由就能够帮助被讯问人解脱自我心理强制。用来干预或者证明犯罪行为存在的某些事件、物品、行为、语言的特定情景必须真实可靠，才能揭露谎言，成为被讯问人不可否定的理由。例如，北京公安局的预审官汲某在讯问外国派遣间谍李某时，就采用了证明法取得了讯问的成功。李某是以合法身份，通过合法手续进入我国进行间谍活动的，合法的身份是他的护身符，为了剥掉李某的合法外衣，汲某针对李某自称是来自中国某大学专门进修先秦文学的研究管子的专家，巧引了先秦文学的历史典故，通过证明法，诱其深入。他对这位自诩“管子专家”的李某提出问题：“老马识途，总该知道吧？”李某只顾翻白眼，回答不出来。汲某代之作答：“这个典故出自《韩非子·说林》。齐桓公曾带兵攻打孤竹国，孤竹国国君派手下的黄花元帅向齐军诈降，将齐军诱入迷谷。只见四周山崖陡峭，狂风怒吼，飞沙走石，寒气逼人。齐桓公见状忙叫人去找黄花元帅，岂料黄花元帅早已不见踪影。齐军大乱，左冲右突，自相践踏。齐桓公忙叫管仲献计。管仲说，老马能记住它所走过的路，我们可以利用马的这种灵性渡过难关。齐桓公叫人挑选了几匹从孤竹国的军队中俘获的老马，解开缰绳，让它们随意行走，各军的大队人马跟着这些识途老马，终于走出了可怕的迷谷，最后击退了孤竹国的军队，平定了边境的祸患。”汲某运用有关管子的典故，使李某瞠目、心慌、汗颜，汲某乘势进击，直指要害：“你这管子专家，对‘老马识途’却茫然无知，这不是很奇怪吗？看来你对管子的学问很不在行啊。”汲某进而又一针见血地对其揭露道：“你的工夫也没有使到学术研究上。你始终另有使命，你在从事一项见不得人的勾当。”汲某接着又乘势造势，猛烈攻心，对其施加心理压力，终于迫使李某这个巧于伪装的异国间谍，承认了自己的间谍身份，并且交代了他收集我国情报的罪行。“特情”关系的语用行为干预有：时间、地点、人物、常识、关系、情节、细节、环境、天气……例如，时间的干预条件，讯问人员为了证明犯罪，讯问被讯问人在案发时间的行动和活动情况，以此来证明被讯问人有犯罪存在的条件。例如，交通肇事逃逸案件，被讯问人开车撞人后逃跑，经过目击者辨认，被讯问人否认自己有肇事逃逸的行为，车辆上也没有明显的肇事痕迹，这里有当时的一段讯问笔录：

问：星期六的16时你在什么地方？

答：我在一家超市的门口。

问：你是怎么知道当时的时间就是16点钟的？

答：我是问超市门口的一个修理自行车的老板，他告诉我是16点钟。

问：那天下午在那条路上发生了交通事故你知道吗？

答：我知道。

问：你是怎么知道的？

答：我是听别人跟我说的。

问：谁跟你说的？

答：我们家的邻居跟我说的。

问：在什么地方说的？怎么说的？

答：在我晚上回家的时候，在门口遇到他，他告诉我下午十字路口那边出了一起车祸。

问：你在问超市门口的一个修理自行车的老板时间的时候，是在车祸发生之前还是在车祸发生之后？（特情涉入了）

答：是在车祸发生以后。

问：车祸是什么时间发生的？

答：我不知道。

问：你既然不知道车祸的发生时间，怎么知道你问修理自行车的老板时间的时候，是在车祸发生以后呢？（语用行为的干预开始）

答：（不语）……

问：你根本就不是听别人说的发生了交通事故，你就是直接的交通肇事者！你不但知道交通事故发生的时间，而且你在车祸发生以后，迅速地逃离了现场，此后你又空手步行来到了超市的门口，问修理自行车的老板“现在几点钟了”？让修理自行车的老板证明你不在发案现场。

讯问人员的这段语用行为的干预，把被讯问人推进了“自我心理强制”的领域，使其不得不供述自己交通肇事的逃逸经过。这里应当注意在运用“特情”语用行为干预的过程中，语用行为的节奏、语气和声调应当顺应选择的“特情”的语境条件，如果当时的语境条件不能顺应“特情”的语用行为，应当暂时放弃，待条件成熟再实施。因为如果“语境”条件不成熟，被讯问人在没有退路的情况下容易形成激情状态而出现僵局，导致语用行为的不合作状态。

例如，前面的交通肇事逃逸案件，讯问人员开始组织运用“特情”语用行为干预：

问：星期六的16时你在什么地方？

答：我记不清了。(不合作的语境，条件通道受到阻碍) 如果强行运用“特情”语用行为干预，便会出现下列情况：

问：(跨过前面的“特情”) 我再问你，那天下午在那条路上发生了交通事故你知道吗？

答：我不知道。(语境条件再次受到限制)

问：(自我组织“特情”) 那天下午在那条路上发生了交通事故你知道！因为你就是直接的交通肇事者！你不但是交通肇事者，而且你还是交通肇事后的逃逸者！

答：绝对不可能！

问：怎么不可能？

答：不是我干的！(出现了激情状态)

问：就是你干的！

答：你们说是我干的，那就是我干的，随你们的便！(这里出现了僵局，讯问人员只有再重新组织语用行为才能够使讯问活动继续发展下去)

“特情”关系的语用行为干预的语境条件，应当是讯问人员自己创建的，自己能够控制的。仍然是前面的交通肇事逃逸案件，讯问人员为了创建适应语用行为干预的语境条件，首先运用了无声语言的神态影响，产生情感的沟通。其次是使被讯问人产生语言情境的对应反应，使之满足语用行为的语境条件：（和蔼的态度、手势告知被讯问人）"你请坐！"

问：你是做什么工作的？

答：没有具体的工作。

问：正常的生活来源靠的什么？

答：家里有房屋出租，有时也做些小生意。

问：最近做了什么生意？

答：最近没做什么生意。

问：不做生意那你干什么呢？

答：跟朋友在一起玩。

问：平时都跟哪些朋友在一起？

答：比较要好的几个朋友。

问：星期六你跟哪些朋友在一起？

答：你说的是星期六的上午还是下午？

问：星期六的16时你在什么地方？

答：我没有跟朋友在一起，我在一家超市的门口。（以下的语境使被讯问人无法进入激情状态）

问：你是怎么知道当时的时间就是16点钟的？

答：我是问超市门口的一个修理自行车的老板，他告诉我是16点钟。

问：那天下午在那条路上发生了交通事故你知道吗？

答：我知道。

问：你是怎么知道的？

答：我是听别人跟我说的。

问：谁跟你说的？

答：我们家的邻居跟我说的。

问：在什么地方说的？怎么说的？

答：在我晚上回家的时候，在门口遇到他，他告诉我下午十字路口那边出了一起车祸。

问：你在问超市门口的一个修理自行车的老板时间的时候，是在车祸发生之前还是在车祸发生之后？（特情涉入了）

答：是在车祸发生以后。

问：车祸是什么时间发生的？

答：我不知道。

问：你既然不知道车祸的发生时间，怎么知道你问修理自行车的老板时间的时候，是在车祸发生以后呢？（语用行为的干预开始）

答：（不语）……

问：你根本就不是听别人说的发生了交通事故，你就是直接的交通肇事者！你不但知道交通事故发生的时间，而且你在车祸发生以后，迅速地逃离了现场，此后你又空手步行来到了超市的门口，问修理自行车的老板“现在几点钟了”，让修理自行车的老板证明你不在发案现场。

这种变换过的语用行为的干预，同样能够把被讯问人推进“自我心理强制”的领域。同样在上述的交通肇事的“特情”语用行为的干预中出现的僵局，显然是语用行为的失败环节。如果当时的语境条件不能顺应“特情”的语用行为，就应当暂时放弃，经过语言情境的调整后，待条件成熟再实施。因为语境条件不成熟，说明没有语用行为合作的情态，也就是说丧失运用“特情”的语用行为的条件。通过前面的僵局过程可以看出：如果当时讯问人员感觉到语境条件出现了问题，就应该立即停止“特情”语用行为的干预，更换语用行为，就能够避免僵局的出现。通常更换语用行为的方法是在被讯问人不知不觉中巧妙地把话题岔开，即便已经进入或者已经组织实施“特情”语用行为的干预，也要立即把它拉出来，避免发展下去的僵局后果。“拉出”或者“岔开”语用行为目标的方法：接话而岔。就是接过对方的话题，岔开已经设立的语用行为目标。如前面的答话：“我不知道。”接话：“你知道什么？”岔开：“你的姓名知道吗？”

为了尽快地进入更换的目标：“你家有几口人？”这样的话题被讯问

人无法作出否定性的回答，更不可能说自己不知道，这里虽然从一个目标转向了另一个目标，但是，原来设立的语用行为目标的中心没有变，仅仅是语用行为范围扩大了，无论语用行为的范围扩大到什么程度，都要随时准备重新进入原来设立的目标，继续完成“特情”的语用行为干预。例如：

问：你父母亲是做什么工作的？

答：工人。

问：你有兄弟姐妹吗？

答：有！他们都在上学。

问：他们上学你在做什么？

答：我有时跟朋友做点生意，其他没有什么事。

问：星期六你干什么去了？（进入了原先的目标范围）

5. 眼前情景。把眼前的情景作为岔开话题的跳板。如前面的交通肇事逃逸案件，问：“你手上的伤是怎么回事？”如果是旧伤，可以把它与过去骑摩托车联系在一起，逐渐把话题引向星期六的摩托车肇事的主题。如果是新伤，那么经过推理，正好能够与星期六的摩托车肇事联系在一起。

6. 跨越结果。从对方回答的结果，进行反向顺应。如前面的回答：“我不知道！”跨越结果的方法岔开：“我知道你要说这样的话！”继续岔开：“你知道是什么原因吗？”再继续：“你可能还要说不知道！”继续深入：“因为你是怎么想的我知道！”这样虽然拉开了范围，但是只要有条件出现，就能够向中心迂回。

7. 及时阻止。当对方不利的语义出现，尚未来得及展开的时候，就要及时地阻止对方把话题展开。再如，前面的回答：“我不知道！”及时阻止：“你别说了，我只想告诉你一件事……”阻止完了以后，至于把话题岔向何处那就是自己掌握了。

第五节　导谎法的介入

谎言是被讯问人抗拒调查的基本方法，揭露了谎言就能够破坏对抗的心理结构。被讯问人如果不如实供述其违纪违法行为而是撒谎，则会由于说谎而引起内心的焦虑，随着焦虑的增加，被讯问人会因承受不住这种焦虑而选择如实供述。在很多时候，被讯问人的谎言是笼统的、不明显的，调查人员无法确定揭露的对象，只有设定确定的谎言对象，帮助被讯问人设置谎言，引导被讯问人对确定的对象说谎，再通过揭露谎言达到心理限制的目的。例如，贪污违纪违法犯罪，被讯问人自己把公款贪污了却谎称把钱送给了别人，讯问其经过，钱是送到对方的家里的。问：“送钱时收钱人在干什么？”答：“在看电视。”问：“哪天？”答：“12 月 25 日晚上。”问：“正好那天停电怎么能看电视（设假导谎，实际根本就没有停电)？”答：“开始是停电了点蜡烛的，后来有电了才看电视的（因为本身送钱的经过就是假的)。”这样他的谎言就被导出来了。由于说谎而引起内心的焦虑，随着焦虑的增加，在无法解脱的情景下，心理限制的压力就会增加，被讯问人会因承受不住这种焦虑的心理压力而选择如实供述。焦虑是一种不明确的忧虑的不安状态，通常不与特定的起因相联系。在个人理想与客观实际之间出现冲突或认识不一致的时候，焦虑就会出现。理想的目标与客观实际差距越大，认识就越不一致，焦虑也随之增加。焦虑的增加，是被讯问人之所以在“谈话”中供认的部分原因。虽然被讯问人希望逃避真实供述的后果，但他并不希望以增加与欺骗相连的内心焦虑为代价换取这样的结果。焦虑的力量是供认的动机。谎言的出现有两种情况：一种是主观的，另一种是客观的。被讯问人为了逃避党纪法律的惩罚，总是以谎言来进行对抗，这是主观的。另一种客观的，是调查人员为了进一步揭露被讯问人的谎言，帮助被讯问人编造谎言，然后揭露谎言。

谎言是被讯问人抗拒“谈话”最基本的规律，谎言在“谈话”活动中存在必然性，是对被讯问人抗拒调查规律的客观总结。“谈话”活动中抗拒调查的规律，实质上就是运用谎言的规律；“谈话”的全过程，也就是揭露谎言、去伪存真的过程。而为了揭露谎言，就必须要让被讯问人充分说谎，谎言说得越多，就越有利于调查人员的全面揭露。调查人员就是通过对谎言的揭露来证实被讯问人违纪违法犯罪，迫使被讯问人交代自己的违纪违法行为。世界上很多国家为了解决这一问题，研究出了很多测谎办法，最有代表性的就是测谎仪的问世，它象征着违纪违法犯罪心理测试技术的发展。这种违纪违法犯罪心理测试技术主要用于违纪违法犯罪调查和辅助侦讯，是运用现代心理学和实验技术成果以及神经生理学、生理电子学等学科研究成果，同时、同步记录人的多项心理生物反应指标，进而评判心理痕迹对应相关的技术。多年来人们把这项技术称为测谎技术，将这种技术的测试仪称为测谎仪。那么被讯问人为什么在接受“谈话”时要用说谎的方法来抗拒调查？这是因为被讯问人在实施违纪违法犯罪以后，为了逃避法律的惩罚，总想千方百计地隐瞒自己的违纪违法行为，说真话就等于交代自己的违纪违法行为，为了不供认违纪违法行为，只有用假话来对付“谈话”。因此，他们往往在接受“谈话”之前就做好了心理准备，如何用假话来掩盖真的违纪违法行为。

一、“导谎法”的具体含义

被讯问人在抗拒调查的活动中，由于抗拒调查的谎言意思单一、情节表达笼统，没有证明谎言的依据，明知被讯问人在说谎，就是不能证明其说谎。调查人员在无法揭露被讯问人的谎言的情况下，采取引导、促使被讯问人说谎的办法，故意把虚假的情节融合在某一违纪违法犯罪的情节中，让被讯问人继续编造谎言，扩大谎言的范围，最后达到揭露谎言促使被讯问人供述认罪的目的。例如，被讯问人实施了违纪违法犯罪以后，为了证明自己没有作案的时间，就采取编造谎言的方法，告诉调查人员在某日某时某地见过某人，而实际上被讯问人在那个时间正在实施违纪违法犯罪，不可能见到某人，调查人员为了揭露谎言故意设立虚假的情景，让被讯问人充分编造谎言：“不错，在那天之前某人出了一场车祸，头上被撞伤是用纱布包着的，你见到他时一定看到他头上有纱布。”这时被讯问人就会接着调查人员的话继续编造谎言：“我看见他时确实头上有纱布包裹着。”这样被讯问人就上了调查人员的当，钻进了调查人员设置的圈套。

二、“导谎法”的运用

“导谎法”在“谈话”实践中如何运用？常用的方法有“存在设立”“情景设立”“气象设立”“环境设立”等。

1. “存在设立”方法。是调查人员把与案件有特殊联系的人和物提取出来，假设其存在或者不存在，并且将其放进案件的情节中去，让被讯问人自由发挥，因为被讯问人本身就是在说谎，他对调查人员为其设置的人或者物是否存在根本就不清楚，被讯问人为了证明自己清楚，只有去编造谎言，调查人员为其设置的人或者物的存在与否，正好符合被讯问人说谎的心理需要，所以被讯问人会在调查人员为其设置的人或者物上再做文章、继续说谎，这样就扩大了谎言的范围，便于调查人员的揭露。例如，被讯问人在某一时间内，根本就没有见到某人或者某物，而被讯问人则谎称自己见到某人或者某物，为了让被讯问人的谎言暴露，调查人员可以为其设立某人或者某物根本就不存在：“你到某人的单位去看过某人的出差报销单吗？在你说的时间范围内某人根本就不在本地，这些调查人员已经调查过了，你是如何见到某人的？”如果这时被讯问人表示默认，调查人员就可以直接揭露被讯问人的谎言，如果被讯问人要狡辩，调查人员应当立即阻止，并且直接告知被讯问人不要再说谎了，以此来进一步证明被讯问人被揭露的谎言，强化被讯问人的心理认识。

2. “情景设立”方法。是调查人员用假设的情景，放进案件的情节中让被讯问人用谎言去发挥，待其谎言全部暴露之后再予以揭露。例如，被讯问人在某一特定的时间没有去过某宾馆见过某人，而被讯问人谎称自己在这一特定的时间去过某宾馆见过某人。调查人员可以采用“情景设立”的方法，问：“你到某宾馆看见某人在干什么？”回答：“他在看电视。”（情景设立）问：“我记得当天在那个时间某宾馆停电，怎么能看电视？”回答：“当天是停电了，停电的时候他（某人）在点蜡烛，后来来电了才看电视的。”待被讯问人的谎言全部表现完毕之后，调查人员再告诉被讯问人某特定时间的某宾馆根本就没有停电，使得被讯问人的谎言暴露得淋漓尽致。

3.“气象设立”方法。这是根据气象信息的天气情况来对被讯问人导谎的方法。被讯问人在实施违纪违法犯罪以后，为了逃避法律的惩罚总是要进行“情景的选择”，有的选择自己没有去过现场，有的选择自己没有作案时间等。那么被讯问人在作案的时间范围内，人在什么地方？人在干什么？被讯问人会用谎言来告诉调查人员，当时他在什么地方，在干什么。因为被讯问人当时只能在违纪违法犯罪现场，不可能在其他地方，因此被讯问人对他所说地方当时的情况根本不了解，为了证明自己在某地，只有编造谎言，编造一些根本不存在的情况，这时调查人员把气象情况再加进被讯问人的谎言里，让被讯问人充分地编造，然后一举揭露。例如，调查人员告诉被讯问人某地在某时下了一阵小雨，并且问被讯问人下雨的时候在干什么。因为当时被讯问人根本就不在某地，所以对某地是否下雨根本就不清楚，因此被讯问人会采取默认的方法：“噢，我当时在干什么。”还可以进一步问他在下雨的时候打的是什么样的雨伞，以此来逼着被讯问人说谎，达到揭露谎言的目的。

4.“环境设立”方法。被讯问人为了掩盖违纪违法行为，经常用谎言来描述某地的情况，以示自己曾经到过某地或者是从某地而来。调查人员为被讯问人重新设立某地的环境，来帮助被讯问人说谎。如 1955 年冒充“蒋总统”的秘密特使案。当时的调查人员为了弄清对方到底是不是“蒋总统”秘密特使，采取环境设立的方法来试探对方是真特使还是假特使，调查人员问：“中央日报是‘台湾政府’报纸，它的社址在哪里？台湾的‘国防部’地址在什么地方？”结果这位假特使回答得驴唇不对马嘴，暴露了自己“冒牌货”的身份。再如，有的贪污贿赂案件，被讯问人将公款贪污了却谎称送给了别人，由于是“一对一”的案件，一个人说给了而另外一个人说没有拿，当调查人员问及被讯问人钱是怎么送的，被讯问人称是送到对方家里的，而根据了解，被讯问人根本就不知道对方的家庭住址，调查人员便采用了环境设立的方法来进行导谎：“你既然到对方家里送钱，就应该知道他们家放置在客厅里的沙发，是皮质的还是人造革的？”被讯问人说是皮质的，当时他就是坐在客厅的沙发上的。而实际上该客厅里根本就没有沙发，只有几把椅子。抓住这一事实予以揭露，便能一举成功。

总之运用导谎的方法，可以从不同的角度，借助一切可以借助的条件，放开来让被讯问人充分说谎，并且有意识地帮助被讯问人扩大说谎的范围，达到充分揭露其谎言的目的。

第六节 “确认存在”的方法

在审讯的对抗隐瞒的空间里，通过“否定堵退”心理层面的信息干预，出现了暂时寻找目标的空白状态，从犯罪嫌疑人的心理角度来看，后退失去了条件，前进暂时没有目标，处于暂时寻找出路的空白状态。审讯人员在此阶段应当引领嫌疑人向涉案的主题方向跨进，解决涉案主题是审讯的核心问题，如何解决涉案的主题，审讯是涉入涉案主题，经过对涉案主题的存在的确认，主要的目的是确认犯罪存在与嫌疑人的关系，这种确认的方法和过程称为“确认存在”。

“确认存在”是对第二步提出“涉案关系”的确认和细化，同时也是对第二步嫌疑人的否认隐瞒作出回应。审讯人员在前面的第二步提出的“涉案关系”，嫌疑人作出的“涉案关系”的否定与否定“涉案关系”的退路选择，被封锁以后，需要进一步地强化这种“涉案关系”的存在，为了证明该“涉案关系”的存在，审讯人员提出了“涉案关系”的确认方法即“确认存在”。

“确认存在”的方法。“确认存在”是以主题涉入为先，然后确定主题与嫌疑人的涉案关系的存在，将嫌疑人引领到“涉案关系”的自我确认的平台上，为嫌疑人进行条件选择做准备。

“确认存在”首先进行的是主题涉入。主题涉入定义：在审讯活动中提取案件的相关涉案问题称为主题。主题又分为单一主题和混合主题。单一主题是以一个情节为核心的构成，可以是一个独立的案件条件；混合主题是由许多单一主题构成的组合体，一案涉及数个罪名、一案涉及同一罪名的数个情节，以数个单一的主题构成了混合主题。审讯对抗活动中的案件主题是犯罪嫌疑人通常直接封锁的领域，是不愿意让审讯人员涉足的领地，是处于封闭状态的心理行为，这种封闭状态下的主题，只有在适时、适情、适理、适度的空间状态下才能够涉入。审讯人员涉入主题的目的，就是涉入嫌疑人在封闭状态下的主题空间，寻找、提取证明主题问题的行为依据。

对抗活动中的涉案主题包含两个层面，一个是外围主题，是犯罪的外围情景，是被概括的主题。另一个是内部存在的关联情景，是涉案行为的核心问题，以与行为人的牵连关系而存在，牵连的程度是审讯对抗取舍的焦点。审讯人员在没有具体地掌握嫌疑人的犯罪证据的情况下，提出的涉案主题，通常只是外围主题、被概括的主题，不是具体的涉案存在。只有当审讯人员掌握了具体的行为人的犯罪证据之后，才有可能提出关键的核心主题。这种核心主题隐含在犯罪行为过程的特定细节中，如贿赂犯罪行为，行贿人手中有钱，把钱送给了受贿人，是一个完整的行为链条，核心主题包括“有钱”“送钱”“收钱”。如果行贿人、受贿人或者“钱的存在”有一方被否定，这个犯罪的链条就会断裂，导致整个犯罪行为不存在。嫌疑人在该层面选择的具体目标，就是产生在这个链条中的某个特定的细节。例如，行贿人说没有给，受贿人说没有拿，就是具体的目标选择。通常这个具体的核心目标，被隐含在犯罪主题背景中某个特定的问题或者行为的关系之中，嫌疑人通过否定来破坏这种关系，等待进入下一个层面。

主题问题是嫌疑人千方百计想要隐瞒的核心问题，因为主题问题的行为的牵连性，嫌疑人为了摆脱这种牵连，在涉及这种主题的时候，通常以谎言来进行主题关系的否定。例如，强奸案中审讯人员进行主题的涉入：“被害人就是客观存在的证明。”答：“她能证明什么？”问：“证明你是强迫（核心问题）的就已经够了！”答：“不可能！”问：“我今天只想告诉你，你的强奸罪名已经成立，你要早做准备。”再如，受贿犯罪案件，利用职务之便为他人谋取利益，接受贿赂的犯罪行为，审讯人员进行犯罪主题的涉入："你的职务为他人谋取利益起到了关键性的作用，没有你就没有他人获利的存在。"答："我没有利用职务之便，他人承接的工程项目都是通过招标投标的，与我的职务没有关系。"问："透露标底、透露招投标方案给他人的行为已经被证实，你还有否认的必要吗?"答："透露标底就是利用职务之便吗?"问："你说对了，从你的嘴里说出来就是你的职务行为。"答："（不语）……"关于主题行为，还可以通过多方面、多方向的发问直接涉入主题。

涉入主题的方法：

第一是主题涉入的时机。嫌疑人在什么情况下能够听侦查讯问人员说话，能够回答侦查讯问人员的提问，有对话交流的平台，经过上一轮的"否定堵退"心理压力尚存，需要等待被讯问人的态度端正，有一定的对话基础，双方在心理上沟通的时机成熟，涉入主题。

第二是主题涉入的时间。根据犯罪嫌疑人的对抗心理特点可以选择审讯的开头或者开场时直接切入主题。这种选择主要是根据适用对象的顺应性比较强的；对涉案关系的证据没有思想准备的；反审讯的经验不足的；性格直爽的；事出有因的；具有明显从轻情节的和有自首行为的。

第三是在审讯开始以后的适时过程中切入主题。切入主题的适用对象，通常是那些气焰嚣张、态度恶劣、情绪低落的嫌疑人。主题的内容是嫌疑人的空白点，是"软肋"，涉入后使得嫌疑人首尾难顾。

第四是创造切入主题的时机。（1）以威慑端正被讯问人的态度（通过讯问人的态度和决心来表现）。（2）以法律端正被讯问人的态度（法律规定和法律执行判刑、宣布强制措施）。（3）以证据端正被讯问人的态度（出示证据要确实、要有针对性、要讲方法）。（4）以理端正被讯问人的态度（说理要针对原因、要透彻、要情理结合）。（5）以情端正被讯问人的态度，针对情感的执着点或弱点，要有步骤和方法：首先是寻找、其次是调动、再次是刺激、最后是帮助。还可以通过引起被讯问人的说话兴趣，运用吸引、感化、鼓励等方法创造讯问切入主题的时机。（6）以要求被讯问人端正行为切入主题。例如，我希望你坐好了，注意听我说，希望你的眼睛看着我等。(7) 以帮助嫌疑人降低恶性的方法，顺应心理趋向切入主题。(8) 自然平稳过渡，采取自然平稳的方法引向主题。(9) 循序渐进过渡，顺着事实和情节一步一步地走向主题。(10) 迂回围歼过渡，从侧面提出问题，扫清外围，堵死退路，隐蔽讯问意图和进攻路线，迂回过程气氛和谐，围歼要迅猛。(11) 单刀直入过渡，作为“刀”的事实或者证据要可靠，通常是在嫌疑人没有思想准备的情况下切入，切入的气氛要凌厉，可以运用推拉结合的方法进行。(12) 主动出击过渡，调整进攻方向、先发制人、控制局面、打拉结合。(13) 连续进攻过渡，周密设计步骤、事先评估、针对心理特点多管齐下。(14) 客观原因涉入，帮助嫌疑人分析犯罪的客观原因，如受贿犯罪案件，受贿的原因是被动的，是两难选择，能够使嫌疑人产生心理需要，培养嫌疑人心理的顺应性。例如，对一起受贿犯罪案件的讯问：“你不是贪财的人，行贿人硬是要给，不能不收啊，不收得罪人，收了得罪法，两难啊，你说是不是?”嫌疑人回答：“就是！就是啊！”紧接着审讯人员问：“那你就具体地说说吧！”(如果他说了就是我们要涉入的主题) 主题涉入之后的任务是确认主题的涉案关系的存在。

“确认存在”的方法：“确认存在”主要是对嫌疑人选择的前卫进行否定，破坏其支点层面，主要的方法有对涉案空间的假定存在进行推演和设置，证明涉案关系的主题的存在。根据嫌疑人对涉案主题的否认，假设一个与主题有着密切关系的存在，针对嫌疑人的谎言予以应对性和证明性的揭露，达到对嫌疑人谎言的否定，进而确认涉案关系的主题存在。例如，杀人案件，嫌疑人以自己根本就没有去过杀人现场，来否认与杀人现场的关系，这里否定了与杀人现场的关系即前卫否定成功，那么就否定了杀人行为，即对后卫的杀人否定就成功了。审讯人员假定现场留有嫌疑人的遗留物，如脚印、毛发、衣物纤维等（因为这些遗留物嫌疑人无法预判是否留在现场），假定这些遗留物存在，嫌疑人自然会对现场是否有自己的遗留物，进行自我分析判断，当自己无法确定是否有遗留物留在现场时，假定的遗留物也就真实存在了，即完成了存在的确认。

还有就是跨越主题的空间进行发问，使其产生主题关系的错觉，这也是一种有效的方法。设定一个主题存在跨越过去进行发问，如贿赂犯罪案件，嫌疑人银行的存款是涉案的主题，审讯人员直接跨越银行存款的存在进行发问：“我现在就问你要那么多的钱干什么！”对方回答：“我没有多少钱啊！”这里心理意识的行为趋向是自己的存款，审讯人员又接着问：“你说没有多少钱那到底是多少钱？”回答：“有三四十万元吧！”这里嫌疑人的回答显然指向了银行存款，因为他不可能将这么多现金放在家里。审讯人员接着又问：“这个数额不对！你自己把那些加一加到底是多少！”回答：“都加起来有二三百万元吧！”这里“都加起来”加的是什么，显然指的是银行卡或者是银行存单。这里嫌疑人产生的错觉是办案机关已经介入了自己的存款银行，否则不会知道银行有自己的那么多存款。

再有就是通过逻辑关系的推理来确认存在，通过行为关系内在联系的基本属性，推演得出存在的结论。例如，“你帮助他干了那么多本来不应该是你干的事情，没有好处你能干吗？”以此确定“好处”的存在。

最后是模拟情景确认存在：模拟情景，就是通过推理、研究，找出相似的犯罪情景，进行重复模拟，再现给犯罪嫌疑人，让犯罪嫌疑人进行复合认识，重现心理事实，达到客观事实与心理事实的存在确认。存在确认是犯罪嫌疑人供述认罪的必要条件，是其供述认罪的理由和根据。犯罪嫌疑人实施了犯罪行为以后，其行为导致的犯罪事实是客观事实，这种客观事实是物质的，其本身往往不能跟犯罪的行为人联系在一起。例如，在一起杀人案件中，凶杀案件是存在的客观事实，但是这仅能证明凶杀案件的存在，并不能证明与某个特定的人的联系，即便是真正的凶手，如果没有充分的认知条件的相互联系和证明，也不会承认自己是杀人凶手。由此可知，犯罪的客观事实如果不能被犯罪的心理事实确认，就形成不了存在确认，这种存在确认是犯罪嫌疑人通过客观事实的认知条件和理由，经过诉讼过程中侦查活动的影响，与自己实施的犯罪行为的记忆痕迹即心理事实的确认，而形成的对犯罪的确认和认知过程，即存在确认的形成。

存在确认的形成，依赖于犯罪的心理事实，犯罪的心理事实来源于犯罪行为人的记忆，这种记忆痕迹就是心理事实。为什么犯罪的心理事实会持久存在，而其他的行为事实常常会被遗忘？人的行为是心理活动的结果，这种行为的结果会在大脑的记忆里留下痕迹，有短期的记忆痕迹、中期的记忆痕迹和长期的记忆痕迹，它的特点是随着时间的推移而逐渐遗忘。可是犯罪活动的记忆痕迹却相反，它不但不会随着时间的推移而逐渐遗忘，反而会一直保留在犯罪嫌疑人的记忆中，有时在外来信息的刺激下和自我意识的作用下，犯罪的情景会重新复活起来，就像“放电影”一样在犯罪嫌疑人的大脑里重现，这种犯罪行为的记忆痕迹通过犯罪嫌疑人的认知记忆保存下来，就是犯罪的心理事实，一旦重现，犯罪行为人就会感觉到恐惧、不安和焦虑。因为犯罪行为是社会的否定行为，是要受到法律惩罚的行为，如果在客观上这种犯罪的行为与自己联系在了一起，自己就要付出接受惩罚的代价。这里讲的客观联系，是经过司法机关干预而形成的犯罪行为与犯罪嫌疑人的联系。不是主观的犯罪事实与心理事实的联系，主观的联系如果没有客观的司法机关的信息干预，就不能形成存在确认，犯罪行为人就不可能将自己的犯罪行为向司法机关公布，因为犯罪的心理事实没有经过犯罪行为人的确认过程，就形成不了存在确认，犯罪行为人也就不会供述认罪。

国外有些司法机关，在审讯犯罪嫌疑人的时候，利用给犯罪嫌疑人画像、模拟犯罪情节等手段，对犯罪嫌疑人进行审讯，以达到实现存在确认的目的，已经成为成功的经验和方法。

第五步　涉案原因

第一节　退路选择的自我评估

所谓退路即后退之路，退却的道路、回旋的余地，是在前行之路不能通行的情况下，如何回旋寻找出路即退却之路。在审讯活动中嫌疑人面临审讯人员对其犯罪行为的指控和揭露，针对审讯人员的积极指控和揭露行为，会选择应对、否定的理由和方法，这种应对和否定方法的来源条件，就是嫌疑人对该犯罪行为的回旋余地和退路选择。这种回旋余地和退路选择的条件的产生是根据嫌疑人对自我行为的评估和对审讯人员提供的信息的判断，进行综合心理行为分析，而作出的应对、否定、隐瞒犯罪的理由和方法，这个理由和方法就是退路选择。

嫌疑人应对审讯、隐瞒否定犯罪的理由和方法，都是通过对该犯罪行为以及信息来源是否有退路和回旋余地的评估而产生的，评估的方法与退路的选择是密切相连的，评估的结论决定了退路和回旋方法的选择。

首先是“犯罪行为完全暴露”的评估结论，这个评估结论来源于两个方面，一个是自己的行为评估，另一个是审讯人员提供的信息评估。“犯罪行为完全暴露”也有两种情况，一种是暴露的客观存在，另一种是错觉认识的心理存在。无论是哪一种，对嫌疑人来说都是“犯罪行为完全暴露”。选择否定、隐瞒的退路的心理行为表现：犯罪嫌疑人的“犯罪行为完全暴露”的心理行为评估，大多是在犯罪现场被当场抓获、犯罪证据已经被司法机关提取，是不容置疑的，主观与客观的评定都是同一的，是不容改变的事实。从这个事实和角度来看，嫌疑人的退路在哪里呢？嫌疑人对退路的选择是以最大限度地保护自己，维护自己的最大利益为出发点的。如何能够满足利益最大化？犯罪行为已经暴露显然对自己不利，不是自己选择的目标，除此之外利益最大化的条件范围应该有："情节轻重""因果关系""认事不认罪""客观责任""主观方面""自我封闭（等待审批结果心理退路)""目标排斥""利益方向"等。

"情节轻重"是嫌疑人评定自我的犯罪行为完全暴露之后，从犯罪行为的恶性程度方面为自己选择的退路，针对已经存在的行为找出较轻的情节为自己辩护，以此排除该犯罪行为可能导致的恶果。例如，贿赂犯罪案件，受贿犯罪嫌疑人承认自己对每一笔款项的受贿犯罪行为，紧接着又谎称收取的那笔钱又原封不动地退还给了行贿人。针对这种谎言即便审讯人员没有掌握是否存在的情景，也应当作出直接否定的回应："你没有退！最多也只是不久前与行贿人串通了一下而已。"这里即便是有退的行为，也是案发后为了逃避司法机关侦查而作出的补救行为，仍然是犯罪行为，仅仅是整个犯罪行为中又出现了一个隐瞒补救的情节而已。再如，交通肇事案件，肇事逃逸犯罪嫌疑人谎称自己肇事后，是直接去公安机关投案自首的，自己没有逃逸。针对这种情节的退路选择，审讯人员应当直接作出否定的应对，以投案选择的路线、方向、时间和行为作出否定投案的回应。

"因果关系"是嫌疑人以"因"来否定与"果"的恶性关系。例如，寻衅滋事导致他人死亡的案件，嫌疑人谎称起先是被害人寻衅滋事要置自己于死地，自己是正当防卫但无法掌握防卫的限度，是过失导致被害人死亡，自己的行为应该是防卫过当。这种因果关系的退路选择有很大的普遍性，审讯人员能够再现当时的现场情景，嫌疑人选择的退路就会被自然否定。

"认事不认罪"是嫌疑人在对自己"事"的存在无法否定的情况下，选择一个犯罪的不构成要件，作为退路的选择。例如，受贿犯罪案件，嫌疑人收取别人的贿赂，谎称是借的，同时借对方的钱自己也不是利用职务之便。审讯人员可以从借钱的数量和目的来进行退路的否定。

“客观责任”是客观事实的出现嫌疑人无法否定时，就会以导致该犯罪行为的责任的转嫁来进行退路的选择。例如，强奸案件的嫌疑人对发生的性行为无法否定，但是导致性行为出现和存在的根本原因是被害人自愿与自己发生性行为，自己不是强奸。这种退路的选择是大多数强奸犯罪案件特有的退路选择，有很大的普遍性。审讯人员可以使用空间的客观事实来予以间接否定，选择降低恶性帮助更换退路达到对其否定的目的。

“主观方面”有许多案件需要罪犯的故意犯罪行为才能够成立，通常嫌疑人会选择没有犯罪故意作为退路的选择。例如，诈骗案件的嫌疑人选择自己没有占有对方财产的诈骗故意：“我准备在近期就把他的钱还给他，我当时就跟对方说了归还的时间，现在不是归还的时间没有到吗？你们就把我抓来了。”这里“我当时就跟对方说了归还的时间”就是谎言，审讯人员可以用不是借贷关系的行为表现来予以否定。

“自我封闭（等待审批结果心理退路）”是嫌疑人对自己无法否定的行为事实，采取不参与的自我封闭态度作为退路选择。这是嫌疑人对自我行为暂时没有满意的回避和辩解理由，采取不参与的退路选择，呈现出沉默的行为选择，同时也有对希望结果的设想，通常表现为：“到时候我再说！”到什么时候说就连他自己也说不清楚。这里审讯人员可以通过调动其积极的参与性，来改变其沉默的退路选择。

“目标排斥”是嫌疑人对审讯人员和司法机关对其审讯产生的排斥反应，将自己的犯罪行为导致的恶果转移到审讯人员和司法机关的身上，是因为有了这些才有了自己的恶果存在，他们是导致恶果的目标，心理行为的对抗排斥占有重要的空间，表现出的对抗行为就是其退路选择。审讯人员可以通过改变自己的角色，转换其单一的对抗心理、排斥心理，引导嫌疑人对自我行为的辩解和对自己出路的选择，达到对以排斥为退路的转换。

“利益方向”是嫌疑人选择获取利益的主体方向，这个主体有嫌疑人自己还有审讯人员，嫌疑人将获取利益的主体选择在自己身上，那么表现出来的是自我隐瞒对抗的行为（包括除上述七种外的其他方法），将获取利益的主体选择在审讯人员的身上，那么表现出来的是条件要求，以条件要求作为退路选择。审讯人员能够取得嫌疑人的信任，那么就解决了嫌疑人的退路选择。

其次是“犯罪行为部分暴露”的评估结论，这个评估结论也来源于两个方面，一个是自己的行为评估，另一个是审讯人员提供的信息评估。“犯罪行为部分暴露”也有两种情况，一种是暴露的客观存在，实施了犯罪行为之后客观地暴露了部分犯罪行为。另一种是错觉认识的心理存在，犯罪行为实施后因为自己的疏忽大意或者客观条件无法完全保障犯罪行为部分暴露。无论是哪一种，针对嫌疑人来说都是“犯罪行为的部分暴露”，对自己隐瞒犯罪事实是大为不利的。以此嫌疑人可根据犯罪行为部分暴露的条件和暴露的可能性范围，选择自己的退路。

以没有暴露的犯罪行为来否定已经暴露的犯罪行为，如盗窃犯罪行为，侦查机关通过监控录像锁定嫌疑人去过某住宅小区，这是整个盗窃犯罪的部分行为，嫌疑人得知此信息或者判断是此行为暴露之后，便会选择自己是去该小区找人的而不是去盗窃的，以此作为退路的抗审选择。通常审讯人员是以嫌疑人的行为特征和行为差异，以及谎言选择的存在条件，来否定嫌疑人的谎言。例如，该行为特征是空手而入，满载而出；谎言找人的对象的细节等。

以不清楚暴露了那些犯罪行为，向审讯人员摸底，以此获取该犯罪行为暴露的具体情节，如果审讯人员没有把具体的部分暴露的犯罪行为透露给嫌疑人，犯罪嫌疑人在没有外来信息作为评估条件时，通常选择回避和表现无辜作为退路选择，进行隐瞒对抗。针对这种情况审讯人员如果没有新的信息条件的转换，嫌疑人会固守自己选择的退路，发展下去就可能形成僵局，语言的话轮空间就会停留在禁锢状态。出现这种情况之后，审讯人员应当立即进行多方位的选择途径，根据行为逻辑关系找出该犯罪行为应当暴露或者可能会暴露的存在，提供给犯罪嫌疑人，使其产生错觉，因为审讯人员所获取的部分犯罪信息，通常是不能肯定的，与犯罪行为的关系并非独一的牵连证明。例如，在辽宁省沈阳市区内发生的一起连续盗窃杀人案件，犯罪嫌疑人仅是去过现场，侦查部门并没有掌握嫌疑人直接盗窃杀人的证据，嫌疑人在接受审讯时一直选择沉默来等待审讯人员的部分犯罪证据的信息抛出，然而审讯人员并没有掌握嫌疑人的心理行为需要，强攻了三个多月，嫌疑人顽强地抵抗了三个多月都没有交代。最后审讯人员改变了原先的审讯方法，知道嫌疑人对证据产生了幻想，于是就直接告诉嫌疑人："有一件事你必须要想清楚，司法机关为什么不抓别人，而单单把你抓来，你今天就说这件事！"这是犯罪嫌疑人不能回避的问题，最后嫌疑人跨越了自己为什么被抓："那件事是我干的所以你们才抓我！"只得如实地交代犯罪事实。这是对部分犯罪事实暴露的选择否定。根据可能暴露的部分犯罪事实，嫌疑人经过能够进行情景否定的评估，来选择隐瞒抗审的退路。例如，国家安全部抓获外籍情报人员，嫌疑人经常出现在特定的地区窃取我国的国家情报，从表面上看嫌疑人出现在该特定地区并没有明显的间谍行为，经过调查他是到中国来读书的，在某大学攻读汉语语言专业，据校方反映该外籍学生经常无故旷课。当审讯人员审讯嫌疑人："既然是来中国读书的为什么不用心学习，经常旷课？"嫌疑人回答："我没有不用心学习啊！我经常旷课是我选择的学习方式不同，学校学习还要结合实际，到社会上也是学习，我旷课都是去进行社会实践的，对我的学习没有什么不好啊！"嫌疑人选择的退路虽然理由并不是很充分，但是否定自己是专门到中国来搞情报的理由还是能够说通的。于是审讯人员更换了一个角度，改为审讯嫌疑人的汉语语言方面的有关知识，既然学习就应该知道，但是嫌疑人回答不上来，一问三不知。"你这是来学习的吗？这些充分地证明你不是到中国来学习的！你是来窃取情报的！"在无法否定的事实面前，嫌疑人只得承认自己是到中国来窃取情报的。

最后是"犯罪行为完全没有暴露"的评估结论。这里的"完全没有暴露"指的是：已发案件的存在与自我的行为关系没有紧密相连，侦查机关的审讯仅是涉嫌，是涉案行为关系的可能性。这是犯罪嫌疑人根据自我的意识判断以及审讯人员提供的信息存在的评估，自我评估认为"犯罪行为完全没有暴露"，涉案关系的犯罪证据没有被侦查机关掌握，审讯人员的审讯仅仅是怀疑，嫌疑人对退路的选择为：直接否定（整体否定）、讨要证据、嫁祸他人、理由否定、委屈无辜、依赖同盟、反攻为守（向审讯人员挑战）、沉默固守、记忆掩埋。

直接否定（整体否定）是犯罪嫌疑人根据自我判断和获取的信息，进行评估后作出的退路的心理支点的选择，其行为反应是对审讯人员提出的涉案关系的告知直接进行否定，针对审讯人员提出的案件存在的关联进行否定。例如，审讯人员："根据我们接到的举报你涉嫌受贿""你为什么要杀害他""你那天到现场是干什么去的""你是怎么把他弄成这样的""你给了对方多少钱"等。通常嫌疑人的回答是"我没有""不是我"。直接否定审讯人员提出的涉案行为与自己的关系，这种否定是对审讯人员提出涉案关系的整体否定，不作具体的细节辩解，整体否定包含：是否与对方认识，具体的犯罪行为，犯罪的时间、地点、目的和犯罪动机。针对嫌疑人的第一轮话语的否定，发起第二轮审讯的时候，首先要从嫌疑人直接否定的话语中找出语言的背景含义进行揭露。例如，审讯人员问"你为什么要杀害他"。嫌疑人回答"我没有杀他"。这里的背景含义是具体的被害人，审讯人员并没有说出具体的被害人是谁，而嫌疑人回答"我没有杀他"，显然知道被害人是谁，这里嫌疑人回答的话语的背景空间存在了杀人行为的犯罪记忆。审讯人员的第二轮审讯就是根据嫌疑人暴露出来的背景含义即记忆空间进行发问："我没有具体地告诉你他是谁，你是怎么知道他被杀了？""你那天到现场是干什么去的？"回答："我没有去过！"审讯人员并没有说明现场在哪里或者哪里是现场，嫌疑人回答"我没有去过！"的语言背景含义显然知道现场在哪里或者知道哪里是现场。审讯人员的第二轮话语的发问就是揭露语言背景含义中暴露出来的犯罪行为的记忆空间。其次是通过当前嫌疑人的处境追溯原因。例如，审讯人员："司法机关为什么不找别人而单单把你找来！""你为什么不问问为什么找你来这里呢！""你怎么不想想在哪个问题上出错了。""你选择的直接否定的方法并不是可取的方法。""我希望你能够对你的处境多找找原因。"以此引导嫌疑人进入涉案关系的细节。最后是破解嫌疑人的否定，根据嫌疑人提出的直接否定进行破解，达到对嫌疑人否定行为的封控。例如：“说得好！说得对！把自己都撇开了，但是有用吗？你自己说有没有用！”“我就知道你会这样回答！如果换了我也有可能这样回答，但是这不是最好的方法，你应该知道掩耳盗铃是怎么回事。问题出来了不是回避能够解决的，你应当尽快找到解决问题的方法，我不想再听到你第二次说这句话。”

讨要证据是嫌疑人在意识到审讯人员还没有掌握其犯罪证据的情况下进行的反击行为，其心理支点有两个方面，一方面是以攻为守，主动出击掩盖犯罪事实。另一方面是试探审讯人员手中的证据的占有量。例如，“你们今天传我来，我真是莫名其妙，这件事怎么牵涉到我的！既然这样你们拿证据来，有证据我认罪伏法！”审讯人员回复嫌疑人直接讨要证据的以攻为守通常采用“间接转移”的方法，就是转移嫌疑人提出的证据话题，跨越这个话题进行反问，不可顺应嫌疑人的话题进行回复。例如，“你现在要证据了，你早干嘛呢！”将嫌疑人反击的话题转移出去。而不可顺应回答“我现在不需要给你出示证据”，这句话显然是告诉对方没有证据。

嫁祸他人是犯罪嫌疑人为了撇开自己隐瞒事实的常用方法，自己干的说是别人干的。例如，“这笔钱虽然经过我的手，但是我又还给了他人”“那个作案工具是我的，后来被他人借去了”“当时我看到他人手里拿了石头，我没有拿石头砸他”等。嫁祸他人转移视线是嫌疑人为否定犯罪选择的退路。审讯人员在选择审讯的方法时通常是选择直接否定。例如，“你怎么不说钱给了我呢！”“你怎么不说是我借的作案工具呢！”“那块石头除了你外没有其他人拿过！”“你觉得嫁祸他人有意思吗？”也可以使用“导谎”的方法。例如，“你还给他钱的时候，当时有李某在场，你为什么还多给了他两百元？”这是插入的比照谎言，嫌疑人为了证明自己的钱确实给了他人，那么比照谎言对他来说是有利的，就会被默认采纳，进入“导谎”的陷阱。

理由否定是嫌疑人撇开自己与涉案关系的存在理由，提出对涉案行为的可能性的否定，否定自己的涉案行为。例如，“没有作案时间”“不在作案现场”“没有替他人提供任何帮助”“没有利用职务之便”“与他人无冤无仇”“我没有做那件事的理由”等。这种可能性的辩解是嫌疑人为了否定涉案关系选择的有利条件，多半是嫌疑人经过判断确认审讯人员对上述方面不知情，以此来蒙骗审讯人员。根据嫌疑人提出的否定条件，其真实的涉案关系就隐藏在上述否定条件的背后。在上述的否定条件里“没有作案时间”恰恰证明了嫌疑人知道作案时间。“不在作案现场”，那么嫌疑人一定知道现场在哪里。“没有替他人提供任何帮助”，那么嫌疑人在这里的语言背景里就隐含涉案关系的情景，甚至隐含自己收取的利益存在，不是替他人提供任何帮助后才获得的。“没有利用职务之便”，这里隐含另外一个行为的存在，否则嫌疑人为什么要强调自己没有利用职务之便，这不是掩耳盗铃吗？“与他人无冤无仇”，这里隐含了对他人遇害的知情。“我没有做那件事的理由”，这里隐含嫌疑人恰恰知道那件事，那件事就隐含在嫌疑人的语言背景含义里。

审讯人员遇其辩解应当立即捕捉嫌疑人回复语言的背景含义，为此后的“确认存在”准备条件。例如，前面所说“没有作案时间”，在这里审讯人员可以直接告知嫌疑人“说明你知道作案时间”，这句话点到为止，无须再深入揭露，只要满足嫌疑人不再提出此类辩解条件即可，直接转入下一轮话题。再有，嫌疑人提出的理由否定许多时候是单一的理由，从表面上看他们提出的理由看似合理，但是从反向进行复合分析他的合理性就不存在。例如，“我跟他（她）素不相识，为什么要杀他（她）”。“你跟他（她）素不相识，你不认识他（她），但是你怕他（她）事后认识你啊！”用复合分析来破解嫌疑人的单一的理由否定。

委屈无辜是嫌疑人用此假象来迷惑审讯人员的基本套路，以此达到隐瞒犯罪事实的目的。不同的涉案人有不同的表现，职务犯罪的涉案人员通常为了表现自己的委屈无辜，大谈自己的丰功伟绩；一些刑事犯罪的嫌疑人为了表现委屈无辜，大谈自己的美德和优秀的人品。还有的犯罪嫌疑人通过一些肢体语言的表现：摇头叹气表现自己的委屈和无奈。有的还自言自语："我就是太善良了""不关我的事现在反而推到我身上来了"等。针对此类的犯罪嫌疑人，审讯人员可以采取肯定之肯定的方法，来回复嫌疑人的委屈无辜的假象，这里的肯定之肯定是两个方面的肯定，一方面肯定嫌疑人所说的善良；另一方面肯定善良的人也有做错事的时候，第二个肯定是犯罪嫌疑人无法否定的事实，抓住这个事实紧追嫌疑人"善良的人做了那些错事"，开辟下一轮平台。还有就是针对嫌疑人的委屈无辜建立"原因"平台进行追究，让嫌疑人分析事实，说明原因。帮助嫌疑人找出"原因"，以此达到置换心理支点的目的。

依赖同盟是犯罪嫌疑人根据当下审讯空间的情景"犯罪行为完全没有暴露"的评估，产生的心理依赖。在他看来"犯罪行为完全没有暴露"是同盟固守隐瞒的结果，这里的嫌疑人对抗的行为表现：一方面是自己坚持固守隐瞒，另一方面后移隐瞒对抗的层面，如"这件事也不可能是一个人所为，你们可以去问问他们是怎么说的"！甚至有的犯罪嫌疑人直接就告诉审讯人员"你让他们说了我就说"！例如，在一起刑讯逼供致人死亡的案件中，参与刑讯逼供的司法工作人员有四名，案发后四人订立了攻守同盟，为了查明刑讯逼供的犯罪行为，审讯人员在对其中的一名嫌疑人审讯时，嫌疑人表示"只要他们说了我也会说的"。对抗的心理支点是"同盟依赖"，常规的审讯方法是剥离攻守同盟，离间进行各个击破，这种离间的方法通常是把利弊搁置在两个人的中间，一个人拿到利，那么另一个人自然就会得到弊，谁先拿谁得利，那么弊就是后者，囚徒困境是博弈论中非零和博弈的代表性例子，1950 年美国兰德公司的梅里尔·弗勒德（Merrill Flood）和梅尔文·德雷希尔（Melvin Dresher）拟定出相关困境的理论，后来由顾问艾伯特·塔克（Albert Tucker）以囚徒方式阐述，并命名为"囚徒困境"。两个共谋犯罪的人被关入监狱，不能互相沟通情况。如果两个人都不揭发对方，则由于证据不确定，每个人都坐牢一年；若一人揭发，而另一人沉默，则揭发者因为立功而立即获释，沉默者因不合作而入狱十年；若互相揭发，则因证据确实，二者都判刑八年。由于囚徒无法信任对方，因此倾向于互相揭发，而不是同守沉默。最终导致纳什均衡仅落在非合作点上的博弈模型，反映个人最佳选择并非团体最佳选择。虽然困境本身只属模型性质，但在审讯的实践中囚徒困境的方法能够有效地破坏嫌疑人的同盟依赖。

反攻为守（向审讯人员挑战）是犯罪嫌疑人为了掩盖犯罪事实所选择的积极方法，主动进攻挑战审讯人员，以积极的一面掩盖消极被动的一面。例如，“你们今天把我叫到这里来必须给我一个说法！”还有的犯罪嫌疑人直接向审讯人员宣战，如一起看守所的看守民警徇私舞弊，给在押犯伪造立功，收受贿赂的犯罪行为，该犯罪嫌疑人被传唤到检察院之后，以自己是武警部队转业，有着散打格斗的功夫，直接向审讯人员挑战：“我们俩可以过过手，你如果能够打过我，我们可以谈，打不过就免谈！”针对以攻为守的犯罪嫌疑人不可正面迎战，如果正面迎战那就中计了，回避嫌疑人的挑战，暂时不要急于涉及案件的主题，迂回寻找嫌疑人的“软肋”插入，这里要知道犯罪嫌疑人在“想什么”“怕什么”，就直接“拿什么”给犯罪嫌疑人，此案当时的审讯人员面对嫌疑人的挑衅，就直接告诉嫌疑人：“我知道你现在在想什么，你现在在想这件事是怎么暴露的，我也知道你现在怕什么！你怕被判刑后自己的一切都没有了！”“你现在要找我打架，这件事是打架能够解决的吗？如果打架能够解决，你可以在这里尽情地打，如果在检察院打不过瘾还可以打到法院去！”这席话说出后嫌疑人自知理亏，改变了攻击状态，向审讯人员讨好：“我不是要打架，是跟你们逗着玩的。”

沉默固守是嫌疑人为了避免谎言给自己带来的反向压力而选择的一种消极隐瞒的方法，最终嫌疑人对沉默的选择首先是因为自己没有话语条件，不知道说什么。其次是嫌疑人为了防止言多必失，故意控制语言的表述。最后是因为激情状态的出现，对审讯人员的反感或者对审讯空间的不满，而闭口不言。针对这种情况审讯人员应当积极地帮助嫌疑人树立积极的参与性，选择嫌疑人能够接受的话题或是嫌疑人感兴趣的话题，引导嫌疑人自觉地走上参与的平台，待嫌疑人稳定之后再涉入核心话题。例如，嫌疑人在家庭环境中最疼爱自己的女儿，在他的眼里自己的女儿才貌双全，这样就可以把话题转移到他是如何成功地教育自己女儿成才的，他自然就会感兴趣，跟你聊这个话题。

记忆掩埋是犯罪嫌疑人故意把涉案情景排除，保持大脑空白，不思不想保持内心的平衡。通常审讯犯罪嫌疑人时，他们总是这样回答：“想不起来了。”“记不清楚了。”这种回答问题的方法被称为“王牌的回答”，导致发问人无可奈何。有的审讯人员不甘心继续追问：“你好好想想！”回答：“我好好想想也想不起来。”针对这种情况审讯人员可以反其道而行之：“你想不起来了，那么别人就高兴了，是好是坏都由别人说了算，你连辩解的理由都失去了。”“是好是坏也得为自己辩解啊！你说不是吗?”“那件事的主要责任本来不在你，可你又记不清楚了，这样谁最高兴啊！我想你应该清楚吧。”“好了，想不起来了就别想了，就等结果吧。”

第二节　供述心理障碍的支点转移

在审讯的实践中嫌疑人总是以拒供的方式来对抗审讯，对抗隐瞒犯罪事实是嫌疑人基本的行为表现，嫌疑人隐瞒犯罪事实的心理动机来源于对犯罪行为后果的感知，犯罪后果的严重性决定了嫌疑人的隐瞒动机，在隐瞒犯罪事实动机的同时，还应当具备对抗拒供的心理条件，就是犯罪事实暴露的程度，嫌疑人心理的自我感知犯罪事实暴露的程度越大，对抗拒供的心理动力就越小，反之就越大，嫌疑人对犯罪事实暴露程度的感知，来源于审讯人员掌握犯罪事实的信息反馈，如果审讯人员没有拿出能够证明嫌疑人犯罪的相关证据，而导致嫌疑人拒不交代犯罪事实就成为必然，这是嫌疑人能够对抗审讯的重要特点即心理障碍。审讯人员在没有能够证明嫌疑人犯罪的直接证据的情况下，嫌疑人的拒供是正常的也是普遍存在的。无论在什么情况下嫌疑人的供述都是有条件的，让嫌疑人无条件地供述自己的犯罪事实是不客观的。在审讯的实践中只要能够满足嫌疑人的供述条件，嫌疑人自然就会选择供述。如何满足嫌疑人的供述条件，需要根据嫌疑人的个体情况、案件的特点、存在的条件和一系列的涉案关系，来分析拒供的原因、特点，从中找出嫌疑人的供述规律选择相对应的审讯方法。

嫌疑人拒供的原因主要是供述的心理障碍，嫌疑人从接受审讯开始，总是以对抗的方式出现，不愿供述犯罪事实，这是嫌疑人面对被审讯的基本行为规律。在大量的侦查实践中，除少数嫌疑人投案自首能够主动供述犯罪事实外，在审讯的一开始，大多都不愿意主动供述犯罪事实、供述犯罪事实，其根本原因就是供述的心理障碍。供述的心理障碍，是直接影响嫌疑人作出真实和完全供述的心理活动，它的主要表现是人格特质情景（认识、情感、情绪、意志等因素）的心理活动过程，不利于其形成供述动机的心理因素。这种供述障碍的来源有两个方面，一方面是主观的，即人格特征的判断、认识、情感、情绪、意志、记忆、需要、信念、能力、气质、动机等，是供述障碍形成的主导因素。另一方面是客观的，即客观情景对认识主体的影响，是产生阻碍供述动机的因素。首先是审讯的空间环境对嫌疑人的心理影响，产生的心理焦虑，导致本能的防卫行为的出现。其次是审讯人员的态势对嫌疑人产生了直接的影响，强化了嫌疑人不愿供述犯罪事实的心理，导致了嫌疑人的供述心理障碍。最后是法律的惩罚性，嫌疑人怕承担法律责任、怕受到惩罚，而导致了嫌疑人供述障碍的出现。

在审讯活动中嫌疑人对利益关系的认知，还可分为长远利益与眼前利益。这种长远的利益关系是行为的最终结果，犯罪行为的最终结果是刑法的处罚，嫌疑人一开始不愿供述犯罪事实，原因就在于担心这种长远利益的丧失。审讯活动中嫌疑人所面对的眼前利益，就是当前被审讯所带来的心理焦虑和心理压力。很多时候嫌疑人为了解脱这种心理焦虑和心理压力，就会选择放弃对抗而获取眼前利益。因此，如果嫌疑人始终选择维护自己的长远利益，那么就会选择积极地对抗。如果嫌疑人为了摆脱眼前的困境，为了当前利益就可能选择顺应服从，供述犯罪事实。

在审讯活动中嫌疑人所面临的利益关系，还表现为整体利益与局部利益。嫌疑人犯罪以后对自己、对家庭、对自己的生活圈所带来的伤害以及利益的损失，是整体的利益关系损失。因为自己的犯罪行为给自己的局部利益或者给家庭某个成员带来的伤害，是局部利益关系损失。整体利益和局部利益的这两种利益关系经常会发生冲突。嫌疑人在审讯中不愿供述犯罪事实的行为通常是为了维护整体利益而产生的，可是在很多时候嫌疑人为了局部利益就会放弃整体利益。

嫌疑人所面临的利益关系，区别还在于合法利益与非法利益的关系。嫌疑人不愿供述犯罪事实的行为是为了维护非法的利益关系，即掩盖犯罪行为达到对自己非法利益的维护。当嫌疑人认识到自己的犯罪行为对社会造成的危害，产生了悔过的思想认识，积极主动供述自己的犯罪事实，从根本上来说就是对合法利益的维护，这种认识过程，就是非法利益关系向合法利益关系转化的过程。

在审讯的过程中嫌疑人获取利益的来源，直接影响嫌疑人能否供述犯罪事实的问题。获取利益有两个方面的来源，一个是通过自我利益的保护而获取的利益；另一个是通过审讯人员而获取的利益。在嫌疑人的对抗阶段，嫌疑人是把获取利益的来源方向放在自己的身上即自己保护自己，通过自己的力量来获取利益。这种心理行为的结果表现就是对抗，通过自己的对抗来获取利益。再一个就是获取利益的方向被转移，嫌疑人不是要在自己的身上获取利益，而是要把获取利益的方向转移到审讯人员的身上，向审讯人员获取利益，其行为表现为如实供述，争取被从宽处罚。如果嫌疑人获取利益的方向没有发生变化，没有转移到审讯人员的身上，那么嫌疑人是不会供述犯罪事实的。

嫌疑人不愿供述犯罪事实的条件得失。嫌疑人不会轻易供述出自己的犯罪事实，这是由不愿供述犯罪事实的条件所决定的。审讯实践中，嫌疑人很少主动地向调查机关供述其犯罪事实。因为嫌疑人在具备自我保护的条件下，是不会轻易放弃自己对利益的要求的。嫌疑人没有经过与审讯人员的接触，就不可能知道自己是否存在自我保护的条件，趋利避害的行为本能告诉他，“无论是什么样的行为，只要是对自己不利的都要进行对抗”，这是嫌疑人很少主动地向调查机关供述其犯罪事实的重要原因。

不愿供述犯罪事实条件是决定嫌疑人不愿供述犯罪事实行为的存在、发展的内部原因，同时不愿供述犯罪事实条件也是制约和影响不愿供述犯罪事实行为存在、发展的外部因素。有条件不供述犯罪事实，嫌疑人才会选择不供述犯罪事实，如果没有不供述犯罪事实的条件，嫌疑人就会放弃对抗而供述犯罪事实。如同儿童与中青年进行武力对抗，显然儿童没有与中青年进行武力对抗的条件，失去了武力对抗的条件就只能选择放弃。由此，嫌疑人选择的不愿供述犯罪事实，是在有条件对抗的基础上产生的。

嫌疑人不愿供述犯罪事实的条件，是建立在犯罪事实没有暴露的认识基础上的。如果犯罪事实已被调查机关查清，自己即使不如实供述也不影响调查机关对自己的处罚，在无法逃避损失后果的情况下，就失去了不愿供述犯罪事实的条件，嫌疑人的对抗就失去了意义，自然就会放弃对抗。对抗“条件”的认知程度决定了嫌疑人不愿供述犯罪事实的行为方向。在很多时候审讯人员手里并没有掌握嫌疑人的犯罪证据，审讯活动的目的就是要让嫌疑人自己交出犯罪证据，嫌疑人也正是在这种情况下供述自己的犯罪事实的。如果嫌疑人明知审讯人员没有掌握自己的犯罪证据，证明自己犯罪还要依赖自己的供述，自己还有条件不供述犯罪事实，那么嫌疑人会选择供述犯罪事实吗？显然是不会的。那是什么原因导致嫌疑人在有条件不供述犯罪事实的情况下放弃对抗呢？这是由嫌疑人对“条件”认知的程度决定的，在审讯活动中，审讯人员的态势以及所提供的信息，足以使嫌疑人感觉到审讯人员已经掌握了犯罪证据或者犯罪信息，认知的结果是不供述犯罪事实条件的丧失，这实际上是对“条件”认知的错觉造成的，是误以为“条件”的丧失。这正是审讯人员在没有掌握嫌疑人犯罪证据的情况下，能够使嫌疑人自愿供述犯罪事实的重要原因。

第三节 供述心理的需要条件

需要是有机体缺乏某种东西时的一种主观缺失状态，常以一种不满足感或对某种对象的必要感被体验着，是客观需求在人脑中的反映。它是个体积极性的源泉，一经产生就会引起有机体的内部紧张状态，以此推动人去积极行动。当其具有明确的指向目标，并具备达到目标的条件时，就转化为动机，并导致活动的行为。人的需要包括生理上的和心理上的，人们时刻都在为这些需要而行动。人们为了满足需要就会实施需要的行为，有的实施犯罪，也有的实施自己不愿意实施的行为。例如，审讯活动中的刑讯逼供，被审讯的人并不想交代自己所谓的“犯罪事实”或者不愿意交代自己真正的犯罪事实，但是在大刑的“伺候”下，为了免受皮肉之苦，满足生理上的需要，就只得勉为其难交代自己的犯罪事实。生理上的需要是如此，心理上的需要也是如此。犯罪嫌疑人对抗审讯，拒不交代自己的犯罪事实，是因为自己安全的需要，自己幸福生活的需要，因为这些需要的作用，才导致了对抗行为的产生。可是当另外一种需要超过了犯罪嫌疑人因为对抗所依赖的需要时，犯罪嫌疑人就会放弃这种对抗，去满足另外的更大的需要，以放弃自己认为小的需要来获取大的需要。在审讯活动中这一行为的最终表现，就是供述认罪。例如，有一起女性受贿犯罪的案件，犯罪嫌疑人拒不交代自己巨额财产的来源。当审讯人员问：“你家里有这么多的钱，不是你受贿的，就是你儿子受贿的，你交代不出来源，可能不是你收的……”犯罪嫌疑人听到这话的时候，为了不使儿子受到牵连，只得实话实说：“这些钱与我儿子无任何关系，都是我受贿来的，我交代具体的钱的来源。”因为保护儿子的需要，超过了保护自己的需要，所以她才选择放弃对抗，交代自己受贿的犯罪事实。

犯罪嫌疑人的拒供与供述都是在需要的前提下产生的，审讯活动就是从转变嫌疑人拒供的需要为供述的需要而展开的，如何满足嫌疑人供述的需要，是审讯人员的基本任务所在。满足嫌疑人供述需要的方法是以深入了解、分析嫌疑人的心理行为为基础，了解嫌疑人当前“想什么、怕什么、要什么”，审讯人员“用什么”来满足嫌疑人的供述需要。不同的犯罪嫌疑人、不同的涉案行为所产生的供述需要也是不同的，“侥幸对抗”的犯罪嫌疑人在其犯罪事实已经暴露的错觉认识情况下，运用“心理强制”的方法，利用瞬间产生的“心理焦虑”的压力，供述需要便会产生。“信念对抗”的犯罪嫌疑人需要建立趋利避害的平台，破坏嫌疑人的心理平衡，降低“恶性”，转移“恶果”，根据嫌疑人“怕什么”分析其“要什么”，帮助嫌疑人选择趋利避害的空间条件，以此供述需要便会产生。涉案行为的单一行为、连续行为、合作行为的案件，因其涉案所产生的作用、造成的后果不同，所产生的心理影响和需要的条件也是不同的。

单一行为案件，是嫌疑人完全的独立行为所为，承担恶果的整体性和完全性，是排开他人独立承担的行为，对行为后果承担全部责任。因此，在降低“恶性”，转移“恶果”的心理认识层面，需要将嫌疑人的整体独立行为进行阶段性的分解，分解成不同的阶段，再根据各个不同的阶段进行行为的“恶性”和“恶果”的分析，作出降低和转移。这里的行为阶段可以分为：起因、初始行为、中间行为和结果行为。首先是起因，如强奸犯罪案件，起因是被害人活动在无他人存在的相对隔离的空间，是不安全的空间，单身女性应当选择安全的空间活动，女性单一存在的空间是发生性行为的有利空间。那么这里的“恶性”和“恶果”的转移就可以选择“被害人就不应该出现在那个无人存在的隔离空间里，如果没有这样的空间，你也不会选择与被害人发生性行为”，以此达到对起因的“恶性”和“恶果”的转移，满足嫌疑人降低“恶性”的心理需要。其次是初始行为，强奸案的初始行为是性欲冲动，是什么原因导致的性欲冲动，除本能性欲要求外，还因为饮酒了，加速了性欲冲动的爆发，这里就可以将强奸的“恶性”转移到饮酒的“结果”上来，排开恶性人品，以此满足嫌疑人降恶的心理需要。再次是中间行为，强奸过程的中间行为是实施暴力与他人发生性行为，在实施暴力的过程中，被害人的反抗和呼救没有被他人听见或者反抗的力度不够，才导致了强奸行为能够发展下去，如果被害人的呼救被他人发现或者被害人的反抗力度非常大，超过了强奸的暴力，那么该行为就不会导致强奸结果的发生，这种责任归咎的转移，也能够满足嫌疑人的降恶的心理需要。最后是结果行为，结果行为是恶果产生的最终的行为总结，是犯罪嫌疑人心理排斥的最终目标，是嫌疑人极力否认恶果与自我的行为关系的心理需要，既然如此，审讯人员就可以帮助嫌疑人转移与恶果的关系，来满足其心理需要。强奸案的恶果是导致被害人心灵和肉体的伤害，降低这种伤害恶果的办法可能是赔偿被害人精神和肉体的创伤，集中起来可以用经济赔偿和赔礼道歉取得被害人的谅解来降低恶果。

这里单一行为的案件也可以帮助嫌疑人建立趋利避害的平台，帮助嫌疑人选择另外更大的利益，以此更换嫌疑人选择拒供的眼前利益，获取供述的心理需要（如何建立趋利避害的平台这里不再赘述）。

连续行为是犯罪嫌疑人实施犯罪的连续性，是数个行为，这里包括同一罪名的数个行为的连续和不同罪名的数个行为的连续。例如，受贿犯罪行为，连续数次受贿，触犯的是一个受贿的罪名；强奸、抢劫、杀人是数个犯罪行为，触犯的是数个犯罪的罪名。同一罪名的数个行为的连续，犯罪嫌疑人隐瞒抗审行为的特点是：整体隐瞒逐个放弃，在同一罪名的整体行为中，各个单一行为的连续性包含在整体的同一罪名中，犯罪嫌疑人产生的犯罪行为暴露的心理事实，不是犯罪的整体行为，而是犯罪的各个单一行为，因此犯罪嫌疑人在抗审的过程中，在无路可退的情况下就会在自己一系列的犯罪行为中，认为是已经暴露的某个单一行为抛给审讯人员，以此达到“丢卒保车”的目的。这里嫌疑人的心理需要是“丢卒保车”，审讯人员正是根据嫌疑人的这种心理需要，给予满足，然后进行各个击破。通常审讯人员会对嫌疑人的整体行为进行围追堵截，然后放开一个口子，嫌疑人就会选择某个单一的，恶果较为轻些的犯罪行为，作为第一层面的供述需要抛出来。这里就能够将嫌疑人的各个单一的犯罪行为挤出来。例如，“你的那么多的存款，不需要我说，你也知道是从哪里来的。

我不需要你全部说出来，最起码其中的某一笔你也应该说吧！”审讯人员的这句话正好满足了嫌疑人隐瞒整体“丢卒保车”的心理需要，他自然愿意抛一点或者某个犯罪行为，以达到对其他整体的多个犯罪行为的隐瞒。待某个单一行为被挤出来之后，继续对下一个单一行为追讨，因为犯罪行为的连续性，有一就有二，深追下去直到穷尽为止。

合作行为的案件，是犯罪嫌疑人在与他人合作的行为条件下完成的，属于共同犯罪案件，案件的参与人一般都是两人以上，甚至是多人参加的犯罪行为。这类案件大多在案发后订立攻守同盟，犯罪行为的参与人大都不愿意自己率先供述犯罪事实，免得引起同案人的非议，谴责自己的不义行为，维护攻守同盟，其心理需要是对他人的依赖，希望他人能够信守约定。例如，在一起刑讯逼供致人死亡的案件中，涉案的公安机关的办案人员有四人，在对一名盗窃犯罪嫌疑人审讯时，由于该盗窃犯罪嫌疑人不愿意交代连续的盗窃行为，办案人员在当时已零下 5 摄氏度的气温下，将一块大冰捆绑在盗窃犯罪嫌疑人裸露的身体上，数小时后，盗窃犯罪嫌疑人死亡。案发后涉案人员订立攻守同盟，隐瞒在被害人身上捆绑冰块的刑讯逼供的犯罪事实。其中一名参与刑讯逼供的犯罪嫌疑人，在被害人被刑讯逼供导致死亡的客观事实面前，拒不交代实施的刑讯逼供行为。对自己退路的选择是“只要他们说了我就说，他们不说我不好先说”，导致审讯僵局的出现。依赖攻守同盟对自己犯罪事实的隐瞒，有的甚至是该犯罪行为的主犯，更不愿意率先供述犯罪事实。针对这类犯罪嫌疑人常用的方法是离间和瓦解攻守同盟，只需要在同盟中瓦解其中的一人，那么这个同盟就很难再维持堡垒的坚固性，利己和趋利避害的心理需要就会成为各参与人的基本心理状态，“别的人已经在自己之前先说了，自己后说就会产生不利，甚至别人先说，都有可能将责任推到自己的身上，因此自己也没有必要再替别人隐瞒，自己的责任自己承担，况且自己能够主动交代，在审讯人员那里还能有利可图”，于是供述需要便由此产生。这里对犯罪嫌疑人的离间和瓦解是在嫌疑人的认识错觉的基础上产生的，如果犯罪嫌疑人没有产生错觉，就很难达到离间和瓦解攻守同盟的目的，对同案犯的依赖就不会转移，整体的攻守同盟遏制了各个行为人供述需要的产生。因此审讯人员必须首先破坏嫌疑人建立起来的攻守同盟，向各个参与人输送错觉信息，导致涉案参与人的分化瓦解，然后进行各个击破，获取全案完整的言词证据。

第四节 隐瞒条件构筑的心理支点的更换

隐瞒犯罪事实是犯罪嫌疑人抗审的基本方法，犯罪嫌疑人能够隐瞒客观的犯罪事实，所依赖的是隐瞒条件，有隐瞒的条件才能够隐瞒，有隐瞒的条件才能够构筑隐瞒对抗的心理支点，隐瞒对抗的行为才能够实现。如果没有了隐瞒的条件，就产生不了隐瞒对抗的心理支点，隐瞒对抗的行为就不会实现，嫌疑人就会放弃隐瞒对抗。于此犯罪嫌疑人的隐瞒条件是抗审的直接根源，隐瞒条件决定犯罪嫌疑人对抗行为的存在、发展的内部原因，同时隐瞒条件也是制约和影响对抗行为的存在、发展的外部因素。有条件对抗，犯罪嫌疑人才会选择对抗，如果没有了对抗的条件，犯罪嫌疑人就会放弃对抗。如同儿童与青少年进行的武力对抗，显然儿童没有与青少年进行武力对抗的条件，失去了武力对抗条件就只能选择放弃。由此，犯罪嫌疑人选择的隐瞒对抗，是在有条件对抗的基础上产生的。

犯罪嫌疑人的隐瞒条件，是建立在犯罪事实没有暴露的基础上的，在犯罪证据没有被司法机关掌握的前提下产生的隐瞒条件，这是犯罪嫌疑人抗审的基础。如果犯罪事实已被侦查机关查清，自己即使不如实供述也不影响司法机关对自己的处罚，在无法逃避损失后果的情况下，犯罪嫌疑人的对抗就失去了意义，就会自然地放弃对抗。

“条件”认知的程度决定了犯罪嫌疑人隐瞒对抗的行为方向。在很多时候，审讯人员手里并没有掌握犯罪嫌疑人的犯罪证据，审讯犯罪嫌疑人的目的就是要让犯罪嫌疑人自己交出犯罪证据，犯罪嫌疑人也正是在这种情况下供述自己的犯罪事实的。如果犯罪嫌疑人明知审讯人员没有掌握自己的犯罪证据，证明自己犯罪还要依赖自己的供述，自己还有条件对抗，那么犯罪嫌疑人会选择放弃对抗吗？显然是不会的。那是什么原因导致犯罪嫌疑人在有条件对抗的情况下，放弃对抗的呢？这是由犯罪嫌疑人对“条件”的认知程度决定的。在审讯活动中，审讯人员的态势以及所提供的信息，足以使犯罪嫌疑人感觉到审讯人员已经掌握了犯罪证据或者是犯罪信息，认知的结果是隐瞒条件的丧失，这实际上是对“条件”认知的错觉造成的，是误以为“条件”的丧失。这正是审讯人员在没有掌握犯罪嫌疑人犯罪证据的情况下，能够使犯罪嫌疑人供述犯罪事实的重要原因。

“隐瞒条件”的把握程度决定了犯罪嫌疑人的对抗程度。对犯罪事实暴露程度的把握，实际上就是对隐瞒条件的认知。全部犯罪事实的暴露与局部犯罪事实的暴露，多个犯罪事实的暴露与部分犯罪事实的暴露，是犯罪嫌疑人选择全部供述还是部分供述的重要基础。如果犯罪嫌疑人的认知是全部犯罪事实的暴露，那么就有可能选择全部供述；如果犯罪嫌疑人的认知是部分犯罪事实的暴露，那么就不可能选择供述全部犯罪事实，就会选择暴露多少就供述多少，这是人的趋利避害的本性所决定的。在审讯活动中审讯人员如何组织“隐瞒条件”的认知？是全部“隐瞒条件”的丧失，还是部分“隐瞒条件”的丧失，是由审讯的目的所决定的。侦查犯罪是全部的犯罪行为，而不是局部的犯罪行为，所以审讯人员在组织对犯罪嫌疑人的信息影响时，是让犯罪嫌疑人对全部犯罪事实认知，避免犯罪嫌疑人对局部犯罪事实认知。如果让犯罪嫌疑人产生的是对局部犯罪事实的认知，那么犯罪嫌疑人只会供述局部犯罪事实，从而掩盖其他犯罪事实。所以，“隐瞒条件”的丧失，是整体的还是个体的，对犯罪嫌疑人的对抗行为有着重要的影响。

犯罪行为的记忆是犯罪嫌疑人“隐瞒条件”产生的基础。首先，侦查审讯是在审讯者预先认为犯罪嫌疑人有罪的前提下进行的，而这个前提的产生则是基于犯罪嫌疑人的犯罪记忆，没有犯罪记忆就不存在对抗，犯罪嫌疑人实施了犯罪行为，因为这种行为是社会否定的行为，是要受到法律惩罚的行为，由此才会引起对抗，如果没有犯罪的行为记忆，就不存在对犯罪行为的隐瞒和对抗了。犯罪嫌疑人的“隐瞒条件”依赖于犯罪的行为记忆，在犯罪嫌疑人实施犯罪活动的过程中，那些能够证明犯罪行为的因素和犯罪事实暴露的可能性，对犯罪嫌疑人心理的“隐瞒条件”产生了重要的影响。犯罪行为的记忆是犯罪嫌疑人自我确认的依据，犯罪嫌疑人在被审讯过程中的一系列行为都是从这里开始的，犯罪的记忆是犯罪嫌疑人对抗的前提，没有犯罪记忆就不存在对抗的问题了。在审讯的空间里，对犯罪行为的记忆是模拟产生、再现的，审讯人员对犯罪行为的模拟程度，对犯罪嫌疑人的隐瞒条件的认知有着重要的影响。审讯人员模拟的犯罪事实与犯罪嫌疑人的行为记忆相吻合，犯罪嫌疑人的隐瞒条件就会自动丧失；反之就会被强化。其次，人的生理和心理的特征反映，犯罪的行为记忆在审讯人员外来的信息刺激下被激活，自然地会通过不同的渠道反映出来（这是形体语言研究的结果）。例如，犯罪嫌疑人为了掩盖自己的犯罪事实，对抗侦查审讯的基本方法就是“谎言”，这种“谎言”在外来的信息刺激下，总会通过说谎者的外部形体反映出来，告诉别人自己在说谎。最后，说谎者引发的心理焦虑，促成了自我隐瞒条件的降低和削弱。由此，犯罪的行为记忆是隐瞒犯罪事实的天敌。

关于隐瞒条件是隐瞒行为能够存在、发展的影响因素，这里的影响因素，包括客观因素、主观因素和综合因素。从客观方面来看就是犯罪行为的隐蔽性。犯罪行为没有被司法机关掌握，就有了隐瞒犯罪事实的条件，有了隐瞒条件也就有了隐瞒行为的存在，破坏了犯罪行为的隐蔽性，隐瞒条件随之就会丧失，隐瞒对抗的心理支点随之便会倒塌。从主观方面来看就是犯罪嫌疑人的行为认知水平和认知能力。认知水平和认知能力作为隐瞒条件的因素，是因为嫌疑人能够准确针对自我处境、自我行为以及最大限度的利益关系，作出正确的行为选择。例如，有的犯罪嫌疑人虽然明知自己的犯罪行为已经暴露，客观的隐蔽性已经不复存在，但仍然进行隐瞒对抗，这里的隐瞒条件就是心理认识，隐瞒条件的因素就是认知水平和认知能力。

审讯的全过程是消除嫌疑人隐瞒条件的过程，在隐瞒条件构筑的抗审心理支点的基础上，进行消除更换新的心理支点，这个新的心理支点是通向供述犯罪事实的桥梁，最终达到放弃隐瞒供述犯罪事实的目的。

更换抗审的心理支点。首先是消除旧的隐瞒条件构筑起来的心理支点，嫌疑人才愿意寻找新的心理支点，不破不立，只有破才有立。破的方法是从追寻隐瞒条件存在的因素展开的，包括客观因素和主观因素。另外，通过嫌疑人对抗行为特征的判断，确定对抗条件选择的是客观因素还是主观因素。客观因素的行为特征表现为：侥幸对抗的行为特征，审讯人员向嫌疑人抛出犯罪存在的理由之后，嫌疑人便会放弃对该事实的隐瞒，即便不直接承认放弃也会默认放弃。这里破的主要方法就是要给嫌疑人创造一个犯罪事实已经暴露的错觉空间，在心理强制压力的作用下，放弃对抗隐瞒的条件支点。主观因素的行为特征表现为：以信念对抗的行为特征为主，即便是审讯人员向嫌疑人抛出犯罪存在的理由之后，嫌疑人也不会放弃对该事实的隐瞒，这里的隐瞒条件是嫌疑人存在的对立情绪，是主观的心理条件。对此，破的方法是回到嫌疑人的人格特征上来，根据嫌疑人需要的基本属性，以满足嫌疑人的心理需要来促成对对抗隐瞒的条件支点的放弃。

其次是破的自我否定，消除隐瞒条件需要嫌疑人的自我否定，自我放弃该条件达成的心理支点，才能够达到消除的目的，如果没有嫌疑人的自我否定，即便是审讯人员说得天花乱坠，嫌疑人也不会放弃该对抗的行为条件，因为作为能够进行对抗隐瞒的条件，是经过心理认真评估后产生的，故此也需要进行心理的评估后，才能够放弃。这就如同在审讯中，审讯人员已经清楚地告诉嫌疑人的犯罪事实已经暴露，隐瞒犯罪行为已经失去了意义，但是犯罪嫌疑人仍然坚持隐瞒的对抗行为，其根本原因在于对抗隐瞒条件的丧失，是来自审讯人员的结论，而不是嫌疑人自我评估的结论，嫌疑人不相信条件丧失，所以不愿意放弃。因此，满足嫌疑人的自我否定，就必须满足嫌疑人对审讯人员提供的信息存在的认可，这里有很大的因素是嫌疑人对审讯人员的信任度，信任度越高对信息存在的来源真实性的认可就越强，相反就越弱。为此建立良好的情感关系、提高嫌疑人的信任度尤为重要。

最后是不同类型案件的行为特征构筑的条件支点。这里条件支点中的条件在很大程度上也是犯罪的构成条件，如强奸案的重要构成条件是实施暴力，受贿案的重要构成条件是利用职务之便收受他人财物，诈骗案的重要构成条件是隐瞒真相、骗取他人财物的行为等。以犯罪构成条件为支点条件，是大多数嫌疑人普遍采用的方法，以此为支点的条件满足，同时也就满足了对犯罪构成的隐瞒。消除支点条件可根据嫌疑人的条件选择，进行取舍权衡以此达到对支点条件的放弃。例如，受贿犯罪案件，嫌疑人选择的隐瞒条件是自己没有收取他人的钱财，这里的隐瞒条件是“没有拿别人的钱财”，否认自己收取他人钱财的行为，就否定了受贿犯罪的存在，隐瞒受贿犯罪的条件就成立了，因为拿了别人的钱财就构成了犯罪，所以拿钱财的行为就成为隐瞒犯罪的心理支点的条件。于此，审讯人员一方面对嫌疑人选择的条件进行否定，另一方面再帮助嫌疑人重新选择一个条件，让其进行权衡取舍，建立新的条件支点，前面的贿赂犯罪案件，取舍权衡的新条件是“不是没有拿别人的钱财，而是借了别人的钱财”。这里拿了别人的钱财就是受贿犯罪，而借了别人的钱财就不构成受贿犯罪，没有拿和借的行为都不构成犯罪，其行为结果都是一样的，帮助犯罪嫌疑人进行无罪行为的更换，使其条件对抗支点后退一步，达到对前期条件的根除，向整体犯罪事实靠近。与此同时，犯罪嫌疑人将隐瞒受贿行为更换成为借钱行为，抗审的心理支点后退了一步，这一步就给出了与他人的经济关系，向供述完整的犯罪事实跨进了一步。此后继续建立后期的条件支点，直到交代犯罪事实完全为止。

条件支点更换的导入方法。审讯人员根据嫌疑人隐瞒抗审的心理需要，帮助嫌疑人重新选择另外一个相关的支点条件，让嫌疑人放弃旧的谎言更换一个新的谎言，以此构筑新的抗审心理支点，更换嫌疑人当前固守的心理支点。因为当前嫌疑人固守的隐瞒对抗的心理支点，是经过嫌疑人自己深思熟虑和趋利避害的认知结果而建立起来的，能够有效地控制自己供述动机的产生，完成隐瞒抗审的任务，其选择的条件支点不利于供述认罪，更换后的新的条件支点应当能够促进嫌疑人向供述认罪的方向发展，故此新的条件支点应当在隐瞒的层面空间上向后退一步，在供述的层面空间上向前跨一步。更换的方法在于新条件支点的选择。

首先是反向行为选择导入的方法：犯罪的成立是因为犯罪嫌疑人实施了犯罪行为，其隐瞒犯罪事实的基本特征是隐瞒犯罪行为，以犯罪行为来否定犯罪事实，犯罪行为是犯罪事实产生的正向行为，条件支点是犯罪的正向行为的隐瞒，也是嫌疑人固守的条件，如贿赂犯罪案件的正向行为是收取别人的钱财，隐瞒的条件支点是没有收取别人的钱财，这也是嫌疑人隐瞒的目的和结果，如果在这里审讯人员选择了一个反向行为导入，“据我们所知这笔钱你又退给了对方，不知道情况是不是这样”。审讯人员提出了退钱的条件，也正好满足了嫌疑人没有拿别人钱财的心理需要，于是嫌疑人在这里就会顺水推舟，能够很爽快地承认自己退钱的行为，这里嫌疑人新的谎言产生了，旧的谎言失去了意义，自然就放弃了。

其次是行为结果的转嫁导入，犯罪的行为结果能够直接给嫌疑人带来行为恶果，嫌疑人隐瞒条件的心理支点就是对恶果的排斥，犯罪的行为结果被转嫁给别人，因此产生的恶果与自己就没有了关系，所以审讯人员如果将犯罪的行为结果转嫁给别人，犯罪嫌疑人是能够认可的。如盗窃案件犯罪嫌疑人隐瞒入室盗窃的犯罪行为，审讯人员给予新的条件介入，“当时在你进入房间之前就有另外一个人已经拿走了那些东西，他拿东西出来的时候应该是被你看见了，所以那些东西不是你拿的而是另有人在，你能不能把看到的情况跟我们说一下，同时也能够证明不是你拿的”。于此，满足嫌疑人嫁祸他人的心理需要，自然就会更换出新的谎言。另外，在一起投毒致人死亡的犯罪案件中，犯罪嫌疑人隐瞒投毒犯罪行为，审讯人员给予新的条件介入，“那天被害人在医院抢救的时候，本来并没有多大的生命危险，是医院在抢救的过程中用错了药，致使被害人死亡，这是法医鉴定的结果，但是要证明医院用错了药，还需要你的证明啊”。此刻摆脱自己嫁祸他人是嫌疑人的心理需要，新的谎言就有了存在的条件。

最后是根据嫌疑人趋利避害的心理需要，导入趋利避害的条件选择。

嫌疑人隐瞒犯罪事实的隐瞒条件，大多都是选择对自己隐瞒有利的行为关系。于此，针对嫌疑人已经选择的行为关系条件，审讯人员再另外设置一个行为关系条件，导入嫌疑人已经选择的行为关系中，促进嫌疑人选择审讯人员设置的行为关系条件，使嫌疑人放弃原先选择的行为关系条件，达到更换旧心理支点的目的。例如，在一起刑讯逼供致人死亡的案件中，涉案的公安人员在对一名犯罪嫌疑人进行审讯时，采用刑讯逼供使用电警棍电击被审讯的嫌疑人，致使嫌疑人心脏骤停死亡，之后为了隐瞒其死亡原因，在发现嫌疑人已经死亡之后，就将嫌疑人从三楼的窗户抛出，以此制造嫌疑人跳楼自杀身亡的假象。在审讯该公安人员时，公安人员描述了死者跳楼自杀身亡的过程，其中描述从审讯房间（三楼）的第一扇窗户跳出坠楼身亡。为了让其改变口供，审讯人员设置了“第一扇窗户的下面有障碍物，如果是自己跳下去的势必会撞到障碍物，而死者跳楼并没有遇到障碍物，说明死者不是从第一扇窗户跳出去的，如果从第一扇窗户跳出去，必须要借助外力形成抛物线，才能不撞到窗户下的障碍物，因此死者不可能从第一扇窗户跳出，如果是自己跳出那也只能是从第二扇窗户跳出，因为第二扇窗户下面没有障碍物，你是不是记错了窗户，应该是从第二扇窗户跳出的”。此时的嫌疑人根据审讯人员的分析，认为死者从第二扇窗户跳出去对自己有利，于是就顺着审讯人员指出的方向改变了口供：“我当时着急之下忘记是哪一扇窗户了，现在想起来了死者是从第二扇窗户跳出的。”改变了口供说明这件事就是他干的，否则是不需要改变口供的，自己跳楼的就是自己跳楼的，是客观事实没有必要隐瞒，所以不需要改变口供，即便是死者跳楼的第一扇窗户有对自己不利的条件，那也是客观的，不需要自己隐瞒，所以也不需要自己改变口供，只有嫌疑人为了否定不利的条件，才会选择改变口供。此后，围绕死者在第二扇窗户坠楼的情景展开追讯，根据现场勘验：死者坠楼的体位与第二扇窗户根本就不在一条直线上，从第二扇窗户跳楼根本形成不了现场的体位，只有第一扇窗户是死者坠楼的体位，所以死者不是自己跳楼的，而是被人抛下去的。

第五节　涉案原因的心理支点更换方法

涉案原因是犯罪嫌疑人涉案行为的起因，是带来犯罪行为结果的直接原因或者间接原因，原因带来犯罪的行为结果，与犯罪的行为结果存在着因果关系，涉案原因对于分析犯罪行为的产生有着非常重要的意义。犯罪嫌疑人在接受审讯的活动中隐瞒犯罪事实，所关注的核心问题是犯罪的行为结果，因为犯罪的行为结果能够给犯罪嫌疑人带来恶果，因此隐瞒的焦点也集中在犯罪的行为结果上，其抗审的心理支点的目标对象就是犯罪行为结果，也是顽强抵抗隐瞒的重要祸根所在。因此，在整个审讯过程中，嫌疑人不会轻易放弃对此行为结果的隐瞒。为了转变嫌疑人这种强势的对抗心理，审讯人员的着力点应当避其强攻其弱，从强势的行为结果方面转移到弱势的行为原因方面，以涉案行为原因为焦点发散开来，由原因引发的行为自然就会涉及行为结果，因为进入行为过程空间，自然要牵连行为结果，涉及犯罪行为原因与涉及犯罪行为结果相比，涉及犯罪行为原因更容易被嫌疑人接受，因为犯罪行为原因不直接涉及本身的犯罪行为结果，不太被嫌疑人重视，在嫌疑人看来没有危险性，所以嫌疑人能够积极参与原因问题的交流。

有了行为原因的交流平台，就能够通过对行为原因过程的逐步推演，不断地设立和更换对原因解析过程中的对抗心理支点，通过降低嫌疑人对后果（恶果）的恐惧，催化降低嫌疑人心理的封锁压力，直接涉入嫌疑人的行为原因和动机引出涉案行为，最后集中落实到改变和削弱涉案行为结果的心理支点上，使其支点的架构位置后退一步。例如，犯罪嫌疑人为了隐瞒犯罪的行为结果，不愿意暴露与被害人的认识关系，对抗的心理支点为“自己不认识被害人”，这里心理支点的架构位置比较靠前。经过对涉案原因的涉入，得出嫌疑人是认识被害人的，这样就从开始的不认识到认识被害人，对抗的心理支点被更换了，同时支点的架构位置也后退了一步，也是向犯罪的行为结果接近了一步。

涉案原因的心理支点的更换方法，主要是审讯人员主动放弃对涉案行为结果的追讯，转为直接涉入涉案原因，从行为的结果向行为的原因转化，促进嫌疑人内在心理行为的变化，这种行为转化的目的就是促使对抗条件的降低，将对抗隐瞒行为结果的心理支点，转换成为始发的行为动机的心理支点，客观上满足了嫌疑人对抗支点的位置后移。例如，“我现在就问你出现这种事情的原因!”直接将审与抗的交流平台放在案发的起因上，鼓励犯罪嫌疑人参与进来，让嫌疑人直接找涉案原因，然后通过原因的解析过程找到行为过程中的某些涉案关系，帮助嫌疑人建立起新的涉案心理支点，逐步后移支点架构位置。例如，盗窃案件的犯罪嫌疑人否认自己的盗窃行为，审讯人员反末为首：“我就问你原因，当时现场是什么情况?”嫌疑人回答：“那里没人啊!”审讯人员：“这就对了，当时没有人在场，你以为是谁丢的，所以才拿走的，不是吗!”财物是别人丢的，自己是捡不是盗窃，满足盗窃嫌疑人的心理需要，自然就愿意承认自己是捡的而不是盗窃。这里没有盗窃的心理支点被转换成为财物是自己捡到的心理支点，从开始的没有“拿”转换成为“拿”了，向盗窃他人财物的犯罪行为接近了一步。

涉案原因的心理支点构建，首先是审讯人员将讯问的话题转移到案发的行为原因上，引发嫌疑人对涉案原因的辩解，以此将嫌疑人的心理支点转移到涉案动机上来。例如，在一起投毒致人死亡的犯罪案件中，犯罪嫌疑人拒不承认投毒的犯罪事实（以行为结果为心理支点进行隐瞒对抗），审讯人员转移话题：“你现在就回答我公安机关为什么把你抓来，你就说说原因!”嫌疑人回答：“怀疑是我干的呗!”审讯人员问：“为什么怀疑你，而不怀疑别人呢?”嫌疑人回答：“因为我没有生孩子，嫉妒小姑子的孩子（被害人），即便如此我也没有必要害这个孩子啊!”这里“嫉妒小姑子的孩子（被害人）”的投毒犯罪动机就出来了。

其次是帮助嫌疑人进行涉案原因的支点转移。审讯人员提出了涉案原因之后，帮助嫌疑人选择一个涉案原因，这个涉案原因应当能够满足嫌疑人的心理需要，这样才能够被嫌疑人采纳。例如，在对一名某市的市长贿赂犯罪的审讯中，犯罪嫌疑人拒不承认自己的受贿犯罪行为，以没有收取他人的钱财为对抗隐瞒的心理支点，审讯人员发问：“你就不想想是什么原因吗？我告诉你原因，原因就在于不良的社会风气，你说说腐败问题是不是不良的社会风气导致的？”嫌疑人点头默认，只得承认受贿行为是不良的社会风气带来的，与此同时也降低了嫌疑人受贿行为的恶性，其心理支点转移到了社会风气与自己受贿行为的关系上，产生了“腐败的社会风气与自己没有关系”的心理支点。嫌疑人建立了涉案原因的心理支点之后，审讯人员围绕“原因”展开发问：“因为社会风气的问题，找人办事都要先花钱，别人找你办事就会送钱给你，如果你要了就违纪违法，如果你不要，他们就会说你不愿意给人办事，不联系群众，你说说是不是这个道理，你当市长就会遇到许多这种情况是不是？”嫌疑人回答：“就是啊，送钱你不收他们就说你不给办事，收了又违纪违法。”审讯人员抓住这个话题：“那你就具体说说吧！”此后嫌疑人交代了几笔受贿犯罪事实。帮助嫌疑人转换原因的心理支点，大多是以降低责任为前提进行涉入的。例如，“我想出现此问题的原因还是你被动接受或者是对方的错误造成的”。

最后是提出疑问来涉入涉案原因的转移，审讯人员提问题，由嫌疑人进行回答，达到涉案原因转移的目的。例如，“我真不知道你这是什么原因造成的”。再如，发生在歌厅里的强奸案件，嫌疑人只承认发生了性行为，就是不承认强奸。审讯人员：“我真不明白，经过调查，我们了解你是一个非常守规矩的人，人品也非常好，为什么突然出现这种情况？”嫌疑人回答：“我那天不该喝酒，都是酒惹的祸！”心理支点转移到涉案原因上来了——“即便是自己喝酒了，也没有强奸。”于此，“酒喝多了是可以原谅的，此事为什么不能够取得被害人的原谅呢”，继续更换心理支点，追踪涉案的行为结果。

第六节 心理强制的原因认可

犯罪嫌疑人隐瞒犯罪事实，是犯罪行为结果预想到的行为恶果，转换成为隐瞒的心理支点，而出现的心理行为表现，讯问活动中为了破坏和转换这种心理定式，讯问人员只有放弃对其行为结果的追讯，转换目标，从结果行为转换到起始的原因行为，嫌疑人固守的心理定式就失去了作用，讯问人员将原因行为作为追讯的目标，使嫌疑人首尾难顾，最终放弃隐瞒。

这里的原因行为是讯问人员帮助嫌疑人提取和设置出来的能够降低恶性的行为，利用原因行为进行分析，从嫌疑人犯罪行为的因果关系中，找出引发嫌疑人实施犯罪行为的原因，这个原因一定与犯罪行为有着密切的关系，并且这个原因能够有效地降低犯罪的行为恶性，是能够让嫌疑人认可的原因，同时也是使嫌疑人心理定式产生的谎言能够被谎言更换的条件。例如，在一起投毒杀人案件中，犯罪嫌疑人拒不供认投毒的犯罪事实，因为犯罪行为的恶果是自己杀了人，是自己投毒导致别人的死亡，所以其心理定式是“坚决不能承认是自己投毒的”。这里的犯罪行为结果是致人死亡，原因是给他人食用了有毒物质，导致被害人的死亡。这里的死亡原因是有毒物质，为了降低犯罪的行为恶性，讯问人员选择了有毒物质导致被害人死亡的原因是医院的医生抢救时用错了药，嫌疑人投放的有毒物质还不至于导致被害人的死亡，将医生用错了药作为被害人的死亡原因，来更换嫌疑人的投毒致人死亡的原因，嫌疑人的行为恶性被降低了，自然就会认可该原因。在这种换谎情景被嫌疑人认可后，需要追讯嫌疑人投入有毒物质的行为，让嫌疑人自己来证明自己的行为不至于导致被害人的死亡，证明是医院的医生用药的错误导致被害人的死亡。讯问人员根据设置的原因进行发问：“你让被害人食入的物质是碱性物质还是酸性物质？必须要能够证明是医院的医生抢救用错了药的直接责任。”嫌疑人为了推卸自己的责任，必须要说出有毒物品的酸碱性，实际上也就承认了是自己投入的物品。待嫌疑人承认了投入物品之后，实际上也是向确认嫌疑人投毒行为跨进的一步，紧随其后，嫌疑人的心理对抗隐瞒支点会后退到物品的毒性上来，讯问人员再追讯毒品的性质和作用就可以了。

嫌疑人对原因的认可很多时候并非都是自愿的，由于怀疑和恐惧不愿意离开结果行为，不愿意轻易放弃对结果行为的固守，需要在外力的作用下离开结果行为，选择原因行为。这种外力的作用主要是建立心理影响，进行心理的强制达到原因的认可。

心理强制法。心理强制是审讯的基本方法，具有很强的实效性，国际上其他国家也都在普遍使用。心理强制实际上是一种心理限制行为，是人在相互交流的过程中由于受到外来信息的刺激与控制所产生的心理影响。犯罪嫌疑人被逮捕、拘留，只能是对犯罪嫌疑人的人身自由进行限制，不可能对犯罪嫌疑人的心理思维和心理认识予以限制。心理限制就是通过控制犯罪嫌疑人的心理思维的活动量，不让犯罪嫌疑人通过联想的帮助来解脱困境，达到对犯罪嫌疑人的心理思维限制的一种方法。其作用是对犯罪嫌疑人的调节控制系统进行限制，控制其心理结构的相互联系和相互支持，破坏调节因素，留出一个释放通道和语用行为方向，使其犯罪事实在顺应行为的驱使下暴露出来。

审讯人员都很清楚，犯罪嫌疑人在事实和证据面前都能自愿交代自己的犯罪事实，而且占有很大的必然性，这种必然性就是供述规律。有人说："这是他无路可走，无法抵赖，不得不交代。"实质上在证据面前不得不供述是有一定的心理基础的，"如实供述能够获得从宽、从轻处罚"，这种心理基础是以无路可退的心理状态为条件的，在自我无法解脱的情境下产生被限制的状态，称为"心理强制"，是指思维对象受到强制性的限制和制约失去了任意思维的对象。犯罪嫌疑人在客观的事实和证据面前无法抵赖、无路可退，对自己的犯罪行为无法否定，失去了对其否定的选择性和对其心理思维应如何辩解的限制性。它与人身强制有一定的区别，人身强制是慑于法律的强制力，对人身自由进行限制，强制性地指定人身的活动范围并进行强制性的对话，这是一种外在的限制，对人的外部身体产生作用，而不能对人的心理思维活动进行限制。内在的心理强制是对心理行为的限制，从正常人的思维特点来看，有思维的广泛性和前思后虑的任意性。在正常信息刺激的情况下，思维较为活跃，思维的路子较为宽广，思维的方向带有任意性。而被心理强制后的思维只能按照讯问人员指定的方向进行，没有任意性，这种心理被强制的状态，有利于犯罪嫌疑人按照讯问人员的指令，如实交代自己的犯罪事实。

中外司法侦查机构，为了使犯罪嫌疑人交代犯罪事实，对犯罪嫌疑人采用“心理测试仪”进行测谎，而被测后的犯罪嫌疑人均能如实地交代自己的罪行，效果良好，这是什么原因呢？这是因为犯罪行为人的客观事实被心理测试仪证实对心理事实产生了作用力，形成了心理证据实现了心理强制的内在根据。客观行为被证实以致无路可退，思维进入这段领域后被堵塞无法循环下去，停留在被限制的状态达到了心理强制的效果。在这个阶段，如果讯问人员能坚持将犯罪嫌疑人的思维控制在这个范围，那么随着时间的推移，犯罪嫌疑人的心理压力将越来越大，最终产生某种需要和对某一目标的追求，这便出现了供述的动机。

对犯罪嫌疑人心理强制是促使其交代犯罪事实较为有效的途径，是供述动机产生的基础。在审讯实践中，为了实现对被审讯对象的心理强制，不能仅局限在“心理测试仪”的使用上。更重要的是通过客观证据的出示，点滴证据的暗示，供述矛盾的揭示，来实现对犯罪嫌疑人的心理强制。另外，还可根据案情的特点采用审讯谋略与技巧，实现对犯罪嫌疑人的心理强制，如采用“假设”的客观事实信息，提供给犯罪行为人也能起到以假乱真的效果。行为人对假设信息的误解，通过扩展的联想与心理事实的共振形成心理证据，取得了心理强制的基础。在讯问过程中犯罪嫌疑人透露出来的客观事实信息是不可忽视的环节，是我们在讯问过程中“无证取证”以现象引出犯罪事实的有效途径。由于犯罪总是在一定的时间、空间内进行，与一定的人发生关系，并且在接受讯问时，总要或多或少地将自己犯罪事实的信息透露出来。例如，受贿案件，犯罪行为人在某项业务中，从业务关系的对方收取贿赂给国家带来了巨大损失，在接受讯问时，行为人总会将该项业务的经过情节一五一十地道来，为了更进一步说明问题总会强调自己没有得到好处。而讯问人员并没有问其是否拿了“好处”，是其主动说出来的，这就是审讯人员要收取的客观事实信息。当然，讯问人员不能完全消极地坐等犯罪嫌疑人在供述中自动抛出客观事实信息，而是要积极主动地去寻找、开发，甚至要创造机会让犯罪嫌疑人通过自己对抗的语用行为暴露出来。常用的做法是：首先，间歇性地多次深追语用行为的细节，因为细节容易被忽视，犯罪嫌疑人常常没有留意供述的细节。于是供词的语言特征在细节上一次一个说法，有时文不对题，有时此地无银三百两，矛盾百出。讯问人员利用这些语用行为细节上暴露出来的客观事实信息，去转换事实实现心理证据。其次，对同一事实情节从不同的角度发问或是以不同的顺序进行提问，使犯罪嫌疑人在完全没有心理准备的情况下供述，将提取的语言信息进行比较，找出散落的客观事实信息。最后，把某一事实情节混杂在其他问题中提问，犯罪嫌疑人对拆散的事实情节在不知不觉中做了零碎的供述，然后进行综合比较，便能发现客观事实信息。从无到有，从小到大，从弱到强来发展这种客观事实信息，然后转换成客观证据，达到用心理证据来实现心理强制的目的。

实现心理证据并不意味着犯罪嫌疑人就一定能进入心理强制阶段，原因在于强化的心理证据才能产生心理强制，而淡化的、分散的心理证据不一定能产生心理强制。如何强化心理证据产生心理强制，常用的方法是以语用行为限制对方的定向思维，控制犯罪嫌疑人在心理证据的范围内进行思维，作出决断，注意不要任意改变这种范围。在对方努力岔开，试图寻找新的范围时，讯问人员应设法把岔出去的话题收回来，让对方向主话题方向发展，促使对方向供述状态运行。用语用行为实现心理强制有三个特点：（1）语言平抑，内含强制力。其目的是用平抑的语言，避免出现僵局，犯罪嫌疑人出现心理证据以后，其心理行为被客观的证据限制无路可退，处在进退两难的境地，形成心理压力，寻找“出气口”。如果审讯人员使用过激、过硬的语用行为，势必会充当“出气口”引起僵局。例如，常见的语用行为：“我犯罪了，你们枪毙我好了，我没有什么可说的。”

这就是僵局性的语言特征，原因在于审讯人员使用的语用行为不当。(2）语意单调。通常运用的是前景含义，其目的是限制犯罪行为人的定向思维，在有了心理证据的情况下被审讯人会尽全力来摆脱目前的窘境，扩展自己的思维范围，寻找“出路”，讯问人员如果使用背景含义，其语意复杂，含义深，就等于是帮助犯罪行为人产生联想扩大思路，这样很难再回到原来的被限制的思维范围中去。(3）语言重复，使用重复单一的语句，其根本目的是增加被审讯人的心理强制，咬定咬准关键性的一句话，而这句话必须是有利于犯罪嫌疑人供述的关键语，如“钱怎么处置了?”或“钱哪里去了?”“钱干什么用了?”等，咬准一句话紧追，直到其供述交代为止。

嫌疑人犯罪的心理证据，实际上就是犯罪的行为结果的证据，对犯罪的行为结果进行的心理强制，也是对犯罪结果的心理确认，达到心理强制，嫌疑人的心理证据的形成是在心理强制的作用下产生的，这种心理证据也预示着嫌疑人的隐瞒退路被堵塞，需要重新选择新的退路和出口，对涉案原因的认可就成为新的退路和出口。

第七节　原因认可的方法与技巧

原因认可是讯问人员把根据犯罪嫌疑人的涉案行为关系，进行分析提炼假设出来的行为原因，交给嫌疑人进行评估认可，目的是转换嫌疑人固守犯罪行为结果的心理支点。讯问进入嫌疑人直接隐瞒犯罪的行为结果阶段，也是心理对抗的核心问题的开始，从嫌疑人的认知层面来看，这个阶段是消极评价阶段，主要是对他人过错的评价和对自我过错的评价，是他人与自我行为结果的消极评价构成的消极心理层面。根据嫌疑人的认知转变过程，针对审讯人员指出的某一特定的“那件事”产生的消极评价的认知。首先是审讯人员提出的“那件事”，尽管不具体了解是否对自己不利，不知道怎样回答才能保护自己。其次是“那件事”的出现，产生了自我对品德颜面的担忧，惩罚后果的担忧，外界的评价和看法是认知的核心。最后是对审讯人员的帮助持怀疑态度，同时为了避免自己的情绪变化，不愿意受到审讯人员的语言影响，而保持消极的自卫，固守行为结果的心理定式即消极对抗。

为了破坏和更换嫌疑人固守行为结果的心理定式即隐瞒对抗的心理支点，转移强势目标，离开强项转移到弱项方面，是在嫌疑人不自觉的状态下，由讯问人员主动发起的主题目标，即涉案行为关系的原因，以此能够使嫌疑人认可，达到对隐瞒对抗的心理支点的转移。

例如，内蒙古自治区的一名旗委书记受贿案件，在一次国有资产拍卖活动中，在嫌疑人的帮助下，其姐夫获得了高额的利润差价，为了表示感谢，其姐夫转给嫌疑人 7000 万元。行贿人是犯罪嫌疑人的姐夫，嫌疑人为了隐瞒受贿犯罪行为，谎称受贿的巨额现金是向他姐夫借的，并且积极地辩称即便不是借的而是姐夫给的，也是自己家里的亲戚的正常经济往来，不是受贿犯罪行为。审讯人员将巨额的受贿犯罪结果转移到原因认可的方面："从这件事的原因来看，责任不在你，你根本就不愿意要这笔钱，是你姐夫执意要转给你，如果不是你姐夫非要把钱转给你，就不会有今天的这件事！你说是不是？"嫌疑人回答："就是啊！我根本就没有打算找他要钱的，是他执意要转过来的啊。"这里"借"钱的谎言被否定了！审讯人员这时接着发问："既然是这样，你可以打一个电话告诉你姐夫再把钱转账退回去不就结了吗！"嫌疑人回答："可以啊！能够转回去更好啊！"这里有"退"必然有"给"！审讯人员问："怎么退转呢？当时他是怎么转的，转到哪里的？"嫌疑人不得不说出该项赃款的来源和去向。

原因认可之所以能够得到嫌疑人的认可，其根本的原因是嫌疑人犯罪的行为恶性被降低了，满足了嫌疑人趋利避害的心理需要。例如，道德、隐私、后果、其他的恶性关系被降低了，得到了利益的最大化，故此原因能够被认可。

帮助嫌疑人设置原因认可必须要与更换的编制谎言形成内在的逻辑关系。例如，受贿犯罪行为，帮助设置的受贿行为的原因应当与准备更换编制的谎言存在内在的逻辑关系，如："你的关键问题是对情看得太重了，他们为了感谢你给你送钱，如果你不收，他们就说你不给面子，如果收了又是违纪违法，其中好像有的开发商送来的钱你还给他们退回去了，从思想上说你应该是比较廉政的领导干部。”这里的“情”与“退回去”的谎言编制行为存在内在的逻辑关系。

设立原因认可的方法：首先是提高道德范畴的认可，从提高道德的角度评价对方，进行“超我”的人格评判。例如：“你是好心办了坏事，你原本是想帮助他。”再如，默认式的原因认可：“你的人品非常好，出现这件事的原因，我就不说了。”“你是一时冲动，正常情况下你是不会干这种事情的。”提高心理追求的人格层面，降低涉案关系人和涉案关系的客观层面（社会层面），转嫁道德行为恶性。

其次是帮助选择认可的原因，在涉案的行为关系中选择一些有利于嫌疑人的行为，进行分析评价排开嫌疑人的行为恶性，将行为恶性转嫁出去。例如，“你也不是一个贪财的人，只是碍于情面，才不得不收别人的钱”。还有，“出现这种行为，对方有很大的责任，如果不是因为对方的这些行为，这件事也不会发生”。

最后是假设的原因认可，帮助嫌疑人推卸责任，转嫁责任，将导致涉案关系的行为恶性转移出去，逼其对假设的原因进行认可。例如，“这件事的主要责任在对方，是对方实施了违法犯罪的行为”“在此之前还有一个人实施了这种行为”“这件事的最终后果是另外一个人造成的”等。

嫌疑人在整个的心理对抗过程中是不会轻易认可原因的，那些顾虑、怀疑、自卫、对恶果的恐惧，围绕着对抗隐瞒的心理支点是不会轻易放弃的，很多时候还表现出不是直接认可原因，而是默认，顺应讯问人员帮助的认可原因。嫌疑人对讯问人员帮助的原因进行认可，需要有一个转换的心理过程，建立起心理依赖关系，从而完成这种心理过程的转换。

帮助嫌疑人建立心理依赖关系是认可原因转换的主要过程，从心理依赖的概念来看，依赖即依靠，自己不能独立行为或者无法独立行为，必须依靠外力的帮助。嫌疑人处在被讯问的独立无援的空间里，自我能力受限，产生了对外力求助的心理需要，这种心理需要就是心理依赖。在讯问的空间里只有自己和讯问人员，这里除讯问人员外没有其他的可依赖对象，那么嫌疑人依赖的着眼点也只能是讯问人员，所以讯问人员应当抓住这个有利的空间尽自己最大的努力取得嫌疑人的信任，将嫌疑人的心理依赖转移到自己的身上。

嫌疑人对原因的认可是建立在利益关系上的，嫌疑人改变获取利益的方向，将获取利益的目标从自我获取，转移到向侦查讯问人员获取，这种利益方向的改变，是以心理依赖为基础才能实现的。建立心理依赖关系，获得利益方向的转移，是侦查讯问人员获取犯罪嫌疑人原因认可的重要任务。

进行原因认可，很多时候不仅能够帮助嫌疑人降低恶性，还能够有效地帮助嫌疑人建立依赖关系。在日常的谈判活动中，两个人因为处在对立的状态，需要一个双方都信任的第三人作为中间人参与，其谈判的成功率才会非常高，根本的原因就是中间人的作用，中间人之所以能够产生作用，是基于谈判双方的信任和依赖。

情感依赖的产生需要有一个心理的认知过程，审讯过程中为了使嫌疑人产生心理依赖，两名审讯人员需要分别扮演唱红脸和唱白脸的角色，嫌疑人的情感依赖的方向自然就会产生在唱红脸的审讯人员身上。

帮助嫌疑人建立情感依赖关系的目的：嫌疑人能够向侦查讯问人员供述犯罪事实，是嫌疑人获取利益方向转移的结果，建立心理依赖关系的目的，是获取嫌疑人利益方向的转移，达到向侦查讯问人员讨要利益的行为目的。从情感依赖关系的行为分析来看：嫌疑人处于无助状态下，需要寻求情感依赖方向和对象，如果这个情感依赖的方向和对象选择的是侦查讯问人员，那么心理依赖关系便可建立，其行为表现是嫌疑人向侦查讯问人员“讨要利益”。

获取情感依赖的方法：主要是通过消除对立，缓解嫌疑人心理冲突的压力，转变对立情绪，站在嫌疑人的角度上帮助嫌疑人共同面对当前的处境；与嫌疑人进行近距离的心理接触，拉近情感距离，帮助嫌疑人解除心理障碍；降低客观存在的心理威胁，审讯人员自我转变角色，改变非对抗性的空间，为他提供帮助、为他服务，常规式的语用行为有：

直拉式：“我是来帮助你的，你有什么事情需要我帮助的可以直接跟我说。”

亲情转嫁式：“你父亲对你很关心”“我去过你的家”。

心理接触式：“你的问题也不是什么大不了的，如果放在我的身上也可能会犯同样的错误。”

关心式：“你有什么困难可以告诉我”“你有什么需要我帮你的”。

为他服务式：“我只要在这里一天都会给你提供帮助的。”

恶果转嫁式：“你也不是为了自己……可怜天下父母心。”

动机分析式：“你是因为情面过不去才……”“你只是一时的冲动，事后就后悔了”。

训斥式：“你让我怎么说你好，你这是聪明人办蠢事”“为什么不想想挽救方法”。

政策教育式：“司法机关对犯了错误的人，是以挽救为目的，而不是以惩罚为目的的，四种形态的原则就是帮助、挽救、不再犯，情节恶劣的才是惩罚”“我们的办案人能够拉你一把，就不会推你一把”“法律有具体的从宽从轻的规定”等。

说服式：“通过这一次的经历，你应该吸取教训，下回就不会再犯了。”

反常规式：“关于坦白从宽、抗拒从严的政策问题，我推心置腹地告诉你，有时可以不信，有时要相信，什么情况下不能相信呢？也就是说哪些事情不能够交代！司法机关没有掌握证据的事情可以不交代，可以不相信坦白从宽、抗拒从严的政策。不交代别人不知道，没有证据就不能认定你犯罪，如果你交代了就会承担法律责任。那么哪些事要坦白呢？司法机关已经掌握证据的事，不能抗拒要坦白交代，而且坦白交代得越快越好，越彻底越好。因为，不交代照样按照刑法定罪，交代了才有态度好的从宽处理的条件。所以……”

昵称式：“张局长，你先喝口茶，我们再聊！”

抬举式:“老百姓都说你是好官,为人正直、真诚、事业心强、办事爽快,30岁不到就是县处级干部,德才兼备前途无量啊(这里解决的是人格基调问题)。”

许诺式:“你受贿的时候你儿子在场,我们应该找你儿子取证,但是我们没有去,是为了避免你上大学的儿子受到影响。”

从宽情节分析式:“对你的问题我们来探讨一下,你现在的涉案数额已经达到了刑罚规定的极限标准,是要判重刑的,反正现在是要判重刑了,如果能够再主动交代犯罪事实,就能够获得从轻处罚,你自己分析,如何做对你有利?”

第六步　趋利避害

第一节　抗审的后卫心理支点的更换

在犯罪嫌疑人的对抗心理过程中，处于不同的对抗心理阶段就有不同的对抗心理支点，审讯的成功就是在不断地破坏对抗阶段的心理支点，不断地转换心理支点，最终消除对抗心理，以此达到成功。

嫌疑人的对抗心理支点，是根据嫌疑人抗审的心理认识和审讯过程中的不同阶段形成的抗审意识而产生的，它包括“定式心理支点”“前卫心理支点”“后卫心理支点”“更换需要心理支点”“改变需要心理支点”。

首先是转换“定式心理支点”。嫌疑人迎战揭露行为的隐瞒心理行为框架的产生：带着隐瞒的心理定式参与被审讯的空间，这里的心理定式是嫌疑人对自我行为的整体评估而产生的对整体利益保护的自卫认知状态，是整体防卫意识，也是整体对不利因素的否定预备。例如，嫌疑人面临即将受到审讯的心理支点是“否认犯罪”“否认对自己不利的一切因素”，这就是初始阶段还没有涉及具体内容的预备心理定式。审讯开始后，审讯人员直接告知嫌疑人：“我希望我们能够推心置腹地交谈，我最不能容忍的是别人说谎，不好说的，不能说的，可以不说，但是不能说谎，我这个要求可不可以？”对此嫌疑人点头默许。这种预告式的审讯介入方法，无疑能使得嫌疑人从整体防卫的心理支点状态直接过渡到具体的犯罪行为的层面，实现了抗审心理支点第一个阶段的转换。

其次是抗审的“前卫”支点向“后卫”支点的转换。进入具体的犯罪行为阶段，审讯人员以帮助嫌疑人解决问题，分析产生犯罪行为的原因，提高人格属性控制谎言的再生，促进嫌疑人默认行为的交流形式，直接威胁嫌疑人抗审的前卫心理支点。犯罪嫌疑人在抗审中选择的对抗心理支点有前后、轻重之分，因为犯罪行为存在不同的发展阶段，每一阶段的行为恶性不同、初始行为和发展行为的恶果不同，趋利避害的条件心理反应，产生了轻重利弊的意识选择，即前卫环节和后卫环节，进行分阶段的隐瞒对抗犯罪行为的分解：如强奸杀人案件，根据恶果的性质进行层面分解，强奸轻于杀人，防卫的层面就会出现前卫是强奸，后卫是杀人；强奸案件，性行为的恶性轻于强迫行为，防卫的层面就会出现前卫是性行为，后卫是强迫行为。所以嫌疑人在对抗审讯的过程中，总是选择先轻后重的对抗模式，被突破一个点就放弃一个点后退一步，直到无路可退才会放弃抵抗，缴械投降。因此，整体对抗的心理支点被破坏和否定，自然就会后退一步转移到具体行为的否定条件，即前卫的心理行为支点进行隐瞒否定对抗，这里的前卫心理支点是犯罪行为的外延关系，外延虽然不是核心，但是外延与核心有着不可分割的牵连关系，控制外延、防守外延无疑是对核心的保护，所以前卫也就成为通往核心后卫的障碍，保护住前卫就能够守护住核心后卫。由此审讯活动中即便是一个简单的涉案关系，嫌疑人也会积极地否认，顽强地抵抗，因为这个简单的问题背后牵连着核心问题，简单问题被突破自然会威胁到后卫的核心问题，审讯人员在此前卫阶段，除堵住谎言的退路外，还运用了封控谎言、确认存在、涉案原因的利益方向的介入，前卫的条件和支点被瓦解，否认和隐瞒的退路被封锁，审讯中的转换行为是在双方默认的情况下退回到后卫环节进行抵抗的，后卫就变成了前卫。

最后是当嫌疑人退回到后卫进行核心问题对抗隐瞒时，仍然需要谎言的支撑来作为对抗的支点条件，这里审讯人员不断地推出说谎产生的后果，再一次限制嫌疑人的谎言滋生，谎言的退路被封锁，也就是后卫的退路被封锁，失去了条件对抗的心理支点，失去了支撑，心理的需要产生了更换支点的心理动机，因为退路被堵，自我无法更换，需要外来的信息条件帮助，由此降低恶性、转换恶果、选择需要条件，就成为嫌疑人的当前需要，因为这种外来的信息条件满足了其心理需要，于是产生了新的心理支点，满足后卫的心理支点的更换。

嫌疑人整体的犯罪构成是总体的隐瞒目标，但是在嫌疑人隐瞒对抗的方法上，又会根据犯罪的构成分为不同的层面，进行阶段性的对抗，前一个层面的前卫被破坏只得放弃，退回到后卫层面进行对抗。例如，投毒杀人案件的对抗行为的心理行为，分为投毒行为和故意过失行为，即前卫的隐瞒投毒行为，后卫的故意和过失行为，在前卫的投毒行为的心理支点被破坏后，随即便会放弃对投毒行为的否定，进入后卫的行为过失进行隐瞒对抗。以此要求讯问人员分层面、分步骤地进行分解审讯，在投毒行为解决之后，固定好言词证据，再进入下一轮对犯罪故意的审讯。尤其是针对信念对抗的嫌疑人，就应当运用分阶段的方法，第一阶段是取得对犯罪行为的默认，第二阶段是取得犯罪主观方面的认可，第三阶段是对整体犯罪行为的确认。

第二节　前提默认的心理行为方法的涉入

前提的基本含义是事物发生或发展的先决条件。犯罪行为的发生和发展也是由先决条件决定的，失去了先决条件其主体行为就很难成立，犯罪行为的先决条件与犯罪行为存在必然的内在联系，犯罪嫌疑人否定和隐瞒犯罪事实大多是对犯罪行为的整体否认，不对犯罪的内在行为的先决条件进行分解，而审讯人员为了减轻犯罪嫌疑人的心理压力，降低犯罪行为的恶性，会对犯罪行为的各个先决条件进行分解，找出犯罪行为的先决条件即犯罪行为的前提，进行前提条件的恶性降低，以此满足嫌疑人趋利避害的心理需要。在审讯实践中直接让犯罪嫌疑人承认犯罪事实，承担犯罪行为的结果是非常困难的，原因是其需要承担的心理压力过大，为了缓解这个问题，需要审讯人员对整体的犯罪行为进行分解，因为犯罪行为是由许多先决条件构成的，将先决条件从整体的犯罪行为中分解出来，形成一个个独立的行为条件，进行各个击破。先决条件实际上就是犯罪的前提，解决了前提问题，后面的犯罪行为自然也就被牵连出来了。

即便如此，让犯罪嫌疑人直接承认犯罪的前提问题也是非常困难的，这里的核心问题就是承认犯罪事实的心理语言冲突，是语言直接表示犯罪事实的困难。采取使其默认的变通方法，就能够解决因直接表述而产生的语言冲突问题。也就是说，默认某一件事情比直接承认某一件事情要容易得多。例如，在一起强奸案件的审讯活动中，犯罪嫌疑人否认自己的强奸行为，谎称是受害人自己愿意而发生性行为的，由于没有客观的实施暴力的直接证据，审讯活动一度处于僵局状态。在整个审讯过程中嫌疑人始终坚守“是被害人自愿发生性关系的”作为前卫的对抗心理支点；以“自己没有实施暴力”作为后卫的对抗心理支点，跟审讯人员周旋。此案的强奸行为是犯罪嫌疑人防守非常严密的地方，审讯人员选择了避其强攻其弱的审讯方法，将嫌疑人当前的处境作为攻击的目标：“今天的事情既然已经出来了那就要设法把它处理掉，你这样被动地否认能够解决问题吗？想办法把事情化解了，取得受害人的谅解，把大事化小，小事化了，这才是处理问题的上策！”嫌疑人对审讯人员的这段话表现出了默认的态度，这里“取得受害人的谅解，把大事化小，小事化了”实际上就是强奸的前提，这里的“这件事”指的就是强奸。审讯人员进一步发问：“取得受害人的谅解是不是对你最为有利呢？”这里审讯人员又进一步地指明了“前提”，嫌疑人点头表示默认。这里的点头默认实际上也就是对强奸行为的默认，因为“取得受害人的谅解”的前提是自己对受害人的伤害行为，没有侵害行为何出谅解之事呢！接下来审讯人员继续发问：“你想怎样取得被害人的谅解呢？”嫌疑人回答：“我向她赔礼道歉，如果可以的话我可以赔偿一些经济损失。”这里是又一次对自己的侵害行为的默认，赔礼道歉、赔偿经济损失的前提是自己有侵害行为。审讯人员对此的默认行为进行了有效的控制：“你愿意赔礼道歉非常好，我们可以替你转达，以此来取得她对你的谅解，你具体说一说吧！”嫌疑人：“我不应该强迫她与我发生那样的关系，我愿意赔偿她以此取得她的谅解……”

这里强奸行为出来了。

默认是解决“难言”的重要条件，人们登高需要台阶和楼梯，默认就是攀登“难言”的台阶和楼梯。对前提的默认是解决登高目标的重要条件。例如，在一起共同受贿的犯罪案件中，受贿人与其情妇共同受贿了一套住宅楼房，由情妇居住，两人在接受审讯的过程中一定会否认受贿了一套住宅楼房。在对情妇进行审讯时，审讯人员没有直接涉及受贿的住宅，而是直接告知，“你的那套房子我们准备没收”，被审讯的情妇回答：“你们不能没收我的那个房子。”这句话的语言背景和前提是自己有那个房子。那个房子的存在是前提，审讯人员继续追问：“为什么不能没收那个房子?”情妇回答：“那是我的青春换来的!”这句话又进一步默认了那个受贿来的房子的存在。

前提默认作为通向事实目标的台阶，同时也是有效地再现心理记忆的客观存在的方法，犯罪的心理记忆在通常情况下是很难通过理性的渠道再现出来的，而通过感性的潜意识的渠道再现出来就容易得多。因为默认在很多时候是不受理性支配的，是感性和潜意识的结果，所以帮助嫌疑人设置前提默认，以此为通向事实目标的台阶，能够在审讯的实践中发挥积极的作用。

第三节　假想恶性的心理行为属性

假想是指通过假设而想象出来的，与真相和客观事实还存在一定距离，通常人们的思维习惯总是往好处想，不太愿意往坏处想，往好处想是人们的愿望，有了这种好的愿望就需要这种假设的存在，假设情况的结果会是好的呢！这种思维就被称为假想。假想恶性是降低恶性的心理思维意识，是对自我恶性行为的一种谅解心理意识，犯罪行为人在实施了犯罪行为之后，对自己的行为导致的结果，通常都要寻找一系列的理由来降低其行为恶性，达到自我的心理平衡，通过对行为恶性的假想来满足自我心理平衡。从另外一个角度来看，犯罪行为的恶性导致恶果的存在是客观的，是人们的行为规则所禁止的，行为人对其行为后果需要承担责任，这是行为人自己必须要面对的。因此，从另外一个角度又存在真实的一面，需要行为人的面对和处理，从根本上又牵涉了假想恶性的心理需要，仍然需要面对现实继续隐瞒犯罪行为对抗审讯。

审讯人员为了使犯罪行为人放弃隐瞒供述犯罪事实，就必须帮助犯罪行为人摆脱犯罪行为恶果的困扰，淡化客观的恶果降低犯罪行为的恶性，帮助犯罪行为人重新建立假想恶性，消除嫌疑人对恶果的恐惧压力。在审讯人员的帮助下降低恶性，建立假想恶性，为什么能够取得犯罪行为人的认可？因为假想恶性是犯罪行为人的心理需要，审讯人员提出的恶性降低满足了犯罪行为人的心理需要，顺应了心理需要，满足了自我平衡。

案例

“4·24”投毒案件审讯纪实

2017年4月24日下午，安徽某市玫瑰园小区卢某（出生39天）在其姥姥家被人投毒，经过安徽某市第一人民医院治疗诊断卢某被误服腐蚀性物质，致腐蚀性口腔炎、腐蚀性食道炎、腐蚀性胃炎，心肌损伤、肝功能损害，并遗留下红唇瘢痕、下红唇整体内翻、食道中下段狭窄等后遗症。

经过刑警大队侦查发现，幼儿无自主吞食能力，系被他人投毒伤害。现场没有发现有价值的物证。该案的犯罪嫌疑人是谁？为了准确锁定犯罪嫌疑人，尽快破案，侦查人员进行了侦查走访。

4月24日早晨，婴儿卢某被其母亲送给姥姥照看，因卢某的母亲要上班，且卢某自从出生后便一直由姥姥帮助照看，在姥姥家里一同生活的有卢某的舅舅、舅妈，据调查得知在卢某中毒的时间段，没有外人来过姥姥家，投毒的犯罪嫌疑人就只能是姥姥的家里人，即姥姥本人、卢某的舅舅和舅妈这三个人。经过分析和排查，卢某的姥姥和舅舅不可能下毒毒害卢某，根据亲情关系的疏近，只有卢某的舅妈的犯罪嫌疑最大，并且卢某的舅妈一直与卢某的母亲有矛盾，在被投毒的时间段内舅妈与卢某有单独接触的机会，案发后其精神有些失常。于是市公安局刑警大队的侦查人员传讯了嫌疑人刘某，刘某在审讯的全过程始终否认自己投毒，案件处于僵局之中，嫌疑人坚持了六个多月对抗，拒不交代。为了尽快破案，2017 年 11 月 22 日省公安厅致电公安部请求审讯专家支援，帮助指导审讯。2018 年 2 月 22 日公安部审讯专家对刘某进行了审讯。审讯专家根据嫌疑人近八个月的抗审经历，确定嫌疑人的抗审行为为信念对抗，根据审讯信念对抗的三段论的审讯行为方法，先使其默认，再认可，再确认的审讯技巧，最后明理动情促其交代。首先从降低嫌疑人行为的恶性入手，帮助嫌疑人强化假想恶性，引导嫌疑人进入默认的平台；其次以逻辑推理原因和动机进行道德范畴的弱化，帮助嫌疑人建立认可的平台；最后在确认阶段帮助嫌疑人选择退路引出犯罪过程即投毒的经过，告破此案。

审讯的方法：该嫌疑人是信念对抗，先帮助其降低恶性，强化假想恶性的心理意识，使其默认涉案行为，再步步深入使其认可，最后选择退路进行行为确认促其交代。

审讯开始：嫌疑人的基本情况（略）

问：你进来多长时间了？

答：去年的 4 月底进来的，已经将近八个月了。

问：是因为什么事进来的？

答：他们说我投毒！

问：那你投毒了没有啊？

答：我根本没有投毒！我怎么会投毒伤害自己的外甥呢？

问：这个问题你就不用再说了！事情是你干的这是毫无疑问的！这个问题我们已经弄清楚了！你就不想跟我们说说当时的原因吗？我想事情总是有原因的，根据我们的了解你的心肠非常好，有同情心，也经常会关爱别人，更不至于下毒要毒死别人，所以我们认为这件事是有原因的是不是？（等待默认）

答：（不语……一定是在思考以什么样的原因能够降低自己行为的恶性）

问：到底是什么原因啊？（进行追问）

答：（不语……不好回答）

问：我想原因可能是这样的，这个小孩可能非常贪吃，你当时只是想逗他玩或者是恶作剧逗他的是不是？我想一定是。（逼着她默认，帮助其建立假想恶性）

答：（眼睛转向审讯人员表现为接受交流合作，瞬间又转向他处，离开合作区域继续不语……）

问：问题已经出来了，要想办法面对，回避不是好的办法！你回避，那么孩子的家长就会认为是你故意干的！是要置孩子于死地，我认为情况可能不是这样的，可能还有其他的原因！是不是这孩子什么都吃，你给他什么他吃什么！你只是想恶作剧，给他“那个”看他吃还是不吃！你并非要故意害死他是不是？完全是想给他开个玩笑逗逗他，不知道是不是这个原因，如果是这个原因，那么就说通了，问题也不是那么严重了！是这个原因吧？（逼其默认）我只需要你点点头就可以了！

答：（轻微地点头表示默认……）

问：你这个玩笑开得有点重了，给孩子造成了一定的伤害，你想用什么办法来了结这件事？是不是要向你的小姑子赔个礼、道个歉，说明事情的原因以取得他们的谅解，这件事不就结了吗？这实际上都是自己的家庭矛盾，亲戚之间闹些矛盾和误会都是正常的，问题是怎么化解矛盾，问题出来了及时处理，自己有错认个错也就完了，亲戚之间他们也不会计较的，你说是不是！

答：（点头表示同意……）

问：好在对小孩也没有造成多大的伤害，现在恢复得还不错，幸亏他吃下的不是剧毒，要不然麻烦就大了！也正因如此，你认为不会有多大的问题，让他尝尝贪吃的苦头，你当时是不是这样想的？

答：（如果不回答继续跟进）

问：如果当时是这样想的，那么你们的家里人也会理解的。本来这件事是家庭矛盾，如果能够在自己家里解决了，公安机关也是赞同的。这件事取得家庭成员的谅解，司法机关可根据行为的实际情况和行为的原因，来决定对你是否处罚，这一点你们的家庭意见非常重要，所以你的首要任务是要设法取得家庭成员的谅解，这是你最完美的出路和结果，我们也不想看到你受到惩罚，这是我们今天来帮助你的原因。你觉得是不是这个理呢！我想听听你的真实想法！

答：(思考)

问：想不想取得家庭的谅解?

答：(不语)

问：想不想取得谅解你给我一句话！

答：我不知道怎么才能取得谅解！(顾虑自己的行为不可能获得谅解)

问：你的顾虑我是清楚的，好在后果不是非常严重，对你来说也是好事，没有造成严重后果，其实这件事小孩的父母或者姥姥也有一定的责任，平日里无端地伤害过你，也可能做了许多对不起你的事情，激发了你内心的怒火，我想这可能是其中的一个原因吧！（对方过错论）（暗示对方必须回答）

答：他们家的人做事不地道，小姑子的小孩（受害人）满月之后她要上班把小孩就丢给了姥姥，然后剩下的家务事就是我一个人承担，他们什么事都不愿意做，还说我做事是应该的，可我也是要上班的人啊！(所谓家庭矛盾的述说)

问：是的！他们家里的人说你干了不少的事情，家务活都是你主动抢着干，你的工作能力强，做事勤快，他们也都在夸你呢！（把握顺应性、提高参与性，促其悔过）但他们就是想不通到底是什么原因！我当时就替你分析肯定不会是故意的！因为你不是一个品格歹毒的人，而且他们说这个小孩你非常喜欢，还时不时地逗着孩子玩，所以他们也不相信是你故意所为！总是想不通到底是什么原因！是仇恨他们家里人，还是仇恨这个小孩？是故意想把这个孩子弄死吗?

答：怎么可能呢！我当时只是想教训他们一下，没有想到会出现这么严重的后果，我要是知道后果是这样，也不可能给他喝啊，再说洗洁精也没什么毒啊。

问：你是给那个小孩喝的洗洁精？

答：(点头……)

问：你为什么要给小孩喝洗洁精呢？

答：那天中午吃完饭，他们都去上班了，姥姥乘小孩睡着去邻居家了，我在厨房洗碗，忽然小孩醒了哭闹，我当时窝着一肚子气，就顺手用勺子舀了一勺给小孩喂到了嘴里。孩子吃完了之后也没有什么反应，我认为问题不大就没有太在意，也没有跟姥姥说。

问：你一共喂了多少洗洁精给小孩？

答：小汤勺两勺。

问：你是怎么发现小孩中毒了的？

答：喝完了洗洁精后有两个多小时，小孩咳嗽、哭闹，喂奶也喂不进去往外吐。到了晚上孩子他妈回来就发现嘴唇红肿、下嘴唇内翻，就抱去了县医院看了医生，当时医生也没有诊断出病因，给了一些消炎的药，第二天他们把小孩带去医院治疗，诊断其被误服腐蚀性物质，致腐蚀性口腔炎、腐蚀性食道炎、腐蚀性胃炎，心肌损伤、肝功能损害，并遗留下红唇瘢痕、下红唇整体内翻、食道中下段狭窄等后遗症。我真没有想到洗洁精能够造成这么严重的后果，要是知道有这么严重的后果，我怎么也不会干这种事情的，我现在非常后悔，我愿意赔偿孩子的医药费，把孩子的病治好！

问：你有这种想法就对了，事情出来了不要回避，要积极地处理，取得谅解。你当时给孩子吃的洗洁精是从哪里弄来的？

答：就是在姥姥家里厨房平日里用的那瓶洗洁精，就是放在厨房锅灶旁边的那瓶，瓶内的洗洁精当时已经用了一半了，还剩有半瓶。

问：你给孩子喝完了洗洁精，把洗洁精的瓶子放哪儿了？

答：还放在锅灶的原来位置上，我也怕被发现就没有改变原来放置的位置。

问：你知道洗洁精的用途吗？

答：洗锅碗洗菜都可以！

问：为什么要用洗洁精来洗锅洗碗呢？

答：因为洗洁精能够去油污，洗涤效果好！

问：洗洁精为什么去污效果好！

答：因为洗洁精有很强的腐蚀作用和功效，所以去油污效果好！

问：那么人吃了结果会怎样？尤其是婴幼儿吃了会怎样？

答：那肯定会对身体造成伤害！

问：能够造成什么程度的伤害？

答：吃多了就会伤害严重，少量的可能会有轻微的伤害。

问：你既然知道洗洁精对人体有伤害，为什么还要喂给婴儿吃呢！

答：我当时也是因为一时的气愤和冲动，对小姑子有些意见，就拿孩子出气了，干完这件事我非常后悔。

第四节　降低恶性的心理行为方法的选择

恶性是嫌疑人隐瞒犯罪事实的心理行为的来源，因为有恶性的存在才有隐瞒抗审的存在，恶性越大隐瞒的行为力度也就越大，恶性意识与供述意识成反比，这是嫌疑人在接受审讯活动中的基本行为表现，恶性意识产生的根源是主观的心理意识和具有客观社会属性的人们的行为规则，主观的恶性意识来源于自我的人格属性，是自我行为的认识和判断，是自我人格意识的特征反映，是由自我的意识观和价值观决定的，而客观的社会意识所表现的是人们的行为规则，是由超我的社会意识决定的，人们心理所产生的恶性意识是主观的心理意识和客观的社会意识的综合反映。因此，关于恶性的心理意识不仅仅要看主观的心理意识，还要结合社会意识进行统一分析，这样才能够确定恶性意识所产生的恶性程度。审讯实践中分析嫌疑人心理的恶性产生的程度，应当结合自我和社会意识来进行评价。

"降低恶性"的实务操作方法。降低恶性：主要是降低心理恶性认知的困扰，降低道德的属性，对颜面、荣誉的维护，尤其是职务犯罪的嫌疑人对名誉看得比较重，以此帮助其解脱这种压力，排除心理障碍。

降恶方法：直接对后果的弱化，如“你行贿也是出于无奈”“你收钱也是被动的”“你并不想杀他”“你并不是为了贪财”“如果我是你也会做出这种举动”。

分析原因降低恶性，如“出现这件事的根本原因是酒惹的祸”“发生这种事情是你太讲义气了”。

替嫌疑人设想辩解理由，如“一定是对方的过错”“都是为了工作”。

回应表现：默认接受。（默认了自己的行为，接受帮助拉近距离）

嫌疑人的认知层面——原因说明（冲动）满足行为人趋利避害的心理需要，目的是获取认同。嫌疑人对后果的感知压力被降低，隐瞒的对抗能力也相应被削弱，能够促进说明原因的语言冲动。

首先是上“台阶”，只有上了这个“台阶”才能够解决问题的困境。其次是继续上“台阶”，自己对犯罪的自我行为的重新思考，降低了问题的严重性，排除了阻力。最后是上“台阶”的阻力产生的对他人的过错和自己的经历的思考，如受贿是社会风气，受贿是别人主动给的，是行贿人的过错，还有自己的社会贡献等。意识结果的动力是“反正自己的过错也不是那么严重”，向“台阶”的最高峰发展。

案例

“10·17”半截项链引发的抢劫案件

2015年10月17日21时许，杜蒙县他拉哈镇喜洋洋歌厅内发生了一起群体性打架斗殴事件，在斗殴过程中王某价值近4万元人民币的黄金项链丢失，王某报案称被抢劫并指认对方为其中一女子谢某（女，34岁，杜蒙县他拉哈镇人），谢某因为斗殴事件已被杜蒙县公安局行政拘留，工作人员多次提审谢某，其拒不承认拿走项链，现场周边的视频也无法看清项链丢失的情况，且谢某行政拘留的期限马上届满，案件陷入僵局。

鉴于此情况，县公安局经研究决定上报市局申请对嫌疑人谢某进行“审测”，以验证其叙述的真实性。测谎专家杨某在翻阅卷宗、勘查现场、报案人回访、主办案件人员介绍案情等多项工作的基础上对嫌疑人进行“审测”。由于被测人经过多次审讯心理压力较大，以沉默来表达不配合，于是工作人员运用共情技术、测试谈话、观察体态语、问答时身体微反应等非对抗审讯的谈话技巧结合心理测试得出有效结论，经过三个多小时的“审测”，逐一突破被测人的心理防线，最终谢某交代了在打架的混乱过程中将部分项链拿走后藏在自家猪圈棚顶里的事实，工作人员通过其交代情况将赃物取回，案件得以告破。

审测工作中

问：你是谢某吗？

答：嗯（低头神情紧张并声音很小）。

问：来，看着我说话，好吗？我好像也比你大，这样也算尊重我一下？

答：（略微抬了一下头）……

问：我看到资料你是1982年出生的吧？

答：嗯（声音很小）。

问：你和我大姑家妹妹是同岁，是属狗的吧？

答：（抬起头看了我一眼）是的。

问：我大姑家是嫩江县的，听说你老家也是嫩江的？

答：（神情明显放松了一下）我娘家是嫩江的。

问：我大姑家是嫩江镇的，你娘家在哪个地方啊？

答：我家在伊拉哈镇。

问：伊拉哈好像离县里不远吧？

答：挺近的。

问：我小时候去过几次，那里产大豆，有“大豆之乡”的美称，是吧？

答：是，家家都种大豆。

问：那你是什么时候来的杜蒙县啊？

答：我是嫁过来的，我和我丈夫一起在嫩江县里打工认识的，结婚后就回他的老家杜蒙他拉哈了。

问：哪年过来的？

答：我怀孕那年过来的，孩子 12 岁了，都 12 年了。

问：要是这么说我也算是你的娘家哥哥，看来今天你走运了，也许今天我真能帮上你。聊了半天，我还没有自我介绍呢，我不是杜蒙县公安局的，我是大庆市公安局的，专门负责测谎工作，今天也不是来审讯你的，我也知道这几天杜蒙县公安局已经审讯你好几次了，今天县局领导请我来不是审讯的，他们说你态度不好，一直不配合工作，所以把我请来对你进行测谎，不过刚刚我们聊了一会儿，才知道我还算你娘家哥哥，你一个女孩子又在农村，法律方面的知识肯定不如我，我毕竟干了十六七年的警察，所以今天我作为娘家哥哥必须帮你把这个事情大事化小，杜蒙县局领导这个面子还是会给我的，毕竟他们经常找我过来帮忙啊，所以我说你今天走运了，我说得对不对？

答：大哥，你是大庆市局的啊。

问：对啊，怎么不像吗？

答：不是，我说你和他们说话不一样。

问：有啥不一样？

答：你不横，他们老是吓唬我。

问：那是角度不一样，这个你不能怪杜蒙县公安局的同志，如果把你们互相调换一下角色，你也会生气的。一问三不知，也不说话，换作谁谁不生气，他们跟我说怎么问你都不说话，你一个女同志，打不得骂不得，都把他们县公安局的一把手乔局长气坏了，你毕竟要在杜蒙县生活，把县公安局局长都得罪了，你不傻吗？还好今天你遇到我这个娘家哥哥了，我顺手就帮帮你吧，谁让我们有缘分了，听说你丈夫也在拘留所里呢，我这次帮你们了，等他出来让他陪我喝两盅，可以吗？

答：(不太相信的表情) 行啊……

问：测谎你听说过吗？

答：没有。

问：测谎仪你听说过吗？

答：嗯，好像在电视上听过。

问：啥时候看的电视啊？

答：不记得了，很久以前了吧。

问：测谎顾名思义就是测测你说的话是不是假话，是否有所隐瞒，这回明白了吗？

答：嗯，明白了，我这点事情还要用上测谎仪吗（表情略微不自然地紧张）？

问：你说对了，你这个小案子，我不想来，案子太小了，坐在我前面的不是杀人的就是放火的，你这个事情算个啥事情，这不是人家被打的上访了吗？换作你你也憋屈啊，被打一顿不说，好几万元的项链还整丢了，谁心理能平衡啊，换作你你答应啊？你说是不是？

答：（沉默……）

问：不是今天聊到我也算是你娘家大哥，我今天肯定就不管你了，我就负责测谎，干完我的活我就走了，一出结果任务就完成了，何必磨叽这么半天呢，对不对？不过你一个人从嫩江嫁过来，这里娘家也没有一个亲人，也挺可怜，关键时候也没有一个娘家人帮帮，就冲这一点我今天才和你说这么多，不然这是公事，我干完就走得了，何必给自己找麻烦呢？你说我说得有没有道理？

答：大哥，你说的我懂。

问：既然你管我叫哥了，我可得管你了，不管怎么回事，你必须要说话，不能一整就不说话了，和别人行，跟我不行，听着了吗？

答：我听着了，大哥。

问：老百姓常说的一句话是不做亏心事不怕鬼敲门，测谎也是这个原理，你既然没做，就不要怕测谎，对吧？

答：大哥，我这点事情不要戴测谎仪了吧？

问：我认为也不用，可是这个事情总得解决吧，不能这么拖着啊，是不是？

答：不行，我也拿不出来一整根项链啊，不行我赔他钱呗，多少钱我都认赔。

问：为啥要赔钱啊，你没拿人家项链为啥要赔钱啊，赔钱现在不需要，现在需要的是你的态度问题，你的态度好了再说下一步，我作为娘家大哥帮你出主意，你首先要向领导承认错误再说下一步的事情，你都不承认错误，你为啥要赔别人钱啊？

答：（犹豫）那、那我错了。

问：既然你承认错误了，那你说说你错在哪里了吧？

答：我不应该找人打架。

问：打架你肯定是不对了，但这是其中一个小错误啊，你们两口子现在都被行政拘留了就是作为打架这个事情的处罚。如果仅仅是这一个错误，何必还需要三番五次地提审你啊？你说说还有什么错误？

答：因为打架对方的项链丢了？

问：可不是仅仅因为打架，对方项链不是不小心丢了那么简单吧？对方报案可是抢劫案，你知道抢劫是什么概念吗？如果真是抢劫你们三五年都出不去了啊，但要是有其他情况，只要主动把项链交出来，根据情节，也可以不定抢劫，但前提是你得把项链交出来，之后承认一下错误，把事情过程详细说清楚了，取得对方和公安机关的谅解，这才行，不然你赔钱也不行。

答：大哥，我认赔5万元行不行？也可以再多赔点。

问：那不行，你得说明白了，再说下一步赔偿的事情。

答：可是，大哥我拿不出来项链怎么办啊，再说了，对方就想整我，如果我真拿出来，对方肯定按抢劫找人判我，我要是进监狱了，我儿子可咋办啊，他奶奶和爷爷还身体有病，谁能伺候他上学啊（掉眼泪了）。

问：好了，别哭了，我不是说了帮你吗？你也不容易，就是那天酒喝得太多了，一时冲动犯了错误，我说得对不对？

答：对。

问：我也不要求你拿出一整根项链，那天那么混乱，掉在那里也正常，但是你手里有多少必须要交出来，少的那部分，如果实在找不到我们可以再商量，好不好？

答：(思考状态，沉默……)

问：这样吧，你现在也不要犹豫了，我们先做一个测谎鉴定。咱们根据鉴定结果再说下一步，好吧？

答：(犹豫) 好吧。

问：这是测谎协议书（出示协议书），你看看里面的内容，你认字吗？如果不认字我可以给你念。

答：我不太认字，就会写自己的名字。

问：那我读给你听，你仔细听。上面写着你本人同意进行心理测试(测谎)，主测官已经向你解释了心理测试（测谎）的原理，你本人对解释表示满意，相信心理测试（测谎）技术并对测试结果完全负责，你听明白了吗？

答：(犹豫不决) 听明白了，我签字（犹豫中签了字并按了指印)。

问：一会儿我把测试的问题先告诉你，我不搞突然袭击，我们聊了这么多，下面你最好的配合就是放松，我问你什么，你要简洁回答“是与不是”“知道不知道”“明白不明白”“清楚不清楚”……不用摇头不用点头也不用解释，累了可以休息，听明白了吗？

答：听明白了。

问：好，现在给你戴上仪器，这些仪器没有电也没有辐射，不要担心，平时我们自己联系时也戴（配合测谎的女侦查员用两分钟将仪器戴上)。准备好了吗？

答：准备好了。

开始测试……

经过近 40 分钟的中心测试（由于紧张，测试出的数据相对清晰）……

综合测试结论：1. 谢某的主要目的是打架，排除抢劫。2. 项链去处：部分项链被其藏到家里。3. 不敢拿出项链的心理：怕拿出来定为抢劫而被判刑。4. 知情人：倾向于丈夫知情。

问：现在测试马上就要做完了，什么情况我也清楚了，放心吧，绝不会冤枉你的，你手上有多少项链就拿出来多少项链，你的主观目的又不是抢劫，所以你可以放心，把东西拿出来，把事情说明白了，可以不按抢劫定。

答：大哥，你也测出来了，我手上只有半截项链啊，如果拿出来真不定我为抢劫吗（焦急地看着我）？

问：从我的角度认为应该没有问题，这样吧，我现在给杜蒙县公安局的一把手乔局长打一个电话，你在电话里把事情经过跟他说清楚，但是一定要先承认错误，态度要好，行不行？不行我就不管你了。

答：（一拍大腿，声音略大）大哥，我就相信你了。

问：这个局长的女儿跟你差不多，心地善良，但是你一定要先承认错误，之前他亲自问了你两三次，你都没说，所以你必须要先承认错误，明白我的意思了吗？

答：大哥，我听你的。

问：（掏出手机，给乔局长拨通了电话）您好，乔局长，是这样，小谢啊这个孩子承认错误了，要和你通个电话跟你道个歉，把事情的整个经过详细地跟你说清楚了，我姑家也是嫩江的，我和小谢也算是老乡，您也给我个面子，别和她计较，不知道你现在接电话是否方便？好、好，我让她接电话……

答：（谢某接过电话）对不起乔局长，前两次你和我说了，我和你女儿年龄差不多大小，你就把我当作孩子吧，我错了，那个项链是我拿的，但是只有一半，另一半没在我这里，不过我可以赔偿。

问：（乔局长让她把过程详细说一下）……

答：那天晚上，我们家干活，邻居都来帮忙，在家里请他们喝完酒，就去镇里的喜洋洋歌厅唱歌去了，当时我喝白酒有点喝多了，在歌厅走廊里给我老公打电话时，过来一个脖子上戴着大黄金项链的男的，给我打招呼，喊“靓妹……”我也不认识他就把他骂了，他也没说好听的，我就在电话里跟我老公说了，不一会儿，我老公开车拉了一车人就来了，进屋找到那个人，屋里还有一个男的，就把他们拽出来打了。在歌厅南侧的空地上，打的时候我也上去了，挠那个人的脸时顺手把项链拽掉了半截，我就是顺手揣到兜里了，因为酒喝多了，过后都忘了，第二天酒醒，我一摸兜发现有半截项链，我想送回去的，可是派出所就来了，说对方报案是抢劫，我就害怕了不敢拿出来，趁着上厕所的时候，偷偷地把那半截项链藏到了猪圈的棚顶上了。现在还在那个地方，你们可以去取。

当晚，办案人到谢某家猪圈棚里找到了那半截黄金项链。

第五节　强化恶性、粘连恶果的心理行为置换

强化恶性、粘连恶果顾名思义就是对后果恶性的强化和粘连，以促进被讯问人选择一种对自己有利的、恶果较轻的行为进行供认。在讯问的实践中通常都是采用降低恶性的方法，这使被讯问人选择放弃隐瞒对抗，供述犯罪事实，其特点在于减轻被讯问人对恶性后果的心理压力。而强化恶性则是完全相反，是强化被讯问人对恶性后果的心理压力，满足被讯问人“两害”取其轻的心理需要，促进被讯问人作出趋利避害的行为选择。

从一起入室盗窃案件的审讯过程来看，入室盗窃的犯罪嫌疑人进入某一小区的居民楼，在一住户门口观察听动静，在确定房内没有人时，便打开了该住户的防盗门进入房间，客厅里确实没有人，犯罪嫌疑人便大胆地坐在主人家的沙发上，点燃一支烟，抽完烟才想起自己来此的目的，便推开主人家卧室的门，此刻女主人没有上班正在卧室睡觉，听到客厅有动静，以为是自己的丈夫回来了，正准备开门，遇嫌疑人推卧室的门，女主人发现不是自己的丈夫，而是一个陌生人，是小偷入室盗窃便大喊捉贼，也就在此时女主人的丈夫回来了，将小偷缉拿后拨打了110报警电话，之后嫌疑人被带进公安局。通过审讯，嫌疑人否认自己是入室盗窃，而是在找人，走错了门，并且自己在进入房间后并没有偷取任何东西。这是一起未遂的盗窃案，没有直接的证据，在很大的程度上依赖嫌疑人的口供，嫌疑人坚持自己不是来盗窃的，是找人走错了门，那么该案就很难认定嫌疑

人是入室盗窃（未遂）。此后审讯人员改变对嫌疑人的审讯策略，在嫌疑人矢口否认入室盗窃的这个话题上，来了一个一百八十度的大转弯：“你说的对！我也认为你入室不是为了盗窃，我相信你说的话是真的！你是另有企图，在你来这个小区之前，就发生过五起入室强奸案，还有一起入室强奸杀人案，这几起案件到现在都没有告破。你说你不是入室盗窃这是事实，你确实不是来盗窃的，你是趁女主人独自在家来强奸她的！根据你的行为没有其他的理由，不是盗窃就是强奸，这是事实！幸亏她丈夫在那个时候到家了，否则女主人不仅要被强奸，还可能出人命！”听到这里嫌疑人再也忍不住了，脱口而出“我根本就不是来强奸的，我就是想偷点东西，还没有来得及动手就被发现了”。此刻嫌疑人如实供述自己是想入室盗窃的犯罪事实。讯问人员完成了犯罪嫌疑人强化恶性、粘连恶果的心理行为置换，获取了真实口供。

强化恶性、粘连恶果的心理行为置换，就是向犯罪嫌疑人“推销”被强化了的行为恶果，把被犯罪嫌疑人隐瞒的真实行为置换出来。例如，在绑架的案件中，被害人总是千方百计地满足犯罪嫌疑人的要求，因为对被害人来说，人比钱、物更重要，所以才有交换的基础。置换规律就是根据这一特点，用犯罪嫌疑人认为比交代犯罪事实更重要的东西与犯罪嫌疑人进行交换，达到促使犯罪嫌疑人供述认罪的目的。

犯罪嫌疑人的内在驱力不仅为抗审提供了支持的动力，还为抗审提供了方法。在个体内在的诸多的因素中，“同类因素”包含着“肯定因素”和“否定因素”，都能帮助人们对心理需求的置换，这是由人趋利避害的本能决定的。因为人们相互交流的需要，人与人的相互交流是人类社会存在的特点，这种特点不仅表现为人在行为方面的交流，更重要的是人与人之间的心理交流。人们也是不断通过交流，相互置换对方的心理需求，达到情感上的统一，达到相互认识，相互理解，相互促进，相互影响。从审讯目的来看，审讯犯罪嫌疑人的目的就是要让犯罪嫌疑人如实交代自己的犯罪事实，因而置换的对象就是支持犯罪嫌疑人抗审的心理因素，包括人的因素（审讯人员、证人、被害人、共同犯罪人）、案件因素（性质、情节、作用、暴露程度)、环境因素（看守所、社会、家庭）等。这些因素是犯罪嫌疑人抗审的直接因素，只有当上述因素置换成顺应性因素，犯罪嫌疑人才能走供述认罪的路。

第六节 强化恶性、粘连恶果的心理行为置换方法

根据犯罪嫌疑人赖以抗审的心理条件，以针对嫌疑人行为恶果和恶性粘连，在审讯人员进行的强化信息干扰下，把犯罪嫌疑人带入趋利避害的认知误区，抗审的心理行为被置换出来，达到使犯罪嫌疑人交罪认罪的目的。强化恶性、粘连恶果的心理行为置换方法：

1. 强化恶性、粘连恶果的“定位”，置换“心理定势”。针对嫌疑人涉嫌犯罪的行为特征进行恶果强化、恶性粘连定位，置换犯罪嫌疑人的“定势心理”。这里的定位是假定的处境，与空间存在的涉案程度，“定势心理”是犯罪嫌疑人为了对抗审讯，带进审讯室的相对稳定的心理状态。在给犯罪嫌疑人“定位”以后，犯罪嫌疑人总是要千方百计地来维护自已经过深思熟虑而形成的“定势心理”。犯罪嫌疑人维护的方法大多都是“沉默”“辩解”和“否定”，有时还态度强硬：“我认为我没有犯什么罪。”置换的方法就是阻止其“辩解”，不要让犯罪嫌疑人把辩解的话说完（待全部的审讯结束后应该充分地让其辩解)，并且告知犯罪嫌疑人：“我刚才所说的话是经过认真考虑的，我对我说的话负完全的责任，同时我还告诉你，我们今天提审你，并不是想让你说什么，我们只想知道你对这个问题的态度。”置换的目的是强化“定位”，使对方完全放弃最初带进审讯室的侥幸的“定势心理”，犯罪嫌疑人在这里被迫放弃侥幸心理，实际上就是犯罪嫌疑人放弃了第一层次的防卫支点。

2. “控制否定”来达到强化恶性、粘连恶果的置换。犯罪嫌疑人的“对抗否定”是抗审的基本行为方法，这种对抗否定的行为如果不能得到有效控制，就必然被强化泛滥，导致审讯的僵局。控制否定有效地遏制抗审行为的发展，就能够达到强化恶性、粘连恶果的目的，其原因在于，犯

罪嫌疑人赖以支持的心理支点被否定，会自发地更换新的心理支点，当瞬间无法找到新的支点时，就产生需求的动机，这种需求在审讯人员的干预下不能得到满足时，就会选择恶性、恶果的行为置换。讯问人员在这里对犯罪嫌疑人是否供述，表现得比较冷淡，而对犯罪嫌疑人利益和处境表现为热情的关注："我并没有期待你能交代些什么，我对你是否交代并不感兴趣，我只能提醒你要注意自己的利益"。目的是置换犯罪嫌疑人产生的对抗否定情绪。

3. 以"心理证据"换取"心理事实"达到强化恶性、粘连恶果的置换目的，心理证据的获得，是通过对心理事实与客观事实的确认来实现的，这实际上是对犯罪行为事实的再现过程。它是审讯人员根据犯罪行为、犯罪情节、事件和情形，所反映出来的"点"与"面"的逻辑关系，帮助犯罪嫌疑人再现犯罪的心理事实，实现心理证据的确认，能够让犯罪嫌疑人通过积极的联想，自我寻找实施犯罪的记忆，连接审讯人员提供的信息将记忆转化为心理事实，达到帮助犯罪嫌疑人再现犯罪事实的目的。犯罪嫌疑人的犯罪记忆大部分是犯罪的事实和情景，而审讯人员提供的强化恶性、粘连恶果被接受，犯罪的心理事实被强化，并被讯问人员有效地控制，随即产生解脱心理压力的心理动力，完成了恶果的置换，利用犯罪嫌疑人被强化的心理事实，向趋利避害的心理转化——犯罪事实已经暴露，对抗已经失去意义，这时供述比对抗对自己有利。例如，犯罪嫌疑人在银行有巨额存款，犯罪嫌疑人拒不交代钱款的来源。审讯人员就要根据这个"点"连接成完整的犯罪情景，帮助犯罪嫌疑人实现心理证据，"你的这些钱，就是你利用职务之便，一次次从别人那里收来的，最后积累成巨额存款，这是客观事实你是不能否定的，同时你已经构成了犯罪，你的退路已经没有了。

4. 强化恶性、粘连恶果把犯罪嫌疑人推向绝境，然后让出一条"生路"，置之死地而后生。把犯罪嫌疑人推向无路可退的境地，并且告知其犯罪行为的严重性，然后松开一个口子，帮助选择有利于供述的退路。例如，"我们已经掌握你的犯罪事实，而且罪行严重，根据法律是要判重刑的，当然你还有从轻处罚的条件，我们也不希望你被判重刑，我们还想帮助你。这种方法适用于那些犯罪涉案数额比较大的犯罪嫌疑人，审讯人员通过分析犯罪行为所要承担的法律后果，然后帮助犯罪嫌疑人指出一条从轻从宽的路，让犯罪嫌疑人进行权衡选择。在一般情况下，犯罪嫌疑人都会放弃对抗，选择从轻从宽的结果。作为一种审讯策略，即直接对犯罪嫌疑人的行为结果进行评价，唤起犯罪嫌疑人对自己行为后果的恐惧感，迫使其走审讯人员为其指明的路。例如，“你考虑过你的行为吗？按照刑法的规定，要判处十年以上有期徒刑或者死刑，不仅你的前途就此了结，你的家庭也要受其影响，你为什么不能挽救这种局面呢？”将其犯罪行为所造成的影响进行强化，让其知晓后果的严重性，然后摆事实讲道理，义正词严地为其指明选择的出路。在笔者参与审讯的一起特大诈骗案件中，犯罪嫌疑人知道自己的罪行非常严重，几个月来坚持抗审、拒不交代。对此，笔者采用了“求生法”，首先告知犯罪嫌疑人其已经没有任何退路了，其犯罪事实所牵涉的恶果是要被判重刑的，然后再告知其还有求生的希望。果然犯罪嫌疑人放弃了抗拒，交代了全部犯罪事实。

5. 强化恶性、粘连恶果置换犯罪嫌疑人对外来利益的肯定。犯罪嫌疑人放弃抗拒必须要有自我说服的“理由”，而这种自我说服的理由常常因为嫌疑人对后果的“顾虑”和对外来利益的不确定而夭折。犯罪嫌疑人放弃对抗，必须有充分的理由，必须在犯罪嫌疑人充分肯定审讯人员提供的“利益”的前提下实现。如果犯罪嫌疑人没有获得放弃抗拒的“理由”，得不到利益的肯定，就不可能放弃对抗（这里的“利益”经常是犯罪嫌疑人为减轻心理的压力或者是心理的疲劳而获得的）。犯罪嫌疑人只有确信自己放弃对抗的原因是充分的才会放弃抗审。此时，审讯人员必须准备好“理由”，强化恶性、粘连恶果置换外来利益，拿出避重就轻的“理由”交给犯罪嫌疑人。通常审讯人员根据犯罪嫌疑人趋利避害的行为特征来设置“理由”，在犯罪嫌疑人权衡利弊的情况下供述认罪（这里大多数是犯罪嫌疑人眼前的利益）。

第七步　更换支点

第一节　隐瞒对抗的心理支点的形成

犯罪嫌疑人隐瞒对抗审讯的心理动力来源于心理行为支点，心理行为支点是支撑对抗行为的心理动力，它的产生和来源是犯罪嫌疑人根据自我的人格意识，对自我的行为评价所产生的对应行为趋向，支点是实现行为需要的心理动力，是为了满足人格意识行为趋向支撑力，对抗隐瞒的心理支点所依赖的自我行为评价，是隐瞒犯罪行为的"退路"评价和评估。自我意识的"退路"越宽，对抗的心理支点就越强势，反之就越弱势。犯罪嫌疑人的心理"支点"与"退路"构筑的抗审心理防御体系，是审讯活动需要解决的重要问题和目标。

两军对垒最大的特点是双方有与对方较量的资本，如果没有对抗的资本，就不可能形成对抗的态势。犯罪嫌疑人与审讯人员的对抗，也是有对抗的资本，犯罪嫌疑人对抗的资本来自犯罪行为所涉及的"客观存在"和"心理存在"。这里犯罪行为所涉及的"客观存在"，就是犯罪嫌疑人的行为所涉及的犯罪痕迹，它如果能够支持犯罪嫌疑人的抗审，通过了心理评价，就成为犯罪嫌疑人抗审的心理"支点"，如果犯罪行为所涉及的"客观存在"，即犯罪痕迹，不能够支持犯罪嫌疑人的抗审，得不到心理评价的肯定，犯罪嫌疑人就形成不了抗审的心理"支点"。因为犯罪嫌疑人需要抗审，最大的特点是否认自己与犯罪有关，犯罪嫌疑人的心理支点正是以这两个方面为基础的，如果犯罪嫌疑人认为自己的犯罪行为没有被暴露，他就会以此为心理支点进行抗审。还有的犯罪嫌疑人在其犯罪行为被暴露后，认为侦查机关不能证明自己的犯罪，那么他就会以自己没有犯罪来作为心理支点与审讯人员对抗。当犯罪嫌疑人设立的抗审的心理支点被破除以后，犯罪嫌疑人就会重新寻找新的能够支持自己抗审的“客观存在”，作为抗审的心理“支点”继续对抗审讯。

从审讯实践来看，犯罪嫌疑人仅仅找到了抗审的心理“支点”还是远远不够的，与此同时他还要为自己准备“退路”。一些有经验的审讯人员在审讯的活动中，首先注意的是如何堵住犯罪嫌疑人的“退路”，把犯罪嫌疑人控制在自己的火力范围内展开攻击。如果审讯人员不注意堵住犯罪嫌疑人的“退路”，那么犯罪嫌疑人就会利用自己的“退路”，逃出审讯人员的火力范围。例如，在一起凶杀案件中，现场勘验证明犯罪嫌疑人在案发时间去过案发现场，仅仅有这点线索，如果审讯人员不注意堵住犯罪嫌疑人的退路，直接讯问犯罪嫌疑人：“你去过杀人现场，你就有重大的杀人犯罪嫌疑。”那么犯罪嫌疑人就会理直气壮地告诉你：“我去过现场就能证明我一定是去杀人的吗？”这就是犯罪嫌疑人的“退路”。相反，如果审讯人员能够注意堵住犯罪嫌疑人的“退路”，让犯罪嫌疑人产生错觉，现场只有犯罪嫌疑人一人去过，因此只要有人去过，那么他就是犯罪嫌疑人，这样如果犯罪嫌疑人就是杀人的凶手，那么他会否认自己去过案发现场，这样就把犯罪嫌疑人的谎言给逼出来了，审讯人员只要把攻击的目标对准揭露谎言，就能把犯罪嫌疑人拉进自己的火力范围，使犯罪嫌疑人无路可退。犯罪嫌疑人在抗审的全部活动中，就是依据自己选择的心理“支点”和“退路”构筑自己完整的抗审体系的。

在审讯活动中，审讯人员从接触犯罪嫌疑人开始，犯罪嫌疑人总是要从否定开始，经过再次的否定进入寻找“退路”阶段，最后在“退路”被堵住的情况下放弃抗审。这是犯罪嫌疑人抗审的基本过程，也可以把它看成是犯罪嫌疑人的一套完整的抗审体系。从犯罪嫌疑人第一次否认自己有犯罪行为开始，他就做好了心理准备，这个心理准备就是心理“支点”，当犯罪嫌疑人的心理支点被撤除以后，犯罪嫌疑人并不会立即放弃抗审，他还要继续寻找自己的“退路”，当“退路”被堵死以后，犯罪嫌疑人才会逐渐放弃抗审。当我们研究审讯心理学的时候，必须要知道犯罪嫌疑人抗审的全部心理过程，才能找出有效的科学方法，使犯罪嫌疑人自己主动放弃抗审。首先需要分析能够帮助犯罪嫌疑人抗审的心理支点，什么是犯罪嫌疑人的心理支点？它是支持犯罪嫌疑人实现某一目的和愿望的积极的心理状态，这一心理状态是以某些客观存在为基础的，正是由于某些客观因素，为犯罪嫌疑人提供了抗审的基础和条件。例如，杀人现场没有目击者，也没有留下明显的痕迹，这样犯罪嫌疑人就会以此为条件作为抗审的支点：反正又没有人看见，只要自己不承认司法机关就无法认定我杀了人。这就是客观因素为犯罪嫌疑人提供的抗审心理支点。犯罪的行为对象和犯罪的行为本身组成的客观因素有：人、财物、行为。它们所产生的心理支点有：利害关系、密切程度、信息的反馈量、存在的暴露、来源的暴露、去向的暴露、行为的原因、行为的结果、痕迹的证明，等等。这些因素是犯罪嫌疑人寻找心理支点的基础，也就是说犯罪嫌疑人抗审的心理支点，就是依靠上述因素而产生的。当一名审讯人员对一名犯罪嫌疑人进行审讯的时候，为了消除犯罪嫌疑人的心理支点，必须在调查摸底阶段弄清楚犯罪嫌疑人的心理支点的基础因素，才能找准目标，运用审讯技巧铲除犯罪嫌疑人的心理支点。

“退路”的本来含义是“回旋的余地”，这里指的是犯罪嫌疑人进行自我保护的又一种抗审方法。犯罪嫌疑人在接受审讯的全过程中，支点被铲除以后，就会迅速地为自己寻找“退路”来进行自我保护。通常犯罪嫌疑人选择的“退路”的来源，是在进行心理的自我选择、权衡的过程中形成的，不同人格的人对“退路”选择的方法是不同的。这在很多方面与犯罪嫌疑人的“人格”特征是分不开的，有的犯罪嫌疑人的心理支点被铲除后，在寻找“退路”的过程中很快就会放弃“退路”，顺应审讯人员的意志。有的犯罪嫌疑人还与审讯人员“讨价还价”。有的犯罪嫌疑人认准一个死理作为抗审的“退路”，一直坚持到最后。例如，贪污贿赂犯罪，其犯罪嫌疑人用大量的公款去行贿国家高级干部谋取私利，案发后，因为公款已经被侵吞，犯罪的事实已经暴露，犯罪嫌疑人再去寻找心理支点进行抗审已经失去了意义，这时审讯人员的讯问重点是公款的去向，有的犯罪嫌疑人就会认为不能出卖朋友，为人要讲义气，虽然自己给了钱，但是人家也为自己办了事，况且此人还在“台上”，只要自己不供认他，他就一定会出面来保自己，来搭救自己的，只要自己坚持“一问三不知”“时间长记不清楚了”，就会有希望的。还有的犯罪嫌疑人是以对抗心理作为抗审的“退路”，他认为是司法机关有意跟自己过不去，是故意地来整自己，“我就是不服气”，以积极的对抗来作为自己的“退路”。也有的犯罪嫌疑人把“退路”选择为嫁祸他人，把犯罪的行为转嫁到他人身上，自己干的事情说是别人干的，自己贪污了公款说是送给了别人……更有的犯罪嫌疑人采取事实面前不认账，无论证据多么确实充分自己就是不承认，用这种无赖的方法来作为自己的“退路”。由此可见，不同的人选择的退路是不同的，其原因就在于他们各自的“人格”特征不同。当犯罪嫌疑人在为自己选择“退路”的时候，这个退路是通过心理评价而产生的，心理评价又来源于“经验”和“认识”，这种“经验”和“认识”的反映，是人由先天和后天的结合，集中从“人格”的特征中表现出来的，什么样的“人格”特征就会反映出什么样的“退路”选择。有的犯罪嫌疑人在客观事实面前，能很快承认自己的犯罪，而有的犯罪嫌疑人在客观事实面前，就是不承认，有的审讯人员把这些人比作“无赖”，这就是犯罪嫌疑人对“退路”选择的“人格”表现。

如何解决犯罪嫌疑人的“退路”呢？犯罪嫌疑人在抗审的过程中失去“支点”以后，会本能地为自己选择“退路”，让犯罪嫌疑人认识到自己已面临“四面楚歌”无路可退的境地，是解决犯罪嫌疑人“退路”的基本方法。

首先是利用有关证据断其“退路”。犯罪嫌疑人选择的“退路”经常是为了推翻关键证据，如果犯罪嫌疑人所选择的“退路”不能推翻关键证据，那么犯罪嫌疑人所选择的“退路”就失去了意义。相反在很多时候，关键性的证据能够帮助我们断其“退路”。例如，某单位办公室的手提电脑被盗。现场勘查后提取了五个人的脚印，经过鉴定确认有四个人的脚印是本办公室工作人员的，这些人均被排除有作案的可能。另外一个人的脚印是本单位工作人员李某的。经过分析，李某的犯罪嫌疑最大，现场发现的脚印是本案唯一的关键证据。在讯问李某时，审讯人员首先是堵其“退路”，问：“你是否知道办公室的手提电脑被盗？”答：“我听说了。”问：“你是听谁说的？”答：“我是听他们办公室的人说的。”问：“你是不是经常去办公室？”答：“我不经常去办公室。”问：“你最近去过办公室没有？”答：“没有。”问：“你最后一次去办公室是什么时间？”答：“在半个月以前。”问：“在半个月以后你是否去过办公室？”答：“没有。”这时审讯人员拿出了脚印的鉴定报告问：“你既然没有去过办公室，为什么在办公室主任的办公桌前有你的脚印？”李某无话可说，只得承认自己盗窃手提电脑的犯罪事实。这个案件从通常的情况来看，犯罪嫌疑人选择的“退路”是：我虽然去过案发现场，但是我并没有盗窃的行为。这样尽管现场鉴定有犯罪嫌疑人的脚印，但是并不能证明犯罪嫌疑人就有盗窃的行为。相反，如果我们首先用关键证据来清退犯罪嫌疑人的“退路”，而不是证明犯罪行为，就会出现截然不同的效果。就前面的案例，如果审讯人员首先用提取的脚印来证明犯罪行为，就有可能出现这种情况，问：“我们在案发现场发现了你的脚印，你怎么解释？”答：“我经常去办公室办事，所以在办公室留有我的脚印，去办公室的人也不是我一个，难道去了办公室就有盗窃行为吗？我虽然去了办公室，但是我并没有盗窃电脑。”可见这样的审讯是失败的。

其次是“宣告”的方法，即直接告知犯罪嫌疑人你已经无路可退了！你已经构成了犯罪，这是客观存在的。堵截的方法是：当犯罪嫌疑人把退路指向某一特定的对象时，审讯人员应当迅速地将其拦截，阻止犯罪嫌疑人完成对特定的对象的指向。例如，当犯罪嫌疑人把“退路”选择为嫁祸他人时，审讯人员应当立即告知犯罪嫌疑人：“你不要再说了！其他人的事情我们已经调查清楚了。”或者“这件事情我们已经清楚了，现在你要说的是你自己的事情！”这样犯罪嫌疑人就会暂时放弃这一“退路”，寻找别的方法，因为在短时间内寻找别的方法比较困难，此时犯罪嫌疑人有可能向临界状态迈进。

再次是“设障”的方法，即为犯罪嫌疑人设立“退路”障碍。在审讯活动中，审讯人员在接触犯罪嫌疑人之前，必须要分析犯罪嫌疑人可能选择的“退路”，把握审讯的主动权。这里的“设障”就是通过分析犯罪嫌疑人可能选择的“退路”，而设定一系列不利于犯罪嫌疑人的障碍，使犯罪嫌疑人放弃对“退路”的选择。农民为了田里的庄稼不受鸟雀的侵害，用稻草编制成假人然后扣上一顶破草帽，便可以假乱真吓唬鸟雀不敢再侵害庄稼。这里的稻草人就是为鸟雀侵害庄稼而设置的障碍。从犯罪嫌疑人抗审的习惯来看，他们在对“退路”的选择上通常采取否定的方法。例如，我没有干过这件事情，我不知道，我没有去过，不是我拿的，等等。前段时间笔者受命对一起共同贪污犯罪后，将赃款用于购置一栋私人住宅的犯罪嫌疑人进行审讯，该犯罪嫌疑人与共同贪污的主犯系情夫、情妇关系，我们在对她审讯之前就要预计到她可能选择的“退路”。首先她会否认自己与共同贪污的主犯系情夫、情妇关系，当这一否定不能奏效的时候，她就会迅速地进入第二层次的否定——我没有与对方一起共同贪污更没有使用过赃款。我们如果在这之前分析出她可能选择的“退路”，采取假设存在为犯罪嫌疑人设立“退路”障碍，审讯就会出现截然不同的效果。对前面的这一案例，笔者首先告知对方：“你与某某的关系已经不是一个人知道了，那笔公款的去向我们也清楚了，我们今天不是要你说这些的，因为你已经构成了犯罪，我们今天只想知道你对这件事情的态度，能否得到从宽处理。”显然犯罪嫌疑人再去否认他们的关系、否认自己与赃款无关已经毫无意义了。最后犯罪嫌疑人权衡了利弊，表示愿意退还用于购买住宅的公款，同时交代了共同贪污的犯罪经过。

最后是“堵截”的方法。犯罪嫌疑人选择自己的“退路”，在很多时候是根据自己犯罪的行为特征来选择的，由于这种行为的复杂性和难以确定性，堵其“退路”不可能一步到位，需要采取迂回堵截的方法才有效果。例如，交通肇事逃逸案件，这一罪名涉及两种行为，一种为交通肇事，另一种为交通肇事后逃逸，这两种行为只要否定了前面一种，那么后面肇事后逃逸也就不存在了，犯罪嫌疑人经常采取这种方法来选择自己的“退路”。有一犯罪嫌疑人在夜间驾车，撞倒路边行人以后驾车逃跑。交警部门将其抓获归案以后，犯罪嫌疑人称：当时是夜间驾车，光线很暗没有看见路边的行人，所以根本就不知道自己撞倒了人……（这样从行为上来说就不能构成肇事后逃逸的故意）下面有一段讯问记录。问：“你驾车行驶的那段路面的状况如何？”答：“路面非常平坦。”问：“你开了多少年车了？”答：“16 年了。”问：“你那天开车是不是太疲劳了？”答：“那天我才开两个多小时的车，根本就不疲劳。”问：“既然是这样，那么在路面非常平坦的情况下，你是开了 16 年车的老驾驶员，如果不是疲劳驾车，你的汽车撞倒物体就应该有所感觉。”答：“……我好像是撞倒了什么东西。”问：“在你的汽车撞倒那人的时候，你的对面有一辆车开过来你看见没有？”答：“我记不清楚了。”问：“但是你对面那辆车的驾驶员却看见了你，并且记住了你的车牌号！你当时停车下来看见了什么？”答：“我……看见我的车后面躺着一个人，我知道是我的车撞倒了人，当时以为天黑没有人看见，我就开车跑了……第二天一早我把车开进了修理厂补了补被撞坏的车漆。”这里审讯人员采取迂回堵截的方法，从堵“退路”方面入手，取得了审讯的成功。

第二节　对抗的“前卫”支点的构筑与剖析

部队行军打仗总会有先头部队，目的是获取前方信息和大部队的安全保障，这个先头部队也被称为“前卫”部队。在审讯活动中犯罪嫌疑人在与审讯人员进行交锋对抗的时候，也会选择一个先头部队作为“前卫”，对自己的犯罪核心问题提供信息和安全保障。犯罪的核心行为也是嫌疑人安全保障的“后卫”，实际上就是犯罪行为产生的恶果，恶果是一系列行为导致的结果，导致恶果产生的行为过程有初始行为、发展行为和行为结果的环节和过程。审讯的目的是让犯罪嫌疑人供述犯罪事实，这个犯罪事实不仅仅是单一的犯罪结果，还是引起犯罪结果产生全部的因果关系的全过程，犯罪结果需要犯罪的全过程的相关证据，来证明结果产生的行为关系，达到对犯罪行为的证明，仅仅有结果没有过程的证明，是不能有效地证明犯罪的行为结果的。例如，一名杀人犯罪嫌疑人在接受审讯时承认自己杀过人，但就是不供述自己是怎么杀的人、为什么杀人、杀人的凶器在哪里、尸体隐藏在哪里，整个杀人过程全部没有，这就不能证明嫌疑人杀过人。能够证明完整的犯罪过程，才能有效地证明犯罪。整个的犯罪过程是由许多原因和细节组成的，有这些细节的连续发展才有结果的产生。犯罪嫌疑人正是根据这种犯罪的证明关系，来选择否定犯罪的理由进行隐瞒抗审的。

在犯罪嫌疑人的记忆反映中，常常是犯罪过程的轮廓，一旦处于被揭露的处境，这种过程的轮廓就变成因果关系的链条，嫌疑人就会从这种因果关系的链条中，抽出“因”的情景关系作为“前卫”，进行率先的隐瞒否定，以此来保障对整个犯罪事实的否定。例如，在贿赂犯罪的案件中，受贿犯罪嫌疑人称“我没有利用职务之便，也没有为他人提供好处”。这就是受贿犯罪嫌疑人为了隐瞒否定受贿的犯罪行为，以此为“前卫”提出的否定受贿犯罪的理由。

嫌疑人在对抗隐瞒过程中对“前卫”的选择有不同的类型。首先是关联型的“前卫”，“前卫”情景能够直接否定结果。例如，强奸案件，嫌疑人为了否定强奸，选择了被害人是自愿与自己发生性行为作为“前卫”进行抗审，守住这个“前卫”，自己的强奸行为就不能成立，因为这个“前卫”与后面的强奸结果有着密切的关系，具有很强的关联性，“前卫”守不住，被害人的自愿被否定，强奸罪就能够成立，这里的“前卫”就是嫌疑人对关联的核心目标的选择，也是对抗层面的前移，守住“前卫”保住核心。

其次是轻重型“前卫”，在整个犯罪行为中挑选较轻的行为作为“前卫”，让审讯人员参与进来，无论成功与否，只承担所涉及的情景较轻行为，情景较重行为不予涉及，从而达到掩盖犯罪恶果的目的。例如，在贿赂犯罪的案件中，嫌疑人从行贿人那里收受了钱财，为了否定受贿行为，嫌疑人选择了钱是借行贿人的，以此作为“前卫”进行抗审。这里嫌疑人承认自己收过行贿人的钱，但是这笔钱不是占有，而是要还的，该行为充其量也只能是违纪，与受贿犯罪相比要轻得多，这里的“前卫”是借钱，受贿行为作为“后卫”的核心问题进行固守。例如，强奸杀人案件，嫌疑人被抓获以后，就选择强奸作为“前卫”，将杀人的行为作为核心问题固守隐瞒，嫌疑人选择的“前卫”在相关的证据面前无法否认，最后只得承认强奸，但是坚决否定杀人，嫌疑人的心理支点是“自己强奸但是不一定就杀人，自己虽然强奸了被害人，但是没有杀被害人，人是谁杀的自己不知道”，嫌疑人选择了较轻犯罪行为作为“前卫”，把杀人行为作为核心问题放在“后卫”进行固守。

再次是多选一型“前卫”，在连续性、多次犯罪行为中选择其中的某一次犯罪行为作为“前卫”，进行试探性的对抗，以隐瞒连续数次的犯罪。例如，盗窃犯罪，嫌疑人只把被抓到的这次盗窃作为“前卫”，进行否定隐瞒，而把多次盗窃的行为作为核心问题的“后卫”进行固守隐瞒。有的贿赂犯罪嫌疑人也是如此，连续受贿或者多次受贿，嫌疑人总是从数次的受贿行为中，选择某一次的受贿行为作为“前卫”，进行隐瞒对抗。以“前卫”作为支点逐步后退，从来没有哪一位犯罪嫌疑人会把全部的犯罪行为作为“前卫”进行对抗隐瞒，都是像挤牙膏似的一点一点、一个层面一个层面地后退到“后卫”的核心问题上。

复次是隐瞒犯罪行为的自然条件型“前卫”，犯罪嫌疑人以自己的犯罪行为没有直接暴露为条件，确认审讯人员没有掌握直接的犯罪证据而直接否定“前卫”进行隐瞒抗审。在此类的犯罪案件中大多是由单一的犯罪行为组成，直接否定单一的犯罪行为作为“前卫”进行抗审。这里有：(1)“存在型”的直接否定，嫌疑人以自己根本没有在案发的空间里存在，来否定与案件的行为关系。(2)“原因型”的直接否定，以自己与犯罪行为没有直接的因果关系，直接以案发行为的原因进行否定即犯罪动机否定。例如，投毒杀人案件，被害人是犯罪嫌疑人丈夫的亲外甥，犯罪嫌疑人在接受审讯时说："他是我的外甥，与我无冤无仇的，我为什么要害他？根本不可能的事情！"意思是没有犯罪动机。(3)"直接型"的直接否定，嫌疑人根据自己的意识推理判断审讯人员没有掌握直接的犯罪行为证据，采取直接否定或者嫁祸他人的方法否定自己的犯罪行为。嫌疑人在直接的犯罪行为否定中常常隐含着别人实施犯罪的"背景含义"，进行自我心理暗示，强化直接否定的心理支点的选择。(4)"无辜型"的直接否定，嫌疑人对审讯空间里涉及的犯罪行为关系，表现出满脸的无辜，自己涉嫌犯罪行为是被冤枉的是无辜的。(5)"嫁祸型"的直接否定，嫁祸他人否定自己是犯罪嫌疑人经常采取的直接否定的方法，将犯罪行为引向他人，甚至直接抛出他人的涉案行为条件和理由，开脱自己嫁祸他人。(6)"反攻型"的直接否定，嫌疑人采取以攻为守的方法，直接向审讯人员讨要证据："你们说我涉嫌犯罪，请你们拿出证据来，只要你们有我的犯罪证据，我愿意接受法律的制裁。"此类犯罪嫌疑人认为自己的犯罪证据不可能暴露，不可能被审讯人员掌握，因此作出以攻为守的直接否定。(7)"沉默型"的直接否定，嫌疑人针对审讯空间里审讯人员的揭露指控，一时间没有找到直接否定的话语条件，所采取的是沉默应对的方法。沉默应对的直接否定来自话语条件，没有直接否定的话语条件，不知道如何选择直接否定的话语；激情状态，嫌疑人处于激情状态直接否定的话语通道被封锁，无话可说；自我封口，坚守言多必失沉默是金；否定理由，否定"涉案关系"的理由，闭口不言为上策；反感对方，嫌疑人对审讯人员的态度、行为和处理方法反感，故意沉默以示对抗。

最后是犯罪要件构成型"前卫"，犯罪的构成必须满足刑法规定的要件，嫌疑人常常选择不构成犯罪的要件作为"前卫"，掩盖否定自己的犯罪。例如，职务犯罪案件的构成要件：国家工作人员利用职务之便，为他人谋取不正当的利益，收受贿赂的行为。内蒙古自治区某旗委书记杜某，打着国有资产重组的旗号，将本旗所辖矿山的开采权出让卖给了自己的姐夫，在决定开采权出让给其姐夫之后，杜某调离了该旗，前往呼和浩特的某单位上任，在杜某离开了该旗之后，杜某的姐夫以低价取得了该矿山的开采权，即时其姐夫又将该矿山的开采权加价转卖给了外省的开发商，从中获取差价数千万元，事隔数年之后，杜某从其姐夫那里收取了7000万元。案发后杜某被监察委审查，在讯问过程中杜某以自己已经调离该旗之后，矿山的开采权才转让出去的，自己没有利用职务之便将矿山开采权出让给自己的姐夫作为“前卫”进行抗审。从表面上看，矿山的开采权确实是在杜某调离之后才转让出去的。但是，杜某隐瞒了在自己调任之前就事先确定好了矿山的开采权转让给自己的姐夫，是在这件事操作好了之后才离开的，杜某是在即将离任之际，利用职务之便将国有资产低价出让转卖给自己的家人，由于当时的调任时间可以确认，而出让矿山开采权的操作过程，因时过境迁无从查证，因此杜某选择没有利用职务之便作为“前卫”。如果杜某选择的“前卫”成立，那么杜某收取自己姐夫的钱再多也不构成受贿犯罪，故此杜某守住“前卫”顽强抵抗，讯问空间一度出现僵局。

如何破解嫌疑人抗审行为的“前卫”，是审讯活动的重要任务，审讯活动中若审讯人员不能有效地破解嫌疑人抗审的“前卫”，审讯多半会以失败而告终。嫌疑人选择的“前卫”行为抗审的第一个层面，也是嫌疑人抗审的第一道防线，是堡垒固守的大门，审讯人员必须首先解决和突破“前卫”的第一道防线破门而入，堡垒才能够被攻破。

破解“前卫”的方法：第一是跨越“前卫”攻其“后卫”核心，就如同部队打伏击战一样，将行动在大部队前面负责侦察的小股部队放过去，直接围堵主力部队。跨越“前卫”把“前卫”放在一个行为的空间里，不去涉足，直接围攻“后卫”。例如，前面列举的强奸杀人案，嫌疑人只承认强奸不承认杀人，审讯人员跨过“前卫”，把审讯的空间拉进犯罪现场，并且假定现场：被害人的死亡时间与被强奸的时间几乎是同时；死亡的现场与被强奸的现场统一；现场只有嫌疑人跟被害人两个人的遗留物；被害人是因脑袋被石头砸击身亡，石头上有嫌疑人遗留的指纹。审讯人员道出犯罪现场的存在，问嫌疑人：“难道致使被害人死亡的还会有别人吗！”此刻的嫌疑人因为恐慌根本就不记得现场的情景，只能默认上述情景的存在，退还到了“后卫”寻找新的对抗支点。

第二是运用心理强制的方法。心理强制的方法主要是借助犯罪嫌疑人的谎言作为平台，通过设置谎言、揭露谎言、被动行为和行为记忆反映，对嫌疑人因此产生的心理行为压力，进行有效的控制，强力地限制嫌疑人联想思维的扩展，迫其放弃谎言道出原因，追缴心理行为根源，推进“前卫”层面后移。通常这种心理强制的方法主要是审讯的语言跟进，通过语言的强制形成控制压力，如：“这笔钱干什么用了！你就给我说这个，想不想说！说！说！你必须说！说……”不容许对方作出否定的回答。如杀人案件，嫌疑人以自己没有任何理由杀死被害人作为“前卫”进行隐瞒对抗：“我为什么要杀他?”审讯人员以反问的方式对其进行心理强制：“这正是我要问你的！到底是为什么！为什么！你今天就跟我说说为什么！唵！为什么!”直到对方沉默不作出否定的回答，表现为默认的状态为止。还有，在对嫌疑人进行语用行为的心理强制时，嫌疑人会有下意识的“口误”出现，审讯人员一定要及时地发现抓住“口误”，紧追下去，直到把“口误”的原因全部追讯出来为止。例如，在一起贪污犯罪的案件中，嫌疑人选择的直接否定的方法是嫁祸他人，自己贪污了公款谎称该公款转手给了本单位的领导，此案的“前卫”选择是“公款被本单位的领导占有了，自己没占有此公款”。犯罪嫌疑人的犯罪行为记忆中的“口误”“我还要告他呢!”这里的“他”就是占有该公款的本单位领导，审讯人员抓住嫌疑人下意识（犯罪记忆导致的语用行为反应）出现的“口误”，进行追讯：“你为什么要告他?”嫌疑人自知说漏嘴，已经无法收回，只得实话实说：“他欠我的集资款没有还，别人的集资款都还了，所以我要告他。”“你的集资款与公款是两回事，他欠的钱你可以通过诉讼渠道来解决，这是公款，是不可以被私人占有的。”嫌疑人回答：“我是用他们欠的集资款来冲抵这笔公款的，所以我才说公款给了他们。”

第三是帮助寻找不利的空缺点，没有防卫能力的弱点，进行围攻，迫使其放弃“前卫”，向“后卫”转移。嫌疑人防卫能力的弱点和不利的空缺点，通常是在审讯人员的帮助和培养下完成的，同时，弱点和不利的空缺点都是靠谎言来支撑的，所以犯罪嫌疑人是不太可能自愿暴露此项的，需要在审讯人员的帮助下才能实现。例如，犯罪嫌疑人说自己没有去过犯罪现场，而是一整天都待在某小区的家里，审讯人员为了帮助嫌疑人暴露谎言，设置了“导谎”的情景：“那天就在该小区的附近，有一栋小区的居民楼着火了，消防车都过来救火了，你如果在家就一定能够听到消防车的警笛声。”嫌疑人因为根本就不在那个范围的家里，所以根本就不知道那里发生的事情，为了能够证明自己在那个范围，只能说自己听到了消防车的警笛声：“我当时听到了消防车的警笛声，但是我不知道是哪家着火了，我没有出去看。”于此审讯人员就可以揭露：“那天附近的小区根本就没有着火，也没有消防车的警笛声！你为什么在这个问题上说谎？”在审讯人员的追讯下，嫌疑人只得放弃“前卫”，自己不在现场的犯罪行为否定不攻自破。“前卫”被否定，那么在现场与“后卫”发生关系的联系也就自然成立了。

第四是“间接转移”设置涉案原因的方法。模拟或者根据逻辑关系推理出犯罪行为动机产生的根源，把降低一个恶性层面的关系作为案发原因进行设置，将嫌疑人选择犯罪结果的否定关系作为“前卫”的条件，转移到案发原因的设置上来，架空嫌疑人的“前卫”否定。犯罪嫌疑人隐瞒否定犯罪事实基本行为是以犯罪结果为核心，然后选择一个能够否定犯罪行为的“涉案关系”作为对抗的心理支点，以此作为“前卫”推向审讯的对抗空间，这是嫌疑人固守犯罪行为核心结果的抗审行为特点，也是嫌疑人固守心理行为最为强势的地方即“固守堡垒”。“固守堡垒”是嫌疑人的强势，为了攻其堡垒，必须改变其强势，将强势变成弱势，改变的方法就是将嫌疑人从固守的“堡垒”中引出来，将嫌疑人从固守的“堡垒”中引出来的方法：将追讯犯罪行为结果转移到追讯犯罪原因上，帮助嫌疑人设置一个其能够接受的“涉案关系”原因，嫌疑人接受了该原因，自然就会放弃原先的“涉案关系”的否定层面即“前卫”。例如，强奸案件，强奸犯罪行为是嫌疑人固守的堡垒，嫌疑人为了否定强奸，必须否定实施的暴力，而否定实施暴力又需要被害人的自愿行为，才能满足没有实施暴力而发生性行为。因此，嫌疑人只得选择谎称被害人的自愿性行为作为自己没有实施暴力、没有强奸的理由，作为“前卫”进行抗审。这里审讯人员选择了“间接转移”，不去应对被害人自愿性行为的谎言，而是直接转移到在当时的环境空间里发生性行为的原因，即在不是发生性行为的环境场所里发生了性行为，属于事发有因。“是喝酒了！是酒精激发了性行为的冲动，还是酒惹的祸！在正常情况下是不可能有这种行为发生的！”这种间接转移出来的原因得到了嫌疑人的认可，嫌疑人自然放弃了“没有实施暴力”的“前卫”理由，回到了“后卫”进行等待。等待审讯人员继续对“后卫”的核心问题的破解。

第五是选择默认的“涉案关系”，否定嫌疑人“前卫”的选择。在通常情况下，人们对导致自己不利的事件后果，对自己的错误行为是很难直接承认错误的，自己承认自己的错误是比较困难的，但是如果变通一下方式，通过降低恶性层面使其默认的方法，实现认错行为就容易多了，方法不同最终的但效果是相同的。从犯罪嫌疑人的隐瞒对抗层面来看，正是因为不愿意承认自己的犯罪行为，才选择隐瞒对抗的，如果审讯人员对嫌疑人隐瞒犯罪的问题进行强攻，直接让嫌疑人承认自己的犯罪事实，势必会引发正面冲突，导致审讯僵持不下，致使隐瞒犯罪的支点层面无法向深层次推进，很多时候审讯停留在“前卫”的层面，罪犯就审不下去了。那么变通一下方式，通过降低恶性层面使其默认其行为，这里失去了产生正面冲突的条件，同时降低恶性层面也满足了嫌疑人的心理需要，那么实现认罪行为就容易多了。例如，在一起领导干部的职务犯罪案件中，“涉案关系”人员有犯罪嫌疑人的情妇参与共同受贿，在审讯这位“涉案关系”人的时候，其直接否定与该领导干部有关系，抗审的支点非常靠前：“我不认识那位领导干部。”她连认都不认识就不可能有共同受贿犯罪的行为，以此来作为“前卫”条件支撑抗审。于此，审讯人员迅速转换默认行为方式：“我现在跟你说的事情，你不需要回答我，如果我说对了你点点头，如果我说错了你就摇摇头可以吗？”对方点点头表示认可！审讯人员继续问：“这位领导干部犯罪是他自己的责任，如果把他的责任强加在你的身上是不对的，你说是不是?”对方点点头默认了。审讯人员继续问:“社会上有不少的人说是你勾引他的（指犯罪的领导干部），我不赞成这种说法，据我了解你这个人是非常正派的，人品也是非常好的，不可能主动去勾引他，一定是他先找你的，你并不喜欢这种关系!”对方既沉默又微微点头。审讯人员接着问:“你的那套房子，有人说是你敲诈他的，我不同意这种说法，一定是他主动送给你的，你是不可能去敲诈他的，所以责任不在你身上，你说是不是!”对方又点点头表示默认。针对上述情况审讯人员问:“你刚才点头摇头是什么意思啊（实际上对方只是点头没有摇头)?”对方回答:“你说得对我就点头了，你说得错我就摇头啊。”审讯人员问:“我哪些地方说对了，哪些地方说错了?”对方回答:“怎么能说是我勾引他的，当时都是他来找我的，我有什么办法！还有那个房子怎么能说是我敲诈他的呢！明明是他主动送给我的。”于此，“涉案关系”出现了，有情人关系，有收房子的行为事实，“前卫”的问题就解决了。

第三节　隐瞒对抗的心理支点的更换

根据审讯的意志冲突的属性特征，审讯活动中的冲突行为，首先来源于犯罪的行为记忆与犯罪后的认知过程，犯罪行为实施后产生了对犯罪记忆储存，即犯罪的心理事实（情节事件、行为对象、初始行为、发展行为、终结行为)。从法律层面得到的信息经过确认的过程，产生了犯罪的心理证据，此过程是犯罪行为的自我心理确认，确认后的认知结果是行为后果的惩罚性，这种惩罚性就是行为的恶果，在认知的空间里产生自卫的心理意识过程，导致了自卫与恶果之间自然（自我）的心理冲突。在预设接受审讯的前提下，这种冲突的结果在人格意识经验的帮助下，做出了隐瞒的心理准备。由于隐瞒是需要条件的，这种隐瞒的条件通常来源于两个方面，一方面是犯罪事实暴露的程度，决定了隐瞒条件的充分与否。另一方面是自我对退路的选择，是排除暴露程度隐瞒条件外的隐瞒方法的选择，是由人格意识的认知结果来决定的，犯罪嫌疑人因人格意识的不同而产生了隐瞒对抗行为表现的差异，它包括隐瞒行为的依赖方向，是依赖自我行为（利益方向）还是依赖他人行为（利益方向的转移）；隐瞒的方法是直接的抗拒隐瞒，还是消极的否定隐瞒；是参与性的隐瞒还是回避式的隐瞒，经过心理行为的反复酝酿形成了相对稳定的对抗心理定式，也是对抗审讯的心理准备即抗审的心理支点。

犯罪嫌疑人在被审讯的行为过程中，所依赖的心理动力基础就是对抗的心理支点，这个相对稳定的对抗心理支点贯穿在整个审讯过程中，如果审讯人员在此过程中不能够有效地破坏嫌疑人的心理支点，那么嫌疑人的隐瞒行为就能够得到实现，审讯活动就会以失败而告终。反之如果审讯人员能够及时有效地破坏嫌疑人的对抗心理支点，那么嫌疑人失去了抗审心理支点的支撑，失去了对抗的条件，就会向供述认罪、放弃隐瞒的方向发展，满足审讯活动的目的要求。

在审讯的实践中为了破坏嫌疑人的对抗心理支点，重要的行为方法就是揭露嫌疑人以此为对抗的谎言，揭露谎言需要大量的行为事实予以支撑，而这种行为事实通常是不被审讯人员掌握的，没有这样的行为事实的支撑，常常使得审讯人员处于艰难的困境，将审讯带入僵局。为了改变这种僵局，审讯人员需要借助审讯技巧来获取审讯所需要的行为事实，来满足对犯罪嫌疑人的谎言揭露，达到对嫌疑人抗审心理支点的破坏目的。

第四节　加速对抗“心理支点”的转换

在犯罪嫌疑人的对抗心理过程中，处于不同的对抗心理阶段就有不同的对抗心理支点，审讯的成功就在于不断地破坏对抗阶段的心理支点，不断地转换心理支点，最终消除对抗心理，以此达到审讯成功的目的。

嫌疑人的对抗心理支点，是根据嫌疑人抗审的心理认识和审讯过程中的不同阶段形成的抗审意识而产生的，它包括“定式心理支点”“‘前卫’心理支点”“‘后卫’心理支点”“更换需要心理支点”“改变需要心理支点”。

首先是转换“定式心理支点”。嫌疑人迎战揭露行为的隐瞒心理行为框架的产生：带着隐瞒的心理定式参与被审讯的空间，这里的心理定式是嫌疑人对自我行为的整体评估，而产生的对整体利益保护的自卫认知状态，既是整体防卫意识，也是整体对不利因素的否定预备。例如，嫌疑人面临即将受到审讯的心理支点是“否认犯罪”“否认对自己不利的一切因素”，这就是初始阶段还没有涉及具体内容的预备心理定式。审讯开始后，审讯人员直接告知嫌疑人已经做好了测试的准备，并且针对嫌疑人的具体犯罪行为进行当场测试的预告，这种预告式的审讯介入方法，无疑能够使得嫌疑人从整体防卫的心理支点状态，直接过渡到具体的犯罪行为的层面，实现了抗审心理支点第一个阶段的转换。

其次是抗审的“前卫”支点向“后卫”支点转换。进入具体的涉及犯罪行为的阶段，审讯人员以自己掌握的信息存在，不断地向嫌疑人发送犯罪事实已经暴露的错觉信息，直接威胁嫌疑人抗审的“前卫”心理支点。犯罪嫌疑人在抗审中选择的对抗心理支点有前后、轻重之分，因为犯罪行为存在不同的发展阶段，每一阶段的行为恶性不同、初始行为和发展行为的恶果不同，趋利避害的条件心理反应产生了轻重利弊的意识选择，即“前卫”环节和“后卫”环节，进行分阶段的隐瞒对抗。犯罪行为的分解：如强奸杀人案件，根据恶果的性质进行层面分解，强奸轻于杀人，防卫的层面就会出现“前卫”是强奸，“后卫”是杀人；强奸案件，性行为的恶性轻于强迫行为，防卫的层面就会出现“前卫”是性行为，“后卫”是强迫行为。所以嫌疑人在对抗审讯的过程中，总是选择先轻后重的对抗模式，被突破一个点就放弃一个点后退一步，直到无路可退才会放弃抵抗，缴械投降。因此整体对抗的心理支点被破坏和否定，自然就会后退一步转移到具体行为的否定条件即“前卫”的心理行为支点进行隐瞒否定对抗，这里的“前卫”心理支点是犯罪行为的外延关系，外延虽然不是核心，但是外延与核心有着不可分割的牵连关系，控制外延、防守外延无疑是对核心的保护，所以“前卫”也就成为通往核心“后卫”的障碍，保护住“前卫”就能够守护住核心“后卫”。由此审讯活动中即便是一个简单的涉案关系，嫌疑人也会积极地否认，顽强地抵抗，因为这个简单的问题背后牵连着核心问题，简单问题被突破自然会威胁到“后卫”的核心问题，审讯人员在此“前卫”阶段，除展示测试技术的能力外，运用了封控谎言、确认存在、涉案原因的利益方向的介入，“前卫”的条件和支点被瓦解，否认和隐瞒的退路被封锁，审讯中的转换行为是在双方默认的情况下退回到“后卫”环节进行抵抗的，“后卫”就变成了“前卫”。

最后是当嫌疑人退回到“后卫”进行核心问题对抗隐瞒的时候，仍然需要谎言的支撑来作为对抗的支点条件，这里审讯人员不断地推出测试技术所产生的后果，再一次限制嫌疑人的谎言滋生，谎言的退路被封锁，也就是“后卫”的退路被封锁，失去了条件对抗的心理支点就失去了支撑，心理的需要产生了更换支点的心理动机，因为退路被堵自我无法更换，需要外来的信息条件帮助，由此降低恶性、转换恶果、选择需要条件，就成为嫌疑人的当前需要，因为这种外来的信息条件满足了其心理需要，产生了新的心理支点，满足了“后卫”的心理支点的更换。

第五节　更换“后卫”心理支点的方法与技巧

嫌疑人能够顽强地隐瞒犯罪对抗审讯，就是因为有了坚定的心理基础即坚定的心理支点，从嫌疑人整个的隐瞒对抗的心理过程来看，并不是一个心理支点在起作用，而是在整个的对抗心理过程中通常存在两个心理支点，这两个心理支点产生于犯罪行为的恶性程度，因为趋利避害的心理需要，嫌疑人供认犯罪事实是由轻向重逐步推出的，不愿意一次性就把重罪推给讯问人员，这就是从“前卫”到“后卫”的转化。“前卫”的心理支点支撑的目标通常是轻于“后卫”的心理支点支撑的目标，因此“前卫”的防守强度要次于“后卫”的防守强度，很多时候“后卫”被突破，“前卫”就会不攻自破，这就引发了嫌疑人对“后卫”的死守，导致审讯久攻不下的僵局。

嫌疑人固守的“后卫”既是嫌疑人的心理强势所在，也是嫌疑人心理支点的强势所在，直接破坏嫌疑人的强势心理支点的难度非常大，这是许多犯罪嫌疑人坚持不交代犯罪事实的原因所在，为了达到犯罪嫌疑人交代犯罪事实的目的，只能选择避其强攻其弱，帮助嫌疑人把较强的心理支点更换下来，换上一个较弱的“支点方向”，在满足嫌疑人的趋利避害的心理行为意识的同时，将更换过的隐瞒对抗的“支点方向”转换成为供述的“支点方向”，以此满足嫌疑人供述动机的转换。更换支点的方法有：转嫁恶果的支点更换、降低恶性的支点更换、满足需要的支点更换、利弊选择的支点更换、亲情牵连的支点更换。上述支点的更换最终目的是解决谎言的问题，隐瞒对抗的心理支点的外部行为表现主要是谎言的参与，因此以换谎的方法来满足对上述支点的更换，已经成为必要的条件。

（一）转嫁恶果的支点更换

恶果是犯罪行为人最关心的问题，既是嫌疑人隐瞒拒供的心理障碍，也是嫌疑人对抗审讯的心理支点的核心目标，这里的恶果是嫌疑人的行为所导致的危害结果，嫌疑人的一切隐瞒对抗行为都是基于这个危害结果，为了减轻自己的罪过，嫌疑人总是试图把自我行为导致的危害结果从自己的身上转移出去或者转嫁到别人的身上。在审讯的过程中审讯人员通常都是把行为的危害结果直接指向嫌疑人，导致嫌疑人很难将危害结果转嫁给别人，因此只有利用谎言的否定来进行死守，顽强维护对抗的心理支点，为了更换嫌疑人顽强对抗的心理支点，审讯人员只有帮助嫌疑人进行维护结果的转嫁，嫌疑人才会主动放弃固守的心理支点，顺应对抗心理支点的转换。转嫁恶果的方法就是依据嫌疑人在抗审过程中的谎言表现，采用以谎换谎的方法，统称为“换谎法”。

“换谎法”即更换谎言的方法，嫌疑人“后卫”心理支点存在的行为表现通常是谎言的否定和沉默的不参与，以此来维护“后卫”心理支点的隐瞒作用，这里的谎言和沉默就是“后卫”心理支点的核心力量，讯问人员在不能有效地处理这种谎言和沉默的情况下，只能帮助其更换另外的能够被嫌疑人采纳的谎言，来代替嫌疑人的“旧谎言”，达到更换“后卫”心理支点的目的。

更换谎言的方法是审讯人员根据涉案情景，利用嫌疑人转移恶果的心理需要，移花接木编制、假设一个另外的涉案情景，将嫌疑人身上的危害结果转嫁出去，以此满足嫌疑人的心理需要，达到更换心理支点的目的。

（二）降低恶性的支点更换

嫌疑人隐瞒犯罪事实的又一个原因是自我行为的恶性，这种行为的恶性也是社会的危害性，是人们的行为规则所禁止的行为，根据趋利避害的行为规则，这种恶性的行为对自我存在不利的因素，导致嫌疑人在被审讯的活动中进行积极的隐瞒否认，行为的恶性就成为审讯活动中的对抗心理支点。为了让嫌疑人放弃这种对行为恶性的恐惧，达到更换对抗心理支点的目的，可以采取降低恶性的方法，设立客观的原因来降低主观的恶性，改变嫌疑人的恶性认识，建立一个新的无主观恶性的假性心理认识，也是自我心理平衡的错觉心理认识，以更换恶性心理支点。

上述强奸案的犯罪嫌疑人心理恐惧的主要原因是犯罪行为的恶果，但是从强奸犯罪的心理支点分析来看其心理的恶性，强奸犯罪嫌疑人大都比较注重名声，犯罪行为的恶性直接产生对其名声的影响，所以嫌疑人当前的心理特点主要的是名声，次要的是恶果，审讯人员应把握嫌疑人当前的心理特点，满足嫌疑人的心理恶性、降低其犯罪的行为恶性是嫌疑人的主要心理需要。因此，在降低恶性的条件上，为嫌疑人更换了对抗的心理支点。降低恶性得到了嫌疑人的认可，审讯活动中的交流话题从恶果的目标转移到了恶性的目标，降低恶性就围绕着恶性所涉及的目标分解来看。从强奸行为的恶果来看，目标分解围绕着是否有强奸的暴力，因为嫌疑人否定强奸、否定实施了暴力行为，如果审讯人员一意孤行地把目标始终聚焦在实施暴力的问题上，嫌疑人心理的对抗支点就很难被破坏，审讯人员帮助嫌疑人更换了目标之后，强奸行为被降低了恶性，其目标分解就集中在如何能够取得被害人的谅解上，对抗的心理支点转移到了被害人谅解的问题上，审讯人员再围攻这样的心理支点，就容易多了，因为能够满足嫌疑人的心理需要，审讯人员提出的更换问题能够被嫌疑人接纳，使其在悔罪的平台上供述犯罪事实。

（三）满足需要的支点更换

每个人都有需要，需要是有机体感到某种缺乏而力求获得满足的心理倾向，它是有机体自身和外部生活条件的要求在头脑中的反映，是人们与生俱来的基本要求。根据外部条件的原因，人们的需要又可分为当前的需要和以后的需要，在审讯的过程中嫌疑人的需要大多都是聚焦在当前需要的环节上，审讯活动中嫌疑人当前的需要是如何能够满足隐瞒犯罪事实的需要，而不是以后天气冷了如何解决穿棉衣的需要。审讯活动中的需要就是当前面对被审讯的处境，而产生的摆脱审讯控制的维护自我利益的需要的心理倾向，这种心理倾向转换为对抗审讯的心理动力，就是需要的心理倾向的支点作用，需要的心理倾向产生的心理支点，外化为对抗行为，满足隐瞒对抗的行为要求。

针对不同的案件和不同的犯罪嫌疑人，其需要的心理倾向各不相同，主要的心理倾向的来源是由嫌疑人本身的人格意识所决定的，不同的人对自我的涉案行为有不同的认识，这种人格认识的来源就是根据人格需要的心理倾向而产生的，以此为对抗的心理支点转换成为隐瞒对抗的行为表现。审讯活动需要转换对抗的心理支点，转换的方法必须满足人格需要的心理倾向，嫌疑人才愿意更换，如果审讯人员不能够满足其心理倾向的需要，嫌疑人就会对抗这种支点的转换，维护其自我心理倾向的心理支点，导致审讯的僵局，出现久攻不破的局面。

更换需要的心理倾向的对抗心理支点，首先是要获取嫌疑人需要的心理倾向，只有获取了需要的心理倾向，才能知道嫌疑人的需要倾向是什么，才能够有的放矢，满足其心理需要，解决心理支点的更换。其次是怎样获取嫌疑人的心理需要倾向。人的心理问题大都是通过语用行为表现出来的，嫌疑人也不例外，嫌疑人的心理需要倾向是在审讯的过程中，通过对抗的心理行为表现出来的，对抗行为的最终目的就是满足心理倾向的需要，只要注意分析其目标行为，心理的需要倾向就不难提取出来。最后是如何进行需要的心理倾向支点的更换。根据嫌疑人的对抗行为暴露出来的心理倾向，提出顺应心理倾向的认可条件，达到对心理需要倾向的认可，以满足需要心理倾向的其他条件，对应其心理需要的发展，达到更换需要心理支点的目的。例如，在贿赂犯罪案件中，有许多行贿人不仅大量行贿，而且还行贿给多人、多次，数额也特别巨大，在对其审讯的过程中极力否认行贿，很多时候受贿人都承认了受贿，而行贿人仍然极力否认行贿。那么行贿人隐瞒否认的心理支点是什么呢？也就是说行贿人的隐瞒对抗否认的心理倾向是什么？只有找到了心理倾向是什么，才能知道其心理的对抗支点是什么！通常情况下行贿人的隐瞒心理倾向大多不是自己是否要承担法律的处罚问题，而是想到自己如果供出了受贿人是不道德的行为，是不讲义气的表现，给了别人钱还把别人供出来，传扬出去名声不好，将来自己还要在社会上交往，有谁还愿意跟自己打交道！此种心理倾向是不愿意承担供出受贿人的责任。如果审讯人员能够满足此种心理倾向的需要，使得不愿意承担供出受贿人的责任的心理倾向失去意义，那么心理支点的更换就能够取得成功。于此，审讯人员放弃了对行贿人送钱给受贿人的追讯，改变路径重新编制一套能满足行贿人心理倾向的情景，将行贿人否认行贿行为的“没有给”的情景，改为不是“没有给”，而是“给了”，受贿人又“退回了”，这里给了又被退回来了，其结果都是一样的，受贿人没有拿到钱，从行贿人的角度上就等于没有给，最终是行贿人没有付出，满足了行贿人的心理需要，此种编制的情景能够被行贿人所接纳，所以行贿人能够顺水推舟顺应被受贿人退回了钱财的编制情景。如审讯人员问：“是你记错了，不是你没有给，而是当时你给了，对方没有要又退回来了（这里是让行贿人产生错觉，是受贿人供述的自己把钱财退给了行贿人，那么既然受贿人都这么说了，自己也只好顺水推舟跟受贿人的口供一致），我现在就问你对方是不是退给你了？”行贿人回答：“对了！我想起来了当时我是给了他的，他不愿意收就给退回来了。”行贿人接纳了审讯人员编制的退还的谎言情景，没有给的心理支点就更换成为已经退还的心理支点。根据已经退还的情景，退还是结果，给是起因，放弃结果追起因，因为有退必然有给！追讯给的经过就成为名正言顺的了，这里行贿人给的行为也就成为事实。此后确定了给的行为，再进行“退还”的否定，因为“退还”本身就是编制出来的假的行为，采取以“谎”治“谎”还原事实的本来面目。

（四）利益方向选择的支点更换

趋利避害是人的行为规则，犯罪嫌疑人在被审讯的过程中所选择的隐瞒对抗，正是在趋利避害的心理行为的基础上产生的，与此同时，趋利避害的心理行为还是审讯过程中隐瞒对抗的心理行为基础，在趋利避害的行为规则中如果供述认罪能够给自己带来更多更大的利益，那么嫌疑人的心理行为就会以供述认罪来实现自我利益的最大化。在审讯实践中利益始终是嫌疑人心理依赖的规则，审讯活动中的利益属性是心理利益的满足和心理利益的最大化，心理利益的来源包含两个方面，一方面是依赖自我能力获取利益的最大化，这就表现在审讯活动中的抗审行为“我自己依靠自己不依靠别人，我坚决不说，能隐瞒的就隐瞒，不能隐瞒的也要装疯卖傻拒不交代，依赖自己保护自己”。这种把获取利益的方向放在自己的身上形成的心理支点，是导致审与抗僵局的直接原因。另一方面是依赖他人获取利益的最大化，因为利益交涉的空间是审讯室，审讯室内除嫌疑人自己外只有审讯人员，所以这里的他人就只能是审讯人员，依赖于审讯人员能够给予更大的利益，这里的获取利益的方向转移到了审讯人员的身上。既然依赖于审讯人员，那么就应当顺应审讯人员的意志指向，使自己能够获取利益的最大化，将损失降低到最小化，其心理支点是向审讯人员获取利益。这里审讯的心理行为特征就是嫌疑人如果把获取利益的方向放在自己的身上，那么他是不会向审讯人员供述犯罪事实的，只有嫌疑人改变获取利益的方向，才能够向审讯人员供述犯罪事实，由此也是由自我获取利益支点更换成为向审讯人员索要利益的心理支点的意义所在。从另外一个角度上来说，反审讯方法有一个重要的规则，就是被审讯人只要不幻想从审讯人员的身上获取利益，那么反审讯就成功了。

从更换利益方向的心理支点的方法来看，审讯人员只有取得嫌疑人的基本信任，才能够实现获取利益方向的转变即心理支点的更换。例如，一位公安局局长涉嫌职务犯罪，在被留置审查期间，拒不供认自己的犯罪事实，坚持数月顽强地抵抗，坚持自救的利益方向，导致审查单位久攻不下的僵局。此后监察委选派了一位跟这位局长熟悉的同志来跟他谈，目的是让其放弃隐瞒对抗，主动交代犯罪事实，争取能够从宽处理。问："你来这里已经有两个多月了，除那笔决定对你留置的犯罪事实外，其他的问题你一概没有交代，从表面上看这种情况对你很有利，监察委没有掌握你的其他证据，其他的犯罪事实能够被暂时隐瞒下来，但是这种情况能够持续多久呢？用不了多久专案组就会向上级领导汇报你的情况，那么上级领导会怎样面对你的情况呢？是息鼓收兵对于你的问题给予酌情处理？还是再继续调动精兵强将来深挖你的职务犯罪问题？根据我们过去的办案经验，选择后者的可能性最大，因为问题没有查清是不能草草结案的，通常都是选派精兵强将重新进行地毯式调查，必须把涉案问题一一调查清楚，这样一来你的那些问题再想隐瞒就困难了。现在的局势摆在你的面前，你是愿意让现在的专案组人员来调查你的问题，还是让以后重新组织的专案人员来调查你的问题？"答："我当然希望现在的专案组人员来调查我的问题！因为对我有利啊！"问："既然你希望现在的专案组来调查你的问题，那么你就要设法保护这个专案组，不要再节外生枝使得上面派新的专案人员来重新调查。"答："我怎样保护现在的这个专案组呢？"问："现在的专案组需要什么你应该清楚，只要你抛一点给他们，给一点甜头，他们也就完成任务了，就会很快息鼓收兵，你的那么多的问题也就隐瞒下来了，这就叫丢卒保车，任何一件事都是有失才有得啊！"答："你说得对，我这样坚持下去哪一天是个头呢……那我抛什么给他们呢？"问："那些容易暴露的、无法隐瞒的问题抛一点给他们也就可以了。"答："哪些问题容易暴露呢……对，房子容易暴露。"问："是的！房子的问题最容易暴露。"答："那我抛哪一套房子呢？有天府广场、锦绣家园、白金汉宫、九丹大佬还有……哪一套容易暴露呢?”问：“你自己选择吧！我回去了。”接下来的讯问，嫌疑人在无奈的情况下交代了受贿五处房产的犯罪事实。

这里的支点更换就是获取利益方向的更换，一开始的心理定式的利益支点方向是自我，是以自我为中心的利益支点，转换后改变了利益支点方向，从别人那里获取利益，向别人讨要利益的时候，自主能力也会转换成为依赖能力，以自我犯罪事实换取当前的心理利益就成为可能。

（五）担忧牵连目标的心理支点更换

人们的行为空间环境的变化能够直接或者间接地引发心理的变化，出现担忧的事件情景。例如，犯罪嫌疑人被抓获以后，进入了被强制的环境或者进入了被审讯的环境，除对自己的犯罪事实暴露的情况担忧外，还会出现对家人的担忧和对其他因为自我行为的牵连而可能出现的危害结果的担忧，这种担忧的心理状态达到一定程度的时候，便成为一种心理恐惧，能够直接阻碍对犯罪行为供述动机的产生，形成一种抗拒隐瞒的心理支点。因为在正常情况下，担忧的牵连目标不会处于被担忧的状态，只有在非正常的情况下被司法机关调查，才会有牵连目标的担忧状态出现。例如，犯罪嫌疑人在被抓之后，自然会牵连到年老体弱多病的父母，一旦自己的父母知道自己被抓，那将会出现什么样的情景自己根本不敢想！出现了对牵连目标的担忧。另外，职务犯罪的嫌疑人大多注重名声，他在接受调查的时候最担心的就是外界社会对自己的看法和舆论评价，在被审查或者调查的第一时间，就是担心外界知道，总是想方设法尽快离开被调查场所，这里的担忧牵连目标是外界舆论的评价，也是担忧的心理支点。这种心理行为支点会产生两种行为倾向，一种是积极地隐瞒来保护自己的名声，另一种就是赶快离开这个鬼地方，只要离开了这里别人就不好说什么，能够保护自己的名声，同时也只有积极地隐瞒才能够有效地保护名声。以此担忧的心理支点是不利于供述动机的产生的，应当积极地予以更换。

担忧心理支点的更换方法在于牵连目标的转移，担忧的牵连目标一般都是较为具体的目标情景，通过信息刺激获取的信息反应，提取到的担忧目标，经过分析整理作出解决的方案，以此为条件与担忧心理支点进行更换，达到对担忧牵连目标的心理支点的化解。例如，在一起职务犯罪的案件中，犯罪嫌疑人在被采取强制措施之后，担忧的牵连目标是自己正在准备考大学的女儿，自己进了看守所对女儿的学习会产生特别大的影响，女儿不能安心学习就是司法机关调查的结果，担忧的心理支点一方面是报复的心理行为转换成为对抗行为，另一方面是女儿再有两个月就要参加高考，如此的情绪状态如何面对高考！对女儿高考和未来前途的担忧，对考取不了大学的恐惧，已经成为他的一块心病。审讯人员在对他的职务犯罪问题继续进行审讯的时候，并没有直接涉及隐瞒的受贿犯罪问题，而是告知嫌疑人其女儿目前的精神状态和学习情况："再如此下去高考不可能有理想的成绩，怎么解决这个问题呢？解铃还须系铃人啊！女儿的精神状况正是由于你的问题而导致的，现在距离高考已经不到两个月了，你只有抓紧时间赶快出去，才能够从根本上解决问题，你的问题就是尽快地放下包袱，实事求是地把问题讲清楚，争取取保候审出去，解决女儿的问题，你在这里要待多久才是个头啊！哪头轻哪头重你自己应该掂量一下，无谓的隐瞒对抗有意义吗？在此之前我们也考虑到你的女儿要高考的情况，准备在你讲清楚问题之后就给你办取保候审回家，是你自己不配合，是你的心理问题耽误了你女儿，不过现在还来得及，你自己选择！"嫌疑人回答："我交代完了问题，你们能给我取保候审吗？"审讯人员："为什么不能！你交代完了还有必要对你采取强制措施吗？"嫌疑人回答："那行！我交代问题。"嫌疑人交代了隐瞒的犯罪事实，更换支点成功，完成了审讯的任务。

更换担忧牵连目标的心理支点，就是帮助解决担忧目标的问题，达到更换支点的目的。

（六）对立情绪的心理支点更换

情绪是多种感觉、思想和行为综合产生的心理和生理状态，是对一系列主观认知经验的通称，情绪常和心情、性格、脾气、目的、环境和人与人之间的交流等因素互相作用，产生正面和负面的情绪，无论正面还是负面的情绪，都会引发人们行动的动机。对立是两种事物或一种事物中的两个方面之间的相互抵消、抑制、中和的相反作用的两种力量之间竞争、倾轧或敌对行动的事实，是冲突的势力或倾向的对抗。在审讯的空间里审讯人员与犯罪嫌疑人的隐瞒与揭露的势力和倾向的冲突，形成的心理行为状态即对立情绪。这种对立情绪的存在能够帮助嫌疑人坚持隐瞒的心理行为趋向，这种对立情绪能够引发嫌疑人抗审的行动动机，产生抗审的心理支点。无疑对立情绪引发的对抗行动的心理支点是审讯活动的绊脚石，必须予以根除，更换对立情绪的心理支点。

更换对立情绪支点的方法是建立情感依赖关系，在审讯的空间里，嫌疑人的对立情绪来自孤立无援的对立冲突，是自我的隐瞒行为受阻，是办案人员的揭露行为破坏了嫌疑人对荣誉、获得尊重的心理需要而产生的对立情绪，这种对立情绪的来源通常是具体化的，集中在某一个审讯人员的身上，通常是审讯人员的态度、高强度的语言攻击力，导致的对立情绪。这种在无助条件下产生的对立情绪，只有在有助的条件下才能够得以解决，怎样建立有助的条件呢？通常俗称的扮演“红脸”“白脸”，利用“红脸”与“白脸”的配合，来激发其情感依赖达到内心感性的顺应性。审托比对技巧就是根据这种方法，让一名调查人员扮“白脸”，对被调查人训斥和否定，使其失去被尊重感，降低其内心感性的评价；然后再让另外一名调查人员扮“红脸”，积极去满足被调查人对尊重感的需要，以与嫌疑人站在同一边的关怀态度，来激发其内心感性的一面，获得嫌疑人内心的顺应性。一审一托形成情感交流的落差，形成情感依赖的转移，以此取得对立情绪的心理支点的更换。例如，在一起伪造证据的案件中，嫌疑人面对审讯人员的讯问，产生了对立情绪，认为是侦查机关故意跟自己过不去，自己帮助被代理人伪造贷款协议不应当以犯罪而论，是小题大做，因此拒不交代自己的犯罪事实，并且以此对立情绪为对抗心理支点，声称要与侦查机关奉陪到底，导致审讯活动难以进展的僵局。笔者在接手这个案子的审讯时，发现了对方对立情绪的心理支点后，让原先的审讯人员继续对嫌疑人进行加压审讯一段时间之后，笔者介入审讯，先拔高嫌疑人的人格与人品，从涉案原因上降低其恶性行为，伪造证据是出于对被代理人的同情和帮助，并没有其他的利益可图，从整个的涉案情况来看也不是什么大不了的恶性案件，关键还是认识问题，事情出来了要有一个处理办法，“我今天来跟你谈的目的是帮助你尽快离开这里，还去当你的大律师，你犯得着在这里跟他们（指对立面）斗吗？我的话你愿不愿意听？”嫌疑人回答：“你的话我愿意听！他们来我坚决跟他们斗到底！”“那好，这件事确实是你做错了，我也知道你是不好意思承认，事情出来了也后悔，还有我们的办案人员对你不理解，态度比较生硬，是导致现在僵局的原因，你是知名大律师，他们对你的态度是不应该的。因为在这件事上你也不是为自己得利，我现在就问你这件事你拿了对方的好处没有？”（嫌疑人的行为仅仅是伪造证据并没有专门的好处）嫌疑人回答：“我怎么可能拿他的好处，就是出于帮忙。”“那你就把当时的情况说一下吧！”嫌疑人回答：“为了帮助被代理人能够减轻罪行，我就帮助他伪造了一张贷款协议，来证明被代理人挪用公款没有犯罪的故意……”给犯罪嫌疑人更换了对立情绪的心理支点后，其很快便交代了犯罪事实。

第八步　利益方向

第一节　利益冲突的行为特征

犯罪嫌疑人隐瞒犯罪事实对抗审讯的基本原因是利益冲突，从利益的概念来看，利益就是好处，或者是某种需要或愿望的满足。由于利益存在于不同的领域，利益有物质利益、政治利益、精神利益三种。在职务犯罪的侦查审讯活动中，犯罪嫌疑人的抗审行为就是围绕着物质利益、政治利益、精神利益展开的。犯罪的惩罚性告诉犯罪嫌疑人在实施犯罪行为之后，将由此带来物质利益、政治利益、精神利益的损失。这是犯罪嫌疑人抗审的重要心理依据，这种心理依据的来源是“社会交换理论”中人的基本行为规则，即“趋利避害”的本性。人们的认识在于对自己有利的就会有积极地行为，对自己不利的就会作出对抗行为。在侦查审讯活动中，由于犯罪行为的被惩罚性，犯罪嫌疑人供述自己的犯罪事实，就意味着将会受到惩罚、利益将会受到损失。所以，犯罪嫌疑人认识到这种后果的时候，就会选择对抗。与此相反，如果犯罪嫌疑人意识到自己在实施犯罪行为之后，向司法机关供述，不仅不会受到惩罚，而且会得到奖励，那么犯罪嫌疑人就不会选择抗审。犯罪嫌疑人是理性人，在侦查审讯的过程中无论作出任何决定，都是犯罪嫌疑人的一种理性选择行为。这是人的本性所决定的，任何人都有趋利避害的本能。我们每个人，在作出某种行为决定之前，都会考虑并权衡该行为是否能给自己带来利益，若自己的判断为“是”，则会选择去实施该行为；反之则会选择不去实施该行为。犯罪嫌疑人在被审讯的过程中有一个理性选择决定自己行为的过程。在侦查审讯起始阶段，有罪的犯罪嫌疑人都会将自己如实供述犯罪事实后，随之而来的各种后果看得较重，因为该行为将受到刑罚处罚而失去人身自由或生命权利；没收财产而失去自己原有的财产；失去原有的优越的工作机会；失去原有的社会地位和良好的声誉；失去自己的亲情友情；等等。因此，犯罪嫌疑人不会在侦查审讯开始就轻易地供认自己的犯罪事实。

上述情况表明，犯罪嫌疑人是为了维护自己的利益才选择抗审的，但是在很多时候，犯罪嫌疑人又总是从开始的“抗审”，经过审讯人员的语言交流，放弃对抗，选择了供述，这又是什么原因呢？难道犯罪嫌疑人不知道供述以后会给自己带来不利的后果吗？显然不是。从犯罪嫌疑人抗审的行为表现来看：犯罪嫌疑人首先是选择拒绝供述而保持沉默，经过审讯人员的语言交流，继而进行了假供即以欺骗撒谎来应付审讯人员的提问。其次是经过实质性对抗，利益关系发生了部分变化，犯罪嫌疑人选择交代其中的一点或者一部分犯罪事实。最后是利益关系发生了根本的变化，犯罪嫌疑人经过权衡利弊，如实供述了自己全部的犯罪事实。侦查审讯过程中的这一发展过程是犯罪嫌疑人在侦查审讯中的一种理性选择，选择作出真实的供述，也是嫌疑人在作出了如实供述对其自己有利的判断后而实施的行为。由此可见，当犯罪嫌疑人认为供述比对抗对自己有利时，就会放弃对抗选择供述。这是犯罪嫌疑人在对抗的利益关系的心理冲突之后，发生了利益关系的变化，继而进行的利益平衡的结果，即审讯活动的最高境界：犯罪嫌疑人明知自己供述后会对自己不利，仍然选择供述。

第二节　利益关系的认知行为表现

在审讯活动中，犯罪嫌疑人对利益关系的认知，还可分为长远利益与眼前利益。长远的利益关系是行为的最终结果，犯罪行为的最终结果是刑罚处罚。犯罪嫌疑人一开始的对抗，就是来源于这种长远利益的丧失，因害怕受到刑罚处罚而产生的对抗行为。在审讯活动中，犯罪嫌疑人所面对的眼前利益，就是当前被审讯所带来的心理焦虑和心理压力。很多的时候，犯罪嫌疑人为了摆脱这种心理焦虑和压力，就会选择顺应行为放弃对抗而获取眼前利益。因此，如果犯罪嫌疑人始终选择维护自己的长远利益，那么他就会选择积极地对抗。如果犯罪嫌疑人为了摆脱眼前的困境，即为了当前利益，就可能选择顺应服从，进而作出供述。

关于在侦查审讯活动中犯罪嫌疑人所面临的利益关系，还表现为整体利益与局部利益。犯罪嫌疑人犯罪以后对自己、家庭以及自己的生活圈所带来的伤害，利益的损失，被称为整体利益关系的损失。因为自己的犯罪行为给自己的局部利益或者给家庭某个成员带来的伤害，称之为局部利益关系。这两种利益关系经常发生冲突处于两难的状态。犯罪嫌疑人在审讯中的对抗行为通常是为了维护整体利益而产生的，但是在很多时候，犯罪嫌疑人为了局部利益会放弃整体利益。例如，某犯罪嫌疑人在被采取强制措施后，仍然坚持积极地对抗，拒不交代自己的犯罪事实，当得知自己的女儿再有两个月就要参加高考了，可因为自己的犯罪，女儿无心读书，面临无法参加高考的情况，这对女儿的前途将会产生严重的影响。为此，犯罪嫌疑人选择积极配合，创造取保候审的条件，走出看守所，让女儿能够顺利参加高考。这种局部利益使犯罪嫌疑人放弃了对抗。

犯罪嫌疑人所面临的利益关系最重要的区别在于：合法利益与非法利益的关系，犯罪嫌疑人的对抗行为是为了维护非法的利益关系，即掩盖犯罪行为达到对自己非法利益的维护。当犯罪嫌疑人认识到自己的犯罪行为对社会的危害，产生了悔过的思想认识，转而积极主动地供述自己的犯罪事实，从根本上来说就是对合法利益的维护，这种认识过程，就是非法利益关系向合法利益关系转化的过程。促成转化就是审讯人员的基本任务。

趋利避害行为模式的择优选择功能，是其自身行为选择的依据。一旦犯罪嫌疑人认识到供的后果优于不供的后果，供述就成为其行动的必然选择。另外，人的两害相权取其轻的心理决定其行为选择方向。例如，法律规定在被追诉前主动交代行贿行为的，可以减轻处罚或者免除处罚。这就为在大量贿赂案件的侦查中，先突破行贿人，继而瓦解受贿人的心理防线，并最终为突破全案提供了法律保障。而行贿人可能在众多的行贿事实中，选择交代已被检察机关查处的一处，也就成了两害相权取其轻心理的直接行为表现。再有，在共同犯罪案件中，攻守同盟中必然有人会出于自保的心理率先背弃盟约，以求得相对较轻的处罚结果。在侦查审讯活动中，客观地存在嫌疑对象有很多“利益”争取的空间。审讯人员注意把握这些“空间”，帮助犯罪嫌疑人选择有利的空间，犯罪嫌疑人就能够产生利益关系的顺应行为：法律对侦查规定的时限性，是犯罪嫌疑人明知的，犯罪嫌疑人是希望侦查人员把法律赋予的侦查时限用足，还是尽快了结自己的案件？显然后者是他们的利益取向。另外，法律赋予的取保候审的条件不具备时，就应该采取强制措施，满足取保候审条件的就可以解除强制措施，显然后者能够满足犯罪嫌疑人趋利避害的条件选择。还有，在侦查力量的选择上，作为犯罪嫌疑人是希望自己的问题由很多人参与侦查呢？还是按一般流程办理就可以呢？显然，没有一个犯罪嫌疑人希望由于自己的不配合而导致一个庞大的群体投入其案件侦查审讯工作中。最后是趋利避害的选择性，当一个重要的利益丧失之后，接下来就是尽力追求一个较轻的损失后果，即争取坦白获得从宽处理，以此获取新的利益关系。

审讯活动中利益关系的把握，是审讯人员依据案情帮助犯罪嫌疑人作出的行为选择。其作用就是能够让犯罪嫌疑人更好、更快、更准确地去把握为自己争取可能“利益”的时机，并作出顺应性的行为抉择。

第三节　利益的方向选择

无论犯罪嫌疑人是隐瞒对抗还是供述认罪，都是对获取利益的方向选择的结果，犯罪嫌疑人将获取利益的方向选择在自己身上就会选择隐瞒对抗，如果选择在审讯人员身上或者选择审讯人员所代表的司法机关，那么犯罪嫌疑人就可能选择供述认罪。多年来的审讯实践表明，犯罪嫌疑人如果坚持自我，不改变获取利益的方向，就不会选择供述认罪。为此，为了使犯罪嫌疑人供述犯罪事实，首先要帮助犯罪嫌疑人改变获取利益的方向，将自我获取的利益方向转移到审讯人员的身上，才有可能实现供述认罪。

犯罪嫌疑人改变利益方向是审讯人员的基本任务。从改变利益方向的条件来看，只有当犯罪嫌疑人认识到依靠自己的能力已经不能最大限度地维护或者获取利益，无法避免恶果的发生，才有可能选择改变利益方向，转向能够给自我带来利益的审讯人员（因为在审讯的空间里，除自己外就是审讯人员）。因此，首先是帮助嫌疑人建立“情感依赖关系”，在审讯的空间里，审讯人员与犯罪嫌疑人的关系本身是隐瞒与揭露的对立关系，由此产生的行为属性是其对抗性，即对抗性审讯方法的诞生，初次进入审讯室的犯罪嫌疑人自然会把审讯人员视为对立面，这是自然形成的关系，因此犯罪嫌疑人就不可能对审讯人员产生情感依赖，就如老鼠设法与猫相处并建立情感相依，老鼠必遭杀身之祸。因此，犯罪嫌疑人对这种关系是非常清楚的，也会时刻保持清醒的认识，以防审讯人员对自己造成伤害，这也是嫌疑人从开始的行为阶段就将获取利益的方向放在自己身上的原因。改变嫌疑人的这种心理认识，就必须将对抗性的审讯空间改变为非对抗性的审讯空间，嫌疑人才有可能进行情感依赖的转移。审讯室是一个封闭的空间，对嫌疑人来说这是一个孤立无援的空间，在走投无路的情况下，在孤立的空间里，安全感所产生的心理需要是外力的援助，如果审讯人员能够满足嫌疑人的这种心理需要，那么嫌疑人的情感转移就会落到审讯人员身上，并依靠审讯人员的帮助来满足自己的安全感，使自己获得利益的最大化。进而犯罪嫌疑人就会转移获取利益的方向，向审讯人员讨要利益，同时也实现了供述动力的最大化。

如何满足嫌疑人对安全感的需要？首先需要审讯人员积极主动地将审讯室因初始阶段自然形成的对抗性空间，转换成为非对抗性空间。转换的方法是改变审讯人员的对立角色而站在嫌疑人的角度上，帮助嫌疑人转变对抗心理，将审讯室变为非对抗性空间，随着嫌疑人情感依赖的转移，获取利益的方向也将随之转移到审讯人员的身上。例如，通常的语用行为方法：“我今天主要是来帮助你解决问题的，帮你把损失降到最低。这件事的出现是有原因的，你不是一个贪财的人，有很多事情你是避免不了的，这件事从根本上来说你是被动的，你的出发点是好的，属于好心办了坏事，等等”。站在嫌疑人的角度上说话，就能够促进嫌疑人情感依赖的转移。其次是利用“审托”的方法，采取唱“红脸”和“白脸”的方法，两名审讯人员分别担任不同的“红脸”“白脸”角色，分别强攻和维护，能够有效地促进情感依赖的转移。最后是拉近情感距离，对犯罪嫌疑人的关心、理解和帮助，对其家庭、孩子、工作、生活和社会关系等方面的涉入，帮助其减少心理压力，同时针对犯罪嫌疑人的犯罪行为，帮助其弱化犯罪动机，抬高嫌疑人的人格品质，降低犯罪行为的恶性，达到取得嫌疑人信任的目的。

第四节　情感依赖关系的涉入

转变嫌疑人利益方向的基本方法是情感依赖关系的涉入。情感依赖的来源是情感影响，这一目的的达成是由情感的双向特征决定的，实施情感影响的主体只有正确、适时地表达情感，才能使情感影响的对象产生共鸣，达到情感影响的目的。有什么样的情感影响方法，就会有什么样的情感关系。如果影响主体的语用行为表达方式并没有与对象产生同感共识或者没能满足其某种心理需要，便会产生逆向型情感。如影响的主体采取激烈、讽刺、挖苦的表达方式影响对方，对方便会产生对抗不满的情绪，这样就不可能建立起良好的情感关系。在审讯活动中，情感影响的主体是审讯人员，审讯人员的行为对犯罪嫌疑人产生什么样的情感影响具有很重要的作用。审讯活动的主体与对象是相互影响的关系，审讯人员的一言一行都会对犯罪嫌疑人的心理引起反应。所以审讯人员应该注意自我形象的影响。首先是审讯人员外部形体的影响：常规的审讯是坐姿，审讯人员应坐在椅子的前半部，身体前倾，眼睛平视，两手平放在桌子上面，这种审讯的姿势表示愿意接受对方的信息。相反，审讯人员身体后倾，双手叉放在前胸，眼睛斜视，这种形象表现对犯罪嫌疑人来说，只能产生逆反的心理反应，强化犯罪嫌疑人的对抗心理。其次是改变空间的方法，这也可对犯罪嫌疑人进行情感影响，在适当的时候，审讯人员可以走向犯罪嫌疑人的身体侧面进行交流，根据对方的年龄不同，还可把手放在对方的肩上，以示亲近。如果审讯人员忽然走向犯罪嫌疑人的背后与其进行交流，必然会使犯罪嫌疑人产生某种恐惧感。此外，光明磊落、实事求是是审讯人员应当留给犯罪嫌疑人的形象。这种形象的树立，是靠对犯罪嫌疑人的供述评价树立的，对犯罪嫌疑人大量谎言中的一点点细节上的真实供述，都应该加以肯定和鼓励，作出实事求是的评价。表现出待人办事的公正性，以赢得犯罪嫌疑人的信赖。具体而言，对犯罪嫌疑人情感涉入有以下几种方法：

1. 对犯罪嫌疑人生活上、身体上的关心是最直接的情感影响的方法。由于犯罪嫌疑人被限制了人身自由，当其的特殊需要不能得到满足时，如果审讯人员能适当地予以满足，哪怕是微乎其微的点滴关怀，犯罪嫌疑人都会产生感激之情。如犯罪嫌疑人的衣服少，天气转凉而家里又没有送来衣服，审讯人员把自己穿的衣服脱下来给对方穿；夜间审讯，审讯人员将自己的夜宵给犯罪嫌疑人吃；审讯人员自己泡的茶一口没喝而给犯罪嫌疑人喝，自己的烟给犯罪嫌疑人抽等，还可以根据案情的需要，专门设置这些情节，来加强情感的影响。

2. 审讯人员的语用行为对情感的影响是非常重要的，语言文明、态度平和，是审讯人员语言交流的条件，尊重犯罪嫌疑人的人格，不歧视、不侮辱、不讽刺挖苦，是情感沟通的基础。语言声调的高低应该保持适度，不可过高，过高的声调容易让对方紧张；但也不可过低，过低显得审讯人员有气无力。语言的速度、提问的频率也能够对犯罪嫌疑人的紧张程度产生影响，因此应保持协调的审讯速度。语言本身产生的情感影响是一个方面，另一方面是“忌讳语”的影响，犯罪嫌疑人最不愿意听到的词语就是“忌讳语”。为了避免这些刺激语的出现，审讯人员应采取更换“忌讳语”的方法：如把“犯罪”更换为“错误”，谎言更换为“说错了”，“矛盾”更换为“与事实不符”，“挪用公款”更换为“拿用了”，“行贿”更换为“给了”，“受贿”更换为“收了”，“贪污”更换为“取了”“拿了”，“态度蛮横”更换为“情绪激动”。这种方法不仅能改变犯罪嫌疑人的对立情绪，消除畏罪、紧张的心理，而且能使犯罪嫌疑人感到被审讯人员理解和同情。

3. 帮助犯罪嫌疑人摆脱心理压力也是对其情感影响的一种行之有效的方法。犯罪嫌疑人在案发后心理负担较重，其会从不同的方面来衡量自己，审讯人员应根据犯罪嫌疑人的心理来制定情感影响的方法。通常采用的方法是强调客观原因。例如，在一起案件审讯中，审讯人员采用了理解、同情的语用行为，使犯罪嫌疑人泪流满面，不仅交代了自己受贿的数额，还对自己走上犯罪道路的原因进行了总结：“我今天走到这一步是三个字害了我，一个是‘情’字，一个是‘松’字，一个是‘利’字。首先，我的情面太软了，在原则性的问题上没有把住关，没有坚持原则；其次，我放松了对自己的要求，没有抵制住金钱的诱惑；最后，是我的弱点被他人利用了，才导致了今天的恶果，你们的一席话说到我的心里去了，我将来还要把这些东西写出来以示后人。”

4. 转换位置的方法，将心比心，设身处地为其考虑，例如，“如果换了我或者任何其他人都有可能做出类似的事情。现在事情已经过去了，你也不必再用过多的精力去考虑它，应该考虑的是如何认识错误并改正错误，总结原因、吸取教训走从轻从宽的路，今后不要再犯。”这段话既表现了对其犯罪的理解和同情，又指明了走认罪从宽的路。最后是消除顾虑。犯罪嫌疑人在接受审讯时，经常是忧心忡忡，瞻前顾后的，担心自己交代后会受到处罚，自己的一切都将付诸东流。这时，应该语重心长地告诉他：“任何人都有走弯路的时候，跌倒的时候，要有勇气站起来，面对现实，重新起步，以后的路还长，未来的生活会更美好。多想想未来的美好生活，就会减轻自己的心理负担”等。

5. 直接赞美方法，大多数人都有一个共同的特点，即爱听赞美、赞扬、好听的话，实际上这是人们的心理需求，外来的赞美顺应了这种心理需求，出现了积极的情绪。为了对犯罪嫌疑人进行情感的影响，应该充分利用这一心理特点。首先是对犯罪嫌疑人的“闪光点”予以肯定。从其参加工作直到案发，应该说是为国家和社会做过一些贡献的，把这些贡献提取出来，加以肯定、赞扬，使犯罪嫌疑人感到社会没有忘记自己曾经做过的贡献，由此而产生情感上的共鸣。如某位市长涉嫌犯罪，在审讯他的时候，他的对抗心理极强。他仰坐在椅子上，闭目养神。这时的他很难听进别人的劝导，审讯人员决定先不谈案件的实质，而是对他过去的工作给予了充分的肯定："你为社会做出了很大的贡献，你曾经用自己的智慧和汗水，改变了一个城市的面貌，在城市建设上迈出了一大步。这个城市的老百姓是不会忘记你的，还希望你能回去参加那里的经济建设。"听到这里，这位市长不仅改变了自己的坐姿，而且面带着感激之情："谢谢你！"这短短的几句话取得了双方情感上的沟通。其次是对犯罪嫌疑人的人品的评价。有的人虽然犯罪了，但是其有为人忠厚老实、工作勤勤恳恳、办事热情的一面，审讯时应该抓住其优点进行评价："你为人办事热情，喜欢帮助别人，无论谁有困难找你帮忙，你总是尽力帮助解决，大家还说你人品好，忠厚老实……"但应当注意的是，在对犯罪嫌疑人进行情感影响的同时，应注意其目的性，因为它是以促进供述交代为前提的，所以应具有导向性。另外，在对其进行"人品"评价时，应注意收集典型事迹进行评价，效果最好。最后是帮助犯罪嫌疑人树立形象。这种方法是为促使犯罪嫌疑人如实供述做准备、打基础。它是以犯罪嫌疑人所具有的荣誉感和自尊心为前提的，犯罪嫌疑人处在被审讯的特殊环境中，对自己的尊严、荣誉已经无法顾及了，有的犯罪嫌疑人认为自己反正犯了罪，社会影响已无法挽回，干脆听天由命，表现出"死猪不怕开水烫"的样子，这种心理状态是不利于审讯的。审讯人员应该将其"立"起来，帮其找回平时该有的荣誉感、尊严感，把自己原有的形象重新树立起来。如"你性格直爽、敢作敢为，为人讲义气、重感情，办事情实事求是，不搞虚假的一套，对工作中出现的问题，敢于承担责任，为人处世光明磊落、办理公正、客观全面，当领导的就该像你这样，到任何时候都是一条好汉"。这一形象被树立起来以后，对方就会千方百计地维护自己的形象，并按照这种标准去作为。另外，还可以对犯罪嫌疑人的行为进行修正。这种方法是以帮助犯罪嫌疑人如实交代犯罪事实为目的的，但更重要的是让犯罪嫌疑人知道自己犯了罪，为什么犯罪，怎样修正自己的犯罪行为。从客观上看，贪污贿赂犯罪在很大程度上不是一次就构成犯罪的，是逐步形成的。开始被动地收钱收物，后来发展成主动地索要，发生了质的变化，构成了犯罪。只要有社会的存在，犯罪现象便是不可避免的，犯罪并不可怕，关键是如何对待犯罪，有无悔罪的表现，我国现行法律规定的从重、加重、从轻、减轻、免除处罚等规定，就是针对犯罪后有无悔罪表现而规定的，以此来引导犯罪嫌疑人走从宽的道路。

6. 注入同情与理解，这个方法需要对嫌疑人走上犯罪道路的原因进行客观分析，并对其部分遭遇给予一定的同情。这样，既能暗示审讯人员对其情况已十分掌握，又能让被讯问对象感到审讯人员是讲道理、通情达理和善解人意的。从而对审讯人员产生强烈的认同感和归依感，此时应趁热打铁，将情感控制的力量渗透到其内心深处，促使其在内疚、悔恨的复杂心理中产生交代的动力。使用这种方法的关键是事先要对嫌疑人的情况有一定的了解（或者边审边了解），而且在审讯中绝不能使用该方法的次数过多，更不能让对方觉得审讯人员是虚情假意的，或者表面同情，内心却是鄙夷的，这样只会激起被讯问对象更大的敌意。

7. 帮助嫌疑人进行家庭信息的传递能够有效地促进其情感依赖的转移。审讯人员应当充分了解犯罪嫌疑人的家庭情况，利用犯罪嫌疑人对家庭的眷念和迫切想知道自己家庭近况的心理，适时地向犯罪嫌疑人传递一些家庭情况，引发犯罪嫌疑人的情感转嫁，这时犯罪嫌疑人对家庭的情感会有一部分转移到审讯人员身上，产生情感依托的错觉。

8. 激发自我利益的转化，犯罪嫌疑人的对抗行为是在自我利益的动力驱使下产生的，但大量的审讯实践表明，犯罪嫌疑人的供述认罪也是在自我利益的动力驱使下实现的，这是因为人的需要是多层次的，在很多时候人可能会存在多种需要，但是只有一种是主导需要，这种主导需要是人的行为的主要推动力。在审讯的初级阶段，犯罪嫌疑人的主导需要是自我安全的需要，行为的主要推动力是掩盖犯罪事实进行对抗。经过审讯的全部过程后，犯罪嫌疑人的这种需要产生了变化，自我实现的需要、悔罪的需要成为了当前主导的需要，在这种主导动力的推动下实现了供述认罪的行为。基于自我需要的动力系统，是个体为获得一定的利益或机会，以满足自我需要而产生的动力系统，在这一系统作用下，人是以自我为中心的，一切行为都是为了维护自我的利益与机会，这便是自我利益机制。在这种机制作用下，它以是否利己作为判断一切的标准，这也是犯罪嫌疑人选择对抗的基本特征。

超越自我是自我利益的高层次需要，激发犯罪嫌疑人高层次的需要，使之成为主导需要，就能够转变其心理需要。自我利益的高层次需要，表现为超越自我的社会化行为，是自我利益转化的结果，激发犯罪嫌疑人自我利益转化，必须注意语用行为的传递方法。通常是通过“闲聊”阶段来完成以下四个转变：

（1）认识的转变。要让其意识到罪行（违法行为）已经造成危害结果，使其先产生悔恨心理，然后逐渐过渡到渴望从宽的心理。

（2）意志的转变。随着对立、侥幸、畏罪等心理的退却，随之上升的是想摆脱受审环境所带来的心理压力的愿望，从而逐步产生供述心理。

（3）戒备心理转变。犯罪嫌疑人原先有过分戒备心理的，应消除其不必要的戒备，产生供述心理。

（4）态度的转变。原先抱无所谓态度的，则应反过来使其产生恐惧心理，促发其紧张，使其认真面对现实，积极配合审讯人员的工作。

荣誉感和自尊心是密切联系在一起的，二者均为心理需要的组成部分，又是社会化意识的重要因素，也是维护心理平衡的重要基础。因此，审讯言词不能伤及对方的自尊心。人的自尊心被伤害，个体心理的社会地位就会降低，由此产生的心理意识的轨迹方向就能够把人的意识引向反社会性，导致犯罪因素的出现，同时这也是抗拒的直接心理原因。人的荣誉感和自尊心不仅包括外来的评价，也包括个体的自我尊敬，因为人的自我利益的存在，而出现的自我尊重，人的自我尊重满足的是自我的心理需要，实际上是满足自我尊敬的需要。

在审讯活动中，可以对犯罪嫌疑人的可恶行为大力抨击，但绝不能拿对方的相貌、人格、自尊进行讥讽，否则非但会对审讯双方的沟通造成障碍，并且先前做的思想工作将前功尽弃，重新陷入缺乏信任、互相敌对的不利于供述的状态。因此，应当激发犯罪嫌疑人实现自我利益，帮助其确定、维护“自我利益”的最佳选择——供述。

第五节 利益方向转移的心理条件

犯罪嫌疑人从对抗到供述是建立在一定的心理条件下的，审讯人员的语用行为满足了犯罪嫌疑人特定的心理条件，犯罪嫌疑人就会供述认罪。相反，不能满足这种特定的心理条件，犯罪嫌疑人就不会供述认罪。无论是哪种犯罪嫌疑人或者是具有哪些特点的案件，犯罪嫌疑人的供述认罪都是建立在一定条件的基础上的，也就是说，如果没有让犯罪嫌疑人供述认罪的条件，犯罪嫌疑人就不可能交代自己的犯罪事实。

犯罪嫌疑人不会轻易供述自己的犯罪事实是因为没有供述认罪的条件。在司法实践中，犯罪嫌疑人（尤其是有罪的犯罪嫌疑人）很少主动地向审讯人员供述其犯罪事实。但与此同时，也有无数的侦查审讯案例表明，审讯人员的确成功地获取了犯罪人的真实供述。那么，为什么有的犯罪嫌疑人会如实供认自己的犯罪事实，而另外一些犯罪嫌疑人却只有在审讯人员的帮助下才会供述自己的犯罪事实？审讯人员如何才能帮助犯罪嫌疑人如实供述以实现侦查审讯的目的？在大量的审讯实践中可以发现，大多数犯罪嫌疑人在交代案情后，问其由起初的拒绝供述转变为愿意“开口”的原因。犯罪嫌疑人说：“我感觉到‘开口’比‘不开口’对自己有利”。有的犯罪嫌疑人说，当时我感觉有一种动力促使我“开口”。由于案件的性质不同、不同嫌疑人的个性不同、审讯人员在审讯时采取的手段不同，嫌疑人回答的理由也是各不相同。乍一看，促使他们交代犯罪事实的真正原因到底是什么？好像没有什么规律可循。但是，当我们静下心来仔细分析归纳后，仍可以得出他们肯“开口”的原因，实际上这必须有某些特定心理条件的产生作为前提。他们会认为，如果还没有一个真正能够说服他们自己的“借口”，就马上主动交代，似乎有点太对不起自己了。只有当他们自己认为可以说得过去了，等到不至于心理失衡的“条件”出现，才愿意如实供述，并不会觉得自己太亏。所以审讯人员在审讯时的重要任务就是努力营造能促使犯罪嫌疑人交代的特定心理条件。把握好自己的语用行为倾向和导向，做好了这个工作就能起到“打蛇打七寸”的效果。语用行为的把握是以促进犯罪嫌疑人特定的心理条件产生为前提的，概括起来有六类：（1）嫌疑人在内心真正后悔、醒悟的时候（人格道德系数的满足条件）；（2）嫌疑人认为交代了对他自己有好处的时候（趋利避害的交换条件）；（3）嫌疑人感到已没有退路，无法继续隐瞒的时候（心理误区的暴露条件）；（4）嫌疑人为了摆脱自己的心理压力的时候（心理选择的解脱条件）；（5）嫌疑人为了摆脱自己形成的意识经验（意识经验的反应条件）；（6）嫌疑人趋利避害的需要的基本属性（满足需要的基本条件）。

犯罪嫌疑人的心理条件虽然是个体内在的，但它是因审讯人员的外部刺激而产生的。上述六类特定的心理条件可以同时刺激产生，也可以单独刺激产生。首先，在审讯人员帮助犯罪嫌疑人以后悔、醒悟为刺激对象的时候，要根据犯罪嫌疑人的个体特征，准备好刺激帮助的方法和语用行为表述。犯罪行为实施后给自己带来的利益与犯罪行为造成的后果相比较，犯罪成本大于犯罪利益，心理产生了“亏损”。这种“亏损”越大，后悔、醒悟意识就越强烈。这种强烈的后悔和醒悟意识发展到一定程度，就会产生供述动机。其次，在审讯人员帮助犯罪嫌疑人以“交代对他自己有好处”为刺激对象的时候，审讯人员常常是以“利弊关系”作为重要方法。审讯人员帮助犯罪嫌疑人选择“利”与“弊”的条件，展开来让犯罪嫌疑人权衡，形成“交代了对他自己有好处”的“心理条件”。最后，在审讯人员帮助犯罪嫌疑人以“犯罪事实已经暴露、退路已经丧失”为刺激对象的时候，审讯人员要充分利用犯罪嫌疑人的“错觉”，设置“错觉”条件，把犯罪嫌疑人领入“犯罪事实已经暴露”的认识误区，让其认为对抗已经失去了意义，同时也丧失了对抗的条件，配合尚能获取利益，使之产生供述的“心理条件”。

满足特定心理条件的语用行为就是语用行为的针对性，根据审讯活动的语用行为模式，结合上述六类特定的心理条件，以问答型与劝说型相结合的语言模式，完成审讯语用行为的倾向性和导向性：

1. 犯罪嫌疑人人格道德系数的满足条件，是在犯罪嫌疑人内心真正后悔、醒悟的时候产生的。常用的关键性语用行为：(1) 树立形象的语用行为，目的是帮助犯罪嫌疑人树立特定的形象，让其维护自己的形象，顺应其人格道德条件的满足；(2) “昵称”语用行为的协助，改变对犯罪嫌疑人直呼其名的做法，改称老李、老周、老王或偶尔称原职务头衔，以拉近距离；(3) 以揭露式的语用行为，帮助犯罪嫌疑人消除隐瞒条件。例如，“你对某件事情的回答，前后矛盾漏洞百出，你认为谎言能混过关吗？在这个问题上你是没有退路了”；(4) 以宣讲式的语用行为，帮助犯罪嫌疑人建立对犯罪行为悔恨的否定认识，通过摆事实、讲道理，帮助分析原因、提高认识、树立勇气、平息犯罪动机，降低罪恶感，促进供述条件的成熟。

2. 犯罪嫌疑人趋利避害的交换条件的满足，是犯罪嫌疑人充分地意识到交代犯罪事实对其有好处的时候产生的。常用的关键性语用行为有：(1) 运用对比式的语用行为，帮助犯罪嫌疑人选择已经处理过的宽严典型，结合犯罪嫌疑人自身的情况，展开对比思考，权衡利弊，放弃抗拒；(2) 运用开导式的语用行为，强化犯罪嫌疑人权衡利弊的心理条件，充分地利用犯罪嫌疑人身上尚存的积极的因素来激发其良知，使其对自己的犯罪行有所悔悟，达到坦白交代的目的。但应注意开导的主题要有针对性，在选择开导主题时，应根据犯罪嫌疑人的犯罪行为所带来的后果作为开导的主题。开导的目的是对其所犯罪行表示遗憾，并指明前途和出路；(3) 权衡式的语用行为的运用，是将“利”与“弊”放在一起摆出来，让对方挑选，利弊的选择要客观、实在，利弊的选择要有反差，如果利弊同等对方就没有选择的必要了，同时给自己出了一道难题；(4) 以变更角度式的语用行为，帮助犯罪嫌疑人铺垫供述通道，改变紧逼的角度，给一个台阶或者重新为其选择一个出口，把犯罪嫌疑人“扶”上供述认罪的通道。如“你有什么顾虑？是否需要他人回避一下？你在担心什么？”而实际上犯罪嫌疑人只要回答了上述问话，就是一种默认。

3. 犯罪嫌疑人心理误区的暴露条件，是犯罪嫌疑人感到自己已没有退路，无法继续隐瞒的时候产生的。常用的关键性语用行为：（1）以逻辑式的语用行为，帮助犯罪嫌疑人建立犯罪事实已经暴露的错觉，以隐含逻辑前提的方法，设定某一犯罪情节的存在：“你为什么这样做，你与老李是什么关系？你为什么要拿他的钱？你银行存了那么多的钱干什么”；（2）以“正话反说”的语用行为，将犯罪嫌疑人带至认知误区，本来是要通过正面的审讯达到的目的，却采取用说反话的表达方式来达到正话所达不到的效果。例如，“我们今天并不想听你交代什么犯罪事实，只是想知道你是否有所认识、有所觉悟”“你为什么拿别人的钱我们并不想知道，我们只想知道你是不是非常需要钱”“你是怎么伤害了别人我们不想听，只想知道现在你有什么打算”；（3）以“说”半截话的语用行为，让犯罪嫌疑人自发地联想，产生认知误区，目的是让犯罪嫌疑人充分发挥下半句话的想象力。例如，“他说他不是主犯……”“他说钱不是他主动给的……”“有谁愿意替别人承担责任……”“你不说没有关系……”“他过去是挺讲义气的，可是……”；（4）以直追式的语用行为，促进犯罪嫌疑人心理压力的形成，使之进入犯罪事实暴露的认知误区。例如，“这笔钱从哪里来的”“为什么说谎”“怎么拿的”“钱到哪里去了”等，正面地突破。注意被直追的要害目标，要确实充分，不容置疑，态度要坚定，语言要精练，要使犯罪嫌疑人感觉到来势迅猛，不可回避，只能交代；（5）以“交换位置”的语用行为，帮助犯罪嫌疑人转换外来的心理动力，把别人的认识误认为是自己的认识。例如，“假如我是你，我会选择……”“我如果遇到这类情况，我会……”

4. 犯罪嫌疑人心理选择的解脱条件是其为了摆脱自己的心理压力时产生的。常用的关键性语用行为有：（1）以“强制语”的语用行为达到对犯罪嫌疑人的心理强制。强制语的语用行为就是能使对方某些方面受到限制不能改变的语言，如：“说”“讲”“怎么回事”必须作出回答，而且是强制性的回答。在使用时应注意方法、时间，不给对方思考退路的时间；（2）以“最后通牒”式的语用行为，使犯罪嫌疑人产生心理压力，达到心理强制的目的。这种语用行为的特点是把对方推向最危险的境地进而逼其就范，对优柔寡断、左右动摇、等待观望的人，用最后通牒来转换其“时机未到”的意识或“还有更好的机会”的意识。如：“我再给你十分钟的时间考虑”“如果你现在还是这样，我们将……”“我们只能给你这个条件”；（3）以“两难选择”式的语用行为，加速犯罪嫌疑人的心理强制。审讯人员摆出两个问题，让犯罪嫌疑人自己选择。如：“钱是存起来了还是平时用了”“你是愿意在这里说还是到看守所里说”“是你自己要的还是他主动给的”等。注意，在使用“两难选择”式的语用行为时，应当注意犯罪嫌疑人的心理状态，在犯罪嫌疑人已经进入心理强制的通道后使用最佳；（4）以揭露式的语用行为把犯罪嫌疑人推进心理强制区域，利用犯罪嫌疑人的供述矛盾，在其不能自圆其说的情况下达到心理强制的目的。如：“你对某件事情的回答，前后矛盾漏洞百出，你不是爱说谎的人啊”“你说钱是你借的，你家里有钱为什么还要借钱”“你说钱是你的，那么你为什么还要去贷款呢”。

5. 犯罪嫌疑人意识经验的反应条件是犯罪嫌疑人为了解脱自己，在记忆的意识经验的反应下，暴露的与犯罪有关的情景而产生的条件。常用的关键性语用行为有：（1）以交谈式的语用行为采取非常规的审讯方式，有很大的随意性，容易使犯罪嫌疑人放松警惕，暴露意识经验的犯罪痕迹。交谈式的语用行为便于交流思想，缓解严肃气氛，能通过交流思想向广度和深度的方面发展。有助于了解犯罪嫌疑人的思想动向，情感交融，为消除对立提供有利条件。同时，宽松的语境有助于语用行为的表现，为意识经验的语言反应提供良好的平台。例如，犯罪嫌疑人的“口误”，这是记忆经验在潜意识作用下的语言表露，很多时候这种表露就是犯罪的痕迹；（2）以摸底式的语用行为来激发犯罪嫌疑人的意识经验反应。如：

“你在银行存那么多的钱干什么”如果犯罪嫌疑人真的在银行有存款，那么其会作出经验反应，如果犯罪嫌疑人在银行里没有存款，那么其会立即作出否定的反应。再如，“你为什么要收别人的钱”至于是否收了别人的钱，犯罪嫌疑人会通过自己的意识经验反映给审讯人员；（3）以“设题式”的语用行为引发犯罪嫌疑人对某一事件的意识经验反应。如：“你把汇往某银行的那笔款项的来龙去脉和详细过程说一说”在对方叙述的过程中捕捉意识经验的反应情景。

第九步　平衡转换

第一节　心理需要的满足与转换

心理需要的满足本身就是一种心理平衡状态，平衡的心理是不会产生心理需要的，更不会因为心理需要而转换成为心理动机，通常这种心理需要满足的平衡心理行为是一种反审讯的心理状态，嫌疑人自我调整的平衡心理就是反审讯的行为特征。嫌疑人的供述心理是建立在心理需要的基础上的，因为有了需要的产生就会出现心理的不平衡，反之也是因为心理的不平衡才产生心理需要，供述是心理需要的行为表现，心理需要产生供述动机，没有心理需要就没有供述动机的产生，审讯进入涉案原因阶段，激发需要是非常重要的讯问方法。

激发需要：人们除生理的需要、心理的需要外，还有荣誉感的需要。“唤起荣誉感”就是利用犯罪嫌疑人曾经有过的荣誉（必须事先对审讯对象的情况有较好的了解）有意地肯定和鼓励，以此表示司法机关并未因他违法犯罪而对他以前的成绩加以全盘否定。这样，他就会从审讯人员实事求是的态度中受到感动，从而不仅能够使他对审讯人员产生信服感，又能够强化原本悔恨心理不是很强的嫌犯的悔恨情绪，使他无地自容、悔不当初，进而将悔恨转化为交代的动力。激发其个人荣誉感，唤起其后悔心理，反思到自己的行为的确给家庭、给自身造成了巨大的痛苦和遗憾。对被审讯人注入荣誉感，可以使审讯方与被审讯方达到一定的“沟通”，使他认为审讯人员是一个“通情达理”的人，从而对审讯人员产生认同和信任感。

“荣誉感”和“自尊心”是密切联系在一起的，是心理需要的组成部分，它是维护心理平衡的重要因素，因此，审讯言辞不能伤及对方的自尊心。我们在审讯中当然可以对被审讯人的可恶行为大力抨击，但绝不能拿对方的相貌、人格、自尊进行讥讽，否则不但会对审讯双方的沟通造成障碍，而且先前做的思想工作也将前功尽弃，重新陷入缺乏信任、互相敌对，不利于供述的状态。自尊心的受伤，个人心理的社会地位被降低，产生的心理意识轨迹会把人的意识引向反社会性，导致犯罪因素的出现，同时也是抗拒的直接心理原因。人的“荣誉感”和“自尊心”不仅包括外来的评价，也包括个体的自我尊敬，即因为人的自我利益的存在而出现的自我尊重。人的自我尊重满足的是自我的心理需要，实际上是满足自我尊敬的需要。审讯活动中犯罪嫌疑人的自我利益，是犯罪后果的被惩罚性，通常犯罪嫌疑人选择供述还是对抗，都是以自我利益来作为衡量标准的。因此，改变犯罪嫌疑人因供述而产生的后果的可能性或直接减少犯罪嫌疑人作为信息处理系统的有效性等，帮助犯罪嫌疑人确定、维护“自我利益”，以使其供述犯罪。

满足利益需要：这里的利益是犯罪嫌疑人思维活动中的“心理利益”，人的行为动力在很多时候是在“心理利益”的驱使下产生的。“心理利益”是通过趋利避害的思维过程而产生的；当人们在决定作出某种行为前，他都会在其内心考虑并权衡该行为是否能给其增添快乐或减少痛苦，若自己的判断为“是”，则会选择去实施该行为，反之则会选择不去实施该行为。“心在言先，言为心声”，在侦查讯问中，犯罪嫌疑人针对审讯者的提问有三种选择：一是拒供而保持沉默；二是假供即以欺骗撒谎来应付审讯者的提问；三是如实供述。犯罪嫌疑人在侦查讯问中的任何决定，都是他的一种理性的选择行为；选择作出真实的供述也是嫌疑人在其内心作出了如实供述对自己有利判断后而实施的行为。在侦查讯问活动中，审讯者能够影响和控制嫌疑人的心理活动，包括嫌疑人内心对于供述与否的判断。嫌疑人供述与否主要取决于他对犯罪后果的担心、由犯罪所引起罪责感两者的理性选择（即判断）——前者源于法律对其的影响，后者则源于其成长过程中的社会化影响。如果犯罪嫌疑人对各种损失后果的担心甚于罪责感，则他会选择拒供或假供；如果嫌疑人的罪责感甚于其对后果的担心，则他会选择如实供述。同时，对于无法逃避损失后果的情况（如犯罪事实已被侦查或被司法机关查清），自己即使不如实供述也不影响司法机关对自己的处罚，嫌疑人就会尽力去追求一个较轻的损失后果，即争取坦白获得从宽处理。

帮助犯罪嫌疑人摄取“心理利益”的方法：这种“心理利益”分为“以后利益”和“当前利益”。即为了以后的获利形成的心理状态和为了当前的利益形成的心理状态。首先，帮助犯罪嫌疑人获得“以后利益”。结合案件的实际情况，从犯罪嫌疑人的作案动机、目的、手段、情节、侵害对象以及造成的后果等方面，依据相关法律，为其找出可以从轻处罚的条件，使其获得“以后利益”。审讯人员要用真诚的态度帮助他权衡交代与不交代的利害得失，使之确信只要交代了，有好的认罪态度，就能从轻、减轻甚至免除处罚。其次，帮助犯罪嫌疑人获得“当前利益”。从审讯活动中犯罪嫌疑人的心理状态来看，审讯的全过程是犯罪嫌疑人心理焦虑的过程。美国侦查学者布赖恩·杰恩提出来的“内心焦虑理论”认为，嫌疑人在侦查讯问过程中无论是拒供还是假供（即说谎），由说谎引起的内心冲突其结果是挫折和焦虑。焦虑是一种不明确的、忧虑的不安状态，通常不与特定的起因相联系。在个人理想与客观实际之间出现冲突或认识不一致的时候，焦虑就会出现。理想的目标与客观实际差距越大，认识就越不一致，焦虑也随之增加。焦虑的增加是嫌疑人之所以在审讯中供认的部分原因。虽然嫌疑人希望逃避真实供述的后果，但他并不希望以增加与欺骗相连的内心焦虑为代价换取这样的结果。焦虑的力量是供认的动机，这一点从公布犯罪案件后自动投案的假供数量来看是很明显的。犯罪嫌疑人是一个经历社会化过程、接受并内化了正常社会价值观念的人，经过长期社会化过程，犯罪嫌疑人在思想观念中形成了包括法律观、道德观等在内的价值观念，这些价值观念使犯罪嫌疑人在犯罪后产生罪责感，在撒谎时产生内心焦虑。这种罪责感与内心焦虑是驱使犯罪嫌疑人如实供述的内驱力。根据“内心焦虑理论”，审讯人员设法让犯罪嫌疑人多说谎，增加犯罪嫌疑人内心的焦虑强度，同时再通过揭露谎言来增加犯罪嫌疑人的心理限制的压力，犯罪嫌疑人为了解决当前的焦虑和心理压力，必然要寻找当前的利益来进行缓解，那么缓解的唯一方法就是如实供述或者部分供述，以此来换取“当前利益”。

心理沟通的需要：审讯活动是一项复杂的系统工程，是审讯者与犯罪嫌疑人心理的沟通过程，审讯的全部活动都是在沟通的过程中完成的。侦查讯问机制主要是在由审讯者与嫌疑人、讯问环境组成的侦查讯问结构中，嫌疑人在什么样的情况下会如实招供，侦查机关的审讯者如何利用所拥有的一切资源来影响犯罪嫌疑人，促使其如实供述犯罪事实。换句话说，即侦查机关（审讯者）如何才能提高侦查讯问工作的效率以尽快地获取嫌疑人的口供，在很大程度上取决于与犯罪嫌疑人的“沟通”程度。犯罪嫌疑人对抗的关键是不能够沟通、不需要沟通、不愿意沟通。审讯活动是在交流的过程中完成的，因此只有沟通了才能吸收信息，信息才能产生作用。很多时候犯罪嫌疑人对信息的影响和刺激是封闭的，在这种情况下就产生不了沟通，实施供述的目的就不能实现。有效地沟通是讯问的主要目的。因此，将讯问理解为一种沟通具有很重要的意义，这其中涉及信息发送者、信息接收者、信息刺激和信息渠道。信息的发送与接收一样重要，有许多渠道可以发送信息（包括口头与非口头）。但是仅仅有信息的发送和接收还不够，讯问应是一个开放的系统，其中存在各方面的影响。

沟通的方法首先是通过用“拉家常”的方式询问其个人简历、学习经历、社会经历、生活状况、夫妻关系、交往情况、个人爱好等，建立沟通的平台。其次是尽量要让被审讯人侃侃而谈，必要的时候加以鼓励和附和，但是我们则要做到时刻保持头脑清醒，逐步进入“沟通”的通道。审讯人不能刻意围绕审讯目标，以免暴露审讯意图，同时还会引起犯罪嫌疑人的警觉，封闭“沟通”的通道。另外，通过“闲聊”即“自由式交谈”与被审讯人“套近乎”，在“自由交谈”中打开犯罪嫌疑人“沟通”的心理通道。最后是通过评价来解决对犯罪嫌疑人心理“沟通”的问题。对犯罪嫌疑人进行评价，主要是对犯罪嫌疑人个体的评价（包括个人的发展过程、历史的闪光点、行为的客观原因以及与他人的相互关系），对事件的评价（事件发生的原因、客观的影响、现实的目的性）以及对行为的社会关系的评价，不断地降低犯罪嫌疑人心理的危害性，提高社会环境影响的作用性，进入犯罪嫌疑人的心理世界。通过“沟通”，可以逐步控制被审讯人的情绪和情感，消除对立抵触情绪，让他体会到政府对其挽救的诚心；可以激发其个人荣誉感或利用其感情脆弱，唤起后悔心，感到自己的行为的确给家庭、给自身造成了巨大的痛苦和遗憾。

第二节　临界心理需要的产生与满足

临界心理需要是讯问过程中的特殊阶段，产生的对应供述行为的心理需要。临界心理是嫌疑人准备供述的心理状态，是供述的心理预备阶段，在这一阶段嫌疑人除对自己供述后果的权衡利弊外，还产生了一种新的心理需要，即临界心理障碍，直接影响供述行为的实现，阻碍了临界心理向供述行为转换，这里的临界心理需要实际上就是解决临界心理障碍的需要。审讯进入临界心理状态总是会牵涉供述后可能出现的后果，这也预设了新的心理需要的产生，即恶性与恶果的恐惧心理需要，是一对矛盾冲突的较量。审讯进入临界心理状态，由于新的心理需要的产生，即将实现供述的临界心理，有很大的可能会回到原先的对抗初期，所以审讯人员在这一阶段必须立即帮助嫌疑人解决这种即将供述前的心理需要。解决之前必须了解嫌疑人的需要是什么。嫌疑人新的心理需要是在权衡供述的过程中产生的，这一过程中产生的心理需要，首先是对选择供述的行为结果的不甘心；其次是对获罪的不甘心；再次是对某一特定对象的不满而不甘心；最后是对供述后的牵连后果的担心。由于这种心理需要的牵连，牵制着临界心理行为的转换，使得临界心理始终处于徘徊状态，因此必须尽快根除这种心理障碍，清除临界心理的转换通道，保障供述行为的实现。

首先是对选择供述的行为结果的不甘心而产生的心理需要，这些人大多数是经过长时间的顽强抵抗，因为特殊客观条件和信息的影响，应该作出供述回应的时候，而不甘心放弃在此之前的隐瞒对抗的努力，对在此之前做出的无用功不甘心，自己选择隐瞒对抗也是有原因的……例如，审讯人员在对一起伪造证据案的嫌疑人进行审讯时，嫌疑人已经被羁押在看守所七个多月了，按照诉讼程序已经进入交付审判的退查补证阶段，嫌疑人只要再坚持几天的隐瞒对抗，其结果就是被审判机关作出无罪判决，作为律师身份的犯罪嫌疑人自己是非常清楚的，只要坚持顽强的对抗，几天之后就会被无罪释放。然而在这样的情况下，审讯人员的话语对他产生了强烈的反响，供述事实的强烈欲望，使他不得不重新作出选择，供述犯罪事实！也就在此时一个新的想法从心底冒了出来："我已经顽强地对抗了那么久，现在交代不是前功尽弃了吗？还有本来自己这也不是犯的什么大事，就是办案的机关故意跟自己过不去，小题大做，我现在选择供述承认不就是等于认输了吗？自己应该跟他们斗到底才对啊！"这种瞬间产生的想法直接牵扯供述行为的实现，就在审讯人员等待嫌疑人供述说实话的时候，这种临界心理需要的产生偏离了供述方向。在此，为了这种突然的心理变化，嫌疑人给讯问人员的合理回复是启用了缓兵之计："我还是回去好好地想一想明天再来跟你们说。"无疑这种"缓兵之计"阻碍了供述动机的实现。如果审讯人员真的以为嫌疑人要回去好好想一想，明天回来再说的话，那就中了缓兵之计，第二天嫌疑人再来的时候，仍然会以自己还没有想好拒绝供述。

针对嫌疑人使用的缓兵之计，审讯人员应当立即予以阻止，即没有必要等到明天再说，明天来了还是要说，何必拖延时间呢！经过阻止以后，审讯人员必须要弄清楚嫌疑人供述动机的心理障碍是什么？需要什么？只有解决了这种心理需要，供述行为才可实现。如前面所述，不甘心就此交代供述，审讯人员推心置腹地告诉犯罪嫌疑人，在这个时候还有必要赌气吗？帮助嫌疑人进行心理平衡，使得这种心理需要得到了满足，达到了心理平衡。那么这种新产生的临界心理障碍就会消失，供述需要的动机就能够实现。

其次是对获罪的不甘心。审讯进入临界心理状态的时候，供述动机产生的同时，也产生了阻碍的心理动机，一方面是需要的供述动机，另一方面是供述之后产生的获罪后果的心理障碍，这一对矛盾的冲突，阻碍了供述动机的实现。因此临界心理需要的获罪心理状态，必须立即根除。根除的方法：第一是进行获罪的利弊轻重的心理转换。在此种环境下，犯罪事实已经暴露，隐瞒已经失去了意义，主动供述是最有利的选择。第二是更换这种心理障碍的支点。自己做的事情自己应该承担，不能让别人来承担，勇于面对敢于承担就是一种勇气，也是一份责任，能够在这件事情上吸取教训，就是进步。第三是降低主观恶性。帮助嫌疑人寻找客观原因，以此来降低主观恶性。例如，受贿犯罪案件，嫌疑人并非贪财的人，并不想接受行贿人的财物，主要是因为行贿人为了达到个人目的，千方百计地拉嫌疑人下水，嫌疑人没有主观的犯罪恶意，仅仅是一时的糊涂，才被行贿人拉下了水。第四是降低恶果。将犯罪事实的整体分解开来，先选择一个较轻的情节让嫌疑人供述，然后再进行逐个情节的分解供述，有效地降低嫌疑人对恶果的恐惧。第五是利用三段论进行心理降恶分解：第一段是选择应该供述的情节让嫌疑人进行默认，第二段是在默认的基础上，让嫌疑人认可，第三段是让犯罪嫌疑人进行大胆供述后的确认。第六是促进嫌疑人对于恶果的轻重选择。例如，“你做的这件事情是故意的还是过失的？你自己说！”以此满足嫌疑人的利弊选择，达到供述犯罪事实的目的。

再次是对某一特定对象的不满而不甘心。在审讯的空间里，由于审讯人员选择的审讯方法是对抗性的审讯方法，与嫌疑人的心理产生了激烈的冲突，导致嫌疑人对审讯人员的言行不满，产生了强烈的心理对抗行为。于此，当嫌疑人产生了动机之后，对审讯人员的不满心理对抗行为也同时产生，导致供述动机迟迟不能实现，“我就不向他供述”。因为对审讯人员的不满，就没有信任可言，导致嫌疑人获取利益的方向不能转移，始终停留在自我获取利益的状态。嫌疑人的供述是需要嫌疑人转移获取利益的方向，才能向审讯人员实现。解决不甘心供述的行为方法是，在有条件的情况下可以更换审讯人员，重新建立非对抗性审讯行为关系。除此之外，帮助犯罪嫌疑人转移获取利益的方向，建立情感依赖的关系，取得嫌疑人的信任，把犯罪嫌疑人获取利益的方向转移到审讯人员身上，供述即可实现。

最后是对供述后的牵连后果的担心。因为犯罪嫌疑人选择的供述犯罪情节，不是犯罪的整个情节，而是某一个甚至是某一部分的情节，而这些情节又牵涉其他的犯罪情节，供述了此情节就联系牵涉其他的犯罪情节，这种对牵连后果的担心，就是当下的临界心理需要。解决这种对牵连后果的担心，帮助嫌疑人转移目标，就能够满足临界心理需要。例如，在一起贪污案件中，犯罪嫌疑人是国家公务员，替本单位购置一处房产，与开发商勾结，一处房产订了两份协议，两份协议的表面差价是12万元，而实际上开发商给出的差价却是60万元。案发后，因为两份差价的协议都被提取，嫌疑人选择的对抗理由是，有一份差价协议是作废的，自己没有获得上述差价而进行隐瞒对抗。经过审讯嫌疑人在没有退路的情况下，产生的供述动机是选择交代自己只贪污12万元的差价，但是迟迟也没有实现供述，就是因为那个背后还有48万元的差价，也被自己贪污了，担心交代了12万元就会牵涉后面的48万元，所以迟迟不愿供述。审讯人员感觉到嫌疑人的顾虑之后，直接告诉嫌疑人，我只需要你供述这一笔，其他的你可以不供述，供述这一笔是你的态度，希望你对这12万元有个好的态度。嫌疑人看到审讯人员只把目标集中在12万元的问题上，并没有涉及其他的牵连问题，就放心地交代了自己贪污12万元差价的犯罪问题。再如，在一起受贿犯罪案件中，受贿人拒不交代自己的受贿犯罪行为。为了突破口供，审讯人员帮助嫌疑人更换谎言，告知犯罪嫌疑人，不是嫌疑人没有受贿，而是别人送过来的钱，自己又退回去了，在审讯人员追问嫌疑人到底退了没有时，无奈之下嫌疑人只得谎称自己退了，当审讯人员问嫌疑人是怎么退的？嫌疑人出现了顾虑情绪，因为自己的受贿本来就没有退给行贿人，说自己把钱退给了行贿人，行贿人能认可吗？审讯人员看出了嫌疑人的顾虑，就问嫌疑人有什么顾虑？嫌疑人回答说："那要是行贿人不承认我退了怎么办？"审讯人员回答："那就不是你的事了，那就是行贿人的事了。"听到了这句话，嫌疑人才放下心来，采纳了审讯人员的谎言更换，谎称自己把钱退给了行贿人。有退必然有给呀，他把退钱的过程说出来，也就完成了嫌疑人受贿的全部犯罪过程。

第三节　临界心理状态转换供述行为的心理平衡的需要

在审讯活动中为了使嫌疑人从隐瞒对抗转换成为供述犯罪事实，需要不断地提供对应条件来满足嫌疑人不同阶段的心理需要，使其在需要的平衡中放弃隐瞒对抗，最后实现供述行为。隐瞒对抗的阶段和过程可以分为：侥幸或者信念的否认阶段、隐瞒对抗的坚持阶段、临界心理的权衡阶段、实现供述阶段。审讯过程也是这些阶段的发展过程，否定阶段的需要没有得到满足，嫌疑人对犯罪行为的否定，通过讯问人员提供的条件予以阻止，否定的行为没有得到发展，否定成功的心理需要没有得到满足，否定行为被阻止，需要更换新的方法来维护自我的否定行为，于此进入了隐瞒对抗的坚持阶段，否定行为的心理支点也就转换成为坚持对抗的心理支点，旧的心理支点被新的心理支点取代，形成了坚持对抗成功的新的心理需要。在隐瞒对抗的坚持阶段，嫌疑人的心理需要是希望能够取得坚持隐瞒对抗成功的心理需要，而审讯人员提供给嫌疑人的对应信息使隐瞒对抗已经失去了意义，隐瞒的必要性不再是当前的心理需要，维护自我利益的最大化是当前的心理需要，如何能够满足这种心理需要，即怎样能够实现利益最大化的心理需要，既然隐瞒对抗已经失去了意义，那么除此之外只有选择供述，供述犯罪事实是唯一获取利益最大化的通道，于此是否应该供述、能不能供述、供述后的利弊关系、怎样供述，将嫌疑人带入了临界心理的权衡阶段。在此审讯人员提供的条件或者信息，能够满足嫌疑人应该供述的心理需要、能供述的心理需要、供述后的利大于弊的心理需要，直接供述某一部分犯罪事实的心理行为，于此实现了供述心理平衡，满足了这种心理平衡的需要，供述行为得以实现。

从隐瞒对抗的否认阶段、隐瞒对抗的坚持阶段、临界心理的权衡阶段到实现供述的顺应阶段的全过程，只有进行满足心理行为的层面置换，才能够有效获取供述的心理行为。

需要的心理置换是根据犯罪嫌疑人赖以抗审的心理条件，在审讯人员的帮助下进行的心理条件的更换，把犯罪嫌疑人的对抗因素置换出来，达到使犯罪嫌疑人交代认罪的目的。

首先是置换嫌疑人带进审讯室的心理支点，即“定式心理”支点。审讯人员置换犯罪嫌疑人本能的对抗因素，这是审讯人员与犯罪嫌疑人还没有接触之前就形成的对抗因素，即犯罪嫌疑人的“定式心理”。审讯人员首先就要把这种心理因素置换掉，取得犯罪嫌疑人的信任，建立能够继续进行置换的平台。

审讯人员不应先急于切入审讯主题，应先对犯罪嫌疑人进行心理接触，在通过法律规定的程序对犯罪嫌疑人的基本情况进行了解的过程中，标定自己的形象（严肃认真、品行端正、公事公办、情理兼容）、涉入需要的情感（对其犯罪表现出同情、关心和理解，如“我们每个人都有犯罪的可能性”），来置换犯罪嫌疑人带进审讯室的自我防卫的对抗因素。在逐渐使犯罪嫌疑人戒备心理放松、能正常答话后，再渐进问清其简历等基本情况。这种置换的可能性在于初次接受审讯时犯罪嫌疑人的两大“需要”：一是心理需要（人格的尊重、情感上的沟通、心理上的关心和理解、较好的评价）；二是信息需要（来自审讯人员本身的信息：什么事、判断可能是哪件事、暴露的程度、自己最担心的事件是否暴露、最担心的人是否开口；家庭情况的信息：被限制人身自由以后对家庭亲人的眷念、家里人是否在替自己想办法、自己最担心的那件事家里人办了没有、订立的攻守同盟是否被瓦解）。

在首次审讯阶段，嫌疑人带进审讯室的大多是侥幸心理。于此审讯人员在逐步拉近与犯罪嫌疑人的心理距离的基础上，就要置换犯罪嫌疑人（某一部分）的侥幸心理。因为，犯罪嫌疑人的侥幸心理是由不同的“支点”来支持的，它分为事件（案件的性质）、关系（案件与自己的牵连关系）、程度（自己犯罪行为的暴露程度）。因此犯罪嫌疑人的侥幸心理又是以不同的层次来予以支持的，通常所说的犯罪嫌疑人的防线靠前或者靠后，就是这个道理，犯罪嫌疑人为了抗审设置多道防线，只有当犯罪嫌疑人所设置的防线，被逐步地置换掉，犯罪嫌疑人的侥幸心理才会被彻底地置换。

犯罪嫌疑人最初带进审讯室的侥幸心理，也是相对稳定的对抗心理，被称为“定式心理”，虽然这种心理状态是以侥幸心理为主，但是它还包含着对未知事态的担心和关注，这也是犯罪嫌疑人摸底的动机，如果犯罪嫌疑人在摸底阶段，发现自己担心和关注未知事态能满足自己抗审的心理需要时，犯罪嫌疑人的侥幸心理就会被强化，就不能被置换。如果犯罪嫌疑人发现自己担心和关注未知事态不能满足自己抗审的心理需要时，其侥幸心理就会减弱直到放弃。根据犯罪嫌疑人的这一心理特点，可以在审讯实践中采用给犯罪嫌疑人“定位”的方法，来置换犯罪嫌疑人带进审讯室的“侥幸心理”。“定位”的方法是：（1）直接告知犯罪嫌疑人已经涉嫌犯罪，态度坚定，语气和缓，隐蔽实情，促成错觉；（2）间接告知，采取跨越前提的方法和假使犯罪证据存在的方法，使犯罪嫌疑人感觉到犯罪的事实已经暴露；（3）自我告知，其方法是选准一个点，让犯罪嫌疑人自己去发展，通过联想的途径使他与自己最担心的犯罪事实联系起来形成认知概念。

审讯人员在给犯罪嫌疑人“定位”以后，置换犯罪嫌疑人的“定式心理”。“定式心理”是犯罪嫌疑人为了对抗审讯，带进审讯室的相对稳定的心理状态。在给犯罪嫌疑人“定位”以后，嫌疑人总是要千方百计地来维护自己经过深思熟虑而形成的“定式心理”。犯罪嫌疑人维护的方法就是“沉默”“辩解”“否定”，有时还表现得强词夺理：“我认为我没有犯什么罪。”置换的方法就是阻止其“辩解”，不要让犯罪嫌疑人把辩解的话说完（待全部的审讯结束以后应该充分地让其辩解），并且告知犯罪嫌疑人：“我刚才所说的话是经过认真考虑的，我对我说的话负完全的责任，同时我还告诉你，我们今天找你，并不想让你说什么，我们只想知道你对这个问题的态度。”置换的目的是强化“定位”，使对方完全放弃最初带进审讯室的侥幸的“定式心理”，犯罪嫌疑人在这里被迫放弃侥幸心理，实际上就是犯罪嫌疑人放弃了第一层次的防卫支点。犯罪嫌疑人失去了第一层次的防卫支点以后，会迅速组织第二层次的防卫支点，继续进行抗审，由此又进入了下一轮的继续置换。

经过犯罪嫌疑人选择后重新建立起来的侥幸心理，即“新建侥幸”。因为在这一阶段侥幸心理始终是支持犯罪嫌疑人抗审的重要心理支点，只有将犯罪嫌疑人的侥幸心理支点全部置换，才能转变犯罪嫌疑人的抗拒心理。犯罪嫌疑人组织第二层次的防卫支点信息来源，是与案件有着某种客观联系的“人”“财物”“行为”三大因素。这里讲的“人”指的是除犯罪嫌疑人外的案件知情人，知情人是否会向检察机关透露案件情况，这是“人”的因素对犯罪嫌疑人侥幸心理的影响，知情人的重要因素还在于他人与自己犯罪的关系，这种关系越是密切，其侥幸心理就越强，反之就越小。另外，他人在犯罪活动中的作用，也是影响犯罪嫌疑人侥幸心理的重要因素，如果他人在犯罪活动中起重要作用，那么犯罪嫌疑人认为他人是不会交代的，这就自然地对自己的侥幸心理起到了强化作用。由此，犯罪嫌疑人的侥幸心理的支点就是：只要他人不交代，自己的犯罪事实就不会暴露，况且他人是不会交代的。

以“人”来作为侥幸心理支点的置换方法是：审讯人员要设法让犯罪嫌疑人形成错觉，目前犯罪嫌疑人所处的被动局面，就是他人造成的，现在审讯人员所掌握的材料也是他人提供的。“有一件事情我想你应该清楚，关于我们手上掌握的材料，你应该知道是从哪里来的。”除此之外，还可以用“离间”的方法，来置换犯罪嫌疑人以“人”作为侥幸心理的支点。

以“财物”作为侥幸心理支点的置换方法是：有很多犯罪是以“财物”为犯罪对象的，如贪污、受贿、抢劫、盗窃、走私，等等。这些赃款、赃物的暴露程度是影响犯罪嫌疑人侥幸心理的重要因素。赃款、赃物不暴露就不能证明自己犯罪，况且自己对犯罪赃物已经作了处理，司法机关是发现不了的。这是犯罪嫌疑人把“财物”定了位，而使其成为侥幸心理的支点。我们的置换方法是使被犯罪嫌疑人定了位的“财物”活动起来，这种活动的方法就是把不能自己变动的“财物”与人联系起来，财物就会从静态变成动态。例如，贪污和贿赂犯罪的赃款多数存在银行里，为了使之成为动态的“财物”，可以直接告知犯罪嫌疑人我们查询银行的个人存款是最简单的事情，赃款和赃物是隐瞒不住的，从而使犯罪嫌疑人放弃财物的侥幸的心理支点，用动态的“财物”（可能、已经、能够暴露或者以事件发展的相互关系，来证明犯罪的财物）来进行置换。

以“行为”作为侥幸心理支点的置换方法是：犯罪嫌疑人在实施犯罪的时候，大多是在非常隐蔽的情况下进行的，很少有现场“目击者”，因此它的隐蔽性也就成了犯罪嫌疑人抗审的侥幸心理支点。犯罪嫌疑人的犯罪行为和整个的行为过程的证明，因为在当时不可能有录像机将其全部过程录制下来，证明其犯罪行为，只有通过某一过程中的某些点的物品，形成证明的锁链来证明其犯罪行为。以“行为”作为侥幸心理支点的强弱程度，受三大因素的影响，即痕迹的影响（犯罪痕迹暴露的程度）、结果的影响（犯罪的结果所造成的社会危害）、因果关系的影响（犯罪嫌疑人与犯罪因果关系的牵连）。审讯人员应当注意把握，随时准备调整“置换物”，做到“有的放矢”。

其次是控制否定的置换方法。审讯人员通过“控制否定”来置换犯罪嫌疑人的“对抗否定”。犯罪嫌疑人侥幸心理被置换以后，会自发地更换新的心理支点，这时的犯罪嫌疑人通常会对审讯人员产生否定情绪。其原因在于，犯罪嫌疑人赖以支持的心理支点被否定，会自发地更换新的心理支点，当瞬间无法找到新的支点时，就产生需求的动机，这种需求在审讯人员的干预下不能得到满足时，就会对审讯人员产生对抗的否定心理。这种否定心理的对象，主要来源于审讯人员个体因素，即对审讯人员能力的否定，对审讯人员态度的否定，对审讯人员行为的否定。置换的对象就是对审讯人员的否定。置换的方法是：对犯罪嫌疑人是否供述，要表现得比较冷淡，而对犯罪嫌疑人利益和处境表现为热情的关注：“我并没有准备你能交代些什么，你是否交代我并不感兴趣，我只能提醒你要注意自己的利益。”目的是置换犯罪嫌疑人产生的对抗否定情绪。

控制否定的目的是转换心理证据，用心理证据置换心理事实，心理证据的获得，是通过心理事实与客观事实的确认而实现的，实际上这是犯罪事实的再现过程。它是审讯人员根据犯罪行为、犯罪情节、事件和情形，所反映出来的“点”与“面”的逻辑关系，帮助犯罪嫌疑人再现犯罪的心理事实，实现心理证据的确认，能够让犯罪嫌疑人通过积极的联想，自我寻找实施犯罪的记忆，连接审讯人员提供的信息转化为心理事实，达到帮助犯罪嫌疑人再现犯罪事实的目的。这时的犯罪嫌疑人的记忆大部分是犯罪的事实和情景，而审讯人员这时就要予以附和，并且加以控制，不要把犯罪嫌疑人的注意力移开，要以最大的努力利用犯罪嫌疑人的心理事实，使之向趋利避害的心理转化——犯罪的事实已经暴露，对抗已经失去意义，这时供述比对抗对自己有利。例如，犯罪嫌疑人在银行有巨额存款，犯罪嫌疑人拒不交代钱的来源。审讯人员就要根据这个“点”，连接成完整的犯罪情景，帮助犯罪嫌疑人实现心理证据，“你的这些钱，就是你利用职务之便，一次次从别人那里收来的，最后积累成巨额存款，这是客观事实，你是不能否定的，同时你已经构成了犯罪，你的退路已经没有了”。让犯罪嫌疑人形成无路可退的概念，以此来置换犯罪嫌疑人趋利避害的心理。这时的犯罪嫌疑人对犯罪的后果想得比较多，畏罪是犯罪嫌疑人重要的心理特点，他渴求宽大，希望得到审讯人员的同情，同时由于畏罪心理的驱使，犯罪嫌疑人会选择避重就轻的方法与审讯人员周旋。而审讯人员应当使犯罪嫌疑人知道：犯罪的事实已经清楚，必须交代全部犯罪事实，供述对自己有利，顽抗只能导致恶果。这里审讯人员应当注意犯罪嫌疑人的人格特点，要不断地维护拔高，建立适合审讯的交流平台，这样才有利于犯罪嫌疑人的供述。例如，前面的案例：“你目前唯一要选择的就是设法得到从轻处罚，你现在还有条件，利弊由你自己选择。”

再次是置换犯罪嫌疑人残留的侥幸心理和畏罪心理。犯罪嫌疑人已经清楚地知道自己的犯罪事实已经暴露，但是他仍然感觉还没有到无路可退的境地，焦虑恐惧掺杂残留的侥幸心理坚持抗审。置换的方法是置之死地而后生，把犯罪嫌疑人推向无路可退的境地，并且告知其犯罪行为的严重性，然后松开一个口子，帮助其选择有利于供述的退路。例如，“你的犯罪已经毋庸置疑，而且罪行严重，根据法律是要判重刑的，当然你还有从轻处罚的条件，我们也不希望你被判重刑，我们还想帮助你”。这时的犯罪嫌疑人已经意识到将要受到法律的惩罚，产生了畏罪心理，出现自我求救的心理状态，时而沉默、联想到接受惩罚的后果，等待着审讯事态的发展，时而还会出现注意的空白，整个思维是处在恐惧紧张的激烈斗争状态。置换的方法是让犯罪嫌疑人自己认识到犯罪的事实已经清楚，必须供述才能减轻目前的心理压力，同时还要引导对方多注意自己的利益（抗拒对自己不利），维护自己的形象——敢作敢为，千万不能让犯罪嫌疑人失去人格形象变成无赖。另外还应该让犯罪嫌疑人感觉到审讯人员正在努力地帮助自己。

最后是以供述的内推动力因素，置换犯罪嫌疑人的抗拒内推动力因素。根据犯罪嫌疑人的认知活动规律，内推的供述动力和内推的抗拒动力，谁先觉醒谁就占主动。置换的方法是创造供述的条件，帮助解脱心理压力，让出自我说服的空间，给台阶下，引入“降价心理”，即“你那么多的事情我现在只要你说出这一件，对你来说是应该知足了”等。这里审讯人员不仅要积极地推拉供述动力，还要时刻注意维护供述动力，使犯罪嫌疑人形成“我应该供述”的概念。有很多犯罪嫌疑人在这个时候会在潜意识里出现趋向动力——“我还是说吧”。同时，犯罪嫌疑人经过上述的几轮交流对抗，已经进入疲劳的精神状态，为了缓解这种疲劳状态而产生的“需要”，就会形成放弃对抗的内推动力，这就是前面说的“趋向动力”。

以犯罪嫌疑人放弃抗拒的“理由”来置换对后果的“顾虑”，强化犯罪嫌疑人对外来利益的肯定。犯罪嫌疑人放弃对抗，必须有充分的理由，必须在犯罪嫌疑人充分肯定审讯人员提供的“利益”的前提下实现。如果犯罪嫌疑人没有获得放弃抗拒的“理由”，得不到利益的肯定，他就不可能放弃对抗（这里的“利益”经常是犯罪嫌疑人以减轻心理压力或者心理疲劳而获得的）。犯罪嫌疑人只有确信自己放弃对抗的原因是充分的才会放弃抗审。这时的审讯人员必须准备好“理由”，交给犯罪嫌疑人。

通常审讯人员会根据人的趋利避害的行为特征，来设置“理由”，在犯罪嫌疑人权衡利弊的情况下供述认罪（这里大多是犯罪嫌疑人眼前的利益）。犯罪嫌疑人供述认罪后，审讯人员应当及时确定口供，固定证据，印证犯罪嫌疑人的口供，确定犯罪嫌疑人口供的真实性，防止犯罪嫌疑人虚供、假供和翻供。同时，有的犯罪嫌疑人避重就轻，还必须继续深挖犯罪事实。即便是审讯结束了也要让犯罪嫌疑人感觉到审讯还在继续，其目的是为下一次审讯留出接口。如果在这一轮置换之后犯罪嫌疑人仍然没有交代全部犯罪事实，审讯就会自然进入下一轮置换。

找出新“条件”置换犯罪嫌疑人继续抗审的心理支点。经过前面的较量，犯罪嫌疑人可能仍选择继续抗审。这里置换的方法是尽一切可能去放松犯罪嫌疑人的警惕，重新寻找目标组织进攻。首先是要寻找犯罪嫌疑人没有供述的原因，在一般情况下，犯罪嫌疑人没有选择供述，是因为审讯人员没有拿出充分的供述条件和理由，没有找到准确的攻击目标或者是攻击的力度不够。除此之外审讯人员采取的方法和所涉及的事件，与犯罪嫌疑人无必然的联系，导致其退路宽广，自由空间极大。再者就是审讯人员暴露了侦查信息，被犯罪嫌疑人摸了底，对抗心理被强化。

从事侦查审讯的人员都是很清楚的，跟犯罪分子打交道，不可能一次就能制伏犯罪，有时要经过数次甚至数十次的反复较量。审讯活动出现这种情况的主要原因，是审讯人员没有把握犯罪嫌疑人的心理支点，不知道置换什么，用什么来置换，才导致了犯罪嫌疑人的抗拒行为把审讯人员的信心给置换掉了。经过第一个回合的初审，有的犯罪嫌疑人能够交代全部的犯罪事实，而有的犯罪嫌疑人还隐瞒着大量的犯罪事实，需要继续进行审讯，因此续审的任务就是把犯罪嫌疑人还隐瞒着的犯罪事实置换出来，以达到深挖犯罪事实的目的。

续审阶段犯罪嫌疑人的心理支点是我们在初审阶段没有掌握的、犯罪嫌疑人经过初审阶段隐瞒下来的犯罪事实。此时，犯罪嫌疑人对审讯有了一定的免疫能力，客观上强化了犯罪嫌疑人的侥幸心理。除此之外被隐瞒下来的更深层次的犯罪，所依靠的心理基础还是侥幸心理，这是续审阶段深挖犯罪的重要目标。被隐瞒下来的更深层次的犯罪，由于时间的问题，犯罪的暴露程度以及犯罪事实与犯罪嫌疑人的牵连关系、犯罪的事件在大脑记忆里的活动并不活跃，形成了比较稳定的侥幸心理基础。这里需要说明的是：侥幸心理是支持畏罪心理的重要心理因素，一旦侥幸心理被置换走了以后，畏罪心理也就失去了依靠。

续审阶段置换犯罪嫌疑人的心理支点的方法是：要激活被犯罪嫌疑人埋藏在记忆深处的犯罪情景。其方法是直接告知犯罪嫌疑人："你还有'事情'没有交代!"这时犯罪嫌疑人就会寻找储藏在记忆仓库里的犯罪情景，这些情景就会活跃起来，为审讯人员的置换做准备。由于案件本身的特点不同，所以在置换的方法上要有一定的灵活性。通常以亲情关系置换犯罪嫌疑人的信任感，以犯罪的客观存在置换犯罪嫌疑人的心理事实，以假设的犯罪存在置换犯罪嫌疑人的记忆事实，以逻辑矛盾置换犯罪嫌疑人的心理证据，以导谎、揭谎、换谎（谎言）来置换犯罪嫌疑人隐瞒的真实情况，以粘贴牵连来置换犯罪嫌疑人的藏匿物（寻找同类物牵连出犯罪嫌疑人的藏匿物），以点滴的行为痕迹置换犯罪嫌疑人全部的犯罪事实。

在最后的"复审"阶段，主要通过逻辑关系审查，找出被犯罪嫌疑人截留的犯罪事实。审讯人员发现有的问题犯罪嫌疑人还没有交代清楚或者是还有遗漏的问题没有交代的，需要对犯罪嫌疑人进行再次的审讯。重要的是通过反复的审讯来发现新问题，解决老问题。这时犯罪嫌疑人的心理支点也就成了最后一道防线。此阶段犯罪嫌疑人的心理支点是：审讯人员不知道的或者是审讯人员没有涉及的，我也不必主动说出来，不问不说，问了再说。置换的方法是：设立一连串的带有逻辑关系的问号，把犯罪嫌疑人最后截留的东西置换出来。

第十步　涉案情景

第一节　涉案情景中犯罪构成的动态逻辑思维

涉案情景是对嫌疑人涉案行为的犯罪构成的反映，是嫌疑人的行为与案件的结果产生的必然法律关系，从客观的角度来说是对案件的行为法律关系的反映，从犯罪嫌疑人的角度来看是对涉案行为的心理记忆的反映，也是对心理行为的自我评估的反映。在审讯活动进入临界心理后的趋向与供述阶段，嫌疑人对此的自我行为即涉案情景的心理行为评估占据了重要位置。这种对自我行为的涉案情景评估的结果，必然牵涉法律范畴的犯罪构成，即刑法规定的犯罪构成要件，常常用自我行为与犯罪的构成进行对照，找出不具备的犯罪构成条件，来满足对抗隐瞒的利益最大化的心理需要。从嫌疑人通常选择的犯罪构成的条件来看，并非选择的是当前我国刑法规定的四个要件的犯罪构成，而是不自觉地选用三阶层递进式犯罪论体系，即三阶层的犯罪构成。

当前世界上存在三种有影响的犯罪构成理论体系。第一种是大陆法系国家递进式的犯罪构成体系，其构成要件为该当性、违法性和有责性；第二种是英美法系国家双层次的犯罪构成体系，一是本体要件，包括犯罪意图和犯罪行为，二是抗辩事由，包括胁迫、防卫、警察圈套、未成年等要素；第三种是苏联和我国耦合式的犯罪构成体系，由犯罪主体、客体、主观方面和客观方面四个要件组合而成。

刑法规定的犯罪构成就是衡量构成犯罪的标准，刑事法律中的犯罪必须满足一定的条件才能构成，这些条件就是所谓的要件。我国的刑法理论和法律条文都是持四要件说，即主体、客体、主观方面、客观方面。主体即行为的实施者，就是谁干的，分一般主体、特殊主体等。客体即行为侵犯的对象。主观方面是指行为主体的意识因素和意志因素。客观方面是指具体的行为和造成的结果，有行为犯（只要实施了某种行为就构成）和结果犯（产生了一定的后果才构成）之分。其中主观方面的意识因素和意志因素是区分主观恶性大小、故意犯罪和过失犯罪以及此罪和彼罪的重要依据。但是在审讯实践中犯罪嫌疑人通常不是按照四个要件的构成来思考和评估自己的犯罪行为的，主要的原因是四要件理论是平面的，互相之间是依附的，没有反映认定犯罪的逻辑思维过程，是静态的，不是动态的，在实践中逐渐暴露出了它的缺陷，不能满足犯罪嫌疑人对自我行为评估的心理需要，自然就不自觉地进入了三阶层递进式犯罪论体系，即三阶层的犯罪构成。例如，投毒杀人的犯罪嫌疑人把假农药误认为是真农药，放入别人的食物中企图毒死对方，结果因为是假农药没有毒死对方，嫌疑人认为对方没有死，自己就不构成投毒杀人罪。该案的犯罪嫌疑人（主体）错把假农药当成真农药下在（客观方面）别人（客体）的食物中企图谋杀（主观方面），结果没有得逞（客观方面）。按照四要件论，这是故意杀人未遂。而根据三要件说，则不构成犯罪。因为没有犯罪的结果。为什么犯罪嫌疑人在接受审讯的过程中对自我行为的法律对照采取的是动态逻辑思维过程，而不是静态的和平面过程？

应该说从根本上讲，我国刑法规定的四要件和三阶层在构成犯罪的要求上是一样的，只是判断方式不同而已。

何为三阶层递进式犯罪论体系？大陆法系的犯罪构成体系是三阶层递进式。其由构成要件该当性、违法性和有责性组成。一个行为要构成犯罪，除行为符合构成要件并属于违法外，行为人亦必须负有责任。“构成要件该当性”的内容就是犯罪构成客观要件的内容，包括原来的犯罪客观要件和犯罪主体本身。犯罪主体的刑事责任能力则被放在有责性部分。“违法性”的内容就是阻却违法性的内容，包括原来的排除犯罪的事由，就是正当防卫、紧急避险、被害人承诺等。“有责性”的内容就是犯罪主观要件的内容。包括原来的犯罪主体的刑事责任能力、原来的犯罪主观方面的内容和责任阻却事由。具体包括：犯罪的故意、过失、动机、目的和违法性认识错误、缺乏期待可能性等。

大家可以看到，在三阶层体系中，犯罪客体没有了，犯罪主体被分成了两个部分，犯罪主体本身被放在构成要件该当性里；犯罪主体的刑事责任能力则被放在有责性里。之所以这样分解犯罪主体，是因为在三阶层体系中，犯罪主体被认为是客观的，犯罪主体的刑事责任能力则被认为是主观的。

在我们国家，长期占主导地位的是苏联的犯罪构成理论，其优点是通俗易懂，比较容易掌握。应该说四要件理论对认定犯罪是有帮助的，但是近年来我国刑法学者对它进行了反思，提出了不少批评，产生了不小的社会影响，主要问题在于它是一种平面式的封闭结构，四个要件之间并非截然可分，而是存在依存关系，它对简单犯罪的认定不存在问题，但要解决疑难复杂案件就会存在问题。更为主要的是，它没有反映定罪的思维逻辑过程，在这点上与大陆法系国家的三要件理论有很大差距。三要件理论是递进式的逻辑结构，先是构成要件该当性，解决事实上是否具备构成要件行为和故意或过失的问题，在此基础上，进一步进行法律上的评价，解决违法性问题，考察提取是否具有违法性阻却事由，如果有违法性阻却事由，那么定罪活动就会中止，行为就会排除在犯罪外，如果没有违法性阻却事由，就意味着行为具有违法性，进而讯问犯罪行为人的责任，如果没有责任，犯罪仍然不能成立，只有三个要件都具备了犯罪才能成立。它是层层递进的、开放式的，为嫌疑人辩护提供了余地，反映了定罪的逻辑思维过程是动态的。在三要件理论中三个要件的关系分得比较清晰，它们互相独立，从不同层次、不同角度来进行判断，更能够适应审讯实践中对犯罪情景的提取和评定。

第二节　犯罪构成的阻却事由生成的隐瞒抗拒行为

犯罪构成的阻却事由即排除犯罪的事由，是大陆法系中的一个重要概念，是指排除符合构成要件的行为的违法性的事由。一个行为要构成犯罪需要从正反两方面评价，从正面看犯罪成立的条件是构成要件的符合性、行为的违法性和有责性，只要客观上与构成要件相符合的行为，都被认为具有构成要件符合性。符合要件的行为虽然原则上具有违法性，但在具有特别理由、根据的情况下，也可能否认符合构成要件行为的违法性，这便是违法阻却性事由，又称排除犯罪的事由，所以违法阻却性事由是从反面否认行为构成犯罪。例如，职务犯罪案件中的受贿犯罪，行为人利用职务之便索取他人财物的行为，从行为的结果上看是收取别人钱财的行为，但是行为人辩解自己没有利用职务之便，没有满足刑法规定的构成要件，故没有社会危害性，阻却了刑事违法性。

犯罪阻却事由，通常是指某种行为虽然在客观上具备了刑法对某一犯罪规定的行为形式，但其行为实质是有利于社会利益的，因而不具有社会危害性或者行为人在主观上缺乏罪过内容，是不具有主观危险性的，因此，根据刑法的明确规定，阻却其犯罪成立的情形。于此犯罪嫌疑人在接受审讯的过程中，从前卫的对抗心理支点退到后卫的对抗心理支点，大多是从前卫的犯罪行为的隐瞒否定（被确认的行为），退到后卫的犯罪构成的阻却事由方面（寻找否定犯罪构成的理由），寻找犯罪构成的阻却事由是犯罪嫌疑人的最后的退路选择，根据刑法规定的构成要件要素来寻找阻却事由，以此否定自己的犯罪构成。

通常犯罪嫌疑人寻找和选择的犯罪构成的阻却事由主要是犯罪构成要件的要素，这种阻却事由也是在嫌疑人谎言隐瞒的条件下产生的，本来犯罪嫌疑人是没有具备犯罪构成的阻却事由，为了隐瞒犯罪而产生的阻却事由的对抗心理支点。例如，强奸犯罪，犯罪嫌疑人以暴力对他人实施了强奸行为，有被害人的告发和公安机关提取的精液。在对犯罪嫌疑人的审讯过程中，犯罪嫌疑人放弃了前卫发生性行为的隐瞒，转向后卫自己没有实施暴力、是被害人同意发生性行为的谎言作为阻却事由，进行隐瞒对抗。因为该案的侦查机关没有提取到犯罪嫌疑人强奸使用暴力的证据，直接导致了否定阻却事由的难题，牵涉强奸罪的构成。

犯罪嫌疑人在审讯过程中选择的阻却事由主要有以下几种类型：

（一）客观的构成要件要素与主观的构成要件要素

说明行为外部的、客观方面的要素即为客观的构成要件要素，如行为、结果、行为对象等；表明行为人内心的、主观方面的要素即为主观的构成要件要素，如故意、过失、目的等。

（二）积极的构成要件要素与消极的构成要件要素

积极的构成要件要素，是积极地、正面地表明成立犯罪必须具备的要素，这种要素就是积极的构成要件要素。但例外地也存在否定犯罪性的构成要件要素，这便是消极的构成要件要素。

（三）共同的构成要件要素与非共同的构成要件要素

共同的构成要件要素，是指犯罪构成共同要件中为任何犯罪的成立所必须具备的要素。非共同的构成要件要素，是指部分犯罪的成立所必须具备的要素。

（四）成文的构成要件要素与不成文的构成要件要素

成文的构成要件要素，是指刑法明文规定的构成要件要素。绝大多数构成要件要素都是成文的构成要件要素。不成文的构成要件要素，是指刑法条文表面上没有规定，但根据刑法条文之间的相互关系、刑法条文对相关要素的描述所确定的，成立犯罪所必须具备的要素。

这里所说的犯罪嫌疑人选择阻却事由，不是法律规定的真实的阻却事由，而是犯罪嫌疑人为了达到隐瞒犯罪的目的，而提供的虚假的阻却事由，必须予以揭露还其行为的本来面目。

第三节　涉案情景中阻却事由的讯问方法与技巧

在讯问活动中犯罪嫌疑人为了掩盖隐瞒犯罪事实，总是千方百计地寻找不构成犯罪的理由，即便是自己的犯罪行为已经暴露，也还会为自己的犯罪行为寻找不构成犯罪的理由，当然这种选择的理由都是以谎言为基础的，通常他们选择的是犯罪构成的阻却事由来否认自己的犯罪。犯罪嫌疑人利用谎言选择的犯罪构成的阻却事由，可以分为两种情况，一种是法律明文规定的阻却事由，如在刑法理论上，犯罪阻却事由通常是指某种行为虽然在客观上具备了刑法对某一犯罪规定的行为形式，但其行为实质是有利于社会利益，因而没有社会危害性或者行为人在主观上缺乏罪过内容，不具有主观危险性，因此根据刑法的明确规定，阻却其犯罪成立的情形。刑法规定的典型情形有正当防卫和紧急避险。《刑法》第二十条规定，为了使国家、公共利益、本人或者他人的人身、财产和其他权利免受正在进行的不法侵害，而采取的制止不法侵害的行为，对不法侵害人造成损害的，属于正当防卫，不负刑事责任。《刑法》第二十一条规定，为了使国家、公共利益、本人或者他人的人身、财产和其他权利免受正在发生的危险，不得已采取的紧急避险行为，造成损害的，不负刑事责任。另一种是犯罪构成的非构成要件。例如，不具备职务犯罪的构成，行为人没有职务，更没有利用职务之便，这种情况就是犯罪构成的非构成要件。按照受贿犯罪构成的四个方面的要件分析，行为人主观上没有受贿的故意、客观上没有利用职务之便为他人谋取利益或行为人受贿后又将贿赂款退还给行贿人而没有实际占有等情形，从而认为其不构成犯罪。犯罪嫌疑人在接受讯问时选择上述阻却事由，以谎言颠倒客观事实已经成为常态。

监察机关在对内蒙古自治区一旗委书记进行留置审查的过程中，经过审查发现该留置对象在 13 年前当旗委书记的时候，帮助某一投资商低价购买了旗下所属的露天煤矿，当时并没有收取投资商的任何好处，待 13 年后该旗委书记调往别处工作之后，从该投资商处拿走了 7000万元现金。

讯问过程中该嫌疑人承认自己从投资商处拿了7000万元的现金，这是他否认不了的行为事实，追讯其拿钱的性质和目的，嫌疑人谎称此款是借投资商的，而且即便是借的自己也没有利用职务之便，因为自己借款时已经不再是那里的旗委书记。事情转向13年前的投资商低价购买旗下所属的露天煤矿开采权时，该犯罪嫌疑人称："那位投资商购买露天煤矿的开采权时自己已经接到了调令，调往其他的旗工作，只是自己暂时还没有离开该旗，投资商购买露天煤矿时自己已经不是那里的旗委书记了，不存在利用职务之便为他人谋取利益。"仅仅是上述两个问题的阻却事由，嫌疑人就顽强地对抗了两个多月不说实话，被称为"认事不认罪"的顽固分子。此后调查讯问人员对其采取了降低恶性的方法，问其是否愿意将那笔钱退回去，嫌疑人表示自己愿意退回去，同时又根据嫌疑人收取7000万元的去处、用途、收益、关系、来源等行为细节，嫌疑人谎称的借款行为被否定，其行为是收取行为。关于嫌疑人是否利用职务之便为投资商谋取利益的问题，讯问人员选择了利益目标的细节，即10多年前国务院出台的关于国有企业改制资产重组规定的执行情况，落实情况，具体对该露天煤矿是如何改制、如何落实中央的企业改制精神的，以此确定嫌疑人是该旗负责企业改制重组的领导，是具体的决策人，也是该露天煤矿给谁开采和接管的直接批准人。在讯问的细节中，嫌疑人供述的企业改制的经过和参与人，暴露了投资商获取该露天煤矿也正是嫌疑人批准同意的，以此否定了嫌疑人没有利用职务之便不构成犯罪之说，最后使得该案顺利交付审判。

犯罪嫌疑人在涉案情景中提出的阻却事由的讯问方法，首先是犯罪嫌疑人根据案件的行为特征的非构成要件的阻却事由，作为反审讯的心理支点和目标，进行最后的顽抗。例如，在强奸案件中，他们通常选择的强奸行为的阻却事由是自己没有实施暴力；在贪污案件中，贪污行为的阻却事由是自己没有占为己有；在职务犯罪案件中，阻却事由是自己没有利用职务之便等。根据这类案件嫌疑人的反审讯特点，选择的隐瞒对抗行为来源于对抗的心理支点，是主观的心理产物，他与客观事实存在始终是背道而驰的，即便是心存侥幸隐瞒客观事实，但是那毕竟是站不住脚的谎言，因为客观事实的存在自始至终都是对谎言的威胁，这里的客观事实就是谎言的天敌，因此还原客观事实便成为破解谎言的基本路径。这里破解谎言的方法，是根据案件中谎言的特征来进行破解的，通常的方法有揭谎、导谎和换谎。使用方法采取的是三段论的方法即默认、认可和确认。上述嫌疑人提出的阻却事由的谎言，通常采取换谎的方法来解决，换谎的方法是：第一步介入换谎的谎言，第二步换谎的谎言认可，第三步拨离换谎的谎言。

从上述某旗委书记受贿7000万元的犯罪案件来看，犯罪嫌疑人不承认自己利用职务之便受贿犯罪，该旗委书记受贿7000万元是在13年以后的行为，投资商购买的露天煤矿，虽然是经过嫌疑人批准的，但当时并没有收取任何人的财物。审讯方法是采取先分后并的方法，先把13年前的行为和13年后的行为进行分开，然后合并两个行为。13年前，嫌疑人将国有资产的露天煤矿转卖给投资商，并没有收取任何利益，不构成受贿罪。审讯人员问：“根据你的辩解，你没有利用职务之便，收取他人财物，这个问题我同意，在露天煤矿转组的过程中，你确实没有受贿，更没有利用职务之便进行受贿，我同意你的观点，因为这是客观事实，你说呢？”嫌疑人点头表示赞同。审讯人员继续发问：“当时露天煤矿改组重组是你决定的，你执行的是中央的决定，是没有错的。是不是这个道理？”嫌疑人点头认可。审讯人员继续发问：“露天煤矿改组给投资商也是你同意的，因为给谁都是一样的，只是投资上具备了经济实力，改组给它能够使得企业更好地发展，所以你才同意将露天煤矿改组给开发商。是不是这种情况？”嫌疑人点头表示认同。这里犯罪嫌疑人利用职务之便，将露天煤矿改组给投资商，已经被其默认。为了更进一步地说明利用职务之便的问题，取得嫌疑人的认可，审讯人员继续问：“你当时把露天煤矿改组给投资商也是为了国家的利益，能够使得露天煤矿更好地发展，国家能够更多地收取经济上的利益，这是你当时的出发点，你不是为了个人，所以当地的老百姓说你是好官。”为了进一步确认职务上的便利问题，审讯人员继续发问：“你把当时的经过再具体说一下。”嫌疑人回答：“当时国家出台了文件规定，对中小型企业和矿山进行改制，又因为我们旗的那个露天煤矿，每年的产量非常低，为了提高产量和经济效益，我们决定对露天煤矿进行改组，响应国家的号召进行改制。这是经过党委集体研究决定的。”“那后来决定由谁来接管呢?”审讯人员问。嫌疑人回答：“当时研究要找可靠的人和有经济实力的单位来接管该煤矿，后来经过有关人员的推荐和考察，选择了该投资商来接管，我就同意了，而当时的我也接到了调令，调往别的旗任书记，那件事我也没有再过问了。”这里确定了露天煤矿改制给投资商的职务行为。此后审讯人员将目标转向第二个行为进行发问：“所以针对露天煤矿问题，你并没有错，更没有收取好处，你的做法是对的，我们的目的也是弄清事实，还你一个清白。”这里满足了嫌疑人的心理需要。审讯人员又继续发问：“关于那笔款项的问题，我认为你也是没有利用职务之便，而只是个人的感情问题，是私人间的礼尚往来，具体的情况你再说一下（插入了换谎的谎言）。”嫌疑人回答：“当时我一个朋友在银行做领导，因为资金短缺，想找我调集一些资金，解决银行的资金短缺问题，我就答应帮忙，我想来想去，只有那个投资商在搞煤矿有现金，我就打电话给他，有没有钱支持一下银行的资金短缺问题，他问我要多少，我说多少都行，后来他说他那里现在还有7000万元暂时不用，可以借给我，我就让他把这 7000万元转到银行去了（这里借款的谎言依然存在，暂时不用揭露）。”“他当时为什么敢把这 7000万元借给你呢?”审讯人员问。嫌疑人回答：“因为他对我还是比较信任的，我毕竟是政府官员啊，而且我们个人的感情也是不错的。”“你说的个人感情，是不是你曾经帮过他的忙?”审讯人员问。“当时的招商引资，也是我把他招到旗里去的。”“他是招商引资去的，后来是不是就投资了那个露天煤矿?”嫌疑人回答：“是的。”“所以你们的感情也有 10 多年的基础，他才愿意把他那个钱转给你，而不怕丢失。”嫌疑人回答“是的”。于此，上述这两种行为本来就存在内在联系，而只是时间上的跨度问题，将其合并后不难看出这是一起利用职务之便的贿赂犯罪问题。审讯人员将上述两种行为合并后告知犯罪嫌疑人：“你说的情况是不是这样的，关于投资商购买的那个露天煤矿，虽然是经过你同意转租给他的，但是当时你没有收取他的任何好处费，而过了 13 年以后，你从他那里又拿了 7000万元，你的意思说是借的，是不是这个经过？”嫌疑人回答说：“是的。”这里就确定了嫌疑人利用职务之便，从投资商处收取了 7000万元的行为事实。根据提取的证据表明：嫌疑人在出售露天煤矿的当时，没有收取投资商任何利益，是跟该投资商有了约定，暂时把 7000万元的钱放在该投资商处，待以后时机成熟再取回，7000万元的数额是该露天煤矿的购买差价。13 年以后，嫌疑人从投资商这里要走了 7000万元，投资商证实是要而不是借。通过在银行提取的证据表明，嫌疑人在银行投资入股的 7000万元是属于嫌疑人个人的投资。受贿 7000万元的受贿犯罪行为成立。

其次是根据案件行为人的主观特征，构成此类案件的犯罪构成是主观故意，那么阻却事由便是过失，如强奸案件自己没有强奸的故意，是对方同意发生性关系的；诈骗案件自己没有诈骗的故意；职务犯罪案件的受贿犯罪行为自己没有收取他人钱财的犯罪故意。因为主观故意的问题是犯罪行为人独自的心理行为，也是只有行为人自己知道的心理行为，只要他自己不说，别人就不知道，而常常这种心理行为又决定了其行为是否构成犯罪的焦点，是犯罪行为人隐瞒犯罪的重要心理条件，所以在很多情况下犯罪行为人明明是在故意的心理状态下实施的行为，而为了隐瞒犯罪谎称是过失行为，这就为审讯人员在审讯活动中提取真实可靠的言词证据增加了难度，这里犯罪行为人自己不说，审讯人员就不知道，真实可靠的言词证据就无法提取，这是不争的客观事实。因此，破解这种隐瞒心理行为的方法，就成为审讯人员必须具备的能力，根据审讯活动中客观需要对应的审讯方法的过程有：“分解”“模拟”“降恶”“换谎”“三段”“确认”的方法组合，满足对抗隐瞒心理矫治的过程。

分解是对嫌疑人的行为和心理的细节进行分解，分解细节进行各个阶段的确认，行为分解为初始行为、发展行为、结束行为、恶果行为，心理过程可分为动机、实施、满足、隐瞒、胆怯、悔恨；模拟是对行为过程和心理过程进行的逻辑推理、演绎的过程；降恶就是其行为的细节过程和心理行为的细节过程，进行降低恶性的点评和评价；换谎是对行为细节过程和心理行为细节过程进行降低恶性的情景更换，达到降低一个层次的心理满足；三段就是心理行为表现的三个阶段，即默认、认可和确认的心理行为表现，它是针对行为细节和心理行为细节，所进行的默认、认可和确认的过程；确认是对“分解”“模拟”“降恶”“换谎”“三段”所呈现出来的情景进行分解后的组合、集中，获取的真实可靠的主观行为的确认。例如，在一起投毒致人死亡的案件中，被害人是刚刚满月的婴儿，嫌疑人在婴儿的奶瓶里放入了高浓度的洗洁精，直接喂入了婴儿的体内，致使婴儿器官损伤死亡。审讯过程中犯罪嫌疑人选择对自己投毒行为的否认作为前卫支点，被审讯突破以后，转为自己没有投毒的主观故意，作为涉案情景进行最后的隐瞒对抗。这里嫌疑人的投毒行为暴露以后，选择了自己没有犯罪的故意，是错把洗洁精当成奶粉喂给了被害人，被害人的死亡是自己的过失行为造成的，自己没有杀害他人的故意。针对嫌疑人致人死亡的主观问题，审讯是这样开始的，审讯人员问：“你把喂食的过程讲一讲。”答：“当时我正在洗奶瓶准备给小宝（死者）喂奶，这个时候接到我女儿的电话，她说没有带钥匙进不了家，我非常着急，这个时候小宝的哭闹不止，声音大得让我听不见电话里的声音，为了堵住小宝的哭闹声，我就顺手将奶瓶放进了小宝的嘴里，等我接完了电话，才发现自己误把洗洁精当成了奶粉喂给了小宝，事后我非常害怕就重新冲了一瓶奶粉喂给小宝，这件事我有责任，但我不是故意的。”问：“你看啊，你喂小宝的过程是不是这样的，你先是为了洗奶瓶，将洗洁精灌入奶瓶，此时你女儿的电话来了，小宝的哭闹声音影响你听电话，你就顺手将奶瓶塞进了小宝的嘴里，这是当时的过程，是不是这样的?”答：“是的。”问：“你当时的心理过程是给小宝喂奶，喂完了奶以后你就可以下班回家了，就在这个时候女儿没有带钥匙的电话来了，小宝的哭闹引起了你的心烦，一气之下就把奶瓶塞入了小宝的嘴里，这种情况也是正常的，不论是谁遇到这种情况都有可能这么做，是不是?”答：（默认）……问：“这里有一个情况你可能还不知道，小宝当时的情况并不是太严重，只要灌肠洗胃就会好的，可是在医院的救治过程中，医院没有进行灌肠洗胃的处理，而是给她用了不对症的药，才导致小宝的死亡，所以小宝的死亡责任不在你。”答：……（心理压力缓解）问：“在接你女儿的电话时，你是一只手拿电话，另一只手拿奶瓶是不是？”答：“是的。”问：“当时你拿着奶瓶正在灌洗洁精是不是？”答：“是的。”问：“你是一边接着电话，一边在灌洗洁精是不是？”答：“是的。”问：“你在接电话的过程中奶瓶里灌有多少洗洁精？”答：“我看到的时候奶瓶里已经灌满了洗洁精。”问：“那你准备喂小宝的奶粉放在哪里？”答：“就放在我跟前的桌子上，是一个整袋装的奶粉，当时还没有来得及拆封。”问：“那袋没有拆封的奶粉自始至终都是放在你跟前的桌子上吗？”答：“是的，没有人动它。”问：“你在把奶瓶喂进小宝嘴里的时候，那袋奶粉在什么地方？”答：“还在桌子上啊，没有人动啊（完成了明知是洗洁精而不是奶粉的行为故意）。”问：“这件事对于你来说也是情有可原的，女儿没有钥匙回不了家，再加上小宝大声地哭闹，你是烦上加烦，换了我也会想要惩罚惩罚小宝的，人的情绪就是瞬间激发出来的，我想当时你的心情也是这样的。”答：……（默认）问：“现在的事情，虽然小宝的死亡责任不在你，但是毕竟是有前因的，你是有责任的，关键是要能够认识到自己的错误，以后就能够在工作中改正，有了好的工作态度，是不是？”答：……（点头默认）问：“这件事作为你来说就是出在态度上，小宝的哭闹影响你打电话，你就想惩罚她一下，没想到后果，是不是这个道理？”答：……（点头默认）问：“你自己是不是该检讨一下，下次别再犯这样的错误了。”答：“是的，我工作的态度是有些粗暴，我不该用那种方式来惩罚小宝，现在想起来就后悔。”这里犯罪嫌疑人的主观犯罪故意呈现出来了，嫌疑人明知奶瓶里灌入的是洗洁精而不是奶粉，为了惩罚小宝而喂进了小宝的嘴里，嫌疑人的行为构成故意伤害致人死亡罪。

最后是法律规定的犯罪构成的阻却事由，由于是法律的明文规定，一般来说大陆法系国家一个行为要构成犯罪需要从正反两方面评价，从正面看犯罪成立的条件是构成要件的符合性、行为的违法性和有责性，只要客观上与构成要件相符合的行为，都被认为具有构成要件符合性。符合要件的行为虽然原则上具有违法性，但也存在例外现象，即在具有特别理由、根据的情况下，也可能否认符合构成要件行为的违法性，这便是违法阻却性事由，又称排除犯罪的事由，所以违法阻却性事由是从反面否认行为构成犯罪。审讯活动中犯罪嫌疑人通常是利用这些阻却事由，谎称这些阻却事由的存在，以此隐瞒掩盖自己的犯罪事实。八种违法阻却事由是：(1) 正当防卫；(2) 紧急避险；(3) 自助行为；(4) 无因管理；(5) 权利行使；(6) 被害人允诺；(7) 正当业务；(8) 善意取得。例如，故意杀人与正当防卫时致人死亡，从结果上都造成了他人的死亡，但因正当防卫有益于社会，故没有社会危害性，阻却了刑事违法性。这些阻却事由便成为犯罪嫌疑人否认犯罪的谎言依附的目标，是虚假的阻却事由。例如，寻衅滋事故意伤害致人死亡行为，原本犯罪嫌疑人寻衅滋事伤害他人导致他人死亡，其行为暴露之后，在无法隐瞒的情况下，编造阻却事由，谎称自己是正当防卫，以此逃避法律的制裁。

在审讯实践中为了还原犯罪行为的本来面目，针对嫌疑人在涉案情景中提出的虚假阻却事由的讯问方法是：嫌疑人提出的虚假阻却事由是以谎言为背景、以隐瞒为目的的反审讯行为。例如，在一起职务犯罪的贪污案件中，某国有企业的总经理章某与本单位的业务员王某一同驾车带着十万元现金去给另一个单位的领导李某送“好处费”，为了不让李某有其他想法，总经理章某选择回避，将车停在对方单位不远处的车里等候，只让业务员王某一人独自将“好处费”十万元送给李某，业务员王某拿着装有十万元现金的提包，到了对方单位没有找到送钱的对象李某，就把装有十万元“好处费”的提包寄放在对方单位隔壁的小卖部里，空手回到了总经理章某的车上，谎称十万元现金已经送给了对方，总经理章某看到业务员王某是空手回来的，也误认为业务员王某已经将十万元送给了对方（两个小时后业务员王某独自从小卖部取走寄放的现金提包）。此后司法机关在对该公司的账目进行审查时发现了这笔十万元的“好处费”，询问该公司总经理章某该款的去向，总经理章某如实地回答是业务员王某直接将该款送给了李某，并且自己能够证明该款已经送给了对方。而业务员王某也一口咬定十万元已经在某日直接送给了李某，并且肯定了送钱的具体时间和地点，这一点也得到总经理章某的肯定。而司法机关在对涉嫌受贿十万元的李某进行询问核对时，李某否认自己收到十万元的“好处费”，并且找出了证据证明自己在王某送钱的那个时间段根本不在本地，不可能见到送钱来的业务员王某，李某的受贿行为被否定。该行为的犯罪焦点集中在了业务员王某的身上，经过审讯业务员王某不得不承认自己从中截留此款，但业务员王某在此后的辩解中称：“那天没有见到李某，就把钱带回来交给总经理章某，章某说这笔钱你就先拿着，以后从你的业务费提成中扣，所以我才把这笔钱拿回家的。”此种说法自然得到了章某的否认，再有，即便是业务提成款也不可能超前支取。嫌疑人的此种辩解行为无疑是对贪污该款的犯罪占有故意的否定。那么该行为的性质就变为了王某占有十万元的行为，是提前支取自己的业务提成，而不是占有公款的贪污行为。刑法阻却事由的权利行使，表明业务员王某的行为是行使自己的合法权益行为，阻却了刑法犯罪的构成。

从审讯此类案件的方法来看，审讯的目标主要集中在犯罪嫌疑人在阻却事由上的谎言，这种谎言的特点与其他阶段的谎言是有区别的，在审讯的初始阶段犯罪嫌疑人的谎言大多是直接否定，而在涉案情景阶段嫌疑人的谎言通常是编造涉案情景，以此达到阻却事由的满足。审讯这类案件首先是运用“换谎”的方法，选择顺应的谎言进行更换，以谎言来证明谎言，达到对嫌疑人犯罪的阻却事由的否定。例如，上述案件中业务员王某送钱给业务单位的李某，没有找到李某，便将十万元现金放在隔壁小卖部的行为，本单位经理看到业务员王某是空手回来的，根据这一情节审讯人员编制谎言介入。问：“你单位的章经理看到你送钱回来，是空手回来的，你怎么能够说钱没有给李某呢！章经理证明这十万元你已经给了李经理，你是不是害怕李经理吃官司，才说钱没有给对方呢？你是想保护李经理，才自己扛着的是不是？”听到审讯人员这样发问，满足了自己没有占有这十万元的心理需要，在这种趋利避害的心理驱使下，嫌疑人回答：“你们说的确实是这样的，我是不想害人啊，给人家钱又把人供出来，这多不好啊！”问：“这么说那笔钱你确实送给李经理了？”答：“我确实送给他了，我们一同去送钱的，当时是章经理开着车去的，他也能够证明，送钱之后我是空手回到车上的。”该案的第一个层面的谎言确定后，直接否定了业务员王某在前面的辩解中称“那天没有见到李某，就把钱带回来交给总经理章某，章某说这笔钱你就先拿着，以后从你的业务费提成中扣，所以我才把这笔钱拿回家的”的谎言。继而审讯人员进行了第二个层面的介入，问：“那笔钱你既然已经都给了李经理了，那你为什么还说那天送钱给李经理，因为去了之后没有见到李经理，就把钱带回来交给章经理，章经理说这笔钱你就先拿着，以后从你的业务费提成中扣，所以你才把这笔钱拿回家的。”答：“因为我不能说李经理拿了这笔钱，只有说自己拿了，是经过章经理同意提前支取的业务费提成，我这样说的目的就是保护李经理，其实我并没有拿这笔钱，章经理也没有跟我说在以后的业务提成费中扣除的事情，这是我自己编造的假话，我现在说的都是实话，钱是送给了李经理，他当时就收下了。”这里犯罪嫌疑人选择的“在以后的业务提成费中扣除”的阻却事由被否定，完成了第二个层面的谎言否定，审讯进入下一个合围还真阶段。审讯人员继续发问：“根据你的供述情况不难看出你是个善良的人，为别人着想得比较多，人品也是非常好的，只是在这件事情上前后的道理说不通，你说钱是送给了李经理，他当时就收下了，我们了解到你送钱给李经理的那个时间段，在李经理的办公室里一名职工正在找李经理闹事，后来发生了厮打，李经理衣服的前襟被撕烂了，不知道你当时去了看没看见李经理跟职工的厮打。”答：“我看见了，我去的时候他们已经厮打完了，李经理衣服的前襟被撕烂了，闹事的职工已经被其他人劝走了，只有李经理一个人在办公室的时候，我才把装钱的包给了他。”问：“你是怎么知道那个闹事的职工是被别人劝走的呢？”答：“我去的时候正好遇见，那个人拉着闹事的职工往外走，李经理正在脱下被撕烂的衣服，我也不好问是怎么回事，把东西给了他我就出来了。”问：“小王我告诉你，那天你去李经理单位根本就没有职工闹事的事情，是我编造的，李经理也不在办公室，你当时确实是去了李经理的办公室，因为李经理不在办公室，办公室的门是锁着的，你敲了两下没有人回应，你就返回了，为了让章经理相信你已经把钱送给了李经理，你就把钱包找了一个地方暂时放下，空手回到了章经理的车上，告诉章经理对方已经收下了钱，这就是经过！”答：……（沉默不语）问：“这件事我不想让你过不去，但是你必须要有一个挽救的方法，把这件事处理好，找出一个解决办法，选择一个好的态度，乞求组织上的谅解，我不知道你愿不愿意主动把钱退回来，认识错误今后保证不再犯同样的错误，能不能做到？”答：“（点头）能！”问：“那笔钱你愿不愿意主动退回来？”答：“愿意。”问：“退多少？”答：“十万元，我拿了这么多就退这么多行吗？”问：“可以，既然你愿意主动退回来，这样很好，你把拿钱的经过说一说吧？”答：“那天送钱给李经理，但是他没在，我转回到了门口想可能过一会儿经理会回来，我就把钱包暂时寄放在隔壁的小卖部了，准备等一会儿再来，当我回到章经理的车上时，章经理看我手里没有了包，就说送掉啦？我就顺口答了一句送给他了，章经理也没有再说什么，我就跟章经理回单位了，过了一段时间我就骑着摩托车去了那个小卖部，把钱包取回来了，我想反正章经理以为我把钱给了李经理，所以我就留下了，我现在愿意退回来，争取从宽处理。”问：“你在后来又说那笔钱是章经理同意给你提前支取的业务费提成是怎么回事？”答：“那是我编的假话，因为钱没有给李经理，我只能说是章经理同意给我的业务提成。”

根据审讯最后的涉案情景阶段，嫌疑人大都是咬着犯罪构成的阻却事由与审讯人员进行周旋，其实质上就是犯罪嫌疑人的犯罪主行为被揭露以后，采取的补救措施，也就是说犯罪嫌疑人的行为满足了犯罪的构成，而采取阻却事由进行的补救。从审讯的方法上就需要采取层层嫁接、层层否定和层层证明的转化方式，来解决涉案情景中的虚假阻却事由。层层嫁接是从一个层面事由嫁接出另一个层面事由，如上述案例，钱没有送给别人被自己占有了，是一个层面，虽然自己占有了这笔钱，但是经过领导同意的业务费提成，这又是一个层面，也是前一个层面嫁接出来的层面；层层否定是顺应一个层面，以此来否定被嫁接的层面，如上述案例，顺应嫌疑人的第一层面谎言，钱已经给了对方，那么后来嫁接出来的“经过领导同意的业务费提成”的层面就被直接否定了；层层证明就是用后面的层面来证明前面的层面，再用前面的层面证明后面的层面，取得层层证明的效果和作用。例如，上述案例，嫁接出来的“经过领导同意的业务费提成”的层面，就证明了嫌疑人没有将十万元给李某而被自己占有；前面的一个层面嫌疑人称钱已经送给了李某，并且有章经理亲眼所见的证明，从这个层面来看钱已经给了李某，那么“经过领导同意的业务费提成”的层面就被否定了。三个层面过程完成了最后的客观事实的再现，同时这一技巧也呈现出谎言的处理方法，从“换谎”“导谎”“顺谎”，最后达到“揭谎”的目的。

图书在版编目（CIP）数据

十步讯问法／吴克利著．—北京：中国法制出版社，2021.1（2025.8重印）

ISBN 978－7－5216－1499－2

Ⅰ.①十…　Ⅱ.①吴…　Ⅲ.①预审学－研究　Ⅳ.①D918.5

中国版本图书馆CIP数据核字（2020）第242498号

策划编辑　陈　兴

责任编辑　陈　兴　白天园　　封面设计　李　宁

十步讯问法

SHI BU XUNWEN FA

著者/吴克利

经销/新华书店

印刷/北京虎彩文化传播有限公司

开本/730毫米×1030毫米　16开　　印张/24　字数/308千

版次/2021年1月第1版　　2025年8月第10次印刷

中国法制出版社出版

书号 ISBN 978－7－5216－1499－2　　定价：79.00元

北京市西城区西便门西里甲16号西便门办公区

邮政编码：100053　　传真：010－63141600

网址：http：//www.zgfzs.com　　**编辑部电话：010－63141792**

市场营销部电话：010－63141612　　**印务部电话：010－63141606**

（如有印装质量问题，请与本社印务部联系。）